중국역대사화 (IV)
中國歷代史話

양진사화
兩晉史話

도연 진기환 저

明文堂

《양진사화兩晉史話》
ㅇ 머리말

소설《삼국연의(三國演義)》에서 역사 이야기는 이어진다.

「죽은 제갈량에 쫓겨 달아났던 중달(死諸葛能走生仲達)」은 사마의(司馬懿)가 정신을 차린 다음에 참고 또 참았다. 작은 것을 참지 못하면 큰일을 망친다는 진리를 터득했고, 이를 아들한테 강조하였다.

사마의는 위(魏)나라의 실권을 빼앗아 두 아들에게 넘겨주었다. 형 사마사(司馬師)의 뒤를 이은 사마소(司馬昭)는 새 왕조 건립 기반을 확실하게 다져서, 아들(사마염司馬炎)에게 물려주었다.

사마염은 진왕(晉王)으로 계위하는, 바로 그 해에 위(魏)나라 허수아비 황제 조환(曹奐)의 선양(禪讓)을 받아 진(晉) 황제로 즉위한다 (265년, 西晉). 이 사마염이 남쪽의 오(吳)를 멸망시키며(280) 전 중국을 통일한다.

중국 역사에서는, 조조(曹操)의 아들 조비(曹丕)가 후한 헌제(獻帝)의 선양을 받은(220) 이후, 진(晉, 西晉)의 중국 통일에 이어, 동진(東晉)의 성립(317) 남북조의 분열에 이어 수(隋)나라의 건국(581)까지 약 360여 년을 보통 위진남북조(魏晉南北朝) 시대라고 통칭한다.

이 위진남북조 시대는 중국 고대(古代)에서 중세(中世)로의 전환이며 발전이었다.

서진은 황제의 타락과 무능으로 겨우 51년만에 끝났고(265－316), 이어진 동진(東晉)은 11명의 황제를 거치며 힘들게 100여 년(317－420) 존속했다. 강남에서 동진이 존속하는 동안 화북지방에서는 5호(胡)족이 16개 국을 세우고 망하는 분열이 이어지는데, 이를 5호16국 시대라 부른다.

동진이 멸망하고 이어지는 송(劉宋, 420－479) － 제(齊, 479－502) － 양(梁, 502－557) － 진(陳, 557－589)을 남조(南朝)라 부른다. 이에 화북에서는 선비족 북위(北魏, 386－534)의 화북통일에 이어 동, 서위(東, 西魏)의 분열, 다시 북제(北齊), 북주(北周)로 교체, 대립하다가 양견(楊堅, 文帝)의 수(隋)나라에 남북조의 모든 분열은 종지부를 찍게 된다(589).

사실－이 위진남북조 시대 360여 년의 분열과 통일을 요령 있게 설명하기가 쉬운 일은 아니다. 이 시대는 중국 역사에서 가장 복잡하고 혼란한 시대였지만, 서진과 동진, 곧 양진(兩晉) 시대는 중국 역사에서 결코 빼놓거나 소홀히 할 수 없는 시대이다.

그리고 이 시대의 문화는 중국사에서 결코 침체되거나 어두웠던 시대가 아니었다. 이 시기에는 우리가 잘 알고 있는 유명인이 많았다.

명필 왕희지(王羲之, 303-361)와 왕휘지(王徽之, 338-386), 왕헌지(王獻之, 344-386)는 형제가 아니고 아버지와 아들(五子, 七子)이었다. 동진 시대의 유명한 화가 고개지(顧愷之, 348-405)를 누가 모르겠는가?

  그리고 도연명(陶淵明, 365-427)과 사령운(謝靈運, 385-433)을 빼놓고 누가 중국의 시(詩)를 이야기하겠는가? 갈홍(葛洪, 283-343)과 구겸지(寇謙之, 365-448)는 도교(道敎) 발전의 중심인물이었다. 우리 고구려에 불교를 전해준 사람은 5호16국 중 전진(前秦)의 왕 부견(苻堅, 재위 357-385)이었다.

  이러한 서진과 동진의 정사(正史) 기록인 《진서(晉書)》는 당 태종(唐 太宗) 정관(貞觀) 22년(648)에 완성된 정사(正史)로, 중국 24사(史)의 하나이다. 이 정사서는 당(唐) 방현령(房玄齡) 등 21인의 합작으로, 사마의(司馬懿)부터 시작하여 동진(東晉) 공제(恭帝)의 원희(元熙) 2년(420) 유유(劉裕)가 진(晉)의 제위를 찬탈하고 자립하여 송(劉宋)을 건국할 때의 역사를 기록하였다.

  《진서》는 제기(帝紀) 10권, 지(志) 20권, 열전(列傳) 70권 등, 총 100권에 동 시대에 존재했던 5호16국의 역사는 재기(載記) 30권에 별도로 기록하였다. 또한 서례(敍例)와 목록(目錄)이 각 1권씩이라서(서례와 목록은 현재 실전되었음) 모두 132권이다. 이는 24史 중 《송사(宋史; 북송北宋, 남송南宋)》 다음으로 방대한 책이다.

이 양진(兩晉)의 존속 기간은 모두 160년이 안 되는 짧은 기간이나, 그 역사의 전개와 그에 따른 변화와 전개는 매우 복잡다단(複雜多端)하다. 그러다 보니, 서진과 동진의 역사적 사실을 체계를 세워 한 권에 설명하는 일도 쉬운 일이 아니다. 또 어찌보면 개론서(概論書)에 수록된 그런 사실만을 보충 설명하여도 그 분량이 결코 만만치 않을 것이다.

이에 필자는 서진과 동진, 또 5호16국의 대강(大綱)과 남조(南朝)에 관련된 인물의 이야기를 중심으로 알기 쉽게, 또 재미를 잃지 않도록 인물 중심으로 양진사화(兩晉史話)를 서술하였다.

우리가 역사를 배우고 읽는 목적은 '시대의 흐름'이라는 변화를 알고, 그런 흐름 속에서 활동했던 인물의 행적을 통하여 교훈을 얻어 현실에 도움을 받으려는 뜻일 것이다.

역사적으로 득실(得失)과 성패(成敗)는 결국 사람이었다. 천하를 얻으려면 사람을 얻어야 하고(得天下者得人), 천하를 다스리려는 자는 사람을 잘 써야 한다(治天下者用人).

조조(曹操) 후손의 나라를, 조조한테 푸대접 받던 사마달의 후손이 빼앗은 사실도 재미있다. 그런 사마씨의 진나라가 남쪽 손권(孫權) 후손의 나라를 합치고 중국을 통일했으니 큰 업적이었다. 그렇게 오(吳)나라를 통일 병합한 뒤에 서진의 황제는 그냥 먹고 놀았다.

그런 황제의 후손이 어찌 나라를 잘 다스리겠나? 그런 황제 중 거의 백치에 가까운 황제가 즉위하고, 그리고 팔왕(八王)의 난(亂)이라는 대분열 때문에 나라는 건국 50년, 통일 후 36년 만에 멸망한다. 비록 동진(東晉)으로 다시 이어졌지만 잃어버린 땅을 수복할만한 인물은 나오지 않았다.

이를 본다면, 역사는 사람들의 이야기이다. 그래서 본 《양진사화》는 그런 인물이 우리에게 어떤 교훈을 남겼는가를 중점적으로 다루었다. 곧 사람의 이야기가 주류이며, 그들이 역어낸 사실(史實)을 부연 설명하였다.

그러나 한 사람의 정면 사진과 측면 사진은 느낌이 다르지만, 그 사람임에는 틀림없다. 한 인물에 대한 평가는 보는 관점에 따라 다를 것이다. 때문에 나의 관점이 정확하고 올바르다고 주장하거나 다른 사람에게 주입할 수는 없을 것이다.

필자의 박학천식(薄學淺識)에 따른 엉성한 서술과 미숙한 설명에 대한 독자 여러분의 이의(異議)나 질정(叱正)을 기다리며, 더욱 정진하겠다는 다짐으로 서문에 갈음한다.

2025년 5월

도연(陶硯) 진기환(陳起煥)

일러두기

● 본서는《중국역대사화(中國歷代史話)》의 네 번째 책이다.《중국역대사화》는 중국사 전체의 모습을 조망하기 위한 시리즈인데,《춘추전국사화(春秋戰國史話)》,《진한사화(秦漢史話)》,《삼국사화(三國史話)》,《양진사화(兩晉史話)》,《수당사화(隋唐史話)》,《송대사화(宋代史話)》로 구성되었다.

이 시리즈는 그간 필자의 중국 정사서(正史書)의 번역을 바탕으로, 누구나 이해하기 쉽게, 또, 흥미를 갖고 읽을 수 있도록 이야기 형식으로 고쳐쓴 역사책이다.

이는 우리나라에서 처음 시도되는 사화(史話) 시리즈이기에, 독자의 안목으로도 미비한 내용이나 오류가 있을 수 있다. 필자는 독자 여러분의 엄한 질정(叱正)을 기다린다.

● 본서의 기본 텍스트는 없고, 다음의 여러 도서를 참고하여 필자가 역사 수업을 하듯 본서를 집필하였다.

중국 역사를 고등학생에게 교육할 때, 또 중국 역사를 공부하는 동학(同學)들과 함께 연학(研學)할 때 가장 중요한 것은 무엇을 얼마만큼 가르치고 공부하느냐? 곧 중국 역사의 내용과 깊이이다.

본《양진사화》는 삼국시대에 이은 서진의 건국과 중국 통일, 그리고 서진의 멸망에 이은 5호16국 시대와 동진의 대립, 남조와 북조 시대의 분열 등 위진남북조 시대의 역사 개론을 줄거리 삼아 엮었지만, 개론서

(槪論書)는 분명 아니며 그렇다고 재미를 위한 사실의 변경이나 추가도 없었다. 다만 역사적 사실을 바탕으로 알기 쉽게 이야기하듯 설명하였다.

● 본서에서는 역사적 사실, 제왕의 재위, 개인의 생몰(生歿) 연도를 모두 서기로 환산하여 ( ) 안에 기록하였다. 그리고 역사적 인물의 성명이나 관직, 지명 등 고유명사는 모두 한글에 한자를 병기하였다. 그 밖에 다른 뜻으로 해석될 수 있는 내용도 한자를 병기했다.

● 상세한 주석을 달았다. 본서의 주석은 독자의 공부를 돕는 한 방법이다. 특히 역사 인물이나 사건에 대해서는 사실(史實)에 바탕을 둔 주석을 달았다. 독자의 여력이 있어 주석을 상세히 읽는다면 중국사에 관한 상당한 지식을 축적하리라 장담한다.

필자의 광범위한 주석은 중국사나 문학, 철학에 관하여 폭넓은 지식을 갖고 있는 고급 독자의 지적(知的) 욕구를 충족시켜주고, 본서를 읽은 독자가 가질 수 있는 또 다른 질문이나 의문사항에 대한 답변이다.

본서에는 한자가 좀 들어갔는데, 이는 독자의 빠른 이해를 위한 방편이라 생각했다. 특히 한자만 보면 머리가 아프다는 독자도 있지만 이는 일종의 공포심이다. 한자를 읽으며 익히기를 계속한다면 그런 공포는 저절로 사라질 것이다.

● 어려운 한자의 경우 우리나라에서 통용되는 음훈과 중국어에서

통용되는 의미를 같이 설명하였다. 특히 성명의 우리말 표기에서는 국내 옥편의 음(音)을 따랐다.

> 예 契-사람 이름 설(商族의 시조), 맺을 계. 洗氏(선씨)-성씨 선. 씻을 세.

● 관직은 현재 통용되는 의미에 가깝게 보충하였고, 지명은 현행 중국 행정구역의 명칭으로 설명하였다. 곧 성(省), 지급시(地級市), 현(縣)이나 현급시(縣級市)를 병기하여 모든 독자가 현재의 중국 지도로 그 위치를 알 수 있게 주석을 달았다.

● 경전이나 書册, 저서는 《 》, 경전과 서책의 편명이나 제목을 붙일 수 있는 문장 또는 악곡 등은 〈 〉로 구분하였다. 경전의 인용구, 조서(詔書), 상주문(上奏文), 서언(書信), 서책(書册)이나 문서(文書)의 내용은 「 」로 표시하였다. 개인 열전에 수록된 문학작품이나 유명한 글의 제목은 〈 〉로 표시하였다.

● 【註釋】은 아래와 같이 구성되었다.

○글자 뜻을 정확하게 설명하였고, 읽기 어려운 한자의 독음을 첨가했으며, 구절 풀이와 함께 필요한 문법적 설명을 첨가하였다.

○본서에 표시된 연도는 모두 서기이고, 연호는 황제와 사용 기간, 그리고 서기로 환산한 연도를 기록하였다.

○인물에 대한 주석으로 입전(立傳)된 자료를, 소재를 밝혀 보다 상세하거나 필요한 내용을 찾아볼 수 있게 했다.

> 예 張飛(장비)-《촉서(蜀書)》 6권, 〈관장마황조전(關張馬黃趙傳)〉에

입전(立傳).

楊脩(양수)-《후한서(後漢書)》54권,〈양진열전(楊震列傳)〉에 입전.

○사서(史書)의 독해(讀解)에 지리적 이해가 뒤따르지 않는다면 내용을 제대로 파악할 수 없다. 지리적 근거가 없는 사서(史書)는 없다.

사실 사서(史書)에 지명이나 인명에 대한 설명이 있어도 나중에 다시 그 이름이 나온다면 앞서 내용을 다 기억하지 못한다. 필자는 이에 대한 보충 설명에 특별한 주의를 기울였다.

○관직명이나 제도, 역사적 인물, 도량형에 대한 상세한 주석을 달아 본문 내용에 대한 이해도를 높였다.

○인용된 경전의 출처와 내용을 밝혔다.

● 권말 부록으로 (1) 조위 말기(曹魏 末期), (2) 서진(西晉), (3) 동진(東晉)과 5호16국(五胡十六國)의 양진 대사 연표(兩晉 大事 年表)를 정리했다.

참고 도서

《中國歷代史話》 全 5권 : 北京出版社 [編], 北京出版社 1992.
《中國歷史圖說》 全 10권 : 王壽南 編纂, 新新文化出版有限公司, 民國 66년, 臺北.
《三國志》 : 晉 陳壽 撰, 宋 裴松之 注, 中華書局, 1992.
《三國志解讀》 : 本冊主編 曾志華, 劉銀昌 外, 雲南敎育出版社, 2011.
《晉書解讀》 : 本冊主編 張新科, 雲南敎育出版社, 2011.
《北朝史解讀》 : 本冊主編 曾志華, 華齡出版社, 2006.
《南朝史解讀》 : 本冊主編 曾志華, 華齡出版社, 2006.
《秦漢史》 : 田昌五, 安作璋 主編, 人民出版社, 2008.
《中國通史綱要》 : 白壽彝 主編, 上海人民出版社, 1980(1983 6刷).
《中華五千年史話》 : 郭伯南, 劉福元 著, 臺北書林出版有限公司, 民國 81년.
《後漢書辭典》 : 張舜微 主編, 山東敎育出版社, 1994.
《中國歷史地圖集》 3册(三國, 晉) : 中國社會科學院, 譚其驤 主編, 中國地圖出版社, 1982.
《世說新語》 : 南朝 宋 劉義慶 撰, 劉正浩 外 註釋, 臺北, 三民書局, 民國 85년(1996).
《世說新語》(전 3권) : 유의경 찬, 김장환 역, 신서원, 2008.
《원문 완역 後漢書》 全 10권 : 范曄 著, 진기환 譯, 명문당, 2019.
《원문 완역 正史 三國志》 全 6권 : 陳壽 著, 진기환 譯, 명문당, 2019.
《顔氏家訓》(上·下) : 顔之推 著, 진기환 譯, 명문당, 2022.

차례

- 머리말 3
- 일러두기 8
- 참고 도서 12

제1부
진(晉)의 건국과 통일

1. 양진(兩晉) 시대의 중국 22
2. 사마씨 삼대 25
   (1) 사마의 25
      1) 사마의의 선조 25
      2) 조조와 사마의 29
      3) 사마의의 대두 30
   (2) 사마사와 사마소 38
      1) 사마사 38
      2) 사마소 41
      3) 조위(曹魏)의 몰락 45
   (3) 사마염의 개국 49
      1) 사마염(司馬炎)의 즉위 49
   (4) 서진의 천하통일 55
      1) 양호 55
      2) 두예 60
      3) 손호의 폭정과 동오 멸망 61
   (5) 진(晉) 무제의 죽음 64
   (6) 주기(周玘)의 울분 67

3. 서진의 멸망 71
　(1) 혜제 즉위 71
　(2) 팔왕의 난 78
　(3) 회제의 즉위 81
　(4) 서진의 멸망 82
　(5) 청담의 유행 86
　　1) 죽림칠현 86
4. 서진 인물 열전 91
　(1) 효행 열전 91
　　1) 이밀-진정표 91
　　2) 왕상-한겨울 잉어 95
　(2) 재부(財富) 열전 96
　　1) 석숭 96
　　2) 왕개 102
　　3) 화교-전벽 104
　(3) 문인 열전 105
　　1) 좌사 105
　　2) 육기 110
　　3) 반악 114
　　4) 곽박 118
　　5) 명필 위항 120
　　6) 산도 122
　(4) 과학기술 124
　　1) 배수-《우공지역도》 124
　　2) 장화-《박물지》 126
　　3) 왕숙화 129
　　4) 황보밀 130

제2부
동진의 건국과 발전

1. 동진의 흥망 134
   (1) 원제(元帝)의 건국 134
   (2) 명제 144
   (3) 성제 146
   (4) 목제 외 150
   (5) 효무제 156
   (6) 안제 162
   (7) 공제 – 동진 멸망 165

2. 동진의 권신 169
   (1) 왕돈 169
   (2) 왕도 176
   (3) 환온 부자 184
   (4) 도간 191
   (5) 온교 195
   (6) 유량 196
   (7) 사안 일족 200
      1) 사안 200
      2) 사현 202
      3) 사만 203
      4) 사석 204
   (8) 유뢰지 205

3. 동진의 명인 208
   (1) 귀족 문화의 발달 208
   (2) 서성 왕희지 216
      1) 왕희지 일생 216
      2) 왕희지의 아들들 226
      3) 왕희지와 당 태종 233

차례 15

(3) 미술과 음악　237

　　1) 고개지　237

　　2) 대규　243

　　3) 음악　245

(4) 시인 도연명　246

(5) 간보 －《수신기》　261

(6) 역사 저술　263

　　1) 손성　263

　　2) 습착치　264

(7) 종교와 사상　265

　　1) 갈홍　265

　　2) 불도징　279

　　3) 구마라집　281

　　4) 법현－《불국기》　283

　　5) 혜원－백련사　286

(8) 효자 열전　288

　　1) 왕부　288

　　2) 허자　290

　　3) 유곤　291

　　4) 유은　292

　　5) 고화　295

　　6) 진유　297

(9) 독학자　297

　　1) 두이　297

　　2) 서광　298

　　3) 차윤　300

　　4) 왕육　301

5) 조지 303
6) 혜함 305
7) 범선 306
(10) 방술가 307
1) 진훈 307
2) 대양 307
3) 한우 308
(11) 양진의 은일 308
1) 손등 308
2) 노포 312
3) 곽문 315
(12) 《진서 열녀전》 319
1) 양탐의 처 신헌영 319
2) 왕경의 모친 323
3) 왕담의 결혼 324
4) 도간의 모친 담씨 325
5) 순숭의 딸 순관 326
6) 왕응지 처 사도온 327

제3부 5호16국과 남북조의 흥망

1. 5호16국의 명멸 332
   (1) 5호16국 시대 332
   (2) 5호16국 시대 개관 338
   (3) 5호16국 시대 주요 인물 343
   1) 유연의 건국 343
   2) 이웅 성한의 개국 348

3) 석륵-후조 개국 349
            4) 선비족 모용황 356
            5) 전진의 부견 358
        (4) 5호16국 시대의 역사적 의의 362
    2. 북조의 흥망 364
        (1) 탁발씨의 흥기 364
        (2) 탁발씨의 북위 370
            1) 탁발규-북위의 시작 370
            2) 탁발사 372
            3) 태무제 탁발도 375
            4) 효문제의 한화정책 381
        (3) 북위의 분열 387
            1) 효문제 이후 387
            2) 동위(東魏)의 분열 393
            3) 서위(西魏)의 흥망 396
            4) 북제 398
            5) 북주(北周) 401
    3. 남조의 흥망 404
        (1) 남조 역사 개관 404
        (2) 남조 유송의 흥망 406
            1) 송 무제 유유 406
            2) 송 문제 유의륭 410
            3) 전(前) 폐제 414
            4) 송 명제 유욱 416
            5) 유송의 종말 420
        (3) 남조 제(齊)의 흥망 423
            1) 태조 소도성 423

    2) 폭군의 연속과 멸망 427
  (4) 남조 양(梁)의 흥망 433
    1) 양 무제의 개국 433
    2) 간문제와 원제 446
    3) 양(梁)의 멸망 449
  (5) 남조 진(陳)의 흥망 452
    1) 무제 진패선의 개국 452
    2) 진 문제 외 456

4. 남북조의 문화 468
  (1) 문학 468
    1) 사령운 469
    2) 안연지 473
    3) 포조 475
    4) 심약 476
    5) 사조 479
    6) 유협-《문심조룡》 480
    7) 소명태자-《문선》 482
    8) 종영의《시품》외 483
    9) 유신 485
    10) 유의경-《세설신어》 486
    11) 북조의 민가 487
  (2) 학문의 발달 491
    1) 진수의《정사(正史) 삼국지(三國志)》 491
    2) 범엽-《후한서》 500
    3) 사학 명저 507
    4) 북위의 실학 512
    5) 안지추-《안씨가훈》 514

6) 조충지의 원주율 523
   7) 범진-신멸론 525
 (3) 북위의 석굴 예술 527
   1) 막고굴 528
   2) 대동 운강석굴 532
   3) 낙양 용문석굴 533

부록

양진 대사 연표(兩晉 大事 年表) 536
 (1) 조위 말기(曹魏 末期) 536
 (2) 서진(西晉) 536
 (3) 동진(東晉)과 5호16국(五胡十六國) 541
• 16국(十六國) 총괄표 546

제1부

진(晉)의 건국과 통일

1. 양진兩晉 시대의 중국

○ 분열과 혼란의 시대

양진 시대의 가장 중요한 특징은 통일보다는 분열의 시대였고, 안정보다는 혼란이 많았던 시대였다.

위(魏) 마지막 황제 조환(曹奐, 재위 260-265)은 사마소(司馬昭)가 옹립한 허수아비 황제였다. 함희(咸熙) 2년(265)에, 진왕(晉王) 사마염(司馬炎, 무제)에게 선양(禪讓)하였다. 사마염은 칭제(稱制)하며 연호를 태시(泰始, 265-274)라 하였다.

사마염은 동오(東吳) 원정을 위한 준비를 마친 뒤, 6로(路)로 대군을 보내, 280년 동오의 말제(末帝) 손호(孫皓, 재위 264-280)의 투항을 받아 삼국시대를 마감하고 통일의 대업을 완성하였다.

무제는 정치 안정과 경제발전을 위한 새로운 조치를 시행하였다. 그리하여 무제는 볼만한 치적을 거두면서 잠시나마 태강지치(太康之治, 太康盛世, 280－289)의 번영을 이룩하였으나, 결국은 이 짧은 기간이 태평시대의 전부였다.

무제는 태강 원년(280)에, 점전제(占田制)를 시행하여 사족(士族)의 대토지 소유를 합법적으로 보장하였다. 그러면서 인재 등용 방법으로 위(魏)에서 시행되었던 구품중정제(九品中正制)를 강화하여 사족의 정치적 지위까지 확실하게 보장하였다. 결국 이런 상황에서 통치 계층과 하층 농민계층의 계급적 모순은 극대화되었다.

진 무제 사마염은 황족 사마씨를 대거 왕(王)으로 분봉(分封)하였고, 이런 제후왕들은 경제적, 군사적 세력을 크게 확대하였다. 그리하여 무제가 붕어하고, 거의 백치에 가깝다는 어리석은 혜제(惠帝)가 즉위하자(재위 290－306), 곧 '팔왕의 난(八王之亂, 291－306)'이 일어나며 서진은 수습할 수 없는, 장장 16년에 걸친 내분에 빠져들었다.

○ 동진(東晉)의 건국(317)

팔왕의 난은 진나라의 내분이었고, 사회경제적 피폐는 통일제국 진(晉) 국력의 쇠약이었다. 이에 따라 중국 서방과 북방의 여러 소수민족이 기회를 틈타 서진에 침입하니, 진은 감당할 수가 없어 316년 일단 멸망한다. 이 진의 왕족 사마예가 장강 하류에서 진을 다시 부흥하니 사마염의 진을 서진(西晉), 사마예가 재건한 진을 동진(東晉)이라 구분한다.

그러면서 중국은 회수(淮水)를 경계로 남북의 대립시대가 이어진다. 그리하여 북쪽에서는 5호(胡)족이 16개 국을 세우고 멸망하니, 이를 5호16국(五胡十六國) 시대라 칭한다.

서진의 왕족인 사마예〔司馬睿, 276-323 / 원제(元帝), 재위 317-323〕는 317년에 건강(建康, 지금의 강소성 남부 남경시)에서 진(晉)을 재건하니, 이를 역사에서는 동진(東晉, 존속 317-420)이라 부른다. 동진에서는 사족(士族)을 중심으로 문벌정치가 강화되었으며, 경제적 안정과 번영 속에 상층의 문화가 크게 발달하였다.

동진에서는 조적(祖逖, 266-321) 같이 북벌을 실천한 무장도 있었지만, 대체적으로 태평시대가 이어졌다. 그러나 정치적으로는 왕돈(王敦)의 반란이나 환현(桓玄)의 찬탈 행위 등으로 불안과 혼란이 계속되었다.

이런 상황에서 정치적 부패와 부세(賦稅)의 증가는 백성의 반란으로 이어져 손은(孫恩)의 반란이 일어났다. 이 손은의 반란을 진압하는 과정에서 무장 유유(劉裕, 363-422)가 득세하여 결국 공제(恭帝) 원희(元熙) 2년(420)에 자립, 송〔宋, 유송(劉宋)〕의 황제를 자칭하며(재위 420-422) 동진은 멸망한다. 동진의 멸망 이후 동진 지역에서는 송(宋)-제(齊)-양(梁)-진(陳)의 남조(南朝)가 이어진다.

2. 사마씨 삼대

(1) 사마의

1) 사마의의 선조

○ 사마앙(司馬卬)의 후손

사마의(司馬懿, 171-251, 懿는 아름다울 의)[1]는 하내군(河內郡) 사람으로 어려서부터 총명하고 대략(大略)을 지녔으며, 풍부한 식견에 유가사상을 바탕으로 늘 천하를 걱정하는 마음을 갖고 있었다고 한다.

사마의의 선조는 초한(楚漢) 시기에 항우(項羽)가 봉(封)한 18제후 중 은왕(殷王)에 봉해진 사마앙(司馬卬, ?-前 205)이었다. 사마앙은 은왕으로 당시 하내군(河內郡)에 정도(定都)했었다. 이 사마

---

[1] 사마의〔司馬懿, 179-251, 字는 仲達(중달)〕 - 河內郡 온현(溫縣, 今 河南城 북부 焦作市 초작시 관할 溫縣) 출신. 魏의 무장. 조조, 조비, 조예, 조방의 四代를 섬겼고 나중에 '고평릉의 변(高平陵의 變, 249년)'으로 曹魏의 국가권력을 장악했다. 조조(曹操)는 사마의를 싫어했고 '낭고지상(狼顧之相, 이리가 뒤를 흘깃흘깃 쳐다보다)'이라면서 뒷날 조씨 일가를 휘두를 것을 염려했고, 이를 아들 조비(曹조)에게 알려줬으나 조비는 사마의와 관계가 좋았고 지켜주었다. 사마의는 《晉書》本紀〈宣帝紀〉에 수록되었다.

앙의 8세손이 정서장군(征西將軍)인 사마균(司馬鈞)이었다. 사마균의 아들이 예장〔豫章, 치소는 지금의 강서성 북서부 남창시(南昌市)〕 태수인 사마량(司馬量)이고, 사마량의 아들이 영천(潁川) 태수인 사마준(司馬儁)이었다. 이 사마준의 아들이 경조윤(京兆尹)인 사마방〔司馬防, 자(字) 건공(建公)〕이었고, 사마의는 사마방의 둘째 아들 중(仲)이었다.

따라서 사마씨는 하내군의 명문거족으로 자부심이 대단하였다. 한(漢) 헌제(獻帝, 재위 189－220) 시기에 나라가 한창 혼란할 때 사마의는 은인자중하였다.

○ 사마의의 형제 - 팔달(八達)

사마의는 후한의 경조윤(京兆尹, 지금의 하남성 낙양 시장 격)을 역임한 사마방의 둘째 아들로 어려서부터 특별한 지조가 있었고, 총명하고 대략(大略)을 품었으며, 유가사상을 바탕으로 박학다문(博學多聞)하였다.

하내군 출신으로 남양태수(南陽太守)를 역임한 양준(楊俊)은 사람을 잘 볼줄 안다고 유명했는데, 약관(弱冠)의 사마의를 만나보고서는 '비상한 인물(非常之器)' 이라고 말했다.

상서(尙書)였던 청하현(清河縣)의 최염(崔琰)은 사마의의 형인 사마랑(司馬朗)과 친했는데, 사마의를 만나보고서는 사마랑에게 말했다.

"그대 아우는 총명, 지혜로우며 굳센 결단력의 영재(英才)라서 자네가 못 따라갈 것이오."

사마의의 형인 사마랑〔司馬朗, 자(字) 백달(伯達)〕과 사마의〔司馬懿, 자(字) 중달(仲達)〕, 아우인 사마부〔司馬孚, 자(字) 숙달(叔達)〕, 그리고 이어 사마규〔司馬馗, 자(字) 계달(季達)〕까지는 형제의 서열을 의미하는 백, 중, 숙, 계(伯仲叔季)로 자(字)를 지었다. 그 아래 형제는 사마순〔司馬恂, 자(字) 현달(顯達)〕, 사마진〔司馬進, 자(字) 혜달(惠達)〕, 사마통〔司馬通, 자(字) 아달(雅達)〕, 사마민〔司馬敏, 자(字) 유달(幼達)〕이라서 당시 사람들이 이 형제를 팔달(八達)로 호칭하였다.

○ 사마의의 출사(出仕)

조조(曹操)가 사공(司空)일 적에 사마의의 명성을 듣고 불렀지만, 미천한 가문(환관의 손자) 출신인 조조한테 허리를 굽힐 수 없다 생각하여 출사하지 않았다. 조조가 승상이 되어 다시 부르면서 '거절하거나 주저하면 잡아가두라'고 명령하자, 사마의는 두려워 벼슬에 나아갔다.

조조보다 24살 연하인 사마의는 조조의 아들 조비〔曹丕, 뒷날 위 문제(魏 文帝)〕와 교제하며, 황문시랑(黃門侍郞), 의랑(議郎), 주부(主簿) 등 여러 직책을 역임했다.

○ 무장(武將) 사마의

　사마의는 제갈량(諸葛亮, 181－234)에게 여러 차례 패전했기에 촉의 군사를 마치 호랑이처럼 무서워했다. 패전한 사마의는 갈림길에서 금빛 투구를 다른 길에 벗어던지고 겨우 목숨을 건진 일이 있었는데, 이후 사마의는 성문을 닫고 꼼짝하지 않았다. 촉장 위연(魏延)이 사마의의 투구를 흔들며 도전하자, 사마의가 웃으며 부장들에게 말했다.

　"작은 것을 참지 못하면 큰일을 하기 어렵다〔小不忍則難大謀(소불인즉난대모)〕."

　'36번째 계략, 달아나는 것이 가장 좋은 계략이다〔三十六計 走爲上計(삼십육계 주위상계)〕.' 란 말과 함께, 즉 모든 계략이 안 통한다면 '그 다음은 참는 것이 최상의 계책이다' 란 말을 자주 쓴다. 그만큼 참는 것은 중요하지만 어려운 것이다.

　'한 마디를 참고(忍一句), 분노 한번 가라앉히고(息一怒), 한 발 물러서라!(退一步)' 는 말 역시 큰일을 하는 동안 참고 또 참으라는 뜻이다.

　'한 번의 인내는 온갖 용맹을 제압할 수 있고〔一忍可以制百勇(일인가이제백용)〕, 한 번의 안정은 온갖 움직임을 제압할 수 있다〔一靜可以制百動(일정가이제백동)〕.' 라는 말 역시 같은 의미로 쓰이고 있다.

2) 조조와 사마의

   ○ 낭고지상(狼顧之相)

조조는 사마의가 마음속에 큰 뜻을 품고 있음을 잘 알고 크게 신임하지 않았다고 한다.

조조는 아들 조비에게 "사마의는 다른 사람의 신하가 될 사람이 아니다."라며 항상 경계할 것을 충고했었다.

또 조조는 사마의를 싫어했고 '낭고지상(狼顧之相, 이리가 다니면서 흘깃흘깃 뒤를 돌아보 꼴)'이라면서 뒷날 조씨 일가를 휘두를 것을 염려했기에, 이를 아들 조비에게 말해줬으나 조비는 사마의와 관계가 좋았고 지켜주었다.

조비 또한 평시에 사마의와 친분이 있었지만, 이후 차츰 사마의를 멀리하였다. 사마의 역시 이런저런 눈치 속에 자신의 안전을 위하여 하급 관리의 직무에 밤을 새는 등 하찮은 일까지도 기꺼이 하면시 조조를 안심시켰다.

   ○ 사마씨(司馬氏) 삼대(三代)

사마씨의 진(晉, 서진)나라가 이루어지기까지 사마씨 삼대에 걸친 노력과 성장 과정이 있었다.

그전에, 조조는 어느 날 세 마리의 말이 한 구유(槽, 구유 조 : 曹와 동음)에서 먹이를 먹는 꿈을 꾸고 이를 매우 언짢게 여겼다. 말세 마리는 훗날 위나라를 멸망의 길로 들게 하는 사마의와 그 두 아들, 곧 사마사(司馬師)와 사마소(司馬昭)를 뜻한다.

조조를 섬겨 그 능력을 인정받은 사마의는 조조의 아들 조비(曹丕, 문제)가 죽고(226), 그 아들 조예(曹叡, 명제) 때 표기대장군이 되어 옹주(雍州)와 양주(涼州)의 병마권을 장악하게 된다.

이 소식을 들은 제갈량은 마속(馬謖)의 건의를 받아들여 반간(反間, 첩자)을 밀파한다. 첩자들은 사마의의 이름으로 된 불온 벽보를 곳곳에 붙인다. 명제는 사마의를 의심했고, 대신 화흠은 '조조도 사마의에게 군사권을 맡기지 말라'고 했다며 사마의를 제거하라고 건의한다.

결국 사마의는 모든 관직을 박탈당하고 고향마을로 돌아간다. 이 소식을 들은 제갈량은 '안심하고 위(魏)를 칠 수 있다'며 〈출사표(出師表)〉를 올리고(227년) 출정한다.

그 이후 위나라 군사가 제갈량에게 계속 패하자, 위나라에서는 다시 사마의를 등용한다.

3) 사마의의 대두

사마의는 위(魏)의 장수로 조조, 조비(曹丕), 조예(曹叡, 명제), 조방(曹芳)의 4대를 섬겼고 나중에 '고평릉(高平陵)의 변(變)(249)'으로 조위(曹魏)의 권력을 장악했다.

○ 사마의(司馬懿)에게 군권(軍權)을!

소제(少帝) 조방(曹芳)[2]이 조서를 내렸다.

「태위(太尉, 사마의)는 정도(正道)를 지키며 정직무사하며 3세(三世; 무제, 문제, 명제)에 걸쳐 충성하였고, 남으로는 맹달(孟達, 촉장으로 투항 후 반란)을 죽였고, 동쪽에서는 공손연(公孫淵)을 멸망시켰으니 그 공적은 온 나라에 미쳤다. 옛 주 성왕(周成王)은 태보(太保)와 태부(太傅)의 관직을 두었고, 근래 후한의 현종(顯宗, 명제)[3]은 등우(鄧禹)[4]를 높이 존중하였는데, 이는 재덕이 출중한 신하를 반드시 존중해야 한다는 뜻이다. 이에 태위를 태부(太傅)[5]로 임명

---

2 조방(曹芳) — 明帝가 無子하여 養子를 데려다 어려서부터 궁 안에서 성장하였다. 조방(曹芳)은 任城王 曹楷(조해)의 아들이라는 설이 있지만 확인할 수 없다. 조방은 재위 16년(재위 240-254)으로 가장 오래 재위했지만, 첫 번째 허수아비 황제였다. 사마사(司馬師)의 정변으로 퇴출되었다.

3 後漢 2代 明帝(劉莊, 재위 서기 57-75년) — 顯宗은 묘호, 諡號는 孝明皇帝, 後漢 光武帝 劉秀(유수)의 四子, 생모는 미인으로 유명했던 陰麗華(음려화).

4 등우(鄧禹, 서기 2-58) — 南陽 新野人, 光武帝의 측근, 개국공신. 광무제가 蕭何(소하)처럼 믿을 수 있는 사람이라고 생각했다. 後漢 개국에 크게 기여하였으며 '雲臺二十八將(운대이십팔장)'의 첫째. 등우의 아들이 鄧訓(등훈), 등훈의 딸이 和帝의 황후인 鄧綏(등수)였다.

하니 부절을 받아 군사를 지휘하며 모든 군사업무를 전처럼 감독하기 바란다.」

○ 고평릉의 변 – 군권(軍權) 탈취

조방의 정시(正始) 10년(249, 가평嘉平 원년) 정월, 황제(皇帝)가 고평릉(高平陵)[6]에 참배하는데, 조상(曹爽)의 형제 모두가 수행하였다.[7] 이에 사마의는 병마를 지휘하여 먼저 무고(武庫)를 점거한 뒤에, 궁을 나가 낙수(洛水)의 부교(浮橋) 주변에 진을 쳤다. 그리고 상주하여 조상을 고발하였다.

---

5 太傅(태부) – 三公보다 상위직. 황제의 자문 담당. 상설직은 아니었다.

6 고평릉(高平陵) – 曹魏 明帝의 능. 황제의 고평릉 참배에 조상의 일족이 모두 수행했는데, 사마의는 낙양 성문을 봉쇄한 뒤에 (明帝의 제2 황후인) 皇太后 郭氏(곽씨)를 협박하여 조상 일족의 군권을 박탈하고 조상 일족을 주살하였다. 이 결과로 사마의는 曹魏의 전권을 장악했으며, 황제 조방(曹芳)은 완전한 허수아비 황제가 되었다. 이 고평릉의 變으로 曹氏 일족은 모든 권력을 빼앗겼고, 서기 265년까지 나머지 기간은 司馬氏의 개국 준비 기간이 되었다.

7 조상 형제가 한꺼번에 성 밖에 나가는 일을 두고 桓範(환범)이 말했다. "만기(萬機)를 총람하고 禁兵을 장악하고 있으면서 동시에 성을 나가는 일은 옳지 않습니다. 만약 성문을 막는다면 누가 다시 들어올 수 있겠습니까?" 이에 조상은 "누가 감히 그럴 수 있겠는가?"라고 말하면서 한꺼번에 나가지 않고 각각 따로따로 모두가 出城했다.

곧 대장군 조상(曹爽)[8]과 조상의 동생인 무위장군(武衛將軍) 조훈(曹訓), 산기상시(散騎常侍)인 조언(曹彦)의 관직을 파면하고, 조상은 작위를 가지고 재가(在家)해야 한다고 상주하였다.[9]

조상은 사마의의 상주문을 받아놓고 이를 황제에게는 알리지 않으면서, 사태가 급박한데도 어찌할 바를 몰랐다. 대사농(大司農)인 패국(沛國) 사람 환범(桓範)은 사마의가 거병했다는 소식을 듣고, 태후(太后)의 소환에도 응하지 않고 가짜 조서로 평창문(平昌門)을 열게 한 뒤에 남쪽으로 조상에게 달려갔다.
사마의는 이런 사실을 알고 말했다.
"환범이 책략을 마련하겠지만 조상은 틀림없이 환범의 계책을 따르지 않을 것이다."

환범(桓範, ?-249)은 조위의 대사농(大司農)을 역임했는데, 별칭이 '지낭(智囊, 꾀주머니)' 이었다.
환범이 조상에게 달려간 사실을 알고 사마의가 말했다.

---

8 조상(曹爽, ?-249, 字는 昭伯) - 曹眞의 아들, 曹操의 侄孫(질손). 明帝의 유조를 받아 사마의와 함께 曹芳을 보정(輔政)하였지만 난폭하게 권력을 휘두르다가 사마의의 高平陵之變(서기 249년)으로 권력을 잃고 멸족되었다. 《魏書》 9권, 〈諸夏侯曹傳〉에 立傳.
9 사마의가 상주한 글은 《魏書》 9권, 〈諸夏侯曹傳〉 중 〈曹爽傳〉에 수록되었다.

"지낭이 가버렸다."

이에 측근이 말했다.

"환범이 지낭이지만, 늙은 말(조상曹爽)은 구유에 남은 콩이 먹고 싶기에, 끝내 채용하지 못할 것입니다."

자신의 모든 권력을 눈뜬 채로 사마의에게 몽땅 빼앗긴 조상은 자신의 호위 군사를 해산하면서 말했다.

"나는 부가옹(富家翁, 부잣집 늙은이)으로 그냥 살 수 있을 것이다."

이에 환범이 통곡하며 말했다.

"조자단〔曹子丹, 조진(曹眞)〕은 착한 사람이었으나 당신 형제와 같은 송아지를 낳았구나! 오늘 당신들 멸족에 내가 연좌될 것이니 어찌하겠는가!"

○ 환범의 건의도 수용 못한 멍청이

환범은 조상에게 황제를 데리고 허창(許昌)으로 가서 외병(外兵)을 소집하라고 건의하였다.

그러나 조상의 형제들은 유예(猶豫)하며 결정짓지 못하자, 환범이 거듭 조상에게 말했다.

"오늘 이 같은 상황에서 경(卿)이 집안에서 빈천하게 살겠다 한들 살아갈 수 있겠습니까? 또 필부(匹夫)일지라도 인질로 잡히며 살기를 바라는데, 지금 경은 천자를 모시고서 명을 내린다면 누가 감히 불응하겠습니까?"

그런데도 조상은 끝까지 환범의 건의를 받아들이지 않았다. 조상은 아랫사람을 사마의에게 보내 죄를 자청한 다음에야, 사마의의 상주를 황제에 올렸다.

조상의 형제들은 모두 관직을 내놓고 자택으로 돌아가 대기하였다. 이를 고평릉(高平陵)의 변(變)이라고 하는데, 한 마디로 멍청한 조씨들은 눈을 멍뚱멀뚱 뜨고는 나라의 권력을 사마씨한테 고스란히 넘겨주었다.

그러면서 조상은 황제는 조씨이니 자신들은 모두 부잣집 늙은이(부가옹富家翁)처럼 배불리 먹고 살 수 있다고 생각했다.

곧 조상은 먹고 자면서 살만 찌는 돼지의 삶을 살 수 있다고 생각하며 권력을 얌전히, 고스란히 넘겨준 꼴이었다. 그러나 과연 누가 조상의 생각처럼, 늙은 돼지를 살찌도록 먹여만 주겠는가?

조상(曹爽), 조희(曹羲), 하안(何晏), 등양(鄧颺), 정밀(丁謐), 필궤(畢軌), 이승(李勝), 환범(桓範), 장당(張當) 등 조상의 일당은 모두 처형되었고, 그들의 삼족(三族)도 멸망하였다.[10]

---

10 曹爽의 사촌 동생 曹文叔(조문숙)의 아내는 夏侯寧(하후령)의 딸인데, 일찍 과부가 되었고 자식도 없었다. 그녀를 친정에서 개가시키려 하자, 문숙의 처는 이를 거부하며 자신의 코를 잘라버렸다. 주위 사람들이 그녀에게 물었다. "인생살이가 약한 풀잎 위에 얹

○ 사마의가 죽다

　가평(嘉平) 3년(251) 가을 7월에, 황후인 견씨(甄氏, 조방의 황후)가 붕어했다.

　사마의는 소제(少帝) 조방(曹芳)의 가평 3년에, 향년 73세로 병사하였다. 장례는 수양산(首陽山)[11]에 검소하게 마쳤다. 시호는 무양선문후(舞陽宣文侯)로 추존했다. 264년에, 아들 사마소(司馬昭)가 진왕(晉王)이 되자 사마의를 진왕(晉王)으로 추존하며, 시호는 선왕(宣王)이라 했다.

　손자인 사마염(司馬炎)이 칭제하며 서진(西晉)을 건국하자(265), 황제(皇帝)로 추존하며 묘호를 고조, 시호(諡號)를 선황제

힌 가벼운 먼지 같거늘, 어찌 이런 고생을 스스로 겪어야 하는가? 더군다나 曹氏 일가가 司馬氏에게 몰살당하여 아무도 남은 사람이 없거늘, 누구를 위해 수절하려는가?' 이에 문숙의 처 하후씨가 말했다. "어진 자는 성쇠에 따라 절개를 고치지 아니하고(仁者不以盛衰改節), 의로운 사람은 존망에 따라 마음을 바꾸지 않는다(義者不以存亡易心)고 들었습니다. 조씨들이 융성할 때에도 일생을 바치려 했거늘, 하물며 지금 이 가문을 어찌 버릴 수 있겠습니까? 제가 어찌 금수와 같은 짓을 하겠습니까?"
이 말을 전해들은 사마의는 문숙의 아내에게 조씨의 제사를 지내도록 허용했다. ─ 皇甫謐(황보밀)의 《列女傳》.《三國演義》107회 〈魏主歸政司馬氏 姜維兵敗牛頭山〉 참고.

11 수양산(首陽山) ─ 今 洛陽市 동쪽 30km, 偃師市(언사시)의 산. 해발 359m, '日出之初, 光必先及'이라 해서 얻은 이름. 백이 숙제(伯夷, 叔齊)가 고사리를 뜯어 먹은 산. 후한 유명 인사들의 무덤이 많다.

(宣皇帝)라 하였다.

○ 사마의의 아내 – 장춘화(張春華)

장춘화(張春華, 189 – 247)는 사마의의 정실(正室)로, 선목황후(宣穆皇后)로 추존되었다.

장춘화의 부친 장왕(張汪)은 현령(縣令)이었다. 젊은 날, 장춘화는 덕행으로 알려졌고, 남들보다 지혜와 식견이 뛰어났다. 큰아들 사마사(司馬師, 208년생)와 작은 아들 사마소(司馬昭, 211년생) 등 3자(子)와 딸 하나를 출산하였다.

사마의가 조조의 부름에 사지마비 증세가 있어 출사할 수 없다고 거짓말을 했었다. 어느 여름 날, 사마의가 집에서 책을 포쇄(曝曬, 햇볕을 쬐다)하고 있었는데, 갑자기 소나기가 쏟아지자 사마의는 다급하여 이리저리 뛰며 말리던 책을 거둬들였다. 사마의의 이런 모습을 계집종 하나가 모두 지켜보았다. 장춘화는 그간의 거짓말이 드러날까 걱정하여 그 계집종을 직접 죽여서 입을 막았다. 그리고 장춘화는 직접 밥을 지어 사마의를 모셨다. 이 때문에 사마의는 아내를 더 존중하였다고 한다.

뒷날 사마의의 첩실 백부인(柏夫人)이 사마의의 총애를 받았고, 장춘화는 사마의를 만나기도 어려웠다. 장춘화는 사마의가 앓아

눕자, 직접 간병하며 사마의를 보살폈다.

이에 사마의가 말했다.

"늙은 여편네가 정말 지겹다. 꼭 그러해야 하는가!"

이 말을 들은 장춘화는 부끄러움에 치를 떨며, 죽으려고 음식을 끊었다. 그러자 사마의의 세 아들이 모두 음식을 먹지 않았다. 이에 사마의는 놀라 아내를 찾아가 사과하였고, 장춘화는 음식을 들었다.

이에 사마의가 말했다.

"늙은 할멈이 죽는 거야 아깝지 않지만, 아들들을 고생시킬 수가 없었다."

사마의 아내 장춘화는 조방(曹芳)의 정시(正始) 8년(247) 4월, 59세에 죽었다.

(2) 사마사와 사마소

1) 사마사

○ 소제 조방(曹芳) 축출

위장군(衛將軍)인 사마경왕(司馬景王, 사마사)[12]이 무군대장군(撫

---

[12] 司馬景王은 사마사(司馬師, 208-255, 字 子元)로, 司馬懿와 母 張春華의 長子. 司馬昭의 형. 西晉 開國君主 晉 武帝 사마염(司馬炎)의 큰아버지(伯父).

軍大將軍)이 되어 상서 업무를 총괄하였다.[13]

조방(曹芳) 가평(嘉平) 4년(252) 정월, 사마사가 대장군이 되었다.

가평 6년(254) 가을 9월, 대장군 사마사가 조방을 폐위할 계획으로, 이를 황태후〔皇太后, 명제의 두 번째 황후인 곽씨(郭氏)〕에게 아뢰었다.

갑술일에 황태후가 칙령을 내렸다.

「황제 방(芳)은 춘추(春秋)가 이미 성인이지만 만기(萬機)를 친람하지 않으면서, 전적으로 희첩만을 총애하고 여인의 음락만을 탐하면서 날마다 가기나 무녀를 불러들여 멋대로 추악한 짓을 일삼으며, 궁 안 육궁(六宮)의 가인(家人)을 불러 내방(內房)에 머물게 하면서 인륜의 질서를 어지럽히고, 남녀의 지조를 교란하였으며, 공경과 효순의 마음을 날마다 훼손하는 등 그 패악(悖惡)이 점차 심해졌기에 황통(皇統)을 계승하거나 종묘 제사를 받들 수 없게 되었다. 이에 태위 고유(高柔)로 하여금 책서를 받들어 제사용

---

13 錄尙書事(녹상서사)는 前漢의 領尙書事를 개칭한 것. 황제에게 올라가는 모든 문서업무를 주관하는 직책이 상서대의 상서령이고, 상서령 이하 상서복야, 상서, 尙書郞 등은 모두 少府 소속이었다. 후한에서 尙書의 권한이 점차 강대하면서 국가 최고의 대신이 이 상서 업무를 감독하였다. 곧 錄尙書事는 재상(宰相)의 의미로 사용되었는데, 상서 업무를 감독한다는 뜻이지 직책을 직접 수행한다는 뜻은 아니다.

소(一元大武)¹⁴를 종묘에 바치고 고하여 조방을 제(齊)의 번왕(藩王)으로 삼아 황위(皇位)에서 물러나게 하노라.」

바로 이날 조방을 별궁으로 옮겨가게 하니, 나이는 23세였다.

고귀향공(高貴鄕公) 조모(曹髦) 정원(正元) 2년(255) 봄 정월, 진동장군(鎭東將軍) 관구검(毌丘儉)과 양주자사 문흠(文欽)¹⁵이 반역하자, 대장군 사마사(司馬師)가 토벌하였다.

진남장군(鎭南將軍)인 제갈탄(諸葛誕)¹⁶이 진동대장군이 되었다. 사마사가 허창(許昌)에서 죽었다(255년).¹⁷

---

14 一元大武는 종묘제사에 쓰는 소. 이때 元은 首의 뜻. 大武는 큰 발자국(武는 迹也). 소가 크면 발자국도 크다는 주석이 있다. 武는 跡(자취 적)의 뜻.

15 文欽(문흠, ?-258년, 字 仲若) - 豫州 초군(譙郡) 출신, 曹魏의 前將軍, 揚州剌史 역임. 建安 24년(서기 219)에, 魏諷謀의 모반에 연좌되어 치죄하여 사형 판결이 났으나 조조는 자신의 부장 文稷(문직)의 아들이라 하여 특별히 사면하였다. 관구검과 함께 모반한 뒤, 東吳로 도주하여 譙侯(초후)로 책봉되었다.

16 諸葛誕(제갈탄, ?-258년, 字 公休) - 諸葛豊의 후손, 諸葛亮(제갈량)과 諸葛瑾(제갈근)의 堂弟. 뒷날 壽春縣(수춘현)에서 반란을 일으켰다가 피살되었다.

17 사마사(司馬師)는 관구검(毌丘儉)과 文欽(문흠)의 亂을 진압한 뒤, 평소에 앓던 眼疾(안질)이 악화되어 許昌에서 병사했다.

2) 사마소

정원(正元) 2년 (255) 2월, 위장군 (衛將軍) 사마소(司馬昭)[18]가 대장군이 되어 녹상서사(錄尙書事)를 겸했다.

고귀향공 감로 (甘露) 원년(256) 5월, (위군魏郡) 업현 (鄴縣)과 옹주 경조

사마소(司馬昭) 〈출처: 위키백과〉

군(雍州 京兆郡)의 상락현(上洛縣)에서 감로(甘露)가 내렸다고 보고하였다.

여름 6월 병오일, 감로로 개원하였다.

8월 경오일에, 대장군 사마소에게 대도독의 칭호를 하사하고

---

18 사마소(司馬昭, 211-265년, 字 子上,《三國演義》에서는 子尙) - 河內郡 溫縣(今 河南省 河水 북쪽 焦作市 관할 溫縣) 출신, 사마의와 모친 張春華(장춘화)의 次子, 司馬師의 동생, 西晉 開國皇帝 武帝 司馬炎(사마염)의 부친. 蜀漢을 멸망시키고 曹魏의 권력을 완전 장악했다. 司馬炎은 曹魏의 마지막 황제 曹奐(조환)의 禪讓(선양)을 받아 칭제한 뒤에, 司馬昭를 晉 文帝로 추존했다.

업무를 상주하며 이름을 말하지 않는 특권과 황월(黃鉞)을 하사하였다. 태위 사마부(司馬孚, 180-272, 사마의의 아우)가 태부(太傅)가 되었다.

감로 3년(258) 봄 2월, 대장군 사마문왕(司馬文王, 사마소)은 수춘성〔壽春城, 지금의 안휘성(安徽省) 중부 회남시(淮南市) 수현(壽縣)〕을 함락하고 제갈탄(諸葛誕)을 죽였다.[19]

여름인 5월, 대장군 사마소를 상국(相國)에 임명하였고 진공(晉公)에 봉하였는데, 식읍(食邑)은 8군(郡)이었고 구석(九錫)을 하사하였지만, 사마소가 전후 9차례나 사양하기에 중지하였다.

○ 사마소의 속셈은-

고귀향공 조모(曹髦)의 감로(甘露) 5년(260) 봄, 정월 초하루에, 일식이 있었다.

여름인 4월, 유사(有司)에게 명하여 이전의 조명(詔命)을 실천하라고 하였고, 다시 대장군 사마소를 상국(相國)으로 삼아 진공(晉公)에 봉하고 9석(錫)을 내렸다.

---

[19] 諸葛誕(제갈탄)이 반역한 근거지 壽春에서는 조위 후기에 연속 반란이 일어났다. 이를 '壽春三叛' 또는 '淮南三叛'이라고 칭한다. 이는 司馬氏의 專政에 따른 반발이지만 본《위서》에는 그런 내용이 모두 생략되었다. 三反은 王淩의 반란(서기 251년 4월), 毌丘儉(관구검)과 文欽(문흠)의 반란(255년 1월), 諸葛誕의 반란(서기 257년 5월-258년 2월)인데, 모두 司馬氏에게 평정되었다.

5월, 고귀향공 조모는 황제의 권위가 날마다 위축되자 분노를 참을 수 없었다. 황제는 시중(侍中)인 왕침(王沈), 상서(尚書) 왕경(王經), 산기상시(散騎常侍)인 왕업(王業) 등을 불러 말했다.

"사마소(司馬昭)의 속셈은 길을 가는 사람도 다 알고 있다(司馬昭之心, 路人所知也). 나는 더 이상 앉아서 이런 수모를 당할 수 없다. 오늘 당장 경들과 함께 출동하여 사마소를 토벌하겠다."

이에 왕경이 옛 노(魯) 소공(昭公)이 계씨(季氏)를 토벌하려다가 패주하여 실국(失國)한 예를 들어 제지하였다.
그러나 황제는 단호했다.
"행동은 과감해야 한다. 죽는다 하여 무엇이 두렵겠는가? 그리고 꼭 죽어야 되는 것도 아니다!"
그리고는 태후에게 가서 이를 아뢰었다. 그러는 동안 왕침과 왕업은 이를 사마소에게 알렸고, 사마소는 사태에 대비하였다. 사마소는 궁중 노비 수백 명을 데리고 소리를 지르며 궁을 나서려 했다. 사마소의 동생 둔기교위(屯騎校尉)인 사마주〔司馬伷, 227-283. 사마의의 4자(子)〕가 궁의 동문에서 황제를 제지하였으나 많은 사람이 소리를 지르자, 사마주는 제지하지 못하고 피신하였다.

○ 고귀향공의 죽음

중호군(中護軍)인 가충(賈充)[20]이 황제의 무리와 맞섰다. 황제는 직접 칼을 빼들고 있었다. 태자사인(太子舍人)인 성제(成濟)가 사정이 급한데, 어찌해야 하는가를 물었다.

가충은 성제에게 황제를 찌르라고 말했다. 성제의 칼은 황제의 등을 뚫고 나왔다. 이날 벌어진 일에 대한 여러 기록은 서로 다르다. 하여튼 젊은 황제는 무모했다.

기축일, 고귀향공(高貴鄕公) 조모(曹髦)가 죽었는데(卒), 나이는 20세였다(14세에 즉위했었다).

감로(甘露) 5년 5월, 황태후는 지절을 가진 임시 중호군(中護軍) 중루장군(中壘將軍)인 사마염(司馬炎)[21]을 사자로 보내 북으로 가서 상도향공(常道鄕公)인 조환(曹奐, 246-302, 재위 260-265, 마지막 황제, 15세 즉위)을 명제(明帝)의 후사(後嗣)로 영입케 하였다.

---

20 가충(賈充, 217-282년, 字 公閭) - 曹魏 豫州刺史 賈逵(가규)의 아들. 뒷날 西晉 建國 공신, 司馬昭와 사마염(司馬炎, 晉 武帝)의 심복. 그 딸 가남풍(賈南風)이 司馬炎의 아들 司馬衷(사마충)과 결혼. 뒷날 서진의 정치판에 큰 영향력을 행사했다.

21 司馬炎(사마염, 236-290. 字 安世) - 사마소의 아들. 晉朝(西晉)의 건국자(재위 265-290년), 시호는 武皇帝.

3) 조위(曹魏)의 몰락

○ 조위(曹魏)의 마지막 황제

진류왕(陳留王)의 휘(諱)는 환(奐)[22]이고, 무제(武帝, 조조)의 손자인 연왕(燕王) 조우(曹宇)의 아들이다. 감로 3년(258)에, (유주幽州 연국燕國의) 안차현(安次縣) 상도향공(常道鄕公)에 봉해졌다. 고귀향공이 죽자, 공경(公卿)의 회의에서 상도향공을 영입하기로 결정했다.

6월 갑인일에 낙양(洛陽)에 들어와 황태후를 알현하고, 그날 바로 태극전전(太極前殿)에서 황제로 즉위하고서 나라의 죄수를 사면하고, 연호를 개원(경원景元)하고 백성에게 차등을 주어 작위와 곡식과 비단을 하사하였다.

○ 진왕(晉王) 사마소 – 식읍(食邑)이 20군(郡)

조환(曹奐)의 경원(景元) 원년(260) 여름 6월, 대장군 사마소(司馬昭, 사마문왕)의 지위를 상국(相國)으로 올리고, 진공(晉公)에 봉

---

[22] 曹魏의 元帝 曹奐(조환, 246-302년, 奐은 빛날 환, 原名 曹璜, 字 景明)은 曹魏의 최후 황제, 재위 260-265년. 曹魏 멸망 후에 曹奐은 西晉의 陳留王(진류왕)에 봉해졌다. 曹魏가 망하기 전까지는 常道鄕公, 曹奐, 기록 내용에 따라 皇帝, 또는 皇上으로 국역한다. 조환은 晉 惠帝 太安 元年(서기 302)에 許昌에서 57세에 죽었고, 시호(謚號)는 元皇帝이다.

하고 식읍으로 2군을 더 늘려 전에 내린 식읍과 합하여 10군으로 하였고, 9석(錫)의 예우를 내려 전에 상주한 것과 같이 하였으며, (조서로) 작위가 없는 동족(同族, 사마씨)의 자제를 모두 정후(亭侯)에 봉하였고 금전 1천만, 비단 1만 필을 하사케 하였으나 사마소가 굳이 사양하여 중지하였다.

함희(咸熙) 원년(264) 3월에, 진공(晉公, 사마소)을 진왕(晉王)에 봉했는데, 식읍은 10군으로 전에 주어진 것과 합하면 20개 군이었다.

ㅇ 사마소의 죽음

조환 함희 원년(264) 9월, 사마소의 아들 중무군(中撫軍) 사마염은 무군대장군(撫軍大將軍)이 되었다.

상도향공 함희 2년(265) 5월, 황제는 진왕(晉王) 사마소에게 12류(旒)의 면류관을 하사케 하였고, 천자의 정기(旌旗)를 세우게 하였으며, 출입할 때 백성의 통행을 통제하고 금근거(金根車)를 6마(馬)가 끌게 하였으며, 5시(時)에 맞춘 부거(副車)를 사용토록 허용하고, 길을 안내하는 기병과 앞서가는 정기(旌旗)를 세우게 하였으며, 팔일(八佾, 8行 64명)의 악무(樂舞)와 저택에 종거(鍾虡)를 세우게 허용하였다. 왕비를 높여 왕후로, 세자를 태자로 그 외의 왕자, 왕녀, 왕손의 작명(爵名)과 호칭을 옛 의례에 맞춰 사용케 하였다.

계미일에, 나라의 죄수를 사면하였다.

가을 8월 신묘일에, 상국(相國)인 진왕(晉王, 사마소)이 죽었다.[23]

○ 사마염(司馬炎)의 즉위 – 조위(曹魏)의 선양을 받다

함희(咸熙) 2년(265) 8월 임진일, 진(晉) 태자 사마염(司馬炎)이 선친의 작위와 관직을 계승하였고[紹封襲位(소봉습위)], 백관을 총괄 지휘하였는데, 여러 의장(儀仗)과 기물, 전적(典籍)과 간책(簡册) 등은 모두 사마소와 같게 하였다.

9월에, 진 문왕(晉 文王) 사마소를 장례했다.

12월 임술일(함희 2년, 265), 상천(上天)은 조위(曹魏)의 천록(天祿)을 영원히 종결케 하니, 왕조의 역수(歷數)는 진(晉)으로 옮겨갔다. 조서를 내려 모든 공경(公卿)과 관원이 남교(南郊)에 의식을 거행한 고단(高壇)을 설치케 하고, 사자(使者)를 보내 황제의 국새(國璽)와 수대(綬帶)와 간책(簡册)을 받들고 황위(皇位)를 진(晉)의 후사(後嗣) 왕(王, 사마염)에게 선양하였는데, 후한과 조위(曹魏)의 전례와 같았다.

갑자일, 사자를 보내 책서(策書)를 헌상하였다. 이에 조환(曹奐)

---

[23] 사마소는 54세를 一期로 病死하였다.

은 금용성(金墉城)[24]에 나가 머물렀고, 나중에 (위군魏郡) 업현(鄴縣)에 거주하였는데, 선양할 때 조환의 나이는 20세였다.[25]

○ 조위 멸망에 대한 진수(陳壽)의 평론

「고대에 천하는 공적(公的)이며 현인이 통치해야 한다고 생각하였다. 후대에 황위(皇位)를 세습하며 적장자(嫡長子)가 뒤를 이었다. 그러나 적장자가 계승할 수 없으면 덕을 갖춘 지친(支親) 중에서 선택하였으니, 한(漢)의 문제(文帝)나 선제(宣帝)가 그러했으며, 이는 결코 바뀔 수 없는 준거가 되었다.

조위(曹魏)의 명제(明帝)는 그러하지 않았으니 사적인 정에 끌려 어린아이를 양육하여 대기〔大器, 황위(皇位)〕를 물려주었으며, 부탁을 받은 대신은 어린 황제 보필에 전념치 않았고, 방계의 친족이 끼어들면서 결국 조상(曹爽)은 피살되었으며, 제왕(齊王, 조방)은 폐출되었다.

고귀향공(高貴鄕公, 조모)의 재지(才智)는 숙성(夙成)했고, 학문과 문사를 숭상하며 문제(文帝, 조비)의 풍모가 있었다. 그러나 경박하고 자의(恣意)에 격분하여 스스로 큰 화를 자초하였다.

---

24 금용성(金墉城) – 洛陽 故城 서북, 이궁(離宮)의 이름. 역대 폐주(廢主)나 폐후의 거소로 이용되었다.

25 西晉에서는 조환(曹奐)을 陳留王에 봉했다. 진류왕은 (晉 惠帝 太安 元年 서기 302年) 나이 58세에 죽었는데, 시호는 元皇帝이다.

상도향공(常道鄕公, 조환)은 얌전하게 남면(南面)했고 승상이 정사를 통솔하였지만 옛 인습만을 따르다 보니 공수(拱手)한 채, 선양(禪讓)하게 되었다.

결국 대국(大國, 서진)의 책봉을 받고 손님이 되었는데, 그래도 산양공(山陽公, 후한 헌제)보다는 대우가 좋았다.」

(3) 사마염의 개국

1) 사마염(司馬炎)의 즉위

○ 사마씨(司馬氏) 3대(代)

사마씨의 진(晉, 西晉)나라가 이루어지기까지 사마씨 삼대에 걸친 노력과 성장 과정이 있었다.

사마의(司馬懿)는 지모가 뛰어난 사람이었다. 239년에, 명제 조예가 죽고 조방(曹芳, 소제)이 8살에 즉위하면서 사마의는 조진(曹眞)의 아들 조상과 함께 소제를 보필한다. 사마의는 일단 조상과의 충돌을 피하면서 병을 핑계로 관직에서 물러난다.

249년에, 조상(曹爽)이 명제의 고평릉(高平陵)에 제사를 지내러 간 사이 사마의는 정변을 일으켜 조상의 군권을 탈취한다.

사마의는 소제(少帝) 조방의 가평(嘉平) 3년(251)에 병사했다.

사마의가 죽자, 그 권력은 장자인 사마사(司馬師)에게 넘어간

진(晉)의 삼국통일
왼쪽부터 두예(杜預), 왕준(王濬), 진 무제(晉 武帝. 사마염), 망국군주
손호(孫皓), 망국군주 후주 유선(後主 劉禪) 〈국립중앙도서관 소장〉

다. 사마사는 소제(少帝) 조방을 폐위하고 14세의 조모(曹髦, 魏 廢帝)를 254년에 즉위시킨다. 하지만 사마사는 255년에 안질이 악화되어 병사한다.

사마사의 뒤를 이은 동생 사마소(司馬昭)는 위나라를 없앨 속셈을 분명히 드러냈기에, 조모는 '사마소의 속셈은 길을 가는 사람들이 다 안다'고 하면서 사마소를 습격하지만 어설픈 경거망동(輕擧妄動)으로 죽을 수 밖에 없었다(260).

사마소는 조조의 손자인 상도향공(常道鄕公) 조환(曹奐)을 영입하는데, 이 조환이 위(魏)의 마지막 황제 원제(元帝)이다. 사마소는 263년 촉한을 멸망시키고 권세를 확장해 나가다가 갑자기 265년에 52세를 일기로 병사한다.

○ 개국 황제 사마염

사마염〔司馬炎, 236 – 290, 자(字) 안세(安世)〕은 사마의의 손자이며, 사마소(司馬昭)의 장자(長子)로 진조(晉朝) 개국 황제이다. 시호(諡號)는 무제(武帝)이고, 묘호(廟號)는 세조(世祖)로 25년간 재위했다(265 – 290).

사마염의 모친은 왕원희(王元姬)인데, 경학자(經學者)인 왕숙(王肅)[26]의 딸이었다.

사마소는 아들 사마염을 위하여 죽림칠현으로 유명한 완적(阮

---

26 王肅(왕숙, 195 – 256年, 字는 子雍) – 東海郡 郯縣(담현) 사람. 曹魏 중신 王朗(왕랑)의 아들이다. 三國시대 경학자. 晉王 司馬昭(사마소)의 장인. 사마염의 외조부(왕숙의 딸이 사마소와 결혼하여 사마염을 출산했다. 文明皇后.). 儒家《六經》에 대한 왕숙의 주석은 三國에서 남북조에 이르는 시기에 官學의 교재로 사용되었고, 唐代 공영달(孔穎達)에게도 큰 영향을 끼쳤다.

籍)²⁷의 딸을 맞이하려 했는데, 완적이 연이어 60여 일 동안 술에 취했기에 구친(求親)할 기회를 잡지 못해 그만두었다는 이야기가 전한다.

사마소의 차자(次子)인 사마유〔司馬攸, 246－283年, 사마염의 동모제(同母弟)〕는 사마사의 양자로 입적되었다. 사마소는 자신의 권력이, 곧 형(사마사司馬師)으로부터 나온 것이라 생각하여 사마사의 양자가 된 사마유에게 진왕(晉王)의 지위를 잇게 하려는 뜻이 있었지만 여러 신하의 반대가 있어 사마염을 자신의 태자로 삼았다.

○ 무제(武帝)의 즉위와 개혁

그 이전에 조조는 한(漢)의 헌제를 내치지 않았고, 조조가 죽은 뒤 조비가 헌제의 선양을 받아 즉위했었다. 이러한 공식이 여기서도 다시 한번 재현된다.

사실상 위(魏)의 모든 실권을 위가 장악한 사마소가 갑자기 병사하자, 그 뒤를 이은 사마염(司馬炎)은 진왕(晉王)으로 즉위하면서 곧바로 조환(曹奐)의 선양을 받아 진(晉, 西晉)을 개국한다(265).

사마염은 280년, 오(吳)를 멸망시켜 천하 통일을 이룩하였다.

---

27 완적〔阮籍, 210－263. 字 嗣宗(사종)〕－魏國의 시인, 관리, '죽림칠현'의 한 사람. 보병교위(步兵校尉)를 역임. 그래서 완보병(阮步兵)으로 통칭한다. 혜강(嵇康)과 함께 혜완(嵇阮)으로 일컬어진다.

사마염은 25년간 재위하면서, 한때 모범적인 군주정을 선보이기도 했다. 서진 무제 말기의 선정(善政)을 연호 태강(太康, 280-289)을 따서 '태강지치(太康之治)'라고 한다.

무제는 인재 선발 제도로 구품중정제(九品中正制)를 강화 시행하였는데, 이는 관리의 재덕(才德)을 중시한 선발이라 말할 수 있다.
조정에서는 이부상서(吏部尙書)와 사도부(司徒部) 좌장사(左長史)가 선발을 주관하였다. 주(州)에서는 대중정(大中正)이, 군국(郡國)에서는 소중정(小中正)이 인선을 담당하였다. 그런데 이런 중정은 세족(世族)들이 전담하였기에 구품중정제도는 문벌세족의 자제를 선발하여 결과적으로 문벌세력을 강화하는 역할을 다하였다.
무제는 율령을 정비하였는데, 태시(泰始) 3년(267) 〈진율(晉律)〉 20편 620조의 법을 반포 시행하였다. 사형에 해당하는 죄목을 축소하는 등 형벌을 완화 간략히 시행하였다.
무제는 종실을 크게 분봉하였다. 진에서는 종래의 5등급 작위를 6등급으로 분화 시행하였는데, 이는 5등급 작위(공公, 후侯, 백伯, 자子, 남男) 위에 왕을 신설한 작위제도이다.
사마염은 태시(泰始) 원년(265)에 여러 사마씨를 제후왕으로 분봉하였는데, 이는 무제가 조위(曹魏)의 종실이 나약하고 고립되어 쉽게 멸망하였다는 인식 때문이었다. 그러나 너무 많은 제후왕들의 분립은 결국 팔왕(八王)의 난(亂)을 유발하는 원인이 되었다.

무제 사마염은 농경을 장려하는 여러 정책을 시행하였다. 무제는 태시 2년(266)에 둔전제(屯田制)를 폐지하여 둔전의 농민을 주군(州郡)에 편입시켰다. 그리고 점전법(占田法)을 시행하였다. 이는 농민생활 안정을 가져왔지만, 결과적으로 사족(士族)의 대토지 소유를 강화하였다.

○ 태강지치(太康之治)

태강(太康) 3년(282)에, 전국의 호구는 377만 호였다.

《진서(晉書) 식화지(食貨志)》에 의하면,

「동오를 평정한 이후, 천하가 무사하고, 부세(賦稅)가 고루 시행되어 백성이 평온하게 본업을 즐겼다. 또 우마(牛馬)가 들을 덮었고, 남는 곡식은 들판에 쌓아두었다.」고 기록하였고, 이를 역사에서는 태강지치(太康之治)라 부른다.

이러한 경제적 여유는 '본업(농업)을 숭상하고 말업(상업)을 억제하며〔崇本抑末(숭본억말)〕, 본업에 힘쓰며 곡식을 중히 여기는〔務農重穀(무농중곡)〕' 정책의 결과라 할 수 있다.

그리고 이는 사치를 억제하고, 요역을 경감하여 '농민의 농시를 빼앗지만 않으면〔不奪農時(불탈농시)〕, 농민이 기뻐하며 농사를 짓는〔百姓大悅(백성대열)〕' 자연스러운 결과였다.

(4) 서진의 천하통일

1) 양호

○ 양육지교(羊陸之交)

양호〔羊祜, 221－278, 자(字) 숙자(叔子), 祜는 복 호〕는 태산군(泰山郡) 남성현〔南城縣, 지금의 산동성 중부 태안시(泰安市) 관할 신태시(新泰市)〕출신 서진의 명장이다. 양호가 형주(荊州)의 군사와 정치의 실권자인 도독(都督)이 된 것은 269년이었다.

이 시기 동오(東吳)의 장수는 육항〔陸抗, 抗은 막

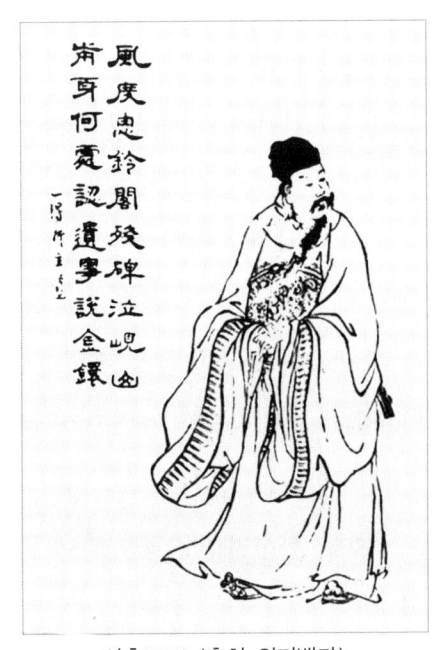

양호(羊祜) 〈출처: 위기백괴〉

을 항, 226－274. 육손(陸遜)의 아들〕으로 그 모친은 손책(孫策)의 딸이었으니, 육항은 손권(孫權)의 질서(姪壻, 조카사위)였다.

양호와 육항은 국경을 마주하였는데 사자들이 늘 왕래하였다. 육항이 양호에게 술을 보냈는데, 양호는 의심하지 않고 마시었으며, 육항의 병에 양호가 조제한 약을 보냈는데, 육항은 그 자리에서 복용하면서 "양숙자(羊叔子)가 어찌 사람을 독살하겠는가!"라고 말했다〔羊陸之交(양륙지교)〕.

양호는 덕정(德政)에 힘쓰면서, 적국 오인(吳人)들에게도 너그러웠으니 교병(交兵)할 때마다 날짜를 정한 다음에야 전투를 했고 기습이나 엄습하지 않았다. 육항 역시 변방의 병사들에게 각자의 경계선만 지키면 될 것이니 작은 이득을 탐하지 말라고 했다.

양호의 덕정에 감화를 받은 양양(襄陽)의 백성들이 양호가 병사한 뒤 그 덕정을 비석에 새겨 기록하였는데, 그 비석의 글을 읽은 사람들이 모두 눈물을 흘렸다 하여 그 비석을 '타루비(墮淚碑 떨어질 타, 눈물 루)' 라 하였고 지금까지 호북성 북부 양번시(襄樊市)에 서있다고 한다.

양호는 산수자연을 좋아하여 문학에도 상당한 조예가 있었다고 한다. 다만 지금 전해오는 양호의 글로는 〈안부(雁賦)〉, 〈양개부표(讓開府表)〉, 〈청벌오표(請伐吳表)〉가 있는데, 양호의 〈청벌오표〉는 제갈량의 〈출사표(出師表)〉와 나란한 명성을 누리고 있다.

○ 맹호연의 시(詩) 감상

여기서 당(唐) 시인 맹호연(孟浩然, 689?-740)이 고향에 있는 타루비(墮淚碑)를 읊은 시를 소개한다.

〈여러 벗과 현산에 오르다〉	〈與諸子登峴山〉
사람의 일이란 돌고 도는 것이러니,	人事有代謝
세월이 가거나 오면 옛과 지금이다.	往來成古今
강산엔 볼만한 고적이 남아 있나니,	江山留勝跡
우리들 다시금 높다란 곳에 올랐다.	我輩復登臨
물이 줄자 고기잡는 도랑이 드러나고,	水落魚梁淺
날이 차니 몽택호는 수심이 깊어졌다.	天寒夢澤深
옛날 양호 타루비를 찾아 가서는,	羊公碑尚在
읽고 나니 눈물이 옷깃을 적신다.	讀罷淚沾襟

이는 기행(紀行)의 감상을 읊은 시이다. 수련의 첫 구는 인간사를, 다음 구에서는 흐르는 시간을 언급하였다. 3구에서는 공간을, 그리고 4구는 높은 곳에 올랐다 하여 제목을 요약하였다.

여기까지는 전반부에 속한다.

이이 5, 6구에서는 높은 곳에서 내려다본 풍경을 묘사하면서 처량한 감정을 한층 돋웠다.

그리고 마지막 연(聯)에서는 양호의 선정을 기록한 '타루비'를 읽고 눈물을 흘렸다고 하였다. 그 눈물은 양호의 선정(善政)에 감동한 감격의 눈물인가? 아니면 이름도 없이 사라져 갈 자신들의 무명(無名)이 서러워 흘린 눈물이겠나?

○ 양호의 간언(諫言)

동오의 육항(陸抗)이 죽었다는 소식을 들은 양호는, 오(吳) 정벌을 청했지만 많은 사람들이 찬동하지 않았다.

양호는 "세상 일이 뜻대로 되지 않는 것이 언제나 열에 일곱 여덟이다."라고 탄식했다.

다만 두예(杜預, 222-285)와 장화(張華)[28]만이 양호의 계획에 찬동하였다.

오주(吳主) 손호(孫皓)의 음학(淫虐)은 날로 심했다. 두예는 속히 정벌하자는 표문을 올렸는데, 표문이 도착할 때, 장화는 마침 황제와 바둑을 두고 있었다. 장화는 바로 바둑판을 밀쳐놓고 두 손을 모아 황제의 결재를 촉구했고, 황제는 정벌을 허락했다.

양호는 병이 나자, 입조(入朝)하여 황제를 뵙고자 청했다.

진 황제는 양호가 누워서라도 여러 장수를 거느려주기를 원했지만 양호가 말했다.

"오(吳)를 정복하는데 제가 갈 필요는 없습니다. 다만 오(吳)를

---

28 장화(張華, 232-300) ― 西晉의 詩人, 政治家. 太常博士, 著作郎, 長史 겸 中書郎 등 여러 文職을 역임하였다. 서진이 성립한 이후, 승진을 거듭하여 사공(司空)을 역임했다. 팔왕의 난 중에 사마륜(司馬倫)에게 살해되었다. 《博物誌(박물지)》를 저술했다.

평정한 뒤 폐하께서는 여러 가지를 생각하셔야 합니다."

진 무제(晉 武帝) 사마염(司馬炎)은 서기 265년에 칭제하고서 15년이 지난 280년에 오(吳)를 통합하여 전 중국 통일이라는 큰 목표를 달성했다.

오(吳)를 멸망시키려는 목표를 세우고 준비한 양호(羊祜)였지만, 그는 죽기 전에 사마염에게 통일 후에 '마땅히 마음을 써야 할 것을 깊이 생각하라.'는 충고를 했다.

이는 통일 후의 무사안일(無事安逸)과 사치를 걱정하는 말이었다.

사마염 아래에서 이부상서(吏部尙書)를 지낸 죽림칠현(竹林七賢)의 한 사람인 산도(山濤, 山이 성씨)[29] 역시 '밖이 평안하면 필히

---

29 산도(山濤, 205-283)의 인품. 竹林七賢의 대표라 할 수 있는 산도의 인품에 대하여 왕융은 '마치 다듬지 않은 玉과 같고, 야금하지 않은 金과 같아 사람들은 흠모하지만 무이리 이름을 붙여야 할지 모른다.'라고 평했다. 산도는 嵇康(혜강)과 阮籍(완적)과 특히 교분이 깊었다. 어느 날 산도의 처 한씨는 그 친구들이 어떤 사람인가 살펴보겠다고 말하였다. 산도가 두 사람을 불러 밤새 술을 마시며 담소를 나누는 동안 한씨는 그들을 몰래 유심히 살펴보았다.
한씨는 다음 날 산도에게 말했다. "당신의 재주는 그 두 분만 못합니다. 당신은 견식과 도량으로 그들을 친구로 삼으셔야 합니다." 그러자 산도는 "그렇소. 저들도 늘 나의 도량이 자신들보다 낫다고 생각하고 있소!"라고 말했다.

안에 근심이 있는 것〔外寧內憂(외령내우)〕'을 걱정하였는데, 이 역시 같은 뜻이라 할 수 있다.

진(晉)이 천하를 통일하고 강력한 발전을 추진하지 못하고 통일 후 37년 만에 망한 것은 무제에서부터 시작된 사치와 무사안일, 그리고 지도층이 청담(淸談)에 빠져들며 건전 기풍을 상실했기 때문이었다.

2) 두예

좌전벽(左傳癖) 두예(杜預, 222-285, 字 원개(元凱)) 저서로《춘추경전집해(春秋經傳集解)》〈출처: 위키백과〉

양호(羊祜)는 진 무제(晉 武帝, 사마염)에게 오(吳)나라 정벌을 건의했으나 다른 신하들의 반대로 실행하지 못하자, 양호는 병을 핑계로 사임한다. 양호가 위독하다는 소식을 들은 무제가 양호를 찾아 문병하자, 양호는 두예(杜預, 222-285)를 천거한 뒤 죽는다.

두예는 평소 학문을 좋아해 좌구명(左丘明)의 《춘추좌전(春秋左傳)》을 틈만 나면 읽었고, 행군 중에도 사람을 시켜 말 앞에서 《좌전》을 읽게 하였다. 이에 사람들은 두예를 '좌전에 푹 빠졌다'는 뜻으로 '좌전벽(左傳癖)'이라고 불렀다.

3) 손호의 폭정과 동오 멸망

○ 동오(東吳)의 멸망

손호(孫皓) 천기(天紀) 4년(280), 중산왕(中山王)과 대왕(代王) 등 11명의 왕을 봉했고 죄수를 사면하였다. 진(晉)나라 장수 왕준(王濬)과 당빈(唐彬)의 군사가 가는 곳은 이미 토붕와해(土崩瓦解)되어 저항하는 자가 없었다. 두예(杜預)는 이어 강릉(江陵) 도독인 오연(伍延)을 죽였고, 왕혼(王渾)도 승상인 장제(張悌)와 단양(丹楊) 태수 심영(沈瑩)을 죽이면서 가는 곳마다 이겼다.

3월 무진일, 도준(陶濬)이 무창(武昌)에서 돌아오자, 손호는 즉시 불러 만났다.

수군(水軍)의 소식을 묻자, 도준이 대답하였다.

"진군(晉軍)이 타고 오는 촉(蜀)의 배가 모두 작은 배라서 우리가 2만 수군을 모아 큰 배를 타고 싸우면 우리가 격퇴할 수 있습니다."

이에 군사를 모으면서 도준에게 부절과 황월(黃鉞, 도끼 월)을 수여하며 다음 날 바로 출전케 하였는데, 군사는 그날 밤에 모두 도주하였다. 왕준(王濬)이 강을 따라 도착하였고, 사마주(司馬伷)와 왕혼(王渾)도 모두 가까이 접근하였다.

손호는 광록훈 설영(薛瑩)과 중서령 호충(胡沖)의 방책에 의거 국서를 지닌 사자를 왕준(王濬), 사마주(司馬伷), 왕혼(王渾) 등에게 보냈다.

「옛날 한실(漢室)이 천통(天統)을 잃어 9주(州)가 분열되었을 때, 선조께서 때를 타서 강남을 경략하고 산천을 경계로 삼아 조위(曹魏)와 다투었습니다. 지금 대진(大晉)이 용흥(龍興)하였고 대덕(大德)이 사해(四海)를 덮었습니다. 나는 우매하고 열등하여 편안만을 추구하다가 천명을 깨닫지 못했습니다. 지금에 이르러 진(晉) 천자의 6군이 두렵습니다. 수레가 길을 메웠고 멀리 강가까지 내려왔기에 온 나라가 두려워 떨며 순식간에 숨을 죽였습니다. 감히 우러러 천조(天朝)의 광대한 도량에 의지하고자 삼가 제가 임명한 태상(太常) 장기(張夔) 등을 보내 차고 있던 인수 바치며 몸을 맡겨 목숨을 빌며, 진심이 받아들여지고 백성을 구제해 주시길 바랍니다.」[30]

---

[30] 이 항서는 薛瑩(설영)이 지었다. 《吳書》 8권, 〈張嚴程闞薛傳〉의 薛綜傳 참고.

○ 폭군 손호의 마지막

280년 3월 임신일, 왕준(王濬)이 제일 먼저 입성했다. 왕준은 손호의 투항을 받았고,[31] 포박을 풀어주고 널(棺)을 불태우고 자리를 권유하고 상견하였다.

사마유는 손호가 자신에게 인수를 보내왔기에 사자를 시켜 손호를 호송했고, 손호는 온 가족을 거느리고 서쪽(낙양)으로 출발하여 (진 무제晉 武帝) 태강(太康) 원년(280) 5월에 낙양에 도착했다. 앞서 4월 갑신일에, 무제는 조서를 내렸다.

「손호(孫皓)는 더 이상 갈 곳이 없어서 짐에게 귀항(歸降)한 것이다. 앞서 죽이지 않고 기다리겠다는 조서를 내린 바 있으니, 이번에 손호를 상견하면 연민의 정에 귀명후(歸命侯)의 작위를 하사할 것이다. 나아가 의복과 거마를 하사하고, 토지 30경(頃)에 해마다 5천 곡의 곡식과 금전 50만, 비단 5백 필, 목화 솜 5백 근을 히시히리.」

손호의 태자 손근(孫瑾)은 중랑장이 되었고 여러 제후 왕은 낭

---

31 王濬(왕준)이 수합한 國籍에 의하면, 東吳는 4州, 43개 郡, 313개 縣에, 民戶가 52만 3천 戶, 3만 2천 명의 관리와 23만 명의 병력. 미곡(米穀)은 280만 곡(斛), 배(舟船) 5천여 척, 後宮 5천여 명이었다고 한다.

중(郞中)을 제수 받았다.

손호는 진 무제(晉 武帝) 태강 5년(284)에, 낙양에서 죽었다.[32]

(5) 진(晉) 무제의 죽음

○ 사마염의 황음(荒淫)

무제 태시(泰始) 9년(273), 무제는 민간의 결혼을 중지시키고 공경(公卿)과 양가(良家)의 여인을 골라 후궁(後宮)을 충원하라고 명령하였다.

---

32 亡國之主皆善終(망국의 군주 모두가 천수를 누리다) – 어리석었던 後主 유선(劉禪)에 비해, 吳 망국의 군주 손호(孫皓)는 폭군이긴 했지만 그래도 좀 나은 편이었다. 손호가 武帝 사마염 앞에 끌려와 고개를 숙이자 武帝가 자리를 권하면서 "짐이 이 좌석을 만들어 놓고 오랫동안 그대를 기다렸다."고 말했다. 그러자 손호도 지지 않고 "저도 남쪽에 이런 좌석을 만들어 놓고 폐하를 기다렸습니다."라고 대꾸했다. 이에 사마염은 그냥 웃고 말았다. 어느 날, 술자리에서 사마염이 손호에게 말했다. "남쪽 사람들은 爾汝歌(이여가)를 잘 짓는다는데 그대는 어떤가?" 그러자 손호가 술잔을 들어 무제에게 권하면서 노래를 불렀다. 「전에는 그대와 이웃이었는데(昔與汝爲隣), 지금은 그대의 신하가 되었네(今與汝爲臣). 그대에게 술 한 잔을 올려(上汝一杯酒), 그대의 만수무강을 비네(今汝壽萬春).」 그러자 무제는 괜히 물었다고 후회했다. 그 뒤 후주 유선은 晉 태강(太康) 7년(286)에, 魏主 조환은 태강 원년(280), 吳主 손호는 태강 5년(284)에 모두 천수를 누리고 죽었다.

이때 사도 이윤(司徒 李胤) 등 사족의 딸들이 많이 뽑혀 들어왔다. 그러나 다수의 양가 여인들은 뽑히지 않으려고 애를 썼다.

태강(太康) 원년(280), 오(吳)나라가 멸망하며 오주(吳主) 손호(孫皓)의 투항과 함께, 오(吳)의 기첩(妓妾) 5천여 명이 낙양의 궁궐을 채웠다. 이로써 후궁에는 1만 명 가까운 여인들이 있었으며, 사마염은 총애하는 여인이 너무 많아 밤낮으로 누구를 찾아가야 할지 몰랐다.

이에 사마염은 양(羊)이 끄는 작은 수레를 타고, 양이 가다가 멈추는 곳에서 여인과 함께 즐기며 머물렀다. 그래서 여인들은 길을 가는 양거(羊車)가 머물도록 대문 앞에 양이 좋아하는 대나무 잎과 소금물을 떠놓고 양을 유인하였다.

아무리 황제의 타고난 건강이 좋고 영양상태가 양호하더라도 쉴 틈 없는 정력의 낭비는 곧 질병이었다.

○ 사마염의 죽음

무제는 태희(太熙) 원년(290) 4월 기유일에 함장전(含章殿)에서 죽었는데, 향년(享年) 55세였다.

무제가 죽어 차자(次子)인 사마충(司馬衷)이 즉위하니, 이가 서진 혜제(惠帝)이다.

그런데 혜제 즉위 1년 뒤에 황후 가남풍(賈南風)이 정변을 일으켜 나라의 정사를 주관하던 무제 양황후의 부친인 양준(楊駿)을 죽였다. 그리고 연이어 팔왕(八王)의 난(亂)이 일어난다(291 – 306).

그러다가 민제(愍帝, 사마업) 건흥 4년(316), 유연(劉淵)의 조카인 유요(劉曜)가 장안을 격파하고 마지막 황제 민제를 죽여 서진(西晉)은 멸망한다. 이는 사마염이 죽은 이후 26년만이었다.

○ 무사안일(無事安逸)

진(晉)은 사마의 이후 3대에 걸친 노력이 있어 천하를 차지했고 삼국 분열의 종지부를 찍었다. 서기 265년에 칭제하고서 15년이 지난 280년에 오(吳)를 통합하여 전 중국 통일이라는 큰 목표를 달성했다.

오(吳)를 멸망시키려는 목표를 세우고 준비한 양호(羊祜)였지만, 그는 죽기 전에 사마염에게 통일 후에 '마땅히 마음을 써야 할 것을 깊이 생각하라' 는 충고를 했다. 이는 통일 후의 무사안일과 사치를 걱정하는 말이었다.

사마염 아래에서 이부상서를 지낸 죽림칠현의 한 사람인 산도(山濤) 역시 '밖이 평안하면 필히 안에 근심이 있는 것'을 걱정하였는데, 이 역시 같은 뜻이라 할 수 있다.

진(晉)이 천하를 통일하고서 강력한 발전을 추진하지 못하고 통일 후 37년 만에 망한 것은 무제에서부터 시작된 사치와 무사안일, 그리고 지도층이 청담(清談)에 빠져들어가며 건전 기풍을 상실했다는 데에서 멸망의 원인을 찾을 수 있다.

(6) 주기(周玘)의 울분

○ 남쪽으로 건너온 세력

안지추(顏之推)는 문집 30권과 《가훈(家訓) / 안씨가훈(顏氏家訓)》 20편을 편찬하였는데, 당시에 모두 세상에 알려졌지만, 지금은 《안씨가훈》만 전한다. 안지추는 자신의 인생역정을 돌아보는 〈관아생부(觀我生賦)〉를 지었는데, 거기에서 원제(元帝) 사마예(司馬睿)를 따라 남하한 중원의 사족(士族)이 1백여 가문이었다고 말했다. 1백여 사족은 본래 중원의 지주(地主) 계급이었고, 그들은 동진 건국의 주동 세력이 되었다.

남쪽으로 건너온 중원(中原)의 세족 중에서도, 낭야(琅琊) 왕씨(王氏), 진군(陳郡) 사씨(謝氏), 영천(潁川) 유씨(庾氏), 초군(譙郡) 환씨(桓氏) 등 사대(四大) 사족의 세력이 가장 컸다.

이들 세력과 토착 사족과는 알력과 감정이 있었다. 그런 감정은 나중에 동진 상층 귀족 간 내부 모순으로 드러났고, 그런 갈등과 모순의 결과는 주기(周玘)의 죽음이었다.

○ 삼정 강남(三定 江南)

주기(周玘, 258－313, 패옥 기)는 의흥군(義興郡) 양선〔陽羨, 지금의 강소성(江蘇省) 남부 무석시(無錫市) 관할 의흥시(宜興市)〕출신으로, 강남 토착 호족인 의흥 주씨(義興 周氏)였다. 부친은 진(晉)의 건위장군(建威將軍)인 주처(周處)였고 강남의 평정에 공을 세워(三定江南) 작위를 받았지만, 남도한 교성 사족(僑姓 士族)과의 모순과 갈등이 있었고 기병(起兵)했지만 실의 속에 울분으로 죽었다.

주기는 침착하면서도 굳센 의지에 과감하며 결단력이 있어 그 부친의 풍모를 많이 물려받은 사람이었다. 젊은 날의 주기는 바른 마음으로 심신을 수련하면서 다른 사람과 놀러다니지도 않았다. 그래서 주기를 아는 사람들은 주기를 공대하면서도 어려워하였고 강동 일대에 제법 명성이 났었다.

성년이 된 주기는 주군(州郡)에서 관직을 수여하여도 응하지 않았다. 나중에 새로 부임한 양주(揚州)자사가 예를 갖춰주기를 초청하여 별가종사(別駕從事)에 임명하자, 주기는 비로소 응했고, 이후 중요한 임무를 수행하였다.

서진 혜제 태안(太安) 2년(303)에, 의양(義陽)의 만이(蠻夷) 장창(張昌)이 기병, 반란하며 양주성을 공격하자, 양주자사는 도주했고 성은 함락되었다. 이에 주기는 군사를 일으켜 반란군과 싸워 양주성을 수복하고 반란군을 평정하였다.

이어 혜제 영흥(永興) 2년(305), 진민(陳敏)이 역양(歷陽)을 거점으로 반란을 일으켜 할거하며 강남의 토착 사족에게 관직을 수여하였다. 그때 주기에게도 안풍(安豊) 태수와 4품 장군직을 제수하였다. 그러나 주기는 병을 핑계대며 움직이지 않았다. 일부 사인들이 진민의 관직을 받으며 호응했지만 주기는 진민을 받들 생각이 전혀 없이 오히려 수준(壽春) 지역의 군사와 연결하여 강을 건너 진격케 하면서 주기는 내응하였다. 결국 주기의 주도하에 진민의 반역을 평정하고, 진민과 그 일족을 처단하였다.

진민의 반란이 평정되자, 동해왕(東海王) 사마월(司馬越)은 주기의 명성과 의기를 알고 여러 관직으로 불렀지만 주기는 응하지 않았다.

그러다가 회제(懷帝) 영가(永嘉) 원년(307), 진동장군(鎭東將軍)인 낭야왕(琅邪王) 사마예(司馬睿, 뒷날 동진 원제) 건업(建鄴)으로 군진(軍鎭)을 옮기자, 주기는 사마예의 속관이 되어 군량 공급의 실무를 담당하였다.

○ 강남 토착 세력의 대표

이렇듯 강남 일대를 안정시킨 주기의 공로에 대하여 조정에서는 주기를 건위장군(建威將軍)으로 오흥(吳興) 태수에 임명하며 오정현후(烏程縣侯)에 책봉하였다.

주기가 다스리는 오흥군에 흉년이 들고 백성이 굶주리자, 도적이 횡행(橫行)하였다. 이에 주기는 선정(善政)으로 백성을 안정시키며 도적을 막아 온 군민(郡民)의 존경을 받았다.

조정에서는 주기의 공적을 크게 포상하면서 오흥현을 비롯하여 몇 개 군을 의흥군(宜興郡)으로 개편하여 주기의 공적을 기렸다.

본래 주기의 종족은 강남의 토착 세력으로 강성한데다가 주기가 백성들의 절대적인 신임을 받자, 사마예는 북에서 남쪽으로 내려온 다른 교성(僑姓) 사족과 같이 내심으로 주기의 치적을 꺼렸다. 사마예는 북에서 내려온 사족들을 중용하였고, 사마예는 그들의 지원을 받아 세력을 키웠다.

이에, 사마예 진영에서 중요한 직무를 수행하는 주기지만, 이런 상황에서는 자신의 앞길을 낙관할 수도 없어 불만을 가질 수밖에 없었다.

결국 북쪽에서 남도한 사족과 토착 사족은 여러 사건과 인물들이 뒤엉키고 설켜, 그 전말은 모두 설명할 수도 없이 복잡하게 전개되었다.

사마예는 주기의 공적과 영향을 결코 무시할 수 없어, 주기의 여러 기득권을 인정하고, 한편으론 더욱 높여주면서 회유하는 입장이었다. 그러나 주기가 그런 사마예의 뜻을 이미 잘 알고 있기에 내심으로 많은 갈등을 겪었다.

결국 주기는 좌절과 울분으로 병이 되어 향년 56세로 죽었다. 조정에서는 주기에게 보국장군(輔國將軍)을 추증하였고, 충렬(忠烈)이라는 시호를 내렸다.

주기는 임종 직전에 아들 주협(周勰)에게 말했다.

"나를 죽음으로 내몰았던 북쪽에서 내려온 천한 자들에게 복수해야만 내 아들이다."

이처럼 북에서 내려온 세력에 대한 토착세력의 반감은 매우 심각했다. 뒷날 주협을 기병(起兵)하여 부친의 원수들에게 복수하였다.

3. 서진의 멸망

(1) 혜제 즉위

○ 태자 – 태자비 가남풍

진 혜제(晉 惠帝) 사마충〔司馬衷, 259 – 307, 자(字) 정도(正度)〕은 무제 사마염의 차자(次子)로 서진의 2대 황제로 290년 즉위하여 307

년까지 재위했다. 이 혜제의 재위 기간에 유명한 팔왕의 난이 발생하여, 혜제가 죽는 해에 팔왕의 난도 종결된다.

혜제는 무제 태시(泰始) 3년(267)에 태자로 책봉되는데, 모친은 무제의 황후 양염(楊艶)이었다. 그런데 양염은 274년에 37세로 죽었다. 양염이 죽자 사마염은 양염의 집안 여동생 격인 양지(楊芷)를 함녕(咸寧) 2년(276)에 황후로 책봉하였다.

그런데 사마충은 태자 시절부터 우둔하여, 황제의 직무를 수행할 수 없을 것이라고 많은 신하들이 염려했다. 물론 사마염도 이를 인지하고 있었다.

그런데 태자 사마충은 272년에 부친의 명에 따라 개국공신 가충(賈充)[33]의 딸인 가남풍(賈南風)과 결혼하였고, 가남풍은 태자비가 되었다.

가남풍은 아들을 출산하지 못했다. 그런데 태자 사마충은 숙비 사구(淑妃 謝玖)한테 아들 사마휼(司馬遹)을 얻었고, 사마휼은 몹시 총명하여 할아버지인 사마염의 귀여움을 독차지하였다.

---

[33] 가충(賈充, 217－282) － 平陽郡 襄陵縣 출신. 曹魏의 豫州자사인 가규(賈逵)의 아들. 西晉 건국공신, 사마소(司馬昭)와 사마염(司馬炎)의 심복. 딸인 가포(賈褎)는 사마염의 동생인 사마유(司馬攸)에게, 딸 가남풍(賈南風)은 사마염의 아들 사마충(司馬衷, 뒷날 惠帝)과 결혼하였기에 그 권세가 대단하였다.

○ 우둔한 혜제의 즉위

무제 사마염도 우둔한 태자를 걱정하였다. 그래서 태자를 시험을 해보았다. 태자비 가남풍은 다른 사람에게 글을 짓게 하였고, 그 글을 태자가 필사하여 무제에게 바치게 하였다. 무제는 글을 읽어보고 어느 정도 만족하였다.

무제는 설령 태자가 부족하더라도 신하들이 잘 보필하면 될 것이고, 무엇보다도 총명한 사마휼에게 제위가 이어지길 바라면서 태자를 바꾸지 않았다.

290년 무제가 붕어하자, 혜제가 즉위하였다. 혜제는 생모인 양염(楊艶)의 당매(堂妹)로 황후였던 양지(楊芷)를 황태후로, 태자비인 가남풍(賈南風)을 황후, 그리고 숙비가 출산한 사마휼(司馬遹)을 태자로 책봉하였다.

혜제는 흐리멍덩한 바보였다. 천하가 크게 굶주려 백성들이 먹을 것이 없다고 하자, 혜제가 말했다.

"왜 고기죽을 안 먹는가? (何不食肉糜. 糜는 된죽 미)"

혜제가 혜림원(華林園)에서 개구리 우는 소리를 듣고 물었다.

"저렇게 우는 개구리들은 나라 것인가 아니면 개인 것인가?"

그러자 측근들이 황제를 조롱하며 대답했다.

"관전(官田)에서 우는 개구리는 나라의 소유이고, 사전(私田)에서 우는 개구리는 개인 것입니다."

○ 황후 가남풍의 전횡

서진 혜제의 가(賈) 황후(본명 가남풍賈南風, 256－300)는 진(晉) 개국공신인 가충(賈充)의 3녀였다. 무제의 태자인 사마충(司馬衷)이 거의 백치에 가깝다는 것은 이미 알려진 사실이었다.

가남풍(賈南風)은 키도 작달막하고 얼굴도 검었으며 용모가 지극히 평범한 여인이었다. 혜제가 유약하고 무능하였기에 가남풍은 황후로 10년 동안 전권(專權)하였는데, 이는 서진 멸망의 가장 큰 원인인 '팔왕의 난'을 유발하는 도화선이 되었다.

《진서(晉書)》나 《자치통감(資治通鑑)》의 기록에 의하면, 가황후는 잔인하고 흉포했으며 매우 음란하여 태의령 정거(程據) 등 궁정 관원들과 음탕한 관계를 맺었다고 한다. 또 준수한 미남을 선발하여 황후에게 진상하는 담당자까지 있었다고 한다.

혜제는 황후인 가남풍을 무척 신임하였다. 가황후가 어리석은 혜제를 조정하면서 정사의 실권을 완전 장악하였다. 가황후는 혜제의 조서를 위조하여 291년에 황태후를 박해하고 폐위한 뒤 살해하였다.

그렇지만 가남풍은 인재(人才)를 잘 썼으니, 서민 출신이었지만 유능한 장화(張華), 배위(裴頠) 같은 대학자, 왕융(王戎)과 같은 당시의 명사 등을 등용하여 정치를 맡겼기에, 혜제가 백치이며 무능했어도 그녀가 집권하던 10년간은 '해내(海內)가 안연(晏然)' 하고 '조야(朝野)가 평안하고 조용한(영정寧靜)' 한 시기로 평가받고 있다.

조왕(趙王) 사마륜(司馬倫)은 가짜 조서를 꾸며내 혜제의 태자를 살해했다는 죄명으로 가황후를 폐위하여 서인으로 강등시켰다. 그리고 가황후의 당우(黨羽)인 조찬(趙粲), 가오(賈午), 정거(程據) 등을 제거하였고, 사공(司空)인 장화(張華)와 상서복야(尙書僕射)인 배외(裴頠) 등을 조정에서 몰아내었다. 사마륜은 자신이 상국(相國)으로 대권을 장악한 뒤에 독주(毒酒)로 가황후를 독살하였는데(300년), 가황후는 45세였다고 한다.

○ 가충(賈充)

가충(賈充)은 위(魏)의 신하였지만 위(魏)를 멸망시킨 주역이었으며, 사마소와 사마염의 특별한 신임을 받으면서 진(晉)의 1등 개국공신이 되었다. 때문에 자신의 딸 가남풍이 황태자비가 될 수 있었다.

멸망한 오(吳)의 군주 손호가 사마염에게 끌려왔을 때, 가충이 손호에게 물었다.

"내가 듣기로는, 낭신은 남쪽에서 사람의 눈을 파내고 살 껍질을 벗겼다는데 실제로 그러했소이까?"

그러자 손호가 바로 대답했다.

"남의 신하가 되어 그 주군을 시해하고, 간사하며 불충한 자에게는 그런 형벌을 가했소!"

이에 가충은 매우 부끄러웠다. 가충은 고귀향공 조모(高貴鄕公 曹髦, 재위 254-260)를 시해했었다.

○ 혜소의 혜제 보필

혜소(嵇紹 253-304. 嵇는 산이름 혜, 嵆와 동자)는 초군(譙郡) 혜씨인데, 11살 때(263) 부친 혜강(嵇康, 죽림칠현의 한 사람)이 사마소〔司馬昭, 사마염의 부(父)〕에게 참살(斬殺)되었다. 혜소는 모친에게 효성을 다했다. 나중에 부친의 친우인 산도(山濤, 죽림칠현의 한 사람)의 추천을 받아 진 무제의 비서승(秘書丞)이 되었다. 이후 혜소는 여러 관직을 역임하였다.

진(晉) 혜제 원강(元康) 원년(291)에, 급사황문시랑(給事黃門侍郎)을 거쳐 영강(永康) 원년(300)에 조왕(趙王) 사마륜(司馬倫)이 가(賈) 황후를 제거하였고 일족인 가밀(賈謐)도 주살되었다. 혜소는 과거 가밀이 득세했을 때에 가밀의 친교를 거절했었기에 피해를 당하지 않았다. 그리고 승진하여 산기상시(散騎常侍)와 국자박사(國子博士)가 되었다. 혜소는 충간(忠諫)으로 혜제를 도왔다.

○ 혜시중의 피(嵇侍中血)

　혜소는 어사중승(御史中丞)이 되었다. 혜제 태안(太安) 2년(303), 팔왕의 난이 한창일 때, 성도왕(成都王)인 사마영(司馬穎)과 하간왕(河間王)인 사마옹(司馬顒)은 함께 거병하여 장사왕(長沙王) 사마예(司馬乂)를 공격하였고, 사마예는 무력으로 맞섰다. 다음 해에 사마예는 동해왕(東海王) 사마월(司馬越)에게 패망 살해되었다. 우여곡절 끝에 사마영(司馬穎)이 권력을 잡아 황제를 무시하며 전횡하였고, 혜소는 사마영에게 찍혀 서인(庶人)이 되었다. 그러나 동해왕 사마월이 사마영을 토벌하였고, 사마영이 혜제를 데리고 싸우는 동안 혜소는 관작을 회복하고 혜제를 모셨다.

　사마월이 사마영에게 쫓기게 되자, 혜제 주변의 근신은 모두 도주하였다. 그러나 혜소는 화살이 비 오듯 쏟아지는 격전 중에 몸을 사리지 않고 혜제를 호위했다.

　사마영의 부하들이 혜제를 에워싸고 혜소를 죽이려 몰려들었다. 혜소가 난병을 막으려 혜제에 가까이 갔을 때, 난병의 칼이 혜소를 찌르면서 혜소의 피가 혜제의 옷에 많이 튀었다.

　이후 혜제는 붙잡혀 사마영의 근거지인 업성(鄴城)에 끌려갔다.

　업성에 들어간 뒤, 내시들이 혜제의 피 묻은 옷을 갈아입히고 빨래하려 했다.

　그러자 혜제가 말했다.

　"그 옷은 혜시중의 피이다. 빨지 말아라!"

○ 혜제의 죽음

영흥(永興) 3년(306) 5월에, 사마월(司馬越) 휘하의 선비족 군사가 장안(長安)을 침략, 노략질하였다. 혜제는 사마월의 부장(部將)을 따라 영흥 3년 6월에 낙양으로 돌아와 광희(光熙)로 개원했다가 곧 다시 장안으로 끌려갔다.

혜제는 광희 원년(306) 11월에, 장안(長安)의 현양전(顯陽殿)에서 독약이 든 떡을 먹고 죽었다. 전하는 바에 의하면, 사마월이 독살했다고 한다.

혜제의 막내동생인 사마치(司馬熾)가 12월에 즉위하니, 이가 곧 회제(懷帝, 재위 306-311)이다

(2) 팔왕의 난

무제(武帝) 태희(太熙) 원년(290), 무제가 과도한 황음(荒淫)으로 55세에 병사했고, 한참 많이 모자라는 사마충(司馬衷)이 32세에 즉위하니, 이가 진 혜제(惠帝, 재위 290-306)이다.

혜제는 국정을 이끌 능력이 없어 무제 양황후〔楊皇后, 이름은 지(芷)〕의 부친 양준(楊駿)이 보정(輔政)하였다. 그러나 이는 혜제의 가(賈)황후가 극도로 싫어하였다.

혜제 원강(元康) 원년(291), 가황후는 초왕(楚王) 사마위(司馬瑋)와 밀모하여 정변을 일으킨다.

어느 날 밤, 양준이 모반한다는 이유로 양준의 저택을 포위하여 양준을 죽이고 이어 삼족을 없앴으며 그 무리라 하여 몇천 명을 죽였다. 가황후는 사마위를 충동질하여 권력을 쥐고 있던 사마량(司馬亮)과 위관(衛瓘)을 죽였다.

가황후는 혜제의 조서를 위조했다는 이유로 사마위를 죽인 다음 조정의 권력을 혼자 장악했다. 이후 가황후를 제거하려는 사마씨 왕들이 일어나면서, 지방에 거점을 두고 있던 종실 사마씨의 여러 왕이 군사를 일으켜 싸움이 전국으로 확대되었다. 이를 '팔왕의 난(291-306)'이라 한다.

무제 사마염은 진(晉) 황실의 튼튼한 후원자가 되기를 기대하면서 황족을 대거 왕으로 봉했고, 왕들은 지방에 거점을 마련하고 군사력을 보유토록 허용되었다. 사마염은 이런 제후왕들의 황실 호위만을 생각했지, 내분과 상호 경쟁과 살육을 생각하지 못했다.

사마염이 봉한 왕들은 사마의 형제의 후손과 사마염의 형제, 또 혜제의 형제 항렬까지 친소(親疏)가 달랐고, 서로 이해관계로 쉽게 결합하거나 분리되었다. 주도적으로 참여한 이들 8왕의 이해관계나 전투의 성과 등은 이루 다 기록할 필요도 없다.

이 난은 16년간(291-306) 지속되었으며, 수십 만의 백성이 죽고 지방이 황폐화되었다.

이 난의 결과 유목민족이 강성해지기 시작했고 유민(流民) 봉기가 잇달았다. 결과적으로 서진(西晉)의 멸망(서기 316)은 필연이었으며, 동진(東晉)의 건국(서기 317년)으로 한족(漢族)의 정통은 이어진다.

결과적으로 영흥 3년(306), 혜제가 독살되고 사마치(司馬熾)가 즉위하며(회제懷帝), 하간왕(河間王) 사마옹(司馬顒)이 죽는 것으로 팔왕의 난은 종결된다. 최후까지 살아남은 자는 동해왕(東海王) 사마월(司馬越)이었다.

사마월은 회제 영가(永嘉) 5년(311)에 병사하였다.

팔왕의 이름과 관계, 결과를 정리하면 다음과 같다.

1 汝南王 사마량(司馬亮) (사마의의 3子)	291년, 재낙양(在洛陽) 초왕(楚王) 사마위(司馬瑋)에게 살해됨.
2 楚王 사마위(司馬瑋) (혜제의 동생)	291년, 재낙양(在洛陽) 가남풍(賈南風)에게 살해됨.
3 趙王 사마륜(司馬倫) (사마의 9子)	301년, 재낙양(在洛陽) 제왕(齊王) 사마경(司馬冏) 등이 공격, 살해.
4 齊王 사마경(司馬冏) (혜제의 再從 형제)	303년, 재낙양(在洛陽) 장사왕(長沙王) 사마예(司馬乂)에게 피살.
5 長沙王 사마예(司馬乂) (혜제의 동생, 17弟)	304년, 재낙양(在洛陽) 동해왕(東海王) 사마월(司馬越)에게 잡혀죽다.
6 成都王 사마영(司馬穎) (혜제의 동생, 19弟)	306년, 재업성(在鄴城) 범양왕(范陽王) 사마효(司馬虓)의 부장에 피살.
7 河間王 사마옹(司馬顒) (혜제의 再從伯)	306년, 장안과 낙양 도중에 사마월(司馬越)에게 피살.
8 東海王 사마월(司馬越) (혜제의 再從叔)	311년, 낙양에서 동해국(東海國)에 가는 도중에 병사.

(3) 회제의 즉위

　○ 사마염의 막내아들

서진(西晉)의 회제(懷帝) 사마치(司馬熾, 284－313년 / 재위 306－311)는 사마염(司馬炎)의 25번째(막내) 아들로 태어나 흐리멍덩했던 혜제의 뒤를 이어 서진의 3대 황제로 즉위하였다. 그는 경사(經史)를 두루 섭렵했으며 영명(英明)한 황자(皇子)였다.

그는 팔왕의 난 동안에 우여곡절을 다 겪고 멍청한 형 혜제의 뒤를 이어 즉위했지만, 그가 할 수 있는 일은 아무것도 없었다.

동해왕(東海王) 사마월(司馬越, ?－311)이 혜제를 독살한 뒤에 그의 힘에 의해 즉위하였으니, 실질적 권한은 모두 사마월의 손에 있었으며, 그의 자질과 능력으로도 어찌할 방도가 없었다.

　○ 회제(懷帝)의 비극 － 영가(永嘉)의 난(311)

이미 국력은 쇠진했고, 국방력이 붕괴되어 이민족이 만리장성 안에 들어와 활개를 치고 다닐 때였다. 새로 흥기하는 선비족의 한〔漢, 전조(前趙)〕이 침입하자, 도망할 수도 없이 유총(劉聰)[34]에게

---

[34] 유총(漢昭武帝 劉聰, ?－318) － 今 山西省 북부 忻州市(흔주시) 일대의 匈奴人. 五胡十六國時 漢趙의 國君. 漢 光文帝 유연(劉淵)의 四子. 유총은 漢人의 전적을 공부하여 많이 漢化된 왕이었다. 재위 중에 군사를 보내 洛陽과 長安을 격파하고 晉 회제(懷帝)와 마지막 황제 민제(愍帝)를 생포하였다.

포로로 잡혀 평양(平陽)으로 끌려갔다(영가永嘉의 난, 311년).

사마치는 유총에 의해 회계공(懷稽公)이라 불리었지만, 313년 정월, 조회를 마친 연회석에서 노비가 입는 검푸른 옷을 입고 한(漢)의 왕족과 대신들 사이를 돌며 술을 따르는 치욕을 당해야만 했다. 같이 잡혀온 서진의 옛 신하들이 통곡하자, 이에 반감을 가진 유총은 얼마 뒤에 사마치를 독살한다. 그때 그의 나이 30세였다.

우둔하지도 않았고, 사치와 방종에 빠지지도 않았지만 결국 때를 잘못 만났다고 할 수 밖에 없었던 회제의 죽음은 개인의 비극일 수도 있다. 그러나 이는 시대 변화에 따라 발전하지 못한 서진의 비극이었다. 서진은 사마치가 죽은 지 3년 뒤에 멸망하였다.

(4) 서진의 멸망

○ 민제(愍帝)의 즉위와 멸망

진(晉) 민제[愍帝, 사마업(司馬鄴), 300-318]는 무제 사마염의 아들인 오왕(吳王) 사마안(司馬晏)의 아들이니, 사마염의 손자로 서진의 4대 황제(재위 313-316년)이며, 마지막 황제이다.

회제 영가(永嘉) 5년(311), 선비족의 유총(劉聰, 漢을 건국)이 낙양을 함락하고 회제를 생포하였다. 이때 사마업의 부친인 사마안

(司馬晏)과 사마업의 형제들 모두 잡혀가거나 죽었다. 그러나 다행히 사마업은 도망쳐 외숙부 순번(荀藩)의 보호를 받다가 나중에 허창(許昌)으로 옮겨왔다.

수많은 우여곡절을 겪은 뒤 사마업은 옹주(雍州)자사인 가필(賈疋)의 보호를 받을 수 있었다. 영가(永嘉) 6년(312) 4월, 가필은 무력으로 장안을 수복했고 사마업을 장안으로 데려와, 아직은 살아있는 회제(懷帝)의 황태자로 옹립하여 정사를 주관케 하였다. 그러면서 가필은 사마업을 중심으로 행정조직과 관부를 꾸몄고, 장안에 종묘와 사직을 건설하였다.

이 해 12월에, 가필은 전사했다.

영가 7년(313) 정월에, 회제가 5호16국의 하나인 한(漢)의 도읍 평양(平陽)에서 시해당했는데, 이 소식이 4월에 장안에 알려졌다. 그러자 사마업은 회제의 국상(國喪)을 알리고 상복을 입었다. 그러면서 장안에서 제위에 올랐고(진晉 민제愍帝. 愍은 근심할 민), 건흥(建興)으로 개원하였다.

진 민제가 즉위할 당시 서진(西晉)은 아무런 작전 능력도 백성도 없었으며 관직은 정했지만 관리들 관복도 없었다.

건흥 4년(316), 흉노족 한(漢)의 유요(劉曜)가 장안을 포위했고, 결국 11월에 민제는 출성(出城) 투항하였으며 서진은 일단 멸망하였다.

○ 서진의 멸망 원인

　서진(西晉)이 오(吳)나라를 병합하여 전 중국을 통일한 역사의 의의는 매우 크다. 그러나 그 통일의 기운은 무제(武帝, 사마염)의 재위 시절부터 이미 허물어지기 시작하였다.
　오(吳)나라의 병합이 밖의 근심을 없앤 것이지만 천하통일과 태평은 내부의 사치와 방종으로 이어졌다. 결국 몸 안의 병이 생명을 앗아가는 것처럼 서진은 안에서 곪아 초고속 멸망으로 이어졌다.

　서진의 급속한 멸망 원인을 다음과 같이 분석할 수 있다.

　첫째, 영명(英明)한 황제들이 뒤를 잇지 못한 것을 우선 꼽아야 한다. 똑똑한 아들이 뒤를 잇는다면 한 집안이 융성하지만, 어리석은 아들은 부친이 이룩한 가업(家業)마저 지키지 못하는 것과 조금도 다를 바 없다. 사마의에서 시작하여 사마사와 사마소 형제, 그리고 그 다음 대인 사마염까지 3대에 걸친 노력이 있어 건국과 통일을 이룩하였다.
　그렇지만 혜제와 같은 어리석은 황제가 대를 이었고, 이 혜제 때 일어난 팔왕의 난이 서진 멸망의 주요한 원인 중의 하나이다.
　둘째, 서진의 토지제도인 점전제(占田制)나 문벌제도는 귀족의 특권을 거의 완벽하게 보장해 주었다. 때문에 높은 벼슬길이 열린 사족(士族)은 특권을 누렸지만 정치나 경제, 사회적으로 지도층의 역할을 다하지 못하면서 내부 모순의 근본이 되었고 망국의 주체가 되었다.

셋째, 서진에서는 왕족을 분봉(分封)하면서 지방 통치와 군사의 실권을 부여했는데, 이는 결과적으로 16년간 계속된 '팔왕의 난'의 원인이었다. 상층 최고지도부의 알력과 다툼의 결과는 너무 명약관화(明若觀火)했다.

넷째, 건전한 사회기풍이 사라지고 퇴폐적인 풍조가 만연하였는데, 이 또한 나라 멸망의 큰 원인이었다. 통일의 대업을 이룩한 무제가 후궁 여인 1만 명을 거느리고 사치와 방종에 빠졌을 때, 그 아래 귀족들이 어떤 생활을 했겠는가는 물어볼 필요도 없다.

대부호인 왕개(王愷)와 석숭(石崇)은 사치 경쟁을 벌였고 황금만능주의가 만연하였기에 '전벽(錢癖, 돈에 대한 집착증)'이라는 말이 생겼다. 특히 지식인들의 청담(淸談)은 퇴폐를 숭상하였고 공리공론만을 일삼아 '청담망국(淸談亡國)'으로 이어졌다.

이처럼 내부의 병폐가 중증으로 겹치었기에 유민들의 봉기나 이민족의 침략에 아무런 대책이 있을 수 없었고, 또 실질 대응을 할 수도 없었다.

서기 280년, 오(吳)나라를 병합하여 천하통일을 이룩한 서진은 비로 그날부터 멸망의 내리막길을 달려간 셈이다. 말하자면, 중

환자로서 36년을 생존한 셈인데, 서진 멸망의 후유증은 5호16국과 남북조(南北朝) 시대라는 미증유의 혼란과 분열을 초래했다.

물론 중국 4000년 역사 전체를 볼 때, 서진의 멸망(서기 316년) 이후 수(隋)의 중국 통일(589년)까지는 짧은 기간이었고, 그런 분열과 혼란을 겪었기에 당(唐)나라의 번영을 가져왔다고 볼 수 있다.

그러나 서진의 몰락은 그것이 내부 분열과 모순에 의한 필연의 결과이기에, 우리는 이를 역사에서 배우는 교훈으로 받아들여야 한다.

(5) 청담의 유행

1) 죽림칠현

○ 청담의 시작

청담(淸談)은 위(魏)나라 정시(正始) 연간(240-249년)부터 시작되었다고 한다. 이는 한대(漢代)의 청의(淸議, 인물평)에 그 기원을 두고 있다고 한다.

청담은 학문적으로는 현학(玄學)이라고도 하는데, 현학이란 유가의 주장과 도가의 사상을 결합한 사상체계로, 특히 노자와 장자를 숭상하며 현실 문제가 아닌 추상적 개념을 논하였다.

이러한 철학 풍조를 이끈 사람은 하안(何晏, 195?-249년)과 왕필(王弼, 226-249, 24세로 요절)이었다.

하안(何晏, 195?-249)은 위진(魏晉)시대 현학(玄學)의 창시자였다. 왕필(王弼)과 함께 명성이 높았다. 하안은 미남이었으며 그의 재학(才學)은 조조(曹操)가 감탄할 정도였다. 조조의 딸과 결혼했으며 뒷날 사마의에게 피살되었다.

이후 죽림칠현이 출현하면서 청담은 서진의 시대 풍조가 되었다.

○ 죽림칠현(竹林七賢)

죽림칠현은 위말진초(魏末晉初)의 현학(玄學) 명사(名士) 7명을 지칭한다.

완적(阮籍, 〈대인선생전(大人先生傳)〉 지음), 혜강(嵇康, 琴을 잘 연주했음. 〈금부(琴賦)〉 지음), 산도(山濤), 유영(劉伶, 대표적 술꾼, 〈주덕송(酒德頌)〉을 지음), 완함(阮咸, 음률에 정통했음. 자신의 이름을 붙인 악기를 발명했음), 상수(向秀, 向은 성씨로 쓸 때 音은 상), 왕융(王戎)인데, 주로 당시의 산양현〔山陽縣, 지금의 하남성(河南省) 북부 신향시(新鄕市) 관할 휘현시(輝縣市)〕 일대에서 활동하였다.

이들 중 가장 어린 사람은 왕융으로 완적과는 24살 차이가 났었다고 한다. 그리고 그 일생과 사상, 취미나 문학적 성취가 달랐고 인품(人品)에서도 차이가 많았다.

죽림칠현은 현학(玄學)의 대표 인물이긴 하지만 그들의 사상은 서로 달랐다.

혜강, 완적, 유영, 완함 등은 노장 철학에 바탕을 두고 예교(禮教)의 속박에서 벗어나 자연에 귀의한다는 기본을 갖고 있었다. 산도와 왕융은 노장을 좋아하긴 했지만 유가의 학문을 존숭했으며, 상수는 명교(名教)와 자연의 합일을 주장하였다. 그들은 종래의 예법에 구애받지 않고 청정무위(淸淨無爲)를 주장하면서 죽림에 모여 술을 마시며 멋대로 노래를 불렀다.

그들은 기본적으로 최상류 신분이면서 문인이고 지식인이며 정치인들이었다. 혜강, 완적, 유영 등은 위(魏)를 섬기면서 당시 집권세력인 사마씨에게 비판적이었다. 완함은 진(晉)을 섬기며 산기시랑(散騎侍郞)이라는 관직에 머물렀고, 산도(山濤)는 은신하다가 40세 이후에 벼슬을 하여 사마사(司馬師) 편이 되어 시중(侍中), 사도(司徒) 등 고급 관직을 역임하며 사마씨 정권(政權)을 도와주었다.

왕융은 아주 인색한 사람이지만 벼슬 욕심이 강해 오랫동안 시중(侍中), 이부상서(吏部尙書), 사도(司徒) 등을 역임하며 서진 무제와 혜제를 섬겼다. 그런가 하면, 완적은 미친척하며 사마씨에 비협조적이었고, 혜강은 피살당했기에 죽림칠현은 보통 사람들의 친목계가 깨지듯 와해되었다.

○ **청담 망국(淸談 亡國)**

청담의 기본은 허무와 무위자연(無爲自然)의 노장(老莊)사상이다. 일체의 속진(俗塵)과 명리를 털어버리고 도덕을 무시하고 현실에 초연하고자 하였다.

한말(漢末) 이후 정치 불안에 이민족의 침입과 살육, 권문세가의 횡포는 지식인들을 실의에 빠지게 하였다. 그들은 보신(保身)의 일환으로 개인주의를 지향하고 자유를 희구하면서 불안한 사회에서의 도피를 꿈꾸었다.

그래서 유가의 도덕과 예절을 비웃고 인생의 허무를 말하고, 노장의 은유와 자연을 좋아하며 정치에 관여하지 않으려 했다. 그러면서도 일부는 고관의 지위와 권세를 탐하는 이율배반적(二律背反的) 태도도 있었다.

이러한 시대 풍조는 당시 관료들에게도 스며들어 무사안일에 빠지고 책임회피의 궤변을 늘어놓았다. 또한 관료의 귀족화는 무능과 직결되어 사회기강을 어지럽혔으며, 방임(放任)이나 방종을 죄악시하지도 않았다.

청담이 크게 유행하면서 사람들은 실무나 실제적인 일에 관심을 갖지 않았다. 공리공론에 온 정력과 지식을 다 동원하는데, 무슨 여력이 있어 정치를 돌보고 민생을 걱정하겠는가?

석륵(石勒)[35]이 낙양에 쳐들어와서 청담의 대가이며 젊은이들의 우상이었던 왕연(王衍)을 생포했다.

왕연은 한 나라의 국정을 책임질만한 고관직에 오래 있었는데도 "나는 벼슬에 뜻이 없었으며 세상일에 관여하지도 않았다."고 무책임한 발뺌을 했다.

이에 석륵은 "이런 사람은 처음 본다."고 말하면서 칼로 죽이는 것도 아깝다며 담을 무너트려 압사(壓死)시켰다.

청담의 유행은, 곧 퇴폐생활의 보편화와 정당화라고 말할 수 있다. 청담의 유행은 서진 귀족들의 사치풍조, 왕족의 골육상잔과 함께 위로는 나라를 망쳤으며, 아래로는 후대에 이르기까지 심각한 영향을 주었다는 평가를 받았다.

유영(劉伶, ?221－300)은 자(字)가 백륜(伯倫)인데, 패국〔沛國, 지금의 안휘성(安徽省) 북부 서주시(徐州市) 관할 숙현(宿縣)〕사람으로, 죽림칠현의 한 사람이었다. 일찍이 건위참군(建威參軍)이었는데, 유영은 늘 술을 마시고 취해 제멋대로 놀았다.

진 무제(晉 武帝) 태시(泰始) 원년(265)에, 조정의 책문(策問)에 무위(無爲)의 정치를 해야 한다고 말했지만 결국 무능하여 파면되었다.

---

35 석륵(石勒, 274－333) － 갈족(羯族). 후조(後趙)의 건국자(존속 319－351).

평생 술을 즐겼고 〈주덕송(酒德頌)〉을 지었다. 유영은 노장(老莊)사상을 강조하며, 술에 취해 멋대로 행동하며 전통적인 예법을 무시하였다.

심지어 유영은 집안에서 옷을 다 벗고 나체로 술을 마시기도 했다.

어떤 지인(知人)이 유령을 찾아와 이를 비웃자, 유영이 말했다.

"나는 천지(天地)를 집으로 삼고, 이런 집은 내의(內衣)로 생각하며 살고 있소! 그런데 그대는 왜 내 내의 속에 들어왔는가?"

4. 서진 인물 열전

(1) 효행 열전

1) 이밀 – 진정표

이밀〔李密, 224-287, 자(字)는 영백(令伯)〕은 삼국시대 촉한(蜀漢) 건위군(犍爲郡) 무양현〔武陽縣, 지금의 사천성(四川省) 미산시(眉山市)〕 사람인데, 촉한과 서진의 관원으로 진에서는 한중군(漢中郡) 태수였다.

이밀은 그 조모에 대한 극진한 효도로도 유명하지만《화양국지(華陽國志)》³⁶의 기록에 의하면, 이밀은 매우 정직하고 성실한 사람이었다.

　그래서 이밀은 왕숭(王崇), 수량(壽良), 진수(陳壽, 정사 삼국지 저술), 이양(李驤) 등 옛 촉한의 관리들과 깊이 교제하였으며, 나라가 멸망한 뒤 진(晉)에 와서는 양주(梁州)와 익주(益州) 지역 준재(俊才)의 대표적 인물로 알려졌다. 또 이밀의《술이론(述理論)》10편이 있는데, 그 내용은 중화(中和)와 인의(仁義)와 유학(儒學)의 도리를 밝힌 저술이나 지금은 실전되었다. 이밀의 글로 서진 무제에게 상서한 조모를 모셔야 하기에 출사(出仕)할 수 없다는 뜻을 서술한〈진정표(陳情表)〉이다.

　당시 사람들은 "이밀의〈진정표〉를 읽고 눈물을 흘리지 않는 사람은(讀李密陳情表而不流淚者) 틀림없이 불효할 것이다(其人必不孝)."라 하였다.³⁷

---

36 《화양국지(華陽國志)》 - 고대 중국 서남 지역의 역사나 지리, 인물 등에 관한 저술. 東晉 목제(穆帝) 永和 4 - 10년(348 - 354) 사이에 상거(常璩)란 사람의 저술로 알려졌다. 全書가 약 11만자 정도, 이와 함께《越絶書(월절서)》는 현존 최고의 地方志이다. 華陽은 양주(梁州) 지역을 의미한다.

37 3대 서정문(三大 抒情文) - 「讀諸葛亮〈出師表〉不墮淚者不忠, 讀李密〈陳情表〉不墮淚者不孝, 讀韓愈〈祭十二郎文〉不墮淚者不慈.」 한유(韓愈)는 당의 시인, 문장가. 唐宋八大家의 한 사람.〈祭十二郎文〉. 여기 十二郎은 한유의 조카(둘째 형의 아들)인 韓老成. 한

진 무제 사마염은 이밀의 〈진정표〉에 공감하면서 이밀이 사는 지방관에게 곡식과 옷감을 보내주라고 지시하였다.

○ 〈진정표(陳情表)〉의 내용

「신(臣), 밀(密)이 아룁니다. 태어난 지 여섯 달에 부친이 돌아가셨고(慈父見背). 네 살 때, 외삼촌이 어머니를 개가시켰습니다(舅奪母志). 할머니 유씨(劉氏)는 불쌍한 저를 직접 키워주셨습니다. 저는 병치레가 많았고, 아홉 살까지 걷지를 못했습니다(九歲不行). 외롭게 혼자 고생하며 자랐으니 백부, 숙부도 형제도 없었습니다. 혈혈단신〔祭祭孑立(경경혈립)〕에, 몸과 그림자가 서로 의지하였습니다〔形影相弔(형영상조)〕. 할머니께서는 오래 전에 병이 나시어 늘 이부자리에 누워계십니다. 제가 약을 달여드려야 하기에 잠시도 곁을 떠날 수가 없습니다.

성조(聖朝)를 받들어 모시며 교화를 입어, 태수(太守)는 저를 효렴으로, 자사는 저를 수재(秀才)로 천거하였어도, 저는 조모를 봉양할 사람이 없어 명을 받들지 못했습니다.

(중략)

조모의 병세는 날로 위중하니 서산에 걸린 해와 같고〔日薄西山(일박서산)〕 목숨이 끊어질 듯 위태로워, 아침에 저녁을 기대하

유와 한노성은 나이가 비슷했고, 한유의 형수는 시동생과 아들 한노성을 함께 키웠다.

기 어렵습니다〔朝不慮夕(조불려석)〕. 저는 할머니가 없었으면(臣無祖母) 여태까지 살아있을 수도 없었습니다(無以至今日). 할머니에게 제가 없다면(祖母無臣), 여생을 마치질 못할 것입니다〔無以終餘年(무이종여년)〕. 할머니와 손자가(母孫二人) 서로 의지하며 목숨을 이어왔습니다(更相爲命). 이렇게 하찮은 목숨이지만(是以區區) 할머니를 버려두고 멀리 떠날 수 없습니다〔不能廢遠(불능폐원)〕. 저는 올해 마흔네 살이고(臣密今年四十有四), 할머니는 아흔여섯입니다(祖母劉今年九十有六). 이러니 제가 폐하를 모실 날은 많지만〔是臣盡節於陛下之日長(시신진절어폐하지일장)〕, 할머니를 모실 수 있는 날은 짧습니다〔報養劉之日短也(보양유지일단야)〕. 까마귀가 반포(反哺)하는 마음으로〔烏鳥私情(오조사정)〕, 할머니를 끝까지 모셔야 할 것입니다〔願乞終養(원걸종양)〕.

(중략)

바라옵나니, 폐하께서는 가련한 저의 마음을 궁휼히 여기시어〔願陛下矜愍愚誠(원폐하긍민우성)〕, 저의 미천한 뜻을 들어주시기 바라옵니다. 그래서 할머니께서 요행히〔庶劉僥倖(서유요행)〕 여생을 마칠 수 있다면〔保卒余年(보졸여년)〕, 저는 살아서는 목숨을 바쳐 충성을 다할 것이며〔臣生當隕首(신생당운수)〕, 죽더라도 결초보은하겠습니다〔死當結草(사당결초)〕.

저는 두려운 마음을 견딜 수 없기에〔臣不勝犬馬怖懼之情(신불승견마포구지정)〕, 삼가 절을 올리며 제 뜻을 아룁니다〔謹拜表以聞

(근배표이문)〕.」

2) 왕상 – 한겨울 잉어

○ 계모에게도 효성을

왕상(王祥, 184 – 268)은 낭야군 임기현 사람으로, 전한(前漢) 간의대부(諫議大夫) 왕길(王吉, ? – 前 48)[38]의 후손이었다.

왕상은 일찍 모친이 돌아가셨지만, 천성이 효성스러워 계모에게도 효도하였다. 부모의 병환 중에는 극진히 효도하였지만 계모는 부친에게 늘 왕상을 헐뜯었다. 그래서 부친도 왕상을 미워하였지만 왕상의 효성은 변함없었다.

어느 한겨울 날, 계모가 살아있는 생선을 먹고 싶다고 말했다. 왕상은 한겨울에 큰 연못에 나가 옷을 벗어놓고 얼음을 깨고 잉어를 잡으려 했다. 그런데 갑자기 두꺼운 얼음이 깨지면서 잉어 두 마리가 튀어나왔다. 이에 얼음 위에서 잉어를 얻었다는 '와빙구리(臥冰求鯉)' 고사(故事)이다.

○ 자두나무 지키기

왕상의 집에 자두나무가 한 그루 있었는데, 그 열매가 매우 탐

---

38 王吉(? – 前 48) – 瑯琊王氏(낭야왕씨)의 先祖. 반고의 《漢書》 72권, 〈王貢兩龔鮑傳〉에 입전.

스러웠다. 계모 주씨는 왕상에게 항상 자두나무를 지키게 하였는데, 어느 날 밤, 비바람이 크게 불자 왕상은 밤새 자두나무를 끌어안고 울었다.《세설신어(世說新語) 덕행(德行)》

어느 날 계모가 참새구이를 먹고 싶다고 하자, 왕상은 숲에 휘장을 치고 참새를 잡으려 했다. 그러자 참새 수십 마리가 휘장 안에 날아들었다. 사람들은 왕상의 효심에 하늘이 감동한 것이라고 말했다.

(2) 재부(財富) 열전

1) 석숭

○ 진(晉)의 사치 풍조

서진은 세가호족(世家豪族)들이 건립한 나라라 말할 수 있다. 때문에 나라에 호화와 사치(奢侈)의 기풍이 만연하였다.

우선 무제 사마염의 생활이 그러하였다. 무제의 후궁에 1만 명에 가까운 여인이 있었다니 그 정도를 짐작할 수 있다.

무제 상산공주(常山公主)는 왕제(王濟)에게 출가했으니, 왕제는 무제 사마염의 사위이다. 어느 날, 무제가 사위 집에서 식사를 하는데, 모두 유리로 만든 그릇에 시중을 드는 하녀들도 모두 비단 옷을 입고 있었다.

음식 중에 돼지고기 요리가 나왔는데, 뽀얗고 통통하며 그 맛이 여태껏 먹어본 돼지고기보다도 훨씬 좋았다. 무제가 물었더니, 왕제는 사람의 젖을 먹여 키운 돼지라고 말했다.

이에 무제는 곧바로 일어서서 떠나왔다.

○ 관직에서 치부(致富)하다

석숭〔石崇, 249-300, 자(字)는 계륜(季倫)〕은 서진의 유명한 관리이면서 도적이었고 큰 부호였다.

본래 발해군(勃海郡) 남피현〔南皮縣, 지금의 하북성(河北省) 남부 창주시(滄州市) 남피현(南皮縣)〕 출신으로, 서진의 사도(司徒)였던 석포(石苞)의 막내아들(六子)이었다.

혜제의 가황후(賈皇后, 가남풍)의 밑에서 출세하고 부자로 명성을 떨치다가 팔왕지난(八王之亂) 때 손수(孫秀, ?-301, 중서령 역임)의 모함을 받아 피살되었다. 석숭은 대만 일부 지역에서는 재신(財神)으로 숭배되고 있다.

석숭은 어려서부터 총명했고, 용기와 책모가 남달랐다. 진 무제 태시(泰始) 9년(273)에, 부친 석포(石苞, 197-272, 사마사의 중호군 사마 역임)는 임종하면서 여러 아들에게 재산을 분배하였는데,

석숭에게는 아무 유산도 물려주지 않았다.

그 아내가 묻자, 석포는 "나중에 혼자서도 충분히 큰 돈을 모을 수 있기 때문이라."고 말했다.

석숭은 출사 이후에 수무현령(修武縣令), 산기시랑(散騎侍郎), 성양태수(城陽太守)를 역임하였고, 오(吳)를 멸망시킬 때의 공적으로 안양향후(安陽鄉侯)가 되었으며, 이어 황문랑(黃門郎)과 산기상시(散騎常侍), 시중(侍中)을 역임하며 무제 사마염의 인정을 받았다.

혜제 원강(元康) 원년(291)에, 양준(楊駿)은 태부(太傅)로 보정(輔政)하면서 관리들에게 크게 상을 주고 제후로 봉했다. 물론 이는 관리들의 지지를 얻기 위한 방책이었다. 그러나 석숭은 이를 반대하였다. 때문에 형주자사(荊州刺史)로 전출되었다.

석숭은 형주자사로 근무하며 형주의 대상인들을 겁박하고, 온갖 방법을 동원하여 재물을 산처럼 축적하는 거대한 재부(財富)를 획득하였다.

○ 가황후에 아부

이어 석숭은 정로장군(征虜將軍)으로 청주(靑州), 서주(徐州)의 군사를 감독하며 하비(下邳)에 머물렀다.

석숭은 관리로 근무하면서 낙양 근교에 호화별장인 금곡원(金谷園)을 지었다. 그러면서 석숭은 황후 가남풍에 철저하게 아부하며 가황후의 집안 조카인 가밀(賈謐)의 친한 벗이 되었다.

그러면서 석숭은 육기(陸機), 육운(陸雲) 등 24명의 벗들과 친하게 지냈는데, 이들 24인을 특별히 '금곡 이십사우(金谷二十四友)'[39]라 칭했다.

석숭은 황후 가남풍의 모친인 광성군(廣城君) 곽괴(郭槐)를 특별히 잘 모셨는데, 광성군이 어느 곳을 가든, 석숭은 가는 길에 미리 나가서 정중히 전송하며 수레가 멀리 사라질 때까지 허리를 숙여 절을 올렸다고 한다.

○ 석숭의 죽음

혜제 영강(永康) 원년(300), 조왕(趙王) 사마륜(司馬倫)이 가황후를 폐위하고 가씨 일족을 없애버렸다. 석숭은 가씨의 당우(黨羽)로 지목되어 관직을 잃었다.

---

39 金谷二十四友 – 西晉 惠帝 시기, 魯國公 가밀(賈謐)을 중심으로 만들어진 정치적인 文學 단체. 금곡원(金谷園)은 거부 석숭이 조성한 名園이었는데, 거기 모인 빈객들은 호화 음식과 술, 그리고 석숭의 총희 녹주(綠珠)의 가무를 즐겼다. 그 주요 인물은 석숭과 구양건(毆陽建), 반악(潘岳), 육기(陸機), 육운(陸雲), 좌사(左思), 유괴(劉瑰), 유곤(劉琨) 등 24인으로 時政을 논하고 음시작부(吟詩作賦)하고 문학을 담론하였다.

그 당시 사마륜과 구양건(毆陽建)은 전부터 원한관계였고, 석숭은 석숭의 가기(歌妓)인 녹주(綠珠) 때문에 사마륜의 총신(寵臣)인 손수(孫秀)와 원한관계였다.

이에 손수가 사마륜에게 구양건과 반악과 손수는 회남왕(淮南王) 사마윤(司馬允)의 일당이라고 참소하였고, 거짓 조서를 꾸며 3인을 체포케 하였다. 손수는 석숭을 잡아 낙양 동시(東市)에서 바로 처형하였다. 석숭의 모친, 처자, 형제 등 15명이 모두 주살당했다. 당시 석숭은 52세였다.

○ 석숭의 호화생활

석숭은 사치와 방종과 향락의 극치가 어떤 것인가를 보여주었다. 석숭과 또 다른 부호 왕개(王愷)는 서로 사치 경쟁을 했었다.

석숭이 잔치를 할 때 시중을 드는 미녀들이 권하는 술을 손님이 다 마시지 않으면 미인을 그 자리에서 죽여버렸다. 또 손님이 술을 마시지 않으면 술을 권한 미인을 그대로 죽여버렸는데, 왕돈(王敦)은 그런 줄을 알면서도 술을 권하는 미인에게 아니 마시겠다고 당당하게 말했다고 한다.

석숭은 손님 화장실에 미녀 십여 명을 고정 배치하고, 손님이 용무를 보고 나오면 미녀들이 다가와 옷을 벗겨 목욕을 시키고 새옷을 갈아입혀주었다고 한다. 손님 모두가 몹시 당황하였지만 왕돈(王敦)만이 이를 여유 있게 즐겼다고 한다.

  ○ 미인 녹주(綠珠)

석숭에게 녹주(綠珠)라는 애첩이 있었다. 녹주는 요염하고도 피리를 잘 불었는데, 사마륜(司馬倫)이 권력을 잡은 뒤, 사마륜의 폐인(嬖人, 높은 사람이 신임하고 총애하는 미천한 사람)인 손수(孫秀)가 녹주를 달라고 하였으나 석숭이 주지 않았다.

손수는 석숭이 사마윤(司馬允)을 받들고 난을 일으키려 한다고 사마륜(司馬倫)에게 무고하니, 석숭을 체포하라고 수락하였다.

석숭을 체포하려고 사람이 왔을 때, 석숭은 녹주와 함께 누각에서 술을 마시고 있었는데, 그런 사연을 안 녹주는 "당신 눈앞에서 죽겠다."면서 높은 누각에서 뛰어내려 죽었다.

석숭은 체포하러 온 군사에게 "그놈이(孫秀) 나의 재산을 탐내는 것뿐이다."라고 말했다.

이에 석숭을 체포한 자가 말했다.

"재산이 재앙인줄 알았으면, 왜 진작부터 재물을 베풀지 않았느냐?"

석숭은 저잣거리에서 즉시 처형되었다.

중국인들이 부호의 몰락을 얘기할 때 꼭 등장하는 사람이 바로 석숭이다.

○ 구미속초(狗尾續貂)

사마륜(司馬倫)은 스스로 9석(錫)을 받고 혜제에게 선위(禪位)하라고 핍박하기도 했다. 실제로 영녕(永寧) 원년(301년), 사마륜은 제위에 올랐으나 100일 만에 쫓겨나고 혜제가 복위하였다.

사마륜의 패거리들이 모두 고위직을 차지했고 종놈이나 병졸에게도 작위를 주었다. 매번 조회(朝會) 때마다 초선(貂蟬, 고관의 관)의 관을 쓴 고관이 자리에 가득하니, 당시 사람들이 '담비(족제비과의 동물) 꼬리가 부족하여 개꼬리로 이었다〔구미속초(狗尾續貂, 貂 담비 초)〕.'[40]는 말을 했다.

2) 왕개

○ 진 무제(晉 武帝) 사마염의 외삼촌

왕개〔王愷, 생졸년 미상, 愷는 즐거울 개, 자(字) 군부(君夫)〕는 동해군(東海郡) 담현(郯縣) 출신으로, 서진(西晉)의 외척이었다.

왕개의 조부는 조위(曹魏)의 사도(司徒)를 역임한 왕랑(王朗)이었고, 부친은 조위 유학자인 왕숙(王肅)[41]이었다. 왕숙의 딸, 곧

---

40 구미속초(狗尾續貂) − 개꼬리를 담비의 꼬리에 잇다. 벼슬을 함부로 주다. 주로 문학작품에서 훌륭한 작품의 뒤를 하찮은 것으로 계승하다.

41 王肅(왕숙, 195−256년, 字는 子雍) − 東海郡 郯縣(담현) 사람. 曹魏 중

왕개의 누나(王元姬)가 사마소(司馬昭)와 결혼하여 사마염을 출산하였다. 곧 왕숙은 진 무제의 외조부이고, 왕개는 무제의 사마염의 외삼촌이었으니, 그 신분이 고귀했고 처음부터 부유했다.

왕개는 젊은 시절에 그 품행이 불량했지만, 재지(才智)가 뛰어나 맡은 바 일 처리를 잘했다. 혜제 영평(永平) 원년(元年, 291)에, 황후 가남풍과 연결된 초왕(楚王) 사마위(司馬瑋) 등이 황태후의 외척인 양준(楊駿)을 제거할 때, 왕개는 공을 세웠고 여러 관직을 맡아 승승장구하였다.

○ 석숭과 사치 경쟁

왕개가 푸른 비단으로 만든 40리나 되는 길거리 병풍(보장步障)을 만들어 세우고 행차하자, 석숭은 50리나 되는 보장을 세워 맞섰다.

한번은 무제가 외삼촌인 왕개에게 2척 높이의 산호수 하나를 하사하였다. 왕개가 석숭에게 그것을 보여주자, 석숭은 쇠몽둥이로 그 산호수를 박살내었다.

신 王朗(왕랑)의 아들이다. 三國시대 經學者. 晉王 司馬昭(사마소)의 장인. 司馬炎의 외조부. 儒家《六經》에 대한 王肅의 주석은 三國에서 南北朝에 이르는 시기에 官學의 敎材로 사용되었고, 唐代 孔穎達(공영달)에게도 큰 영향을 끼쳤다.

왕개가 몹시 아까워하며 석숭의 질투라면서 거친 목소리로 변상하라고 말했다.

석숭은 즉시 집에서 2자 이상 되는 산호수를 여러 개 갖다 놓고 왕개에게 갖고 싶은 만큼 가지라고 말했다. 《세설신어 태치(汰侈)》

3) 화교 - 전벽

○ 부유하나 인색한 사람

화교(和嶠, 생졸년 미상, 嶠는 높을 교)의 조부인 화흡(和洽)은 위국(魏國)의 상서령(尙書令)이었고, 부친 화유(和逌, 만족할 유)는 위국의 이부상서(吏部尙書)였다.

화교는 어려서부터 행실이 점잖았고, 외삼촌인 하후현(夏侯玄)을 흠모하며 자중자애하여 널리 이름이 알려졌었다.

화유는 나중에 영천(潁川) 태수를 역임하였는데 백성들의 존경을 받았다. 가충(賈充)도 화교의 인품을 알아 사마염에게 화유를 칭송했고, 화유는 나중에 중서령(中書令)으로 승진하였다.

화교는 집안이 매우 부유했지만 몹시 인색한 사람이었다. 화교의 집에는 아주 좋은 배나무(梨)가 여러 그루 있었는데, 장군 왕제(王濟)가 배 좀 보내달라고 특별 부탁했는데도, 겨우 10여 개를 보내주었다고 한다.

촉한을 멸망시킨 두예(杜預, 222-285)가 말했다.

"왕제(王濟)는 말(馬)에 집착하는 마벽(馬癖, 癖 버릇 벽)이 있고, 화교는 금전에 인색한 전벽(錢癖)[42]이 있다."고 말했다.

이를 들은 사마염이 두예에게 "경은 무슨 버릇이 있소?"라고 물었다.

이에 두예가 대답했다.

"신(臣)에게는 《좌전벽(左傳癖)》이 있습니다."

(3) 문인 열전

1) 좌사

○ 여동생 좌분(左芬)

좌분(左芬, ?-300)은 제군(齊郡) 임치현 사람으로, 좌사(左思)의 여동생이었다. 어려서부터 영특하고 호학(好學)하여 유가 경전을 공부하였으며 글을 잘 지었다.

진(晉) 무제 사마염은 그녀의 재명(才名)을 듣고 궁궐로 불러들였다. 좌분은 태시(泰始) 8년(272) 수의(修儀)였다가 귀빈(貴嬪)이 되었다. 외모는 보통이었기에 무제의 총애를 받지는 못했지만,

---

42 전벽(錢癖) - 유달리 금전에 집착하는 성질.

워낙 재덕이 뛰어나 무제의 인정을 받았다. 좌분은 병약했지만, 무제가 화림원(華林園)에 행차할 때면 수시로 불러 문장의 뜻을 물었고, 무제의 질문에 그 대답은 유려(流麗)하여 좌우의 모두가 칭찬하고 놀랐다고 한다.

좌분은 무제의 명을 받아 〈이사부(離思賦)〉를 지어 올렸고, 원양황후(元楊皇后)와 만년공주(萬年公主)를 추모하는 뇌문(誄文)을 지어 올려 무제의 칭찬과 상을 받았다.

좌분은 살아있는 동안 많은 시문을 창작하여 문집 4권이 있었으나 지금은 부(賦) 5편, 뇌(誄), 송(頌) 각 2편과 고시 2수가 전한다. 《진서(晉書) 31권 상, 좌귀빈전(左貴嬪傳)》에 입전되었다.

○ 낮은 신분, 추한 외모, 말더듬이

좌사(左思, 250?-305)는 제군(齊郡) 임치〔臨淄, 지금의 산동성(山東省) 중부 치박시(淄博市)〕 출신으로, 서진(西晉)의 시인이다. 좌사의 〈삼도부(三都賦)〉는 낙양의 종이값을 올라가게 했다는 「낙양지귀(洛陽紙貴)」라는 명성과 함께 고사성어를 만들었다.

사서의 기록에 의하면, 좌사는 못생긴 외모에 말도 더듬었기에 교유(交遊)나 변설(辨說)을 좋아하지 않았다고 한다. 진 무제 태시 8년(272) 전후에, 좌사(左思)의 여동생 좌분(左芬)이 입궁하면서 온 가족이 낙양으로 이사하였으며, 좌사는 비서랑(秘書郎)에 임용되었다.

좌사는 자신의 학문이 부족하다는 것을 알고 책을 많이 읽을 수 있는 비서랑직을 자청하였다고 한다.

좌사는 혜제 원강(元康, 291 – 299) 연간에, 좌사는 석숭(石崇)의 '금곡이십사우(金谷二十四友)' 집단에 참여하였고, 또 가밀(賈謐)에게 《한서(漢書)》를 가르쳤다고 한다.

《세설신어 용지(世說新語 容止)》의 기록에 의하면, 비슷한 또래의 반악(潘岳)은 미남자라서 그가 거리를 지나면 많은 여인들이 반악의 손을 잡아 이끌었다고 한다. 그러나 좌사를 보고서는 여인들이 골려대고 침을 뱉어, 좌사는 고개를 숙이고 도망치듯 돌아왔다.

나중에 가밀(賈謐)은 주살되었고, 좌사는 집에 은거하며 경전만을 공부하였다. 나중에 제왕(齊王) 사마경(司馬冏)이 좌사를 기실독(記室督, 비서직)으로 불렀으나 좌사는 칭병하며 출사하지 않았다.

○ 문학형식으로서 부(賦)

부(賦)는 한대(漢代) 이후에 유행한 시문(詩文)의 하나로, 문장의 운율(韻律)이 맞아야 하고 화려한 문장으로 짜여야 하면서도 내용이 정확해야 했다.

부(賦)는 문체(文體)의 하나로 압운(押韻)한 문장이다. 초사(楚

辭)에서 변화 발전하였는데, 외형상 시나 산문(散文)이라고 한 가지로 단정할 수 없는 시문의 혼성체(混成體)이다.

《시경(詩經)》은 시를 그 내용상 풍(風), 아(雅), 송(頌)으로, 작법상으로는 부(賦), 비(比), 흥(興)으로 분류한다. 이때 부(賦)는 펴놓다(鋪는 펼 포,늘어놓다)는 뜻이니, 곧 '언지(言志)를 늘어놓은 형식'이며 거기에는 낭송(朗誦)의 뜻을 포함한다. 노래하지 않고(不歌) 낭송하는 것이 부(賦)이다.

부(賦)는 한대에 유행한 문학 형식으로, 시가(詩歌)와 산문의 특성을 합한 형태라 할 수 있다. 전한(前漢)의 가의(賈誼), 매승(枚乘), 사마상여(司馬相如)가 한대 부(賦)의 대표적 작가이다.

한대의 부(賦)는 사조(辭藻)가 화려하고 필세(筆勢)가 힘차다지만, 대개 내용은 공허하고 글자와 뜻이 어려워 읽고 이해하기가 쉽지 않다.

사마상여(司馬相如) 이후에 후한(後漢) 반고(班固)의 〈양도부(兩都賦)〉, 장형(張衡)의 〈이경부(二京賦)〉, 조식(曹植)의 〈낙신부(洛神賦)〉, 서진(西晉) 육기(陸機)의 〈문부(文賦)〉, 좌사(左思)의 〈삼도부(三都賦)〉가 유명하다.

또 동진(東晉) 도연명(陶淵明)의 〈귀거래사(歸去來辭)〉도 부(賦)의 명편이며, 당(唐) 두목(杜牧)의 〈아방궁부(阿房宮賦)〉, 송(宋) 구양수(歐陽脩)의 〈추성부(秋聲賦)〉, 소식(蘇軾)의 〈적벽부(赤壁賦)〉도 모두 부(賦)의 명작이다.

○ 좌사와 낙양의 종이값

좌사(左思)는 글자 하나하나를 사실과 일치하는지 확인하면서 조금의 거짓이나 허풍이 없는 내용을 담은 명문장으로 〈삼도부(三都賦)〉를 쓰기 시작했다.

좌사는 10여 년 구상하고 각고의 노력으로 〈삼도부〉를 완성하고, 이를 당시 정계의 실력자인 장화(張華)[43]에게 보여주었다.

장화는 읽어본 뒤에 "이는 반고(班固)의 〈양도부(兩都賦)〉나 장형(張衡)의 〈이경부(二京賦)〉와 함께 정족(鼎足)을 이룰만하다."고 칭찬하였다.

좌사는 이를 다시 당시의 은자(隱者)로 명성을 누리면서 침구학(鍼灸學)의 대가였던 황보밀(皇甫謐)에게 보여주며 가르침을 청했다. 황보밀은 좌사를 극찬을 하면서 바로 서문을 써주었다.

이런 사실이 알려지자, 그전에 좌사를 우습게 알고 험담하던 사람조차 옷깃을 여미었고, 서로 다투어 〈삼도부〉를 필사하였기에 낙양의 종이값이 올랐다는 말이 나오게 되었다.

좌사와 낙양지귀(洛陽紙貴)의 고사(故事)는 학문에 뜻을 둔 사람

---

43 장화(張華, 232-300) - 西晉의 詩人, 政治家. 太常博士, 著作郎, 長史 겸 中書郎 등 여러 文職을 역임하였다. 서진이 성립한 이후, 승진을 거듭하여 사공(司空)을 역임했다. 팔왕의 난 중에 사마륜(司馬倫)에게 살해되었다.

이 어떠한 노력을 해야 하는가에 대한 교육적 가치가 큰 이야기의 하나이다.

〈삼도부(三都賦)〉는 〈위도부(魏都賦)〉, 〈촉도부(蜀都賦)〉, 〈오도부(吳都賦)〉로 구분되는데, 위진(魏晉) 시대의 부(賦)에서도 장편에 속한다. 이 〈삼도부〉는 위, 촉, 오 3국의 국도(國都)를 묘사하였는데 단순히 3개 도성의 경치가 아니라 3국의 정치 상황도 서술하였다.

2) 육기

○ 동오(東吳) 명문(名門)의 후예

육기〔陸機, 261 – 303, 陸璣, 字는 사형(士衡)〕는 오(吳) 출신으로 동오(東吳)의 승상이었던 육손(陸遜, 183 – 245)[44]의 손자이고, 오(吳)의 대사마(大司馬)인 육항(陸抗)[45]의 아들이다. 부친 육항은 동

---

[44] 육손(陸遜, 183 – 245, 본명 陸議. 字는 伯言) – 육손은 吳郡 吳縣(今 江蘇省 蘇州市) 출신. 三國時代 吳의 저명한 장군. 대도독. 政治人. 동오의 국정을 운영했다. 出將入相의 전형. 62세에 죽어 蘇州에 묻혔고 追諡는 昭侯(소후). 周瑜, 魯肅, 呂蒙(여몽)과 四大 都督으로 합칭한다. 육손은 陳壽 正史《三國志 吳書》13권, 〈陸遜傳〉에 입전.

[45] 육항(陸抗, 226 – 274, 字는 幼節) – 육손의 次子. 孫策의 외손, 東吳의 명장. 大司馬 역임. 274년 육항이 48세로 病死하자, 晉의 명장 羊祜(양호)는 정식으로 東吳 원정을 조정에 건의했다.

오의 대사마로 영병(領兵)하고 진국(晉國)의 양호(羊祜)와 대결하였지만 양육지교(羊陸之交)의 고사성어가 만들어질 정도의 도덕군자였다.

육항이 죽을 때 육기는 겨우 14살이었고, 육기가 20살 때 동오는 멸망한다(280). 육기와 동생 육운은, 곧 고향 마을로 들어가 10년간 폐문하고 독서를 하였다.

육기는 그의 동생 육운〔陸雲, 262 – 303, 자(字)는 사룡(士龍)〕과 함께 '이륙(二陸)'으로 합칭한다.

○ 육씨 형제가 낙양에 들어가니…

진 무제(晉 武帝) 태강(太康) 10년(289)에, 육기와 육운이 낙양에 들어가 남방의 사투리를 사용하자, 사람들이 모두 흉내를 내며 조롱했다고 한다. 그러나 육기는 기가 죽지 않고 당시 문학가이며 태상(太常)이던 장화(張華)를 만나 자신의 재학(才學)을 인정받았다.

그러면서 육기의 문장이 알려지면서 크게 이름을 떨치니, 당시 사람들은 '육씨 형제가 낙양에 들어가니, 3장(張)의 가치가 떨어졌다.(「二陸入洛, 三張減價.」)'고 하였다. 3장이란 당시 문장으로 명성을 누리던 장재(張載), 장협(張協), 장항(張亢)의 3형제를 지칭한다.

육기는 진조(晉朝)의 저작랑(著作郎), 제주(祭酒), 참군(參軍) 등 하위직을 역임하였고, 팔왕의 난 속에서 사마륜(司馬倫)이나 사마영(司馬穎)을 위해 일했지만, 전투에서 패하자 모함을 받아 사마영의 손에 삼족이 멸족되었다.

육기가 형장에 이르러 탄식하며 말했다.

"화정(華亭)의 학이 우는 소리를 이제는 들을 수가 없구나."

육기와 동생 육운은 오(吳)가 멸망한 뒤, 고향마을에서 폐문하고 독서하였는데 근처 화정에서 학들이 우는 소리를 늘 들었다. 화정은 지금 상해시(上海市) 송강구(松江區) 평원촌(平原村)에 해당한다.

육기는 평원군(平原郡) 내사(內史)를 역임하였기에 육평원(陸平原)으로도 불린다.

○ 태강지영(太康之英)

육기는 '태강지영(太康之英, 태강 연간의 영재, 무제의 연호 태강, 280-289)'이라는 칭송을 들으며 시와 문장으로 이름을 날렸는데, 지금도 그의 시와 부(賦) 104편이 전해온다. 그의 대표작으로 〈맹호행(猛虎行)〉, 〈군자행(君子行)〉 등이 있고, 산문으로는 〈변망론(辯亡論)〉과 〈조위무제문(弔魏武帝文)〉이 유명하다.

육기는 오(吳)나라가 멸망한 뒤에, 전한 가의(賈誼, 前 200-168)의 〈과진론(過秦論)〉[46]을 본떠, 나라의 멸망을 변명한다는 의미인

〈변망론(辯亡論)〉을 지었다. 이 〈변망론〉의 상편 부분은 오국(吳國)의 역사와 손권의 치국(治國) 재능과 오국의 영재(英才)와 과거의 번영을 서술하였다. 그리고 하편에는 조부인 육손(陸遜)과 부친 육항(陸抗)의 공업(功業)과 덕조(德操)를 서술하고 말제(末帝) 손호(孫皓)가 현인을 멀리하고(遠賢人), 간신을 가까이두며(近姦臣), 백성에게 인자와 화애(和愛)를 베풀지 않아 멸망에 이른 최후를 서술하였다.

육유의 문장은 음률이 조화를 이루며 아름답고(諧美), 대우(對偶)를 강구(講求)하며, 전고(典故)를 많이 사용하여 뒷날 병문(駢文)의 선하(先河)가 되었다는 평가를 받고 있다.

그의 대표적 저술로는 《문부(文賦)》가 있는데, 이는 문학 이론을 논한 책이며, 여기에서 그는 '시는 작가 정념의 표출(詩緣情)'이라고 말하였다. 육기의 부(賦) 27편이 지금도 전해온다.

---

46 〈過秦論(과진론)〉 – 전한 초기 가의(賈誼)가 秦의 멸망 원인을 분석한 정논문(政論文). 사마천은 가의의 〈과진론〉에 크게 공감하였다. 사마천은 《史記 秦始皇本紀》 뒤에 "太史公曰"로 시작하는 史論에서 〈과진론〉의 네 번째 단락(止於 "攻守之勢異也")을 인용 수록하였다. 그리고 〈陳涉世家(진섭세가)〉에서는 첫 단락을 인용 수록하였다. 그리고 반고는 《漢書 陳勝項籍傳》에 가의의 〈과진론〉 문장을 많이 인용하였다. 또 《昭明 文選》에서는 〈과진론〉을 3편으로 나눠 秦始皇, 秦二世, 자영(子嬰) 三代의 과실(過失)을 언급하여 진 멸망의 교훈을 總結하였다. 어느 나라건 나라 멸망의 가장 큰 원인은 백성에게 "인의를 베풀지 않았기(仁義不施)" 때문일 것이다.

육기는 초서(草書)에도 뛰어났는데, 그는 장초(章草)[47]의 대표 인물로 꼽히며, 그의 저명한 작품으로는 육기가 그의 벗에게 보낸 편지인 〈평부첩(平復帖)〉이 현재 전하고 있다.

남조(南朝) 양(梁)의 문학비평가로《시품(詩品), 원명은 시평(詩評)》의 저자인 종영(鍾嶸, ?-518)은 "육기의 재기(才氣)는 바다와 같고(陸才如海), 반악의 재능은 강과 같다(潘才如江)."고 평가하였다.

동진의 시인인 손작(孫綽, 314-371)이 말했다.

「반악(潘岳)의 문장은 찬란하여 비단을 펴놓은 듯, 어느 곳도 모두 멋있지만, 육기의 문장은 마치 모래를 쳐서 금을 골라내는 것 같아 왕왕 보옥(寶玉)을 발견하게 된다.」《세설신어 문학》

3) 반악

○ 미남과 미녀의 성씨

소설《수호전(水滸傳)》에는 미인으로 세 여자가 등장한다. 하나

---

[47] 草書는 장초(章草), 행초(行草), 금초(今草, 小草), 광초(狂草) 등 4가지 서체로 분류할 수 있다. 그중 장초(章草)는 예서(隸書)에서 발전한 초서로 전한에서 시작하였다고 한다. 이는 특히 후한의 장제(章帝, 재위 75-88)가 좋아했고, 후한에서 성숙한 초서체로 알려졌다.

는 주인공인 반금련(潘金蓮)이고, 또 한 사람은 별호(別號)가 병관색(病關索)인 양웅(楊雄)의 아내인 반교운(潘巧雲)이며, 성은 다르지만 송강(松江)의 현지처(現地妻)였던 염파석(閻婆惜)이다.

이 세 여인의 공통점은 모두 미인이지만 음탕했고 간통을 즐기다가 사나이의 손에 죽는다. 이를 '수호삼살(水滸三殺)'이라 하는데, 이를 통하여 '음란하여 간통하고, 그리하여 남자를 괴롭힌 여자들은 당연히 죽어야 한다.'는 무시무시한 결론이 도출해진다.

《수호전》의 무송(武松)이 호랑이를 때려잡고, 서문경(西門慶)과 반금련의 불륜 이야기에서 시작하는 《금병매(金甁梅)》에서도 반금련은 특별한 여주인공이다.

그런데 재미있는 추론은 반금련과 반교운 두 미인이 모두 반씨라는 점이다. 작가가 하구많은 성씨 중에서 왜 반씨를 선택했을까? 거기에는 그럴만한 역사적 인물이 존재한다.

○ 손수(孫秀) – 석숭과 반악을 죽이다

반악〔潘岳, 247 – 300, 자(字)는 안인(安仁)〕은 후인들이 반안(潘安)으로도 불렀는데, 형양군(滎陽郡) 중모현(中牟縣, 지금의 하남성 중부 정주시(鄭州市) 관할 중모현(中牟縣)〕 출신으로, 서진 시인인데 유명한 미남자였다.

반악은 어려서부터 총명하여 신동(神童)이라는 명성을 누렸고, 20여 세에 권신 가충(賈充)의 막부(幕府)에서 사공연(司空掾), 태위

연(太尉掾) 등의 직책과 하양현령(河陽縣令)을 지냈다. 하양현령으로 재직하며 온 고을에 복숭아나무(桃)를 심게 하여 '하양현이 모두 꽃나무(河陽一縣花)'라는 말이 있었다.

반악은 그의 벗인 석숭(石崇)과 함께 가충의 외손인 가밀(賈謐) 편에 섰고, 가밀이 끌어들인 문사(文士)인 육기(陸機), 좌사(左思), 유곤(劉琨) 등 24인이 석숭의 별장인 금곡원에서 어울렸기에, 이들을 '금곡이십사인의 벗(金谷二十四友)'이라 하였다.

반악이 어렸을 때, 미천한 손수(孫秀)에게 자주 매질을 했는데, 이에 손수는 뼛속 깊이 원한으로 품었다. 혜제 때 팔왕의 난 기간에 조왕(趙王) 사마륜(司馬倫)이 조정의 정사를 이끌었는데, 그때 손수는 중서령(中書令)이었다.

손수는 그 권세로 석숭의 애첩인 녹주(綠珠)를 차지하려 했으나 석숭이 거절하자, 석숭과 반악이 반역을 꾸민다 하여 석숭과 반악의 삼족을 멸족시켰다.

○ 재모쌍전(才貌雙全)

반악은 귀족 미남이며 시인으로 명성이 높았다. 반악은 재모쌍전(才貌雙全)한 사람이었다. 중국에서 '재주는 자건에 비할만하고(才比子建, 조조의 아들 조식), 용모는 반악과 같다(貌若潘岳).'는 말은 재주와 용모가 모두 뛰어나다는 의미이다.

당시 《문부(文賦)》의 작자인 문장가 육기(陸機)와 나란히 그 이름을 떨쳤는데, 문학사에서는 특별히 '반육(潘陸)'이라 칭한다. 양(梁)나라 종영(鐘嶸)이라는 사람이 쓴 《시품(詩品)》이란 평론서에서도 반악의 시 작품을 우수한 것으로 평하고 있다.

반악의 시는 지금 52수가 전하는데, 그중에 〈도망시(悼亡詩)〉 3수가 그의 대표작이라 알려졌다.

○ 척과영거(擲果盈車)

《세설신어 용지(容止)》에 의하면, 반악이 거리를 지나면 젊은 여인들이 그를 보려고 수레를 둘러쌌으며 여인들이 주는 과일이 수레에 가득 찼다고 한다. 이에 '척과영거(擲果盈車, 擲 던질 척, 盈 가득찰 영)'란 고사가 생겼다고 했으니, 그 외모와 재주가 어느 정도였는지 알 수 있다.

또 반악과 글을 잘 짓는 하후감(夏候堪)은 두 사람 다 용모가 뛰어났으며, 또 함께 돌아다니기를 좋아하여 당시 사람들이 두 사람은 연벽(連璧, 璧은 둥근 옥 벽)이라고 불렀다.

이렇듯 반악은 미남 시인으로 유명했기에, 《수호전》의 작가가 미남과 미인의 성씨로 반씨(潘氏)를 생각했을 것이다.

그러나 그 생의 결말은 좋지 않았다.

사마륜의 하수인이었던 손수(孫秀)의 미움과 질투를 받아 석숭과 반악이 함께 처형당했다.

형장에 먼저 와있던 석숭이 끌려오는 반악을 보고 "그대도 이 지경에 이르렀나?" 하고 물었다.

그러자 반악이 말했다.

"「석숭의 벗으로 뜻을 같이하니(投分寄石友),

백수(白首)로 함께 한 곳에 돌아가리(白首同所歸).」라고 읊었잖소."《세설신어 수극(讎隙)》

반악은《진서(晉書)》55권,〈반악전(潘岳傳)〉에 입전되었다.

4) 곽박

○〈유선시(遊仙詩)〉의 조사(祖師)

곽박(郭璞, 276–324)은 하동군(河東郡) 출신으로, 서진 시대에 활동한 시인이며 훈고학자(訓詁學者)였다. 여러 방술(方術)의 대사(大師)였으며〈유선시(遊仙詩)〉의 조사(祖師)로 알려졌다. 그의 유선시는 부귀영화를 멀리하고 환상적인 신선세계에 노니는 생활을 동경하며 그러한 이상을 실현할 수 없는 현실에 대한 절망감을 토로하였다.

곽박은 서진 말의 혼란을 피해 남쪽으로 피신하였다.

진(晉) 무제(元帝, 사마예) 재위 중 저작좌랑(著作佐郎)과 상서랑(尙書郎)을 역임하였다. 곽박은 기주호색(嗜酒好色)하면서도 학문에 열심이었다.

○ 학자이며 술사(術士)

곽박은《주역(周易)》,《산해경(山海經)》,《목천자전(穆天子傳)》,《초사(楚辭)》등의 옛 글에 주석을 달았다. 그리고 곽박의《이아주(爾雅注)》와《방언주(方言注)》는 진대(晉代) 한어(漢語)의 방언을 연구하는 중요한 자료라고 알려졌다.《이아주》와《방언주》를 통하여 당시 동식물의 명칭 이름을 확정하고 그림을 그려 초목과 동물 연구의 주요한 참고도서가 되었으며 분류하여 뒷날 본초(本草) 관련 저술에 크게 이바지하였다.

곽박(郭璞. 276-324)
저서로《이아주(爾雅注)》,《방언주(方言注)》가 유명하다. 〈출처: 위키백과〉

곽박은 역학(易學)에 박통하였으며 도교의 술수 이론에도 밝은 술사(術士)로 많은 전설의 주인공이 되었다. 곽박의 저술로《장서(葬書)》가 있는데, 이는 풍수지리(風水地理)에 관한 저술이다. 땅을 택지(擇地)하여 장례를 치루는 습속은 곽박에서부터 시작되었다고 한다.

5) 명필 위항

○ 명필 가문

위항〔衛恆, ?-291, 자(字)는 거산(巨山)〕은 하동(河東) 안읍(安邑) 출신으로 서진의 명필인데, 위국(魏國)의 시중(侍中)이었던 위기(衛覬)의 손자이며, 역시 명필로 알려진 위관(衛瓘)의 아들이다. 위항의 저술로 《사체서세(四體書勢)》가 있다.

위항의 부친 위관(衛瓘, 220-291)은 조위의 정위(廷尉)를 역임했고, 촉한을 정벌하는 전쟁 후 종회(鍾會)의 반란을 진압하였다. 서진이 성립된 이후 유주(幽州)를 진수하며 선비의 세력을 꺾었고, 입조하여 상서령을 역임하였으며, 팔왕의 난 기간에 가(賈)황후에 아첨하다가 초왕 사마위(司馬瑋)에게 살해되었다.

○ 《사체서세(四體書勢)》

위항은 초서(草書)에 능했는데, 예서(隸書)와 전서(篆書)를 깊이 공부하면서 후한의 명필인 장지(張芝)를 숭상하였다. 위항은 젊어서 사마유(司馬攸)의 제왕부(齊王府) 막료로 시작하여 태자서자(太子庶子), 황문랑(黃門郎)을 역임하였다. 위항은 진 혜제(晉 惠帝) 영평 원년(291)에, 일족이 모두 초왕 사마위(司馬瑋)에게 살해되었다.

위항은 초서(草書)와 장초(章草), 예서(隷書)와 산예(散隷)의 사종(四種) 서체에 모두 능했다.

위항의 《사체서세(四體書勢)》는 중국 여러 서법(書法)의 원류와 풍격(風格)의 특장을 밝힌 연구서로 특별한 의의를 갖고 있는 책이다.

《사체서세》는 〈초세(草勢)〉, 〈전세(篆勢)〉, 〈자세(字勢)〉, 〈예세(隷勢)〉로 구성되었는데, 각 서체의 심미적 특징이나 상징성을 밝혀 한자 서법의 형상미(形象美)를 창조했다는 평가를 받고 있다.

그러면서 《사체서세》는 서단(書壇)의 여러 가지 진문일사(珍聞軼事)를 많이 기록하여, 후세에 좋은 참고 자료가 되었다.

○ 위항의 아들 위개(衛玠)

위항의 아들인 위개〔衛玠, 286 – 312, 자(字)는 숙보(叔寶)〕는 조위(曹魏)의 태위(太尉)였던 위관(衛瓘)의 손자이며, 서진의 명필로 유명한 위항의 아들이다. 위개는 외모가 출중하여 위개가 양이 끄는 수레를 타고 큰 거리에 나가면 모든 사람들이 위개를 보려고 모여들어 마치 담을 둘러친 것 같았으며, 위개를 바라보며 옥인(玉人)이라고 감탄하였다.

표기장군(驃騎將軍) 왕제(王濟)는 위개의 외삼촌이었는데, 재기가 넘치며 외모도 훌륭하였다.

그런 왕제가 탄식하며 말했다.

"주옥같은 생질이 앞에 있으면, 내 몸이 초라한 것 같다〔珠玉在前(주옥재전), 覺我形穢(각아형예)〕."

위개가 예장(豫章)에서 형주(荊州)에 오자, 그 소문을 듣고 많은 사람들이 위개 주변에 모여들었다. 위개는 조부와 부친이 초왕 사마위(司馬瑋)에게 살해당할 때, 간신히 피신해 살았다. 사실 위개는 병약해서 27세에 죽었는데, 당시 사람들은 너무 많은 사람들이 너무 많이 위개를 바라보았기에 그래서 죽었다며, 그 죽음을 간살(看殺)이라 했다.《세설신어 용지(容止)》

6) 산도

○ 죽림칠현 중 제일 선배

산도〔山濤, 205-283, 자(字)는 거원(巨源), 山이 성씨〕는 하내군(河內郡) 회현(懷縣) 출신으로, 죽림칠현의 한 사람이다. 죽림칠현 중 가장 나이가 많았다.

산도는 노장(老壯)의 학문을 좋아했고, 혜강〔嵇康, 223-263, 자(字)는 숙야(叔夜)〕 또는 완적〔阮籍, 210-263, 자(字)는 사종(嗣宗)〕 등

과 교유하였다. 산도는 사람이 조심성이 많고 신중, 근신하였는데, 나이 40세에 처음으로 출사하였다. 사마씨와 의기 투합하며 잘 협조하여 보통 걸음으로 청운(靑雲)에 올랐지만 생활은 늘 검소하였다. 산도는 사마의(司馬懿)와 위주(魏主) 조상(曹爽)과의 권력 쟁탈에서 일단 뒤로 물러나 관여하지 않았다.

산도는 혜강을 낙양의 관리로 천거하였다. 그러나 혜강은 관직 추천을 사양할 뿐만 아니라 오히려 산도에서 절교(絶交)의 서신 〈여산거원절교서(與山巨源絶交書)〉를 보내왔다.

혜강은 나중에 형장에서 처형되기 직전, 자신의 딸에게 말했다.

"산도가 있으니, 너는 고아가 아니다."

혜강이 처형된 뒤에 산도는 혜강의 아들 혜소(嵇紹)에게 관직(秘書丞)을 주선해 주었다.

산도가 비록 적극적으로 공명을 추구하였지만, 그의 관직생활은 늘 청렴하고 정직했으니, 비록 혼탁한 세상에서도 자신의 결백을 잘 지켜나갔다.

○ 산도의 인품

죽림칠현의 한 사람인 왕융(王戎)은 산도의 인품을 이렇게 평했다.

「마치 다듬지 않은 옥(박옥璞玉)과 같고, 야금(冶金)하지 않은 금〔金, 혼금(渾金)〕과 같아 사람들은 모두 그 보배를 흠모하나 무어

라 이름을 붙여야 할지 모른다.」《세설신어 상예(賞譽)》

(4) 과학기술

1) 배수-《우공지역도》

○ 서진의 사공(司空) 역임

서진 시대의 지리학(地理學)에서는 배수(裵秀, 224-271)가 편찬한《우공지역도(禹貢地域圖)》를 먼저 알아야 한다.

배수(裵秀)는 하동군(河東郡) 문희현(聞喜縣) 출신이다. 배수의 조부 배무(裵茂), 부친 배잠(裵潛)은 후한과 위국(魏國)의 상서령을 역임하였으니, 배수는 명문 가문의 후예였다.

배수는 서진에서 사마소(司馬昭)와 사마염(司馬炎)의 신임을 받았다. 265년, 사마염이 칭제 후에 배수는 상서령(尙書令)이 되었다가 태시(泰始) 4년(268)에 사공(司空)이 되었는데, 사공은 나라의 산천 관리와 토목 관련 업무를 책임지는 최고 관직이었다.

배적은 전국의 호적(戶籍), 토지, 전무(田畝, 경작지), 부세(賦稅), 산천 관리 등 관련 분야에서 혁신적인 개혁을 주도하였다.

○ 지도 제작의 6가지 원칙

배수는《상서 우공(尙書 禹貢)》편의 잘못된 내용을 바로잡으면서 《우공지역도(禹貢地域圖) / 혹은 지역방장도(地形方丈圖)》 18편을 저술하였다.

배수의 《우공지역도》 18편은 문자로 기록한 지도책인 셈이다. 이런 이론에 의거하여 무제 태시(泰始) 4년에서 7년(268 – 271)에 지도가 완성되어 나라에 문서 창고(비부秘府)에 보관되었기에 세상에는 알려지지 않았다. 그래서 《우공지역도》는 《수서(隋書) 경적지(經籍志)》에도 기록되지 않았다.

이 《우공지역도》는 이미 실전(失傳)되었지만 당시 《우공지역도》의 축척은 1 : 1,800,000(180만분의 1) 지도로 알려졌다.

배수는 이를 저술하면서, 지도 제작의 6가지 근본 원칙인 「제도육체(製圖六體)」를 주장하였다.

㉠ 분률(分率) – 길이와 넓이의 대소에 따른 비율, 곧 지형 지물에 대한 축척(縮尺)이 일정해야만 원형을 잘 그려낼 수 있다.

㉡ 준망(準望) – 피차의 몸체(체적體積). 각 방향에서 정확한 상대적인 위치나 방향.

㉢ 도리(道里) – 경유지간에 정확한 거리. 서로 다른 지점 간의 거리가 정확해야 한다.

㉣ 고하(高下) – 정확한 높낮이. 현재 지도에서 등고선(等高線)으로 표시되는 내용.

㉤ 방사(方斜) – 수직과 경사, 수평(水平)의 정도.

ⓗ 곡직(曲直) – 직선 거리나 우회 거리 등.

무제 태시 7년(271)에, 배수(裴秀)는 한식산(寒食散)을 잘못 복용하여 죽었는데, 시호는 원공(元公)이었다.《진서(晉書) 35권, 배수전(裴秀傳)》

2) 장화 –《박물지》

○ 근학(勤學)으로 명성을

장화(張華, 232 – 300)는 서진의 관리로, 시인이며 문학자였다. 장화는 태상 박사를 역임했고, 장사(長史) 겸 중서랑(中書郞)을 역임하였다. 서진이 성립된 이후 사공(司空)이 되었지만 나중에 사마륜(司馬倫)에게 살해되었다.

장화의 부친은 조위(曹魏)에서 어양군(漁陽郡) 태수를 역임하였으나 장화가 어렸을 때 죽었다. 장화는 가난했지만 열심히 공부하며 많은 책을 읽었다. 장화는 조위 말기의 어지러운 세상을 개탄하는 〈초료부(鷦鷯賦), 초료는 뱁새〉를 지었다. 이 〈초료부〉가 알려지며 장화의 명성도 높아졌다.

○ 동오(東吳) 정벌 주장

무제 함녕(咸寧) 원년(275), 진의 국력은 충실했다. 반면 동오

(東吳)의 말제(末帝) 손호(孫晧)는 「소인과 친하며 형벌을 함부로 적용하며, 대신(大臣)과 명장(名將)을 믿지 않아 나라를 지켜낼 수가 없었다.」

서진의 정남대장군(征南大將軍) 양호(羊祜)는 무제에게 동오 정벌을 강력히 권유하였다. 함녕 4년(278), 병석의 양호는 자신의 후임으로 두예(杜預)를 천거하였다. 익주(益州)자사인 왕준(王濬) 역시 동오 정벌을 주장하였다. 그러나 가충(賈充)을 비롯한 많은 신하가 아직은 시기가 아니라고 반대하였다. 이에 장화는 동오 정벌을 강력히 권유하였다.

함녕 5년(279) 겨울, 동오 정벌군이 출발하였다. 가충 등은 장화를 죽여 천하 백성들에게 사죄해야 한다고 주장했지만 장화는 동오 원정과 승리를 확신하였다.

동오 원정 뒤에 무제는 장화의 관직을 높이고 작위에 따른 식읍과 많은 상을 하사하였다.

○ 붕당, 팔왕지난 중 비명횡사

장화는 당쟁과 팔왕의 난에 휘말려 들었고, 가(賈)황후의 태자 폐위를 힘써 반대하였다. 그러나 결국 혜제의 영특한 태자는 폐위되었다. 장화는 〈여사잠(女史箴)〉을 지어 가황후에게 간언을 올렸지만, 아무 소용이 없었다.

혜제 원강(元康) 9년(299), 가황후는 폐립된 태자를 죽였다. 오직 장화만이 가황후에 반대하였다. 나중에 동궁의 좌위독(左衛督)이던 사마아(司馬雅)와 허초(許超) 등은 가황후를 폐위하고 태자를 복위시키려는 계획을 세워 조왕(趙王) 사마륜(司馬倫)과 밀모하였다.

혜제의 제위를 노리던 사마륜은 가황후를 충동하여 태자를 죽이게 한 뒤에, 가황후를 축출하려 새로운 정변을 획책하였다.

그리하여 영강(永康) 원년(300) 4월에, 사마륜은 사마아를 보내 장화와 연합하여 정변을 일으키게 하였다. 장화는 그러한 정변에 반대하였지만 사마륜의 음모를 파악하질 못했다. 사마륜은 군사를 동원하여 가황후를 폐위하고, 장황에게는 가황후에 아부했다는 죄목으로 궁에서 장화를 체포하고 죽여버렸다.

다음 해 제왕(齊王) 사마경(司馬冏), 성도왕(成都王) 사마영(司馬穎), 장사왕(長沙王) 사마예(司馬乂)는 군사를 일으켜 사마륜을 주살하였다. 제왕 사마경은 혜제에게 상주하여 장화의 억울한 누명을 풀어주었고 작위를 회복시켜 주었다.

○ 장화의 저작 - 《박물지(博物志)》

장화의 시는 32수가 전해온다. 그중에 부부의 애정을 읊은 〈정시(情詩)〉 5수가 있다. 그리고 장화는 《박물지(博物志)》를 편찬하였다. 《수서(隋書) 경적지(經籍志)》에는 《장화집(張華集)》 10권이 수록되었지만 이미 실전되었다.

장화의 《박물지》는 총 10권으로 삼라만상(參羅萬像)과 산천 지리, 역사인물과 그 전설, 초목충어(草木蟲魚), 금수(禽獸), 신선과 방술(方術)까지 가히 신화와 박물, 잡설 등의 총체라 할 수 있다.

《박물지》 3권까지는 지리와 동식물에 관한 기록이고, 4, 5권은 방술(方術)과 백가언(百家言), 6권은 잡고(雜考), 7권에서 10권까지는 이문(異聞), 역사, 잡설에 관한 내용으로 구성되었다.

3) 왕숙화

왕숙화〔王叔和, 생졸년 미상, 이름은 희(熙)〕는 고평현(高平縣) 출신의 서진 시대 의학자이다.

왕숙화는 침착한 성격에 각종 의학 경전과 처방에 밝은 사람이며, 명의(名醫) 장중경(張仲景)[48]의 제자로부터 의술을 전수받았

---

48 화타(華佗), 동봉(董奉), 장중경(張仲景)을 '건안삼신의(建安三神醫)'라고 칭한다. 그리고 화타와 扁鵲(편작), 장중경, 明나라의 이시진(李時珍)을 '중국 4대 명의(名醫)'라고 한다.
화타(華佗, 145-208, 字는 元化)는 일명 敷(부), 沛國 譙縣人(今 安徽省 亳州市), 조조와 같은 고향. 화타는 內科, 外科, 부인과(婦人科), 소아과(小兒科), 침구(針灸) 등으로 분류하여 치료하였으며, 외과수술에 마취제인 마비산(麻沸散)을 사용하였다. 오금희(五禽戲)라는 맨손체조를 창안 보급하였다. 《後漢書》 82권, 方術列傳(下)에 입전.
동봉〔董奉, 200? 또는 220-280. 字는 君異. 又號 杏林(행림)〕은 후한 말에서 삼국시대의 의원(醫員) 화타(華佗) 등과 함께 「建安三神醫(건안삼신의)」로 알려졌지만 동봉에 관련한 기록은 매우 적다. 동봉의

다. 왕숙화는 진(晉) 무제(武帝, 사마염) 재위 시기에 태의령(太醫令)을 역임하였는데, 만년에는 마성(麻城)이란 곳에 살았다.

왕숙화의 중국 의학사에 중요한 공헌은 2가지로 요약할 수 있다.

첫째는, 장중경(張仲景)의 《상한잡병론(傷寒雜病論)》을 정리 편집하여 출간 보급하였다.

둘째는, 의학의 여러 저술에서 진맥(診脈)에 관련한 저술인 《맥경(脈經)》[49]을 저술하였다. 왕숙화의 의학 저술로는 《금궤옥함(金匱玉函)》 8권, 《맥결(脈訣)》 4권, 《맥부(脈賦)》 3권, 《해자맥론(孩子脈論)》 1권, 《맥결기요(脈訣機要)》 등 3권 등을 남겼다.

4) 황보밀

○ 서음(書淫)

황보밀〔皇甫謐, 215-282, 자(字)는 사안(士安). 謐은 고요할 밀〕은

가향(家鄉)인 福建省 중동부 복주시(福州市)에는 「漢 董奉 煉丹處(연단처)」란 고적과 「杏林始祖董奉草堂(행림시조동봉초당)」이 있다.
장중경(張仲景, 150-219. 名은 機(璣), 字는 仲景)은 以字行, 南陽郡 涅陽縣(열양현, 今 河南省 서부 鄧州市, 鎭平縣 일대) 출신, 후한 말기의 의사. 후한 靈帝 때 長沙太守를 역임했다.
49 《隋書·經籍志》 子部 醫方 云 「《脈經》 10권, 王叔和 撰」이라 하였다.

서진의 학자이며 의학자(醫學者)이다. 그의 증조부는 후한의 태위(太尉)였던 황보숭(皇甫嵩)이었지만, 서쪽 변경 신안군(新安郡)에 이주하였다.

황보밀이 어렸을 때 집안이 빈한하였지만 농사와 목축에 힘쓰면서 침식을 잊고 공부하며 유가의 모든 경전과 백가서를 통독하였다. 때문에 주변 사람들은 황보밀을 서음〔書淫, 책벌레. 독서광, 서치(書痴)〕라 하였다. 황보밀은 명리(名利)에 담백하였고, 효렴(孝廉)으로 천거받았지만 관직에 나가지 않았다.

서진 무제(武帝)가 여러 번 조서를 내려 출사를 재촉하였지만 고사(固辭)하면서, 종신(終身)토록 출사하지 않으면서 저술에만 몰두하였다. 나중에 무제는 황보밀에게 한 수레의 서적을 하사하였다. 만년에는 풍질(風疾)로 고생하다가 무제 태강(太康) 3년(282), 68세에 천수를 누리고 죽었다.

○ 의학서

황보밀은 3부작의 의학서를 저술하였으니, 곧 《소문(素問)》, 《침경(針經)》, 《명당공혈침구치요(明堂孔穴針灸治要)》이다. 이 삼부작을 종합하여 《황제삼부침구갑을경(黃帝三部鍼灸甲乙經)》이라 하는데, 모두 10권이다.

이는 중국 침구학(針灸學)의 명저로 통한다.

이외에도 황보밀은 《제왕세기(帝王世紀)》, 《고사전(高士傳)》,

《열녀전(列女傳)》(6권),《현안춘추(玄晏春秋)》등의 저술을 남겼다.

○ 황보밀의 제자 지우(摯虞)

지우(摯虞, 250-300)는 경조윤(京兆尹) 장안현(長安縣) 출신으로, 서진(西晉)의 관리이면서 문인이었다. 지우는 젊은 시절에 황보밀을 스승으로 모시고 배웠다. 현량(賢良)으로 천거된 뒤에 태자사인(太子舍人) 등을 역임하였고, 하동(河東)의 문희(聞喜) 현령이 되었다. 모친상을 모신 뒤에 다시 몇 개의 관직을 거쳤다.

팔왕지난(八王之亂) 때, 사마옹(司馬顒)의 부장이 혜제를 겁박 압송하자, 지우는 끝까지 혜제를 수종하며 모시었다. 나중에 낙양에 복귀하여 광록훈(光祿勳), 태상경(太常卿) 등을 역임하였다. 당시 낙양에서는 사람이 사람을 먹는 상황이었고, 그런 속에서 지우는 결국 아사(餓死)하였다.

지우는《문장지(文章志)》4권,《유별집(流別集)》30권 외 많은 저술이 있고, 조기(趙歧)의《삼보결록(三輔決錄)》을 주석한《삼보결록주(三輔決錄註)》를 남겼다.

제2부

동진의 건국과 발전

1. 동진의 흥망

(1) 원제(元帝)의 건국

○ 사마예(司馬睿) – 사마염의 방계(傍系)

진(晉)의 원제(元帝) 사마예(司馬睿, 276-323, 睿는 밝은 예)는 멸망한 서진의 황족(皇族)으로, 진(晉)을 다시 이어 제위(帝位)에 올랐다. 낙양에 도읍했던 진이 서진(西晉)이고, 사마예가 부흥하여 건업〔建鄴, 건강(建康), 지금의 강소성(江蘇省) 남부 남경시(南京市)〕에 도읍한 진(晉)을 동진(東晉)이라 구분한다.

동진(東晉)의 개국 황제인 사마예(司馬睿)는 사마의(司馬懿)의 증손(曾孫)이나 서진 무제 사마염(司馬炎)의 직계가 아니다. 사마의의 아들로, 사마사(司馬師)와 사마소(司馬昭)의 동생인 낭야무왕

(琅邪武王)인 사마주(司馬伷)가 조부이니, 사마예는 사마염의 작은할아버지 후손이다. 곧 사마예의 부친 낭야공왕 사마근(司馬覲)은 사마염의 사촌형제이고, 사마예는 혜제의 재종형제(再從兄弟, 6촌형제)였다.

진 원제(晉 元帝), 〈출처: 위키백과〉
東晉 개국 황제 사마예(司馬睿, 재위 317-323년)

○ 타고난 천운(天運)

사마예는 낭야공왕 사마근(司馬覲)의 아들인데, 모친은 낭야공왕의 왕비인 하후광희(夏侯光姬)이다.

사마예는 팔왕의 난(八王之亂) 기간에, 정치적으로는 동해왕(東海王) 사마월(司馬越) 집단의 한 사람이었다. 사마월이 서쪽으로 하간왕(河間王)인 사마옹(司馬顒)을 정벌하는 동안 사마예는 하비군(下邳郡)의 후방을 진수(鎭守)하는 임무를 받았기에 직접 전투에 참여하지 않았다. 나중에 사마예는 남쪽으로 옮겨가 건업(建鄴)에 주둔하였다.

사마예는 건업에서 낭야왕씨(琅邪王氏)를 우두머리로 하는 사족(士族)의 협조하에 지방의 정권으로 자리를 잡았다. 그러다가 316년, 서진의 마지막 황제라 할 수 있는 민제(愍帝, 사마업(司馬鄴))가 장안에서 피살되었다는 소식에 진(晉)의 계승을 선언하며 제위에 오르니, 이를 낙양의 진(晉)과 구분하여 동진이라 한다.

사마예의 묘호(廟號)는 중종(中宗)이고, 시호는 원제(元帝, 재위 317-322)이다.

동진(東晉)을 건국한 사마예는 천운(天運)이 있다는 것을 보여주는 사례라 할 수 있다.

사마예의 할아버지나 아버지는 아무런 공도 없었고, 또 사마염(司馬炎)의 직계도 아니었다. 사마예는 15살에 낭야왕(琅邪王)의 자리를 세습한다. 사마예는 '팔왕의 난' 기간 중에 사마영(司馬穎) 토벌에 나섰지만 작전에서 불리하여 낙양을 떠나 산동(山東)의 낭야, 곧 자신의 봉국(封國)으로 이주했다.

서진 회제가 즉위한 뒤, 얼마 남아 있지도 않은 황족이기에 안동장군(安東將軍)이 되어 양주(揚州)의 군사를 지휘하게 되는데, 그전에 왕도(王導)의 건의를 받아들여 건강(建康)에 가서 적극적으로 강동(江東)의 대족(大族)들과 관계를 맺는다. 당시 남방의 귀족들은 장안이나 낙양에서 환란을 피해 남으로 내려온 사람들을 '창부(傖夫, 천할 창)'라 부르면서 천대했다. 결국 사마예도 거기에서 크게 벗어날 수가 없었다.

311년에, 회제가 '영가의 난' 때 포로로 흉노의 한(漢)에 잡혀가서 죽자(313년), 민제(愍帝)가 즉위한다. 민제는 사마예를 승상 겸 대도독으로 임명한다. 민제가 포로로 잡혀가고 서진이 멸망하자, 사마예는 진조(晉朝)의 귀족과 강동 대족(大族)의 지지(支持)를 받아 317년에 즉위한다.

이때 사마예는 44살이었다.

사마예는 말하자면, 왕도와 왕돈 형제 곧 낭야왕씨 세력에 의해 간판으로 내세운, 좀 속된 말로 말한다면 '바지사장'이었다. 나중에 실제로 권력을 장악하려고 낭야왕씨의 세력을 꺾으려 했다가 군사권을 장악한 왕돈(王敦)의 반란을 유발했고 그 와중에 고민하다가 죽게 된다.

○ 낭야왕씨의 협조

사마예가 건강(建康, 건업)에 처음 내려왔을 때, 강남(江南)의 세족(世族)들은 북방에서 내려온 사마예를 아예 거들떠보지도 않았다. 이에 왕도(王導)는 사촌 형인 왕돈(王敦)과 함께 사마예의 권위를 높일 일을 꾸몄다.

3월 3일에, 강남의 명사들은 물가에 모여 구복(求福)하고 재액(災厄)을 멀리하는 계재(禊齋)를 지내고 놀이하는 풍습이 있었다. 왕도와 왕돈은 사마예를 화려한 수레에 모시고, 사마예를 옹위하여 물가에서 사족의 삼진날 계재를 구경하였다.

이런 모습을 본 강남의 사족들이 사마예를 찾아와 인사하자, 사마예는 사족들에게 관직을 제안하였고, 나중에 왕도와 왕돈을 보내 인사하며 친교를 맺었다.

그러면서 사마예는 북방에서 이주한 사람과 강남 사족들을 관직에 대거 등용하였다. 이에 강남의 사족들은 관직을 갖는 것이 자신들의 신분과 권위를 위해 유리하다는 사실을 인식하며 사마예를 추종하며 협조하였다.

동진을 건립한(317) 사마예의 가장 큰 당면 과제는, 비록 낭야왕씨 세력의 도움으로 제위에 올랐지만, 사마씨는 흘러들어온 세력이고, 낭야왕씨는 토착세력이기에, 낭야왕씨 군사력의 억제가 당면 과제였다.

낭야왕씨 세력의 대표자는 왕돈(王敦)이었다.

나중에 왕돈의 반발과 저항이 있었지만, 사마예의 제위를 뒤집지는 못했다. 그러나 사마예 역시 낭야왕씨를 제압하거나 그들 위에 군림하지는 못했다. 사마예는 낭야왕씨들과 관계에서 울분으로 재위 6년 만에 죽었다(322).

○ 왕씨와 사마씨(司馬氏)의 천하 공유(王與馬 共天下)

왕돈은 양주(揚州)에 부임하여 당제(堂弟)인 왕도(王導)와 함께 사마예를 도와주었고, 사마예의 명성을 높여주면서 왕조 건립에 협력하였다.

사마예는 전적으로 왕돈과 왕도의 협력하에 나라를 세울 수 있었다(317). 그래서 당시 사람들은 이를 두고, 「왕씨와 사마씨가 천하를 공유한다(王與馬, 共天下).」고 말했다.

○ 우씨가 사마씨 뒤를 잇는다(牛繼馬後)

사마예(司馬睿)는 낭야공왕(琅邪恭王) 사마근(司馬覲)과 그 왕비 하후광희(夏侯光姬)의 소생이다.

그러나 동진(東晉) 손성(孫盛)의 《진양추(晉陽秋)》라는 기록에 의하면, 조위(曹魏) 때에 《현석도(玄石圖)》라는 예언서가 있었는데, 그 예언서에 「소(牛氏)가 말(司馬氏)의 뒤를 잇는다〔牛繼馬後(우계마후)〕.」곧 사마씨의 후계자가 된다는 내용이 있었다.

이를 사마의(司馬懿, 사마중달)도 알고 있었기에 부장(部將) 중에 우금(牛金)이란 사람을 고의로 독살하여 예언의 실현을 막으려 했다.

그러나 사마의의 예상과 달리 사마의의 아들 사마근의 왕비 하후광희는 소리(小吏)인 우흠(牛欽)과 사통(私通)하여 사마예를 출산하였다고 한다. 곧 사마예는 곧 우흠의 아들이니, 소가 말의 뒤를 잇는다는 예언은 적중했다.

이런 내용은 《진서(晉書) 원제기(元帝紀)》 말미에 또 《위서(魏書)》 96권에도 수록되었다.

○ 동진의 수도 건강(建康)

기원 전 333년, 전국시대 초(楚)나라 위왕(威王)은 월(越)나라를 멸망시킨 뒤, 그곳 석두산(石頭山)에 성을 쌓고 금릉(金陵)이라고 불렀다. 이곳에 있는 왕기(王氣)를 억누르기 위해 산에 금(金)을 묻었다 하여 금릉이라고 불렀다고 한다. 진시황 때는 금릉을 말릉(秣陵)이라 고쳐 불렀다.

이어 전한이나 후한 때에 금릉은 주요한 지역이 아니었다. 강동에 할거했던 손권(孫權)은 211년에 이곳을 자신의 치소로 삼고 석두성(石頭城)을 요새화하면서 말릉을 건업(建業)이라고 개칭하였다.

서진(西晉)이 오(吳)를 멸망시킨(280) 뒤, 무제 태강(太康) 3년(282)에 건업(建業)을 건업(建鄴)이라고 다시 개칭하였다. 그러다가 313년에, 민제(愍帝)의 이름 업(鄴)을 피하여 건강(建康)이라고 이름을 다시 고쳤다. 이후 사마예가 동진을 건국하면서 중국 정통 왕조의 수도라는 지위를 얻으면서 이후 남조의 수도로 번영하였다.

특히 손권의 동오와 동진, 이후 남조의 4국을 합쳐 6조(朝)의 수도로 건강은 크게 번영을 누렸는데, 양 무제 때는 건강의 인구가 100만에 이르렀다. 그러나 후경의 난을 겪으면서 쇠퇴했고, 다시 수(隋)나라가 남조의 진(陳)을 멸망시키면서 도성을 대대적으로 파괴하였다.

○ 동진 시대의 강남 개발

장강 유역이나 그 남쪽의 개발은 오(吳)의 성립과 함께 진행되었으나 오(吳)의 단명으로 대규모로 추진되지는 못했다. 그러나 사마예가 건업(建業)에 도읍하면서부터 크게 개발되었다.

화북(華北)지방의 한인(漢人) 호족(豪族) 및 지식인들이 이민족의 지배와 전화(戰禍)를 피하여 수백, 수천의 종인(宗人)을 거느리고 강남으로 대거 이주하면서 강남 개발은 본격화되었다.

강남지역은 강우량이 풍부하고 이모작이 가능하며 소택지가 많은 지역이다. 강남 지역에서는 먼저 수로를 정비하고 수전(水田)을 만들고 벼를 재배하여 완전한 도작(稻作) 지역으로 변모하면서 중국 경제의 중심으로 자리를 잡기 시작한다.

호족들은 종인(宗人)과 이주민과 토착인들을 소작인으로 확보하여 강남 개발의 주체가 되면서 사회적 지배자로서의 지위를 굳혀간다. 이들 호족은 대토지 소유자이기에 경제적인 어려움을 겪지 않았으며 관계(官界) 진출을 통해 세력을 넓히며 문화적 소양을 축적했다.

화북 지방은 이민족의 지배와 잦은 정권 교체로 소란하고 민생이 피폐하였으나 동진 지역에서는 전쟁의 폐해가 없고 안정된 사회 속에서 귀족문화가 발달하였다.

○ 조적(祖逖) - 문계기무(聞鷄起舞)

조적(祖逖, 266-321, 逖은 멀 적)은 범양군〔范陽郡, 지금의 하북성(河北省) 중부 보정시(保定市)〕사람으로, 동진 초기 북벌을 주장한 장군으로, 성어(成語)「문계기무(聞鷄起舞, 첫 닭 울음에 일어나 무예를 연습하다)」[50]의 주인공이다. 조적은 한때 황하 남쪽의 넓은 지역을 회복하였고 예주(豫州) 일대 백성의 존경과 흠모를 받았다.

조적의 군대는 그 군기(軍紀)가 엄격하고도 분명하였으며, 조적은 검약 질박하였고 재산을 늘리거나 비축하지 않았다. 부대 주변에 흩어진 백골을 모아 묻어주고 제사를 지내주었다. 황하 북안의 백성도 조적을 존경하며 당시 석륵(石勒)에 관한 여러 동정을 알려주었다.

동진에서는 조적을 진서장군(鎭西將軍)에 임명하였다. 석륵은 조적을 두려워하며 감히 남침하지 못했고, 오히려 조적 고향의

---

50 문계기무(聞鷄起舞) - 첫 닭이 울면 일어나 무예를 연습하다. 뜻을 품은 자가 때맞추어 분연히 일어나다. 때가 왔음을 알고 분발해 나서다.

조적 부모와 조부의 묘를 돌보면서 조적과 왕래를 희망한다는 서신을 보내오기도 하였다.

　○ 조적 – 북벌 좌절의 한(恨)

　동진 원제(元帝) 대흥(大興) 4년(321), 원제 사마예(司馬睿)는 특사를 조적에게 보내 조적을 정서장군(征西將軍)으로 임명하면서 대연(戴淵)이라는 문신을 사예(司隸), 연주(兗州), 예주(豫州), 병주(並州), 옹주(雍州), 기주(冀州) 등 6주의 군사(軍事)를 감독하는 사주자사(司州刺史)에 임명하여 조적을 감독하게 하였다.

　조적은 대연(戴淵)이 비록 재능과 명망이 있지만 원대한 지향이나 식견이 없는 문신으로 자신의 북벌을 돕지 않자 몹시 불쾌하였다.

　그러면서 조적은 원제 주변에서 국정을 이끄는 왕돈(王敦)과 총신(寵臣) 유외(劉隗)의 내분이 있어 북벌이 어려울 것이라고 심히 우려하였다. 그러면서 조적은 자신의 관할 지역에서 성벽을 보수하며 군비를 강화하였으나, 병으로 옹구(雍丘)에서 56세를 일기로 작고하였다.

　조적이 죽은 뒤, 조적이 회복했던 황하 이북의 땅은 석륵의 차지가 되었다.

(2) 명제

○ 짧은 재위

동진 명제(明帝) 사마소(司馬紹, 299-325)는 원제(元帝) 사마예(司馬睿)의 장자(長子)이다. 재위 기간은 겨우 3년〔재위 323-325, 연호 태녕(太寧)〕, 왕돈(王敦)의 난[51]을 평정하였다.

사마소(司馬紹)는 어려서 총명하여 부친 사마예의 총애를 받았다. 서진 회제(懷帝) 영가(永嘉) 원년(元年, 307)에 부친을 따라 건업〔建鄴, 건강(建康)은 지금의 강소성(江蘇省) 남경시〕을 진수(鎭守)하였고, 사마예가 즉위한 뒤, 사마소는 황태자가 되었다(318).

사마소는 효심이 돈독하였고, 문무 재략(才略)을 겸비하였으며, 현인을 존중하였다. 그리하여 왕도(王導), 유량(庾亮), 온교(溫嶠), 환이(桓彝) 등 명신을 우대하였고, 무예를 연습하며 장사(將

---

[51] 元帝 영창(永昌) 원년(322) 정월 왕돈(266-324)은, 江州의 무창(武昌)에서 起兵하며 유외(劉隗)를 주살하기 위하여 건강(建康, 建鄴)으로 진격하였다. 사마예는 소식을 듣고 대노했고, 사마예 자신이 직접 갑옷에 무장을 갖추고 출전하였다. 처음에 사마예의 군사는 왕돈에게 연속 패전하였다. 결국 이 해 11월에 사마예는 병사했다. 사마예가 병사하자, 아들 명제 사마소(明帝, 司馬紹)가 즉위하였고, 왕도(王導)가 보정(輔政)하였다. 이후 왕돈은 전권을 행사하며 찬위(篡位)까지 노렸으나 실천하지 못하다가 명제 태녕(泰寧) 2년에 59세로 병사했고, 왕돈의 일당은 모두 평정되었다.

士)를 잘 거느릴 줄 알았다.

진 원제(晉 元帝)가 왕돈의 난 때문에 걱정으로 322년 11월에 죽자, 다음 날 즉위하였고, 왕도(王導)가 정사를 보필하였다. 그러나 명제는 태녕(太寧) 3년(325) 8월에 죽었는데, 27세의 젊은 나이였다.

○ 총명했던 어린 시절

사마소(司馬紹)가 어린아이 때 아버지인 원제와 "태양과 장안(長安) 어디가 더 가까운가?" 이야기를 했다.

어린 사마소는 장안이 더 가깝다고 말했다.

그 이유로 "장안에서 왔다는 사람은 보았어도 태양에서 왔다는 사람은 없었습니다."라고 말했다.

원제가 이를 기특히 여겨 신하들에게 이야기하였다. 며칠 뒤에 신하와 함께 있던 자리에서 원제가 또 물었다.

그러자 어린 사마소는 "태양이 더 가깝다."고 말했다.

이에 깜짝 놀란 원제가 "왜 지난 번과 다른가?"라고 물었다.

그러자 사마소가 말했다.

"태양은 고개를 들면 보이지만, 장안은 보이지 않습니다."라고 말했다.

(3) 성제

○ 4살 즉위 황제

동진의 3대 황제인 성제 사마연(成帝 司馬衍, 321-342, 衍은 넘칠 연)은 명제(明帝)의 장자로, 나이 4살에 황태자로 책봉되었다가(325) 그해 8월에 명제가 죽자 바로 즉위하였다.

4살 황제이기에 황태후인 모친 유문군(庾文君, 명제의 황후)이 임조칭제(臨朝稱制)하였고, 명제의 고명대신(顧命大臣) 7명이 정사를 보필하였지만, 중서령(中書令)인 유량(庾亮)이 황제의 외삼촌으로 국정을 주도하였다.

○ 소준의 반란

성제가 즉위한 지 얼마 안되어 소준(蘇峻, ?-328)의 난(亂)이 일어났다(327).

소준은 역양군(歷陽郡)의 내사(內史)였는데, 진서장군(鎭西將軍)인 예주자사(豫州刺史) 조약(祖約)과 연결되어 유량(庾亮)을 토벌한다는 명분으로 성제 함화(咸和) 2년(327)에 봉기하였다.

다음 해 328년에 도읍 건강(建康)을 공격 점령하고, 조정의 권력을 장악하였다.

어린 성제와 왕도 등 여러 신하는 소준 군영에 끌려가 목숨을 부지하였고, 소준은 궁궐을 불태웠다.

유량과 강주자사(江州刺史)인 온교(溫嶠)는 정서대장군(征西大將軍)인 도간(陶侃)과 협력하여 소준 일당을 토벌하였다. 그러는 동안 소준이 죽었고, 다음 해 함화(咸和) 4년(329)에 일당이 모두 토벌되며 반란은 종식되었다. 《진서(晉書) 권100, 소준전(蘇峻傳)》 참고.

성제는 건강으로 환도하였지만 궁궐이 없어 건평원(建平園)을 수리하여 임시 거처하다가 함화(咸和) 7년(332)에야 건강궁을 지어 입주하였다.

이러는 과정에서 나라의 정치는 왕도(王導)가 주도할 수 있었지만, 군사는 외척인 영천 유씨(潁川 庾氏) 유량(庾亮)이 주도하면서 북벌을 도모하였다. 그러나 군비의 부족과 갈족(羯族) 석륵(石勒)이 건국한 후조(後趙, 319–351 존속)가 강성하여 북벌은 실패하였다.

○ 토단법 시행

성제 함강(咸康) 2년(336), 성제(成帝)는 임진조서(壬辰詔書)를 반포하여 사족(士族)이나 관리가 산천이나 대택(大澤)의 사적 점유를 금지하였다. 그리고 함강 7년(341)에는, 강북에서 옮겨온 세족(世族)을 호적에 편입시켰다. 〈토단법(土斷法)〉[52]

---

52 토단법(土斷法) – 북쪽에서 강남으로 남도(南渡)한 세족들은 동진의 호적에 편입하지 않고 여전히 북쪽 원 근거지의 호적을 사용하였다. 이들 유동(流動) 호구를 백적(白籍)이라 하였다. 이들은 자기

함강 8년(342) 7월, 성제가 병석에 눕자, 서둘러 성제의 동생인 낭야왕(琅琊王) 사마악(司馬岳)을 저군(儲君, 황태자)으로 책립하였다. 그리고 바로 성제가 22살의 나이로 죽었는데, 묘호는 현종(顯宗)이다.

○ 무력한 황제권

소준(蘇峻)의 반란은 동진의 여러 정치 상황에서 복잡하게 얽혀져 일어났고 또 그런 식으로 마무리되었다. 소준은 왕돈의 반란을 진압하는데 공을 세웠고, 이후로는 장강 이북의 군사력을 장악한 강자로 떠올랐다. 본서에는 내용이 생략되었지만 당시 왕도(王導)와 함께 국정을 책임지는 유량은 소준의 반란을 유발하는 일차적 책임이 있었다.

그러나 문제의 근본은 황제권의 허약에 있었다. 왕돈의 반란이 있을 때, 왕돈을 처단할 수 없을 정도로 황제가 장악한 군사력은 없었다. 왕돈이 병으로 죽었기에 쉽게 진압이 되었지만, 그 반란 과정에서 어중간한 태도를 취한 왕도는 아무런 제재도 받지

가문의 우월성을 근거로 현지의 호적인 황적(黃籍)에 편입하지 않았다. 그런데 이는 조세 부과에 여러 문제점이 나타나면서 토단법을 적용하여 현지의 호적으로 편입케 하였다. 토단법은 4차례에 걸쳐 진행되었다. 토단이란, 거처하는 토지(土)에 의거하여 원래의 호적을 단절(斷)한다(所居土地爲斷)는 뜻이다.

않았고 난 이후에 오히려 황제의 신임을 받았다. 이는 왕도의 협조 없이는 황실이 존재할 수 없다는 뜻이었다.

소준의 반란은 도간이나 온교 등의 노력으로 진압이 되었다.

진압된 이후 소준 반란의 원인 제공자였던 유량이 관직을 사임코자 하는데도 황제는 오히려 관직을 높여 사임을 막았다. 난이 평정된 후 논공행상이 이루어지는데, 왕도는 소준의 무리였다가 귀부한 무리들에게도 관작을 상으로 주려고 했다. 그리고 반란 진압에 협조하지 않았고 군량 지원을 거부하고 눈치를 보고 있던 상주(湘州)자사 변돈(卞敦) 같은 사람을 승진시키려 했다. 이 일은 도간 등이 반대를 하여 더 이상 진행되지는 않았다.

왕도의 이러한 조치는 관대함을 베풀어 화합을 이룩하려 했다지만, 이는 하나의 명분이었다. 그 관용과 화합은 황제권의 강화를 위한 것이 아니라 귀족 상호 간의 특권 유지를 위한 방법이었다. 또 이는 동진의 허약한 황제를 정점으로 모든 정치적 실권이 귀족에게 장악되었다는 반증이었다.

사실 동진의 출발에서부터 왕도와 왕돈, 그리고 그 일족들에 의한 건국이었고, 이후에 어리고 어리석은 황제들이 줄을 이었으니 황제는 정치적으로 여전한 허수아비였다고 볼 수 있다.

(4) 목제 외

○ 강제(康帝) - 재위 2년, 23세 죽다

동진의 4대 강제(康帝) 사마악(司馬岳, 322-344)은 명제(明帝)의 아들로, 성제(成帝)의 동모제(同母帝)였다.

342년 성제(成帝)가 위독, 사망하자, 형제 상속으로 즉위하였지만 건원(建元) 2년에 23세로 죽었다. 이에 강제의 아들 사마담(司馬聃)이 계위하니, 목제(穆帝)이다.

○ 목제(穆帝) - 2살 즉위, 재위 16년

동진(東晉) 5대 목제(穆帝) 사마담(司馬聃)은 강제(康帝)의 아들로 343년에 출생하여 344년에 즉위했다. 모친은 저씨(褚氏)가 태후(太后)로 섭정하였다.

나라의 정사는 표기장군(驃騎將軍)인 하충(何充, 292-346)에 이어, 채모(蔡謨, 281-356)와 사도(司徒) 회계왕(會稽王) 사마욱〔司馬昱, 원제(元帝)의 막내아들, 뒷날 간문제(簡文帝)로 즉위〕이 사도(司徒)로 국정을 이끌었다.

목제 재위 기간(347년)에 환온(桓溫)이 사천(四川) 지역에 있던 성한(成漢)[53]을 정벌하였고, 영화(永和) 12년(356)에는 낙양을 수

---

[53] 성한(成漢, 존속, 304-347) - 5호16국의 하나. 저족(氐族)이 세운 나라. 성(成) 또는 후촉(後蜀)으로도 기록. 301년, 익주 촉군(益州 蜀郡)의

복하였다가 계속 확보하지는 못하고 철수하였지만, 동진 최대의 영역을 확보하였다.

승평(昇平) 원년(357), 목제(穆帝)는 관례(冠禮)를 치뤘고, 친정(親政)하였다.

361년 7월, 목제가 18세에 죽었다. 이에 성제(成帝)의 장자(長子) 낭야왕(琅邪王) 사마비〔司馬조, 목제(穆帝)의 사촌 형〕가 계위(繼位)하니, 이가 6대 애제(哀帝, 재위 361－365)이다.

○ 동진(東晉)과 남송(南宋)의 북벌

사실 왕조의 건국과 몰락은 그 지배체제의 중심이 인덕(仁德)을 베풀었는가 아니면 불인(不仁)했느냐의 문제이다. 전한 말기의 황제들은 그 실권을 외척에 빼앗기었지만 불인(不仁)의 주체는 아니었다. 때문에 후한 광무제 유수(劉秀)가 한(漢) 황실을 부흥하려는 기치를 내세웠을 때, 많은 호응을 받고 후한을 건립하였다고 도덕적인 평가를 내리는 것이 학자들의 일반적 견해였다.

사실 무제 사마염의 서진(西秦)은 지배층의 타락과 골육상잔으로 이미 불인(不仁)하다는 낙인과 함께 그 폐해가 백성에게 심각

> 저족 우두머리 이특(李特)이 서진의 통치에 항거, 그 아들 이웅(李雄)이 성도왕(成都王)을 자칭하다가(304) 306년에 칭제하면서 국호를 성(成), 국도를 성도(成都, 청두)로 정했다. 나중에 이수(李壽)가 한(漢)으로 국호를 변경했다. 익주(益州) 전역을 강역으로 통치하다가 347년, 동지의 장군 환온에게 정복당하며 멸망하였다.

하게 미쳤다. 때문에 사마예가 진(晉)을 다시 부흥했지만, 이는 어디까지나 북쪽에서 내려온 황족이나 사족(士族), 또는 강남(江南)의 문벌들에 의한 특권 부활을 위한 건국이라 볼 수도 있다.

그래서 동진(東晉)의 북벌〔北伐, 고토회복(故土回復)〕은 이미 지쳐 있는 일반 농민들의 지지를 얻어낼 수도 없었다. 이는 서진의 지배층에 도덕적 타락이 그만큼 심각했던 반작용이라 볼 수도 있다.

그리고 동진 원제(元帝) 사마예(司馬睿)는 그럴만한 의지와 추진력을 갖지 못한 중흥(中興)의 군주였다. 때문에 동진의 북벌과 통일 운동은 성공하지 못했다.

뒷날, 북송(北宋)은 '정강(靖康)의 변(1127)'으로 휘종(徽宗)과 흠종(欽宗)이 여진족의 금(金)나라에 잡혀가고 망국한다(960－1127).

이어 강남에서 송(宋)을 개건하는 남송(南宋)의 고종(高宗) 조구(趙構)는 당연히 북벌하여 망국의 치욕을 씻고 잡혀간 두 임금을 송환케 해야 하지만 그럴만한 의지도 없었고, 또 국민의 전폭적인 지지를 이끌어내지도 못했다. 이는 결국 북송 휘종의 사치와 방종에 의한 망국이며 그에 따른 당연한 결과였다고 볼 수도 있다.

결국 동진(東晉) 환온(桓溫)의 북벌이나 남송(南宋) 악비(岳飛)의 북벌은 다 같이 성공하지 못했다는 공통점이 있는데, 이는 이전 왕실이 불인(不仁)하여 백성의 신망을 얻지 못한 결과로 볼 수도 있다.

○ 애제(哀帝)

동진 6대 애제(哀帝) 사마비(司馬丕, 341 – 365)는 목제 사후에 즉위하고 융화(隆和, 362)로 개원하였지만, 환온(桓溫)이 국정을 좌지우지하여 허수아비와 같았다(재위 361 – 365).

애제는 불법(佛法)을 좋아하면서, 동시에 황노(黃老)의 가르침을 따르며 장생술(長生術)에 미혹되었다. 그래서 도사(道士)한테 여러 가지 장생법이나 단곡(斷穀)을 배워 실천하며 여러 가지 단약(丹藥)을 복용하였다. 결과적으로 약물에 중독되어 정사를 보살필 수가 없어 저태후(褚太后)가 다시 임조 청정하였다.

그러나 흥녕(興寧) 3년(365), 약물에 중독사 하니, 나이 25세였다.

○ 폐제(廢帝) 해서공(海西公)

동진 7대 황제인 폐제(廢帝) 사마혁(司馬奕, 342 – 386)은 성제(成帝) 사마연(司馬衍)의 아들로, 애제(哀帝)의 동생이다. 애제 사후에 24세에 즉위하였다(365, 연호 태화太和, 366년)

폐제 사마혁이 즉위할 당시 환온(桓溫)이 국정을 완전히 장악하고 있었다. 환온 막부(幕府)의 참군(參軍)인 치초(郗超)는 환온에게 이윤(伊尹)[54]과 한(漢)의 곽광(霍光)[55]의 전례를 본받아 천자를 폐위하여 위신을 세워야 한다고 건의하였다.

그러나 사실, 사마혁은 아무런 실정(失政)이나 비난받을 언행도 없었다. 이에 환온은 사마혁(司馬奕)의 양물(陽物)이 위축되어 남자 구실을 못하여, 비빈 전씨(田氏)와 맹씨(孟氏) 등이 출산한 3명의 황자(皇子)가 사마혁의 남총(男寵)인 상룡(相龍), 계호(計好), 주령보(朱靈寶)의 소생이라 주장하며, 태화(太和) 6년(371)에 폐위하여 동해왕(東海王)으로 강등시켰다가 다시 해서현공(海西縣公)

---

54 이윤(伊尹, ?前1649-?1549) — 사(姒)는 姓, 이(伊)氏, 名은 摯(지). 商朝의 名臣. 중국 주방장의 神. 商 湯王(탕왕)의 주사(廚師, 주방장), 商湯에게 음식을 올릴 기회를 틈타 천하 형세를 분석하였다. 이에 탕왕은 이윤을 阿衡(아형, 재상 후에는 이윤을 지칭하는 말로 변했다)에 임명하였다. 탕왕의 아들 태갑(太甲)이 즉위했는데, 혼용(昏庸)에 無能하자 이윤은 太甲을 동지(桐地, 今 河北省 남부 臨漳縣)에 방류(放流)했다가 3년 뒤에 다시 즉위케 했다. 이를 복벽(復辟)이라 한다.

55 곽광(霍光, ?-前68) — 漢의 장군, 곽거병(霍去病)의 이복동생. 昌邑哀王 유박(劉髆, ?-前 87)은 武帝 五子로 李夫人 소생인데, 天漢 4년(前 97)에 昌邑王에 책립되었다. 창읍 애왕 유박이 죽자, 아들 유하(劉賀, 前 92-59)가 5살에 창읍왕이 되었고, 19세인 前 74년에 소제(昭帝)가 붕어하자, 유하는 곽광(霍光) 등에 의해 황제에 옹립되어 27일간 재위하였다. 재위 중에 계속되는 이상 행동으로, 곽광 등에 의거 축출되었다. 《漢書 霍光金日磾傳》에 입전.

으로 지위를 낮춰 오현(吳縣) 서시리(西柴里)에 옮겨 살게 하였다. 그러면서 비빈 전씨와 맹씨, 세 아들을 모두 죽였다.

이후 사마혁은 크게 낙심하며, 또 무슨 환난을 겪을지 두려워하며 주색에 탐닉(耽溺)하였다. 사마혁은 폐인처럼 살다가, 386년에 향년 45세에 죽었다.

○ 간문제(簡文帝)

진(晉) 간문제(簡文帝) 사마욱(司馬昱, 320 – 372)은 동진의 8대 황제로, 동진(東晉)의 개국 황제 원제(元帝)의 막내아들이었다.

사마욱은 사람이 너그럽고 온화, 침착한 성격에 청담(淸談)을 좋아하였다. 사마욱은 목제(穆帝) 영화(永和) 원년(345)부터 17년, 그리고 애제(哀帝, 재위 362 – 365)와 폐제(廢帝) 5년 등 총 9년 동안 국정을 운영하였으니, 집정(執政) 경력이 실제 20년이 넘었지만, 황제로는 2년간 재위하였다.

간문제 집정 기간에, 나라에는 내란이 없었고 최대 영역을 통치하는 비교적 평안한 시기였다.

폐제 태화(太和) 5년(371), 환온(桓溫)이 사마혁을 폐위하여 해서공(海西公)으로 강등시키며 사마욱을 옹립하였다. 그러나 사마욱이 겨우 재위 2년, 함안(咸安) 2년(372), 52세에 죽었다. 묘호는 대종(太宗)에, 시호는 간문제(簡文帝)였다.

(5) 효무제

○ 황제의 권위 회복

동진 9대 황제 효무제(孝武帝) 사마요(司馬曜, 362-396)는 간문제의 아들로 372년에 태자로 책봉되었으며, 그해 11세에 제위에 올라 25년을 재위하였다(재위 372-396). 안제(安帝)와 동진 망국의 군주 공제(恭帝)의 부친이었다.

즉위한 뒤, 첫 연호는 영강(寧康)이었고, 즉위 후에는 강제(康帝)의 황후였던 저태후(褚太后)가 섭정하였다.

효무제는 14세에 친정(親政)하며 태원(太元)으로 개원하였다. 나라의 징세 제도를 개혁하며 황제의 권력을 강화하고, 명제(明帝) 이후 계속 실추된 황제의 위신을 높이려 노력하였다.

효무제는 383년 화북을 일시 통일한 전진(前秦)의 침공을 비수의 싸움(淝水之戰)에서 이겨 국위(國威)를 떨쳤고, 이후 북벌정책을 추진하였다.

○ 간문제 아들 사마도자(司馬道子)

사마도자(司馬道子, 364-403)는 간문제(簡文帝, 재위 371-372)의 다섯째 아들이고, 효무제〔孝武帝, 사마창명(司馬昌明), 재위 373-396〕의 친동생이다. 낭야왕(琅邪王)에 봉해졌다가 다시 회계왕(會稽王)으로 옮겨 봉해졌다.

사마도자는 효무제(孝武帝)의 가장 가까운 핏줄이기에 조정 정사의 대임(大任)을 맡아, 진군 사씨(陳郡 謝氏)의 세력을 억제하며 황족의 권력을 키우려 애를 썼다.

그러나 효무제나 사마도자(司馬道子) 모두 술을 너무 좋아하였고, 사마도자는 소인들을 신임 등용하여 조정의 정치는 점차 나빠졌다. 물론 효무제가 신임하는 신하 역시 사마도자의 소인들이나 별로 다르지 않았기에 결국 두 세력 간의 힘겨루기로 변질되었다.

효무제가 죽은 뒤, 아들 사마덕종(司馬德宗)이 계위하니, 이가 안제(安帝, 재위 397-418)이다. 안제가 거의 바보에 가까웠기에, 사마도자가 정사를 주도하며 권력을 장악하였다.

사마도자는 왕국보(王國寶) 등 총신(寵臣)을 등용하여, 결국 왕공(王恭, 350?-398)의 반역을 불러일으켰다. 왕공은 효무제 황후인 왕법혜(王法慧)의 친정 오빠였다.

사마도자가 왕공에게 굴복했지만 사마상지(司馬尙之)나 왕유(王愉) 등이 저항하자, 왕공의 2차 반역이 있었다.

결국 사마도자의 아들인 사마원현〔司馬元顯, 382-402. 자(字)는 양군(朗君)〕이 왕공의 반역을 평정하였다. 이후 동진의 정사는 사마원현이 장악하였고, 사마도자는 주색에 탐익하였다.

그러나 이 사마원현도 나중에 환현에게 패배하였다. 결국 환현이 권력을 완전 장악한 뒤, 한때 안제를 폐위하고 환초(桓楚)라 칭제한다.

사마도자는 환현에 방축되었고, 곧 살해되었다.

○ 비수의 싸움(淝水之戰)

화북지방을 통일한 전진(前秦)과 동진(東晉)의 패권 다툼은 383년 비수의 싸움으로 결판이 났다

이 비수전 승리의 주역은 동진의 중서감(中書監) 겸 시중(侍中)이며 정토대도독(征討大都督)인 사안(謝安, 320-385)과 그의 동생 사석(謝石), 그리고 사안의 조카인 사현(謝玄, 343-388)이었다.

비수의 싸움(383) 이후 동진에서는 승승북벌(乘勝北伐)에 나서서 황하 이남의 옛 땅을 수복하였지만, 사안이 죽은 뒤에 사현(謝玄)이 물러나며 수비 전술로 전환하였다. 이후 동진은 국력이 축소되고 황제권이 약화되었고, 420년에 유유(劉裕)가 제위(帝位)를 찬탈하며 송(宋, 유송)을 건국하여, 이후 남조(송宋-제齊-양梁-진陳)로 이어진다.

패전한 전진(前秦)에서는 385년에 전진의 왕 부견(苻堅)이 강족(羌族)의 요장(姚萇)에게 피살되었고 나라는 크게 분열되며 394년에 멸망하였다.

전진이 쇠락하면서 중국 북방에서는 선비족의 북위(北魏, 존속 386-535)가 세력을 확대하여 태무제(太武帝)가 439년 화북을 통

일하였으며 이후 남조의 여러 나라와 대립하였다.

○ 비수 싸움에서 파생된 성어(成語)

→ 투편단류(投鞭斷流) – 채찍을 던져 강물을 막다.

전진(前秦)의 왕, 부견이 동진 정벌을 결정하자, 전진에서는 장강(長江)을 건너 정벌하기가 어렵다며 반대가 심하였다.

이에 부견이 말했다.

"장강이 막아주는 지형이지만 내 명령 하나에 우리 군사가 말채찍을 강물에 던지면(투편投鞭, 鞭은 채찍 편) 장강도 막혀 흐르지 못할 것이다(斷流)!"

투편단류는 군사의 진용이 아주 강성함을 표현하는 말이다.(《진서(晉書) 부견재기(苻堅載記) 하》)

→ 초목개병(草木皆兵) – 초목이 모두 군사이다

전진(前秦)의 선발대가 동진 군사의 기습을 받아 군진(軍陣)이 붕괴되며 도주하였다. 전진왕 부견은 수양성(壽陽城)에 올라 동진 군사의 진영을 살펴보았다. 그런데 동진 군영이 잘 배치되었고, 함선이 조밀하여 빈틈을 찾을 수가 없었다. 이에 부견의 교만한 심경이 크게 흔들리며 기가 꺾이었다. 부견이 고개를 돌려 북쪽의 팔공산(八公山)을 바라보자, 바람에 흔들리며 줄지어진 수목이 모두 행군하는 군사처럼 보였다.

이에 부견의 동생 부융(苻融)이 놀라 소리쳤다.

"동진의 군사가 저렇게 빽빽하게 많은데, 어찌 미약한 부대입니까?"

초목개병(草木皆兵)은 상대방 군세가 두려워 강대한 군사로 착각하는 상황을 의미한다.

→ 풍성학려(風聲鶴唳) – 바람 소리와 학의 울음소리.

비수의 싸움에서 전진의 군사는 대패했고, 국왕 부견은 화살에 맞았고, 부견의 동생 부융은 전사했다. 북으로 철수하는 전진의 군사들은 바람 소리와 학의 울음소리에도 놀라며 동진의 군사가 추격하는 줄 착각하며 밤낮으로 도주하였다. 돌아간 군사는 10에 2, 3정도였다. 풍성학려(風聲鶴唳)는 심한 충격을 받은 이후에 약간의 자극에도 심신(心身)이 무너지는 상황을 표현한 말이다. 《진서(晉書) 사안전(謝安傳)》

○ 효무제의 죽음

효무제(孝武帝)는 11세에 즉위하여 14세부터 친정(親政)을 폈다고 한다. 사실 14세 황제의 사리판단이란 것에 의문을 가질 수밖에 없지만, 효무제 때 사안(謝安)이 정치를 이끌면서 세제 개혁과 국방개혁으로 동진의 중흥(中興)을 이루었다. 말하자면 이런 개혁이 있었기에 비수(淝水)의 싸움에서(383) 승리할 수 있었다.

효무제는 술과 불교에 빠진 황음무도한 황제였다. 많은 재물을 절로 보내고 미모의 여승들을 데리고 놀았다. 사안(謝安)이 죽은 뒤에는, 무제는 동생 사마도자에게 정치를 통째로 일임하였다. 그리고 형제 둘이서 거의 매일 술에 취했기에《진서(晉書)》에는 '술이 깨어있는 날이 매우 적었다(醒日旣少).'고 하였다.

우유부단하고, 황음무도하며 매일 술에 취한 황제의 종말은 의외로 빨리 끝을 보게 된다.

효무제 태원(太元) 21년(396), 효무제는 총애하는 장귀인(張貴人)과 농담하였다.

"너도 이제 곧 서른이 될 것이니, 나이로 보면 이제 버릴 때가 되었구나!"

장귀인은 그 말에 마음속으로 크게 분노하였다.

그날 밤, 효무제가 술에 취해 잠들자, 장귀인은 환관들에게 술을 하사하고 편한대로 쉬라며 내보냈다. 그리고 하녀를 시켜 효무제를 이불로 덮어씌우고 올라타 짓누르게 하였다. 36세의 효무제는 그대로 죽었다.

장귀인들은 측근의 환관과 하녀들 모두에게 금은보화를 크게 나눠주며, "황제가 술에 취해, 가위눌려 죽었다."고 말하게 하였다.

(6) 안제

○ 바보 황제 안제(安帝)

동진 10대 황제인 안제〔安帝, 사마덕종(司馬德宗), 382 – 419〕[56]는 진 효무제 사마요(司馬曜)의 장자(長子)로 태원 12년(387), 6살에 태자로 책봉되었고, 396년에 부친 효무제가 죽자 바로 계위하였다(재위 396 – 418). 그러나 안제는 여름과 겨울을 알지 못하는 바보였고 말도 제대로 할 수 없어 국정을 이끌 능력이 없었다.

사마덕종은 재위 중에 모든 국정은 신하들 손에 있었고, 환온(桓溫)의 아들인 환현(桓玄, 396 – 404)에게 제위를 빼앗긴 일도 있었으며, 손은(孫恩)의 반란(399 – 401)도 일어났다.

이런 과정에서 환현을 토벌하고 손은의 반란을 진압하며 유유(劉裕)가 세력을 키웠다. 안제는 유유에게 최상의 예우를 했다.

---

[56] 安皇帝 – 安帝 司馬德宗(재위 397 – 419年) 孝武帝 司馬曜의 長子. 서기 382년생이니 15세에 즉위. 安帝가 즉위할 때 동진 皇帝의 地位는 완전히 땅에 떨어졌고, 나라의 장군들은 거의 반 독립적 존재였으며 조정의 권력은 대신들이 나누어 가진 상태였다. 어린황제, 황음무도한 황제, 백치 황제가 연속해서 즉위하는 것은 이미 멸망의 길에 들어섰다는 확실한 증거였다. 어지간하면 좋게 써주는 것이 황제에 관한 기록이지만, 《晉書‧帝紀 第十》에서 '겨울과 여름의 구별도 모를 정도' 였다니, 그 조정이 누구의 손에 들어갈지는 분명했다.

그러나 유유는 자신의 기반을 확실하게 다지고 넓힌 뒤, 안제를 폐위하고 안제의 아들 사마덕문(司馬德文)을 옹립했다가(418) 바로 동진을 멸망시켰다(420).

○ 손은(孫恩)의 난

손은(孫恩)[57] 일가는 대대로 오두미도(五斗米道)의 신봉자였다. 오두미도는 천사도(天師道)라고도 부르는데, 후한 순제(順帝) 때, 장도릉(張道陵)이 촉(蜀)의 학명산(鶴鳴山)에서 득도하여 창건했다는 종교로 신자(信者)가 되려는 사람은 쌀 5두를 기부해야 했기에 오두미도(五斗米道)라고 불렀다.

동진의 강남 지역에서 오두미도의 세력이 점점 커지자, 이에 불안을 느껴 탄압을 하였는데, 손은의 숙부 손태(孫泰)와 그 아들 6명이 안제(安帝) 융안(隆安) 2년(398)에 모두 관군에게 피살되었다.

손은은 섬(상해시上海市 앞 주산열도舟山列島)에 들어가 세력을 키워 399년에 기병하였다. 당시 문벌 귀족들의 착취에 시달리던 이 지역 8개 군의 농민들이 이에 가세하였고, 조성에서는 북부병을 동남으로 이동시켜 이를 진압하였다. 손은의 뒤를 이어 노순

---

57 손은(孫恩, ?-402) - 五斗米道의 신자. 399년 起兵하여 반기를 들었다가 402에 패사하였다(손은의 난). 남은 무리들이 손은의 매제인 노순(盧循)을 추종하며 반란을 계속하여 411년에야 진압된다.(노순의 난, 403-411년)

(盧循)이 농민군을 이끌었다.

손은의 봉기는 종교와 결합된 농민봉기이며 강남지역에서의 대규모 반란으로 무려 12년간이나 지속되었다. 이 반란은 문벌사족에 큰 타격을 주었고 동진의 몰락을 촉진한 농민봉기였지만, 이 봉기가 과연 농민을 위한 봉기였는가는 생각해 보아야 한다.

《자치통감(資治通鑑)》에는 다음과 같은 기록이 있다.
「손은의 무리들은 자신들에게 동조하지 않는 사람은 어린아이까지 살육하여 열에 일곱 여덟을 죽였다. 각 지방의 현령을 사로잡으면 그 살로 젓을 담가 그 처자에게 먹이고 먹기를 주저하면 사지를 찢어 죽였다. 지나는 곳마다 재물을 약탈하고 가옥을 불태웠다.」

대개의 경우 민란(民亂)이란 부패한 관리의 가혹한 착취에 의한 반발로 발발하기에, 힘없고 가난한 백성들이 보호를 받을 것이라고 생각할 수 있지만, 대개의 경우 하나의 희망 사항일 뿐 실제는 그러하지 않다는 것을 염두에 두어야 한다.

흉년이나 전쟁 또는 민란에 제일 먼저 희생당하는 사람들은 언제나 가엾은 하층민이나 부녀자들이었다.

(7) 공제 – 동진 멸망

○ 공제(恭帝) – 동진의 멸망

동진 마지막 황제 공제〔恭帝, 사마덕문(司馬德文), 386 – 421〕는 효무제의 아들로, 안제의 동생이었다. 즉위했지만 아무런 권한도 없이 유유(劉裕)의 허수아비로 1년 6개월 재위하다가 유유에게 제위를 빼앗기고 영릉왕(零陵王)으로 강등되었으며, 다음 해 피살되었다.

이로써 317년 원제〔元帝, 사마예(司馬睿)〕에 의해 다시 이어진 진(晋, 동진)은 11명의 황제를 거쳐 420년에 완전히 소멸되었다.

○ 동진 왕조 말기의 모습

사마도자(司馬道子)는 술에 취해 살았던 효무제를 도왔다지만, 그 자신도 효무제 못지않은 술꾼이었다. 효무제의 뒤를 이은 안제(安帝, 사마덕종, 재위 397 – 418년)는 서진의 바보 황제 혜제보다도 더 바보였다. 말도 거의 할 줄 몰랐고, 스스로 할 수 있는 일이 아무것도 없었다. 이런 황제를 대신했던 것이 사마도자였다. 그런데 사마도자는 왕국보와 왕서라는 자신의 측근에게 정치를 맡기고 자신은 술과 여자를 끼고 살았다.

지방에서 왕국보와 왕서를 제거하겠다는 반란이 일어나자, 할 수 없이 측근 두 사람을 죽인 사마도자는 아무도 믿을 수 없어 자신의 16살 난 아들 사마원현에게 모든 정치 실권을 맡긴다.

권력의 맛이 어떤 것인가를 알게 된 사마원현은 나중에 아버지가 술에 취한 틈을 이용하여 바보 황제를 움직여 아버지의 모든 지위를 박탈한다. 그리고 온 나라의 실권을 장악하는데, 그때가 21살이었다고 한다. 이러한 사마원현을 치겠다고 반란을 일으킨 사람이 환현(桓玄)이었고, 환현의 손에 사마도자와 사마원현 부자는 죽음을 당한다.

그리고 환현의 발호는 7개월 단명으로 끝났는데, 환현의 반란을 진압한 유유가 바보 황제를 목을 졸라 죽이고, 마지막 공제(恭帝, 사마덕문)를 즉위시키나 이 역시 허수아비에 불과했다. 사실 술에 취해 살았던 효무제, 그리고 바보 황제 안제가 연이어 즉위하고 사마도자와 사마덕종 부자(父子)가 설칠 때 동진(東晉)은 이미 망한 것이나 다름이 없었다.

○ 역사의 교훈 – 비슷한 경우

역사나 정치에서 가정(假定)처럼 무의미한 일은 없다.

흔히 '신라가 아닌 고구려가 삼국을 통일했더라 –' 하는 가정은 마치 '내가 그때 서울에 살았더라면 –' 하는 가정과 무엇이 다르겠는가? 또 '그때 ○○가 대통령이 되었다면 –' 하는 가정은 '그때 내가 사법시험에 합격했더라면 –' 하는 가정과 조금도 다름이 없다.

그러나 역사를 읽으면서 그러한 가정을 해보는 것은 본인의 생각과 다른 역사 전개에 대한 아쉬움의 표현이라고 말할 수는 있다.

가령 '이때 유유(劉裕)가 북벌로 진출한 장안(長安)에 주둔하면서, 동진(東晉)의 황제를 데려오고 화북 지방의 지배에 힘썼더라면 –' 하는 가정도 할 수 있다.

그러나 유유는 '동진에 의한 중국의 통일 지배'라는 원대한 이상 이전에 '동진의 황제의 자리를 차지해야 한다는 목전(目前)의 현실'을 먼저 고려하여 장안에서 철수하였을 것이다.

이와 비슷한 예는 우리나라 역사에서 그대로 나타났었다.

고려 공민왕(恭愍王) 19년(1370), 이성계(李成桂)는 원(元)의 쇠퇴기를 이용하여 요동지방에 있던 원(元)의 동녕부(東寧府)를 정벌하고 그 지역 우리 민족을 선부(宣撫)하고 돌아온다.

그때 이성계가 계속 요동지방에 머물며 지배권을 확대했더라면 만주의 넓은 땅을 회복할 수 있었을 것이라는 가정도 할 수 있다.

그 후, 1368년에 건국한 명(明)나라가 지배권을 확장하면서 1388년 3월에 고려 철령 이북의 땅은 원래 원(元)의 영토였으므로 명(明)에 속해야 한다며 '철령위(鐵嶺衛) 설치'를 일방적으로 통보한다.

이때 고려에서는 최영(崔瑩)과 우왕(禑王)이 중심이 되어 요동을 정벌하기로 결정하고, 조민수(曹敏修)를 좌군도통사로, 그전에 요동지방을 정벌한 경험이 있는 이성계(李成桂)를 우군도통사로 삼아 요동정벌에 나서게 된다. 이성계는 요동정벌에 대한 4불가론(不可論)을 내세웠지만, 왕명에 따라 1388년에 원정에 나섰다가 압록강 위화도(威化島)에서 조민수를 설득하여 회군, 최영을 숙청하고 우왕을 폐위시켰다. 이 위화도 회군으로 요동정벌은 무위로 끝나고 이후 옛 고구려 영토의 수복이라는 희망은 완전히 사라졌다.

여기서 '이성계가 위화도에서 회군하지 않았다면-'이라는 가정을 말하지만, 이는 이성계의 속마음을 이해하지 못한 가정일 뿐이다.

이성계는 고려가 아닌 새 나라의 개국을 꿈꾸고 있었다.

이성계의 위화도 회군(1388년), 우왕과 창왕 폐위, 공양왕을 즉위시키고, 그리고 4년만에 공양왕의 선양을 받아 조선 개국(1392)은 → 유유(劉裕)의 장안에서 회군, 귀국-안제(安帝)의 폐위, 공제(恭帝)를 즉위시키고 3년째에 공제의 선양을 받아 송(宋)을 건국하는(420) 과정과 조금도 다름이 없다.

이를 본다면, 지나간 역사에 대한 가정은 의미가 없고, 역사는 사람의 일이기에 비슷하게 반복된다는 것을 알 수 있다.

2. 동진의 권신

(1) 왕돈

○ 왕돈(王敦) - 사마염의 사위

왕돈〔王敦, 266-324, 자(字)는 처중(處仲)〕은 낭야군(琅邪郡) 임기현(臨沂縣, 지금의 산동성 남부 임기시) 출신으로, 동진(東晉)의 승상을 역임한 왕도(王導)의 집안 형(堂兄)이다. 왕돈은 낭야왕씨로 왕도와 함께 사마예의 동진 정권 건립에 협조하였고, 그래서 당시의 권신(權臣)으로 언제나 사마씨의 권력을 탈취하려 생각하였다. 그래서 반란을 일으켰지만(王敦之亂, 왕돈의 난) 성공하지 못하고, 59세에 병사하였다.

왕돈은 진 무제 사마염의 딸인 양성공주(襄城公主)와 결혼하였기에 부마도위(駙馬都尉)를 거쳐 태자사인(太子舍人)이 되었다. 혜제 원강(元康) 9년(299), 황후 가씨(賈氏)가 혜제의 똑똑한 태자 사마휼(司馬遹)을 폐위하고 허창(許昌)으로 보낼 때, 가황후는 왕돈

등이 태자를 전송하지 못하게 막았으나 왕돈은 태자의 속관과 함께 태자를 전송하였다.

혜제의 영녕(永寧) 원년(301), 조왕(趙王) 사마륜(司馬倫)이 혜제의 제위를 한때 탈취하였는데, 왕돈은 숙부 왕언(王彦), 그리고 제왕(齊王) 사마경(司馬冏)과 함께 사마륜을 공격하고 혜제를 복위시켰다. 이후 왕돈은 여러 고관 직위를 역임하였고 군권을 장악하였다.

혜제가 죽고, 회제〔懷帝, 사마치(司馬熾)〕의 영가(永嘉) 원년(307)에, 왕돈은 청주자사(靑州刺史)가 되었다가 중서감(中書監)이 되었고 민심 획득에 노력하였다. 팔왕의 난에 최후로 살아남은 사마월(司馬越)은 왕돈을 양주자사(揚州刺史)에 임명하였다.

○ 젊은 날 왕돈의 실수

낭야 왕씨에 인물이 준수한 왕돈이 진 무제 사마염의 딸 양성공주(襄城公主)와 결혼하였다. 그리고 칙간에 갔는데 옻칠한 상자에 말린 대추가 담겨 있었다.

이 대추는 본래 냄새를 없애려 놓아둔 것인데, 왕돈은 용변을 보면서 다 먹어버렸다. 칙간에서 나오자, 시녀가 금으로 장식한 소반에 물을 담아 들고 서있었다. 그 옆에는 콩가루가 담겨 있어 왕돈은 그 콩가루를 물에 타서 마셔버렸다.

이를 본 시녀들은 말도 못하고 웃음을 참기만 했다. 본래 그 콩가루는 다른 돌가루와 섞어놓은 것으로 손을 닦는 비누와 같은 것이었는데, 궁중 생활을 경험하지 못한 왕돈의 실수였다.

○ 왕돈의 권력 확대

동진이 건립된 뒤에 왕돈은 진동대장군(鎭東大將軍)으로 강(江), 양(揚), 형(荊), 상(湘), 교(交), 광주(廣州) 등 6주의 군사(軍事)를 감독하며 한안후(漢安侯)의 작위도 받았다.

이후 왕돈은 시중(侍中)에 대장군으로 승진하였고, 왕돈의 권력은 나라를 흔들 수 있었다. 이에 사마예는 점차 왕씨 세력을 억제하려고 유외(劉隗)[58]를 중용하며 낭야왕씨를 멀리하기 시작하였다.

원제(元帝) 태흥(太興) 3년(320), 원제가 상주자사(湘州刺史) 감탁(甘卓)을 양주자사(梁州刺史)로 임명하자, 왕돈은 이에 반대하였다. 그러나 사마예는 왕돈의 요구를 거절하였다.

이후 원제와 왕돈은 껄끄러운 관계가 계속되었다. 원제는 왕돈을 실권이 없는 고위직으로 승진, 우대하였다.

---

58 유외(劉隗, 273-333. 隗 험할 외) – 西漢 楚元王 劉交의 후예. 東晉의 鎭北將軍. 왕돈의 반란에 관군을 지휘하여 저항하였으나 실패하자 後趙로 망명했다.

○ 왕돈의 구실 찾기

왕돈은 석두성에 주둔하면서 황태자(明帝)를 폐위시킬 구실을 찾고 있었다. 왕돈은 여러 사람을 모아놓고 명제가 총명하다고 알려졌지만, 사실은 매우 불효했다며 여러 사례를 이야기하며 동궁숙위(東宮宿衛)를 지낸 온교(溫嶠)로부터 전해 들었다고 강조하였다.

곧 온교가 들어오자 왕돈은 더욱 위엄을 갖추며 온교에게 "황태자는 어떤 사람과 같은가?"라고 물었다.

그러자 온교는 "나 같은 소인은 그런 군자를 헤아릴 수 없습니다."라고 대답했다.

그러자 왕돈은 다시 위엄을 갖추고 "무엇 때문에 황태자를 그리 훌륭하다고 생각하는가?"라고 다시 물었다.

이에 온교가 말했다.

"그분의 깊은 생각과 멀리 내다보는 혜안(慧眼)을 저의 천박한 식견으로 어찌 헤아리겠습니까? 그러나 그분이 예로서 친족을 모시는 것을 보면, 그분의 효성을 칭송하지 않을 수 없습니다."

왕돈은 끝내 황태자를 폐위시킬 명분을 찾지 못했다.

○ 왕돈의 반란

원제 영창(永昌) 원년(322) 정월, 왕돈은 강주(江州)의 무창(武昌)에서 기병(起兵)하며 유외(劉隗)를 주살하기 위하여 건강(建康,

건업)으로 진격하였다. 사마예는 소식을 듣고 대노했고, 사마예 자신이 직접 갑옷에 무장을 갖추고 출전하였다.

처음에 사마예의 군사는 왕돈에게 연속 패전하였다. 결국 이해 11월에, 사마예는 병사했다. 사마예가 병사하자 아들 명제 사마소(司馬紹, 명제)가 즉위하였고, 왕도(王導)가 보정(輔政)하였다.

이후 왕돈은 전권을 행사하며 찬위(簒位)까지 노렸으나 실천하지 못하다가 명제 태녕(泰寧) 2년에 59세로 병사했고(324), 왕돈의 일당은 모두 평정되었다.

○ 왕씨(王氏)와 사마씨(司馬氏)의 문벌

낭야(瑯琊)왕씨는 동진과 남북조시기(南北朝時期)의 유명한 세족(世族)으로 낭야(瑯琊)에 뿌리를 내린 명문가이다. 왕도(王導)와 왕돈은 사촌간이고, 이들은 동진의 유명한 서성(書聖)인 왕희지(王羲之)의 당숙(堂叔)이었다. 낭야왕씨는 동진의 개국에 결정적인 역할을 다하였고, 또 그만한 특권을 누렸다.

그리하여 낭야왕씨는 '제일망족(第一望族)'이었고, 사마예(元帝) 때 조정 관원의 7할이 왕씨와 그와 연관된 친인척이었다고 한다. 때문에 동진에서는 '왕여마(王與馬) 공천하(共天下)'라는 말 외에도 '왕씨를 황후로 맞이하지 않았다면, 필히 왕씨로 재상을 삼았다(不以王爲皇后, 必以王爲宰相).'는 말이 있었다.

왕씨와 함께 왕사(王謝)라고 나란히 불리는 진군(陳郡) 사씨(謝氏)는 진군(陳郡) 양하현〔陽夏縣, 지금의 하남성(河南省) 중동부 주구시(周口市) 관할 태강현(太康縣)〕에 뿌리를 두고 있다. 진군 사씨 중 명망인(名望人)은 사안(謝安)과 비수전(淝水戰, 비수의 전투) 승리의 주역인 사현(謝玄)이 유명하고 뒷날 시인으로 유명한 사령운(謝靈雲)도 이 가문 출신이었다.

이외에도 영천 유씨(潁川 庾氏)와 태원(太原) 왕씨 역시 명문이었다. 낭야(瑯琊)의 왕씨와 다른 태원(太原) 왕씨도 중국 역사상 유명한 세족(世族)인데, 이들은 산서(山西)의 태원이 본적지라 할 수 있다.

위진(魏晉)에서 당조(唐朝)에 이르도록 행세를 한 명문거족으로 농서이씨(隴西李氏), 조군이씨(趙郡李氏), 청하최씨(淸河崔氏), 박릉최씨(博陵崔氏), 범양노씨(范陽盧氏), 형양정씨(滎陽鄭氏) 등을 보통 '오성칠족고문(五姓七族高門)' 이라 일컬었다. 이들 세족에 비해 유뇌지(劉牢之), 단도제(檀道濟), 유유(劉裕) 등은 한문서족(寒門庶族)이었다.

○ 왕돈의 최후

왕돈은 낭야왕씨로 진 무제 사마염의 양성공주(襄城公主)를 아내로 맞이했던 사람이었다. 그 후 서진에서 여러 관직을 두루 거쳤다. 왕돈은 이목이 수려하고 소탈한 성격이었고, 《춘추좌씨전(春秋左氏傳)》을 특히 즐겨 읽었으며, 음률에도 조예가 깊었다고 한다. 왕돈은 재산이나 돈에 대한 관심은 별로 없었고 청담을 즐겼다.

서진 말년에, 석숭과 왕개가 서로 부유와 사치를 경쟁했었다. 석숭(石崇)은 손님 화장실에 미녀 십여 명을 고정 배치하고, 손님이 용무를 보고 나오면 미녀들이 다가와 옷을 벗겨 목욕을 시키고 새 옷을 갈아입혀주었다고 한다. 손님 모두가 몹시 당황하였지만 왕돈만이 이를 여유 있게 즐겼다고 한다.

왕개(王愷)가 왕돈 및 여러 손님을 초청하여 잔치를 하면서 피리 음률을 틀린 미인을 끌어내 죽이려 하자, 모든 손님이 놀랐지만 왕돈은 태연자약했었다고 한다. 또 손님이 술을 마시지 않으면 술을 권한 미인을 그대로 죽여버렸는데, 왕돈은 그런 줄을 알면서도 술을 권하는 미인에게 아니 마시겠다고 당당하게 말했다고 한다.

나라의 군사권을 사실상 장악하고 있던 왕돈이 반란을 일으켰고, 남경(南京) 석두성(石頭城)을 점령하고 대신들을 죽였고 사마예를 폐위시킬 수도 있었다. 이런 처지에서 왕도는 사촌 형을 적극적으로 제어하지도 않았지만, 그렇다고 황제를 폐위하는데 동의하지도 않았다. 왕돈이 자신의 세력 근거지 무창(武昌)으로 돌아가 다시 반란을 일으켰지만, 59세에 병으로 죽었다.

왕돈은 죽으면서 아들 왕응(王應) 및 부하들에게 사후 조치를 당부했지만, 아들은 발상(發喪)하지도 않고 시신을 천으로 감고 밀랍을 바르고 집안에 매장한 뒤 무리들을 불러 음주를 즐겼다고 한다.

결국 모든 것이 다 평정된 뒤, 왕돈의 시신을 꺼내어 무릎을 꿇은 자세로 만들고 목을 잘랐다. 왕돈의 수급은 성의 남문에 내걸렸고, 시신은 거리에 방치하였다.

(2) 왕도

○ 왕도(王導) - 변함없는 지지

왕도(王導, 276-339, 자(字)는 무홍(茂弘))는 동진(東晉) 초기의 권신(權臣)으로, 진 원제(元帝, 사마예, 재위 317-323), 명제(明帝, 사마소, 재위 323-325)와 성제(成帝, 사마연, 재위 325-342) 3대를 섬겼다. 왕도는 그의 당형(堂兄)인 왕돈(王敦) 및 일족과 함께, 남쪽으로 강을 건너온 사마예를 적극 도와 동진 건국에 힘을 보태었다.

나중에 왕돈이 동진에 반기를 들었을 때, 왕도는 여전히 동진 황실을 지지하였고, 명제와 성제는 전적으로 왕도를 의지하였다.

○ 주의(周顗)의 죽음

왕돈이 거병 반란하자(원제 영창 5년 322), 왕도는 왕돈과 사촌이기에 황제를 찾아가 죄를 빌었다. 당시 이부상서이던 주의〔周顗, 자(字)는 백인(伯仁), 顗는 근엄할 의〕는 왕도가 주살당할까 크게 걱정하였다. 주의는 왕도를 매우 걱정하는 표정이었다.

이에 왕도가 주의에게 말했다.

"내가 죽거든, 우리 왕씨 1백 명의 목숨을 모두 당신이 맡아주오."

그러나 주의는 아무 말도 하지 않았다. 주의는 원제의 신임을 받고 있어 여러 가지로 힘써 왕도를 구해주었다. 주의는 왕도가 석방되자 매우 기뻐하였다.

그러나 왕돈의 반란군이 석두성(石頭城)에 들어왔고, 왕돈이 왕도에게 물었다.

"내가 권력을 쥐면 주의를 삼공(三公)에 임명할만 하겠나?"

그러나 왕도는 아무 말도 하지 않았다.

왕돈이 물었다.

"그러면 상서령(尙書令)에 임명해도 되겠는가?"

그래도 왕도가 대답하지 않자, 왕돈이 "그러면 죽여버려야겠군."이라고 말했고, 주의를 죽여버렸다.

왕도는 주의가 자신과 많은 왕씨 일족을 구했다는 사실을 나중에 알고 뒤늦게 크게 탄식하며 말했다.

"내가 비록 백인(伯仁, 주의)을 죽이지는 않았지만, 그는 나 때문에 죽었다. 내가 나도 모르는 사이에 이 사람을 배신했구나!"《세설신어 우회(尤悔)》

○ 강동 땅의 관중(管仲)

환이(桓彝)[59]는 화북의 혼란을 피해 장강(長江)을 건너왔는데, 사마예의 세력이 미약한 것을 보고 걱정했다.

얼마 뒤 왕도를 만나고 나와 주의(周顗)에게 말했다.

"강동 땅에 관중(管仲)[60]이 있으니, 나는 걱정이 없다."

○ 신정대읍(新亭對泣)

동진 초기에 북쪽에서 강남으로 이주한 사족들과 토착 귀족들은, 날씨가 좋은 봄날에 도읍 교외의 신정(新亭)이라는 풀밭에 자리를 펴고 앉아 술을 마시면서 함께 교류하였다.

모임 자리에서 주의〔周顗, 자(字)는 백인(伯仁)〕가 탄식하듯 말했다.

"풍경은 다르지 않으나 눈을 들어보면 장강과 황하의 차이뿐이로다."

이는 북쪽 하수(河水)와 남쪽 장강(長江)이라는 산천의 배경이

---

59 환이(桓彝, 276-328) - 桓은 푯말 환, 굳셀 환. 彝는 떳떳할 이. 뒷날 왕돈의 난을 평정하는 데 공을 세웠다. 아들 환온(桓溫)은 세 차례나 북벌을 실행한 權臣이며, 孫子 환현(桓玄)은 황제 자리를 찬탈하여 동진을 멸망 일보 직전까지 몰고 가기도 했다.

60 관중(管仲, 前 716?-645년) - 管鮑之交(관포지교)의 주인공. 齊 환공(桓公)을 도운 정치가.

같지 않다는 뜻이니, 곧 잃어버린 산하(山河)에 대한 탄식이었다. 이에 자리를 함께했던 모두가 마주보며 옛 생각에 눈물을 흘렸다.

그러자 왕도(王導)가 정색을 하며 말했다.

"우리 모두는 진조(晉朝)를 위하여 온 힘을 다 써야 합니다. 그리하여 중원(中原)을 수복하여야 합니다. 그런데 여기서 서로 마주보며 초(楚)나라의 죄수처럼 눈물만 흘려서야 되겠습니까!"

이에 모두는 눈물을 닦으며 서로 격려하고 다짐하였다.

뒷날 신정에서 마주보며 눈물을 흘리다〔新亭對泣(신정대읍)〕는, 옛 고국의 산하를 그린다는 뜻으로 사용되었다.

○ 모든 일을 잘 할 수 없다

승상 왕도가 죽었다. 전에 성제(成帝)가 즉위했을 때는 너무 어려서 왕도를 볼 때마다 필히 절을 했었는데, 성제가 관례를 치른 다음에도 그리하였고, 정치는 왕도에게 위임하였다.

왕도가 집안사람 왕술(王述)을 하급 관리에 임명했는데, 왕술의 이름이 알려지지 않아 사람들은 그가 바보라고 말했다. 왕도가 왕술을 만나자, 강동의 쌀값을 물어보았다. 왕술은 눈을 부릅뜨고는 대답하지 않았다.

쌀값은 소인이나 부녀자의 소관이고, 대인군자(大人君子)가 마음을 쓸 일이 아니다. 그런데 그것을 물어본다면, 나를 무시하는 것이라 생각하여 대답하지 않았을 것이다.

그 뒤에 왕도가 말했다.

"왕술은 어리석지 않다."

왕도가 말을 할 때마다 사람들은 모두가 왕도의 말에 찬탄하였다.

그렇지만 왕술이 정색을 하고 말했다.

"사람이 요순과 같은 성인이 아니거늘, 어찌 모든 일을 다 잘할 수 있습니까?"

왕도는 얼굴빛을 바꿔 사죄했다. 왕도의 천성이 관대하고 후덕하기에 권한을 위임받은 여러 장수들 중에 법을 따르지 않는 사람이 많았다. 대신들은 이를 걱정했다.

○ 공처가(恐妻家)의 진면목

한대(漢代)나 조씨 위(魏)나라 이후 신하들은 황제의 능을 참배하는 일이 없었다. 왕도와 사마예(司馬睿)는 동진이 건국되기 전부터 알고 지내던 지기(知己)였기에 왕도는 사마예(원제)의 능을 자주 참배하였다.

이는 군신(君臣)의 의(義)를 떠난 우의(友誼)에서 나오는 진심이라 해석할 수 있다. 이후 동진에서는 군신(群臣)들이 황제의 능을 자주 배알하였다고 한다.

왕도의 정처 조씨(曹氏)[61]는 여인으로 질투가 너무 강했기에 일국의 재상이지만 왕도는 자신의 집에 첩을 들이지 못했다. 왕도는 정처(正妻) 몰래 첩실과 딴살림을 차렸고 아들까지 두었다. 그런데 정처가 이 사실을 뒤늦게 알고 노비 20여 명을 모두 무장시켜 첩실의 거처로 쳐들어갔다.

한편 이를 안 왕도는 소가 끄는 마차를 타고 서둘러 출발했다. 소걸음이 늦자 초조해진 왕도는 왼손으로는 고삐를, 오른손으로 불진(拂塵)의 자루로 소 엉덩이를 채찍질하며 달려갔고 이를 도성 내 여러 사람들이 다 보았다. 왕도는 정처보다 조금 빨리 도착하여 첩과 자식을 피신시킬 수 있었다.

그 뒤 채모(蔡謨)라는 사람이 왕도를 찾아가 이야기를 하면서 말했다.

"지금 조정에서는 당신에게 구석(九錫)을 내려야 한다는 논의를 하고 있다는데 아십니까?"

그러자 왕도는 진담인 줄 알고 받을 수 없다는 겸양의 뜻으로 대답했다. 그러자 채모는 그 구석에는 소가 끄는 수레의 멍에와 자루가 긴 불진(拂塵, 도사들의 먼지털이개)이 들어있다고 말했다.

이에 너그럽다고 소문이 난 왕도였지만, 불같이 화를 냈다고 한다.

---

61 조숙(曹淑, ?–338) — 팽성군(彭城郡) 조소(曹韶)의 딸.

○ 오의항의 제비

왕도를 비롯한 사안(謝安)과 같은 동진의 권력가나 고문사족(高門士族)들은 대개 건강(建康)의 오의항(烏衣巷)이란 곳에 살았다. 오의항이란 곳은 검은색 군복을 입은 동오(東吳)의 금군(禁軍)들이 그곳에 주둔했었기에 이름이 붙여졌다고 한다. 뒷날 당(唐)의 시인 유우석(劉禹錫)[62]이 그곳을 찾아 회고시를 읊었다.

〈오의항〉	〈烏衣巷〉
주작교 아래에 들풀 꽃 가득,	朱雀橋邊野草花
오의항 골목에 석양이 진다.	烏衣巷口夕陽斜
옛날 왕·사씨 집에 들던 제비,	舊時王謝堂前燕
이제 으레껏 여염 집을 찾는다.	飛入尋常百姓家

【참고】 이 시는 당나라 시인 유우석의 〈금릉오제(金陵五題)〉의 하나이다. 유우석은 석두성(石頭城) 등 금릉의 고적을 시로 읊었으

---

[62] 유우석〔劉禹錫, 772-842, 字는 夢得(몽득)〕 — 唐나라의 저명한 시인이며, 中唐 문학을 대표하는 인물의 한 사람이다. 德宗 貞元 9년(793)에, 柳宗元과 함께 진사에 급제하여 이름을 날렸다. 이후 감찰어사를 지낸 뒤 王叔文(왕숙문)의 천거를 받아 요직을 역임하였으나, 33세 때인 805년 順宗의 禪讓(선양)에 따라 왕숙문이 실각되면서 그도 낭주(郞州, 今 湖南省 북부 常德市)司馬로 폄직되어 10년을 지내야만 했다.

니, 서경(敍景)의 시이지만 회고(懷古)이다. 이 시는 분명 고적을 읊었지만 그 뜻은 매우 상징적이다.

이 시의 주제는 인간의 영고성쇠(榮枯盛衰)이다. 현재의 남경(南京)은 당대(唐代)에는 금릉(金陵)이었지만, 오(吳) 이후 동진(東晉)에서도 나라의 도읍으로 번영했었다. 유우석은 동진 이후 귀족의 마을로 번성했던 오의항의 황폐한 모습을 서글프게 묘사했다.

야초화(野草花)와 석양사(夕陽斜)는 대우(對偶)이면서 쇠락의 상징이다. 사람이 많이 산다면 들꽃이 자라 꽃을 피울 수 있겠는가? 그리고 제비(燕)를 보고 인간의 영고성쇠의 흐름을 객관적으로 증명하듯 묘사하였다. '이보다 더 적절한 비유가 또 있겠나?' 라는 생각이 든다.

이는 자세한 관찰과 깊은 사색이 아니라면 생각해 낼 수 없는 뛰어난 묘사이다. 시가 얼마나 좋은가는 그 시가 얼마나 많은 뜻을 함축하고 있느냐에 달렸다.

'왕사(王謝)'는 낭야왕씨와 진군사씨이다. 동진 이후 두 가문을 지칭하는 보통 명사처럼 사용된 말이었다. 왕도(王導)와 시안(謝安)으로 지명하여 번역한 책이 많으나 귀족 중 꼭 그 두 사람의 집만 여기에 있지 않았다. 오의항은 귀족들의 집단 거주지였다. 그리고 왕도(王導, 276 – 339)가 한창 권력을 누릴 때, 진군사씨는 세력이 크지 않은 보통 귀족이었다.

사안(謝安, 320 – 385)은 왕도보다 한참 뒤에 활약했으니 그 차이를 고려해야 한다. 그리고 유우석이 금릉에 갔을 때까지 그 귀족의 집이 남아 있을 리도 없다.

'너무 꼼꼼하게 따지면 시의 맛이 가신다.'고 말할 수도 있지만, 시를 번역하는데 역사적 관계나 사실을 정확히 알면 그 번역은 그만큼 명확해지니 고려해야 할 것은 필히 고려해야 한다.

(3) 환온 부자

○ 초국환씨(譙國桓氏)

환온(桓溫, 312-373)은 장군이며 권신이었다. 대사마를 역임하였다. 선성(宣城)의 내사(內史)였던 환이(桓彝)의 장남으로 동진의 군사로 5호16국의 하나로 익주(益州)를 차지하고 있던 성한(成漢)을 멸망시켜 동진 최대의 영토를 만들어 명성을 크게 떨쳤다.

그리고 3차례 북벌을 주도하여 한때 낙양을 수복하기도 하였다. 동진의 국정을 완전 장악하고 황제를 폐위할 마음도 있었지만, 낭야왕씨(王氏)와 사씨(謝氏)의 견제로 뜻을 이루지 못했다.

그러나 환온의 아들 환현(桓玄)은, 한때 안제(安帝)를 폐위, 칭제하였고(403-404), 연호는 영시(永始)였다. 이를 환초(桓楚)라 칭하는데, 유유(劉裕)의 토벌군에게 패배, 살해되었다.

환온의 시호가 선무(宣武)이기에 《세설신어》에서는 「환선무(桓宣武)」라고 기록한 내용도 있다.

○ 환온의 외모

환온은 신체가 매우 크고 건장했으며, 얼굴에 7개의 점이 있었다고 한다. 그러면서도 매우 검소하여 연회에서도 겨우 7, 8개의 다과만을 먹었다고 한다.

환온의 외모에 대하여 유담(劉惔)이란 사람은 "손권이나 사마의(사마중달)와 같은 부류의 사람이라."고 말했다고 한다.

환온은 자신의 외모에 대하여 사마의나 유곤(劉琨)에 비교하면 기분 좋아했지만 왕돈(王敦)에 비교하면 매우 언짢아했다.

환온이 일차 북벌을 할 때, 옛날 유곤의 기녀였던 늙은 노파를 만났다. 그 노비가 환온의 뒷모습을 보고 얼굴을 가리고 울었다. 환온이 추궁하자, 노비는 유곤과 너무 비슷해서 울었다고 대답했다. 환온은 기분이 좋아 의관을 차려입고 다시 노파를 불러 물었다.

그러자 노파가 대답했다.

"입술이 닮았지만 좀 얇고, 수염도 닮았지만 애석하게도 붉은 색이 돌고, 형체가 매우 닮았지만 좀 왜소하고, 음성도 매우 비슷하지만 웅장하지가 않습니다."

환온은 옷을 벗고 잠자리에 들었지만 여러 날 동안 기분이 매우 나빴다고 한다.

○ 환온의 꿈 = 왕망의 꿈

환온이 섭정의 자리를 원했던 것은 왕망(王莽)[63]의 선례를 따른 것이다.

왕망은 전한 평제(平帝)를 독살하고 겨우 2살 된 유자 영(孺子 嬰)을 황태자로 앉힌 뒤 태왕태후의 명에 의거 섭정하면서 '섭황제(攝皇帝)'라 칭했다. 기원 후 8년에, 왕망은 유자 영의 선양을 받아 제위에 오르고 국호를 '신(新)', 수도 장안을 '상안(常安)'이라 했다.

이로써 왕망은 중국 역사상 최초로 황제 자리를 찬탈한 인물로 기록이 된다. 비록 왕망이 여러 가지 개혁을 시도했지만 성공하지 못했고 '적미(赤眉)의 난' 같은 농민 봉기가 일어났다.

왕망은 녹림군(綠林軍)이 장안에 난입했을 때 상인(商人)에게 피살되었다(서기 23). 왕망은 또한 '위군자(僞君子, 僞 거짓 위)'의 전형이라 할 수 있다.

○ 사나이라면 차라리 악명이라도 …

환온은 "사나이가 세상에 아름다운 이름을 남기지 못할 바에야, 악명이라도 오래 남겨야 한다.(男兒不能流芳百世, 亦當留臭萬年.)"면서 반란을 일으킬 뜻을 분명히 했었다. 이는 왕돈이 반란을 일으키면서 "내가 훌륭한 일을 했다는 말을 다시 듣지 못할

---

63 왕망(王莽, 前 45 – 서기 23. 莽은 풀 우거질 망) – 漢朝를 찬탈하여 '新' 건국. 서기 8 – 23년 재위. 中國 傳統 歷史學의 忠君 이념에서 볼 때 일반적으로 '위군자(僞君子)', '역신(逆臣)' 또는 '영사지재(佞邪之材)'라는 평가를 받는다.

것이다."라는 말과 똑같은 의미를 갖는다.

환온은 비록 반기를 들지 못하고 죽었지만, 그 뜻은 아들 환현(桓玄)에게 이어진다.

○ 단장(斷腸)의 슬픔

환온(桓溫)이 촉(蜀)의 성한(成漢)을 토벌하러 군사를 거느리고 양자강의 삼협(三峽)을 거슬러 올라가는데, 군졸(軍卒) 한 사람이 새끼 원숭이를 하나 잡았다. 그러자 어미 원숭이가 배를 따라 슬피 울며 백리 길을 따라왔다. 나중에 어미가 배에 뛰어올라 곧 죽었는데, 그 원숭이 배를 갈라보니 창자가 마디마디 잘려져 있었다〔腸寸寸斷(장촌촌단)〕.

이를 전해들은 환온이 화를 내며 새끼 원숭이를 잡아온 부하를 파면했다.《세설신어 출면(黜免)》

○ 환온의 북벌

환온은 군사를 거느리고 저족(氐族)이 건국한 전진(前秦)을 공격했는데, 전진의 군사를 남전(藍田)에서 패퇴시켰고 곳곳에서 전투를 하면서 파상(灞上)에 도착했다.

진(秦)의 개국 왕인 부건(苻健, 재위 351 – 355)은 장안의 소성〔小城, 내성(內城)〕을 닫고 방어했다.

장안 부근 삼보(三輔)[64]의 백성들이 모두 투항했고, 환온은 이들을 위무(慰撫)하고 유시를 내려 거민(居民)들을 안도케 하였다 (영화 10년, 354년).

백성들은 다투어 소고기나 술을 가지고 나와 맞이하고 위로했고, 남녀가 길 양옆에서 군사들을 구경했다.

그중에 눈물을 흘리고 우는 노인이 말했다.

"오늘 다시 진(晉)나라의 군사를 보리라고는 생각하지 못했다."

북해군(北海郡) 사람 왕맹(王猛)[65]은 자(字)가 경략(景略)인데, 구속을 싫어하며 큰 뜻을 갖고 화음(華陰) 땅에 은거하고 있었다. 왕맹은 환온이 관중 땅에 들어왔다는 말을 듣고 삼베옷을 입은 채로 만났다.

왕맹은 이(蝨)를 잡으면서 당시의 시무(時務)를 이야기하는데〔捫虱而談(문슬이담)〕방약무인하듯 행동하였다.

환온이 그를 특이하다 생각하며 물었다.

"나는 황제의 명을 받아 잔악한 도적 무리를 제거하는데, 관중 땅의 호걸들이 아무도 찾아오지 않는데, 왜 그러합니까?"

---

64 삼보(三輔) – 前漢 도읍 長安과 주변의 행정구역의 명칭이면서 그 지방관을 지칭한다. 곧 京兆尹(경조윤), 左馮翊(좌풍익), 右扶風(우부풍).

65 왕맹(王猛, 325 – 375) – 이 사람은 뒷날 부견(苻堅)을 도와 승상을 지내며 前秦의 부국강병을 이룩했다.

왕맹이 말했다.

"공(公)이 수천 리를 멀다 않고 적의 경계 안으로 깊이 진격했지만, 지금 장안을 지척에 두고서도 파수를 건너려 하지 않으니 백성들이 공의 마음을 모르기 때문에 오지 않는 것이다."

환온은 묵묵히 대답하지 않았다. 환온은 백록원(白鹿原)에서 진(秦)의 군사와 싸웠지만 불리했다. 진나라 사람들이 곡식을 다 거두어들여 환온의 군사들은 양식이 부족했다. 왕맹과 같이 돌아가려 했으나 왕맹은 나서지 않았다.

○ 환현(桓玄)

환현(桓玄, 369－404)은 초국(譙國) 출신으로, 동진의 명장인 환온(桓溫)의 아들이며 한때 초(楚)를 건국하였는데, 이를 환초(桓楚)라고 기록한다.

환현은 형주자사(荊州刺史) 은중감(殷仲堪, ?－399)과 양전기(楊佺期)를 격파하고, 형주(荊州)와 강주(江州)의 광대한 영역을 점유했으며, 동진의 권력을 장악하고 있던 사마도자(司馬道子) 부자를 꺾고 동진의 권력을 쥐고 흔들었다. 그리고 동진 안제(安帝, 사마덕종)의 제위를 찬탈하여 초(楚) 황제를 참칭하며 연호를 영시(永始)라 하였다(403년 11월).

그리고 안제를 평고왕(平固王)으로 강등시키고 심양(尋陽)에 유폐시켰다.

그러나 곧 유유(劉裕)가 군사를 거느리고 환현에 반항하자, 유유를 대적하지 못한 환현은 강릉(江陵)으로 도주하여 군사를 정비하고 유유와 대결하였으나 군사가 이기지 못하자, 익주 지역으로 도주하려다가 비염(費恬)이란 장수에게 피살되니, 36세였다(404).

○ 재치 있는 아부

환현이 칭제하고 난 뒤 입궁하는데, 그 몸이 워낙 비대하여 의자에 걸터앉았는데 그 무게를 견디지 못한 의자가 부러졌다.

주위 모든 사람의 얼굴이 하얗게 질렸는데, 마침 형주자사 은중감(殷仲堪, ?-399)의 사촌 동생인 은중문(殷仲文)이란 자가 환현에게 아부하며 말했다.

"성덕(聖德)이 매우 심후(深厚)하시니 대지(大地)가 감내하지 못한 것입니다."

그러자 환현은 크게 기뻐하였다.

환현이 태상인 유근(劉瑾)에게 물었다.

"나와 태부(太傅)이신 사안(謝安)을 비교한다면, 누가 더 어질다고 생각하시오?"

"당신은 높고(高), 사태부(사안)는 깊이가 있습니다(深)."

"그러면 그대의 외숙인 자경〔子敬, 왕헌지(王獻之)〕과 비교한다면 어떻소?"

"복숭아(桃), 배(梨), 귤(橘), 유자(柚)처럼 그 좋은 맛이 제각각입니다."《세설신어 품조(品藻)》

간문제(簡文帝)는 환현(桓玄)의 아버지인 환온에 억눌렸던 허수아비 황제였다. 당시 고열(顧悅)이란 사람은 간문제와 동갑이었지만 머리가 완전히 하얗게 되었었다.

간문제가 "경은 왜 나보다 먼저 희였는가?"라고 물었다.

이에 고열이 대답했다.

"신(臣)의 머리는 물버들(포류蒲柳)과도 같아 가을이 되면 잎이 떨어지는 이치이고, 폐하는 송백(松柏)과 같아 설상(雪霜)을 맞더라도 더욱 푸르고 무성해지는 것과 같습니다."

사실 이러한 말에 기분이 흡족해지지 않는 사람이 몇이나 있겠는가?

(4) 도간

○ 도연명(陶淵明)의 증조부

도간(陶侃, 259-334. 侃은 강직할 간)은 동진(東晉)의 명장이었다. 한미한 가문 출신이지만 여러 전공(戰功)으로 태위(太尉)에 올라 8주(州)의 군사를 지휘하고 형(荊), 강(江) 2개 주의 자사(刺史)를 겸임하기도 했다. 이는 세족(勢族)이 고위직을 농단(壟斷)하는 동진에서 매우 이례적이었다.

군사와 지방행정에서 특별한 업적을 남겼지만 《진서(晉書)》에 의하면, 도간은 수십 명의 첩실과 천여 명의 노비를 거느렸고, 집안에는 진기한 보물이 가득했다는 부정적 행적도 엿볼 수 있다.

이 도간의 7자(子)가 도무(陶茂)인데, 바로 동진 제일의 시인 도연명(陶淵明, 도잠)의 조부이다. 그러니까 도간은 도연명의 증조부이다.

도간은 형주(荊州)와 상주(湘州) 등 여러 군사를 지휘 감독하였다. 도간은 어려서 아버지를 여의고 가난했었는데, 효렴이던 범규(范逵)란 사람이 그 집을 방문하였다. 도간의 어머니는 자신의 머리카락을 잘라 술과 음식을 사왔다.

나중에 범규가 도간을 천거하여 마침내 이름이 알려지게 되었다. 그전에 형주도독에게 발탁되어, 의양에서 반란을 일으킨 오랑캐 장창(張昌)을 토벌하고, 강동의 반장(叛將)인 진민(陳敏)을 격파하였으며, 다시 상주의 포악한 도적을 격파하였고, 강하군 태수를 지내고 형주자사가 되었다.

조정의 왕돈이 도간을 질시하여 광주자사(廣州刺史)로 좌천시켰다. 도간은 광주에 있으면서 아침에 큰 벽돌 1백 장을 집 밖에 내놓았다가 저녁에 다시 들여놓기를 계속했다.

사람들이 그 까닭을 묻자, 대답했다.

"나는 이제 중원(中原)을 수복하는데 힘을 써야 하기에 힘든 일을 연습하는 것이오."

이때 다시 형주에 주둔하게 되자 백성들이 서로 기뻐하였다.

○ 자신에게 엄격했던 도간

도간의 천성은 총명 민첩하며, 공손하며 근면하였다. 그리고 시간을 아꼈다.

"우(禹)임금[66] 같은 성인도 촌음(寸陰)을 아끼었으니 보통 사람들은 당연히 더 짧은 시간도 아껴야 한다."

도간은 자기 아래 여러 참모들의 주기(酒器)[67]나 도박 기구들을 모두 모아 강물에 던지며 말했다.

"노름이란 것은 돼지를 키우는 놈들의 장난거리이다."

죽두목설(竹頭木屑, 대나무나 목재의 토막)은 쓸모없는 것처럼 보이는 물건이라도 잘 관리하고 활용하면 큰 효용가치가 있다는 뜻인데, 바로 도간(陶侃)의 고사에서 유래하였다.

---

66 우(禹) – 姓은 姒(사), 氏는 夏后(하후), 名은 文命, 禹는 그의 號. 堯(요)임금 때 夏伯이 되었다. 黃河의 홍수를 다스린 토목공사에 일생을 바쳤다. 舜(순)임금의 禪讓(선양)을 받아 帝位를 계승하면서 자신의 封國인 夏를 국호로 하였다. 아들 계(啓)에게 제위를 물려줘 중국 최초의 세습왕조를 시작하였다.

67 주기(酒器) – 술 마시는데 필요한 국자, 주전자, 술잔 등.

도간은 일찍이 배를 만들면서 대나무 동가리나 톱밥이나 대패밥의 분량을 기록하여 관리하게 하였다. 뒷날 눈이 그치고 땅이 질퍽거릴 때 톱밥을 땅에 뿌렸고, 뒤에는 촉을 원정하러 가는 군사들이 도간의 대나무 동가리로 못을 만들어 배를 수리하게 하였는데, 그의 하는 일은 이처럼 세밀하였다.

도간은 자신에게 매우 엄격하였다. 평소 마시는 주량(酒量)을 정해두고 그 이상은 마시지 않았다.
사람들이 자꾸 권하면 도간이 말했다.
"젊었을 때 술 마시고 실수를 한 적이 있어 부모님께서 이만큼만 마시라고 정해주셨네. 부모님께서 정해주신 것을 어길 수야 없지!"
도간은 근무하던 관직을 떠날 때에는 군자(軍資), 각종 기물, 우마(牛馬)나 배(舟船)를 모두 기록하고 창고를 봉인하여 열쇠를 지니고 있다가 후임자에게 인계하였다고 한다. 지금이야 당연한 이야기로 받아들일 수 있지만, 당시에 조야(朝野)에서는 하나의 미담이었다고 한다.
도간은 성제(成帝) 함화 9년(334), 76세에 퇴임하였는데 배에 올라 무창(武昌)을 떠나면서 말했다.
"내가 이렇게 늙은 귀신이 되어 고향으로 돌아가는 것은 모두 자네들이 만류한 탓이네!"

도간은 배가 무창을 떠난 다음 날, 숨을 거두었다고 한다.

(5) 온교

○ 동진 건국 후 업적

온교〔溫嶠, 288 – 329, 자(字)는 태진(泰眞)〕는 태원군(太原郡) 사람이었다. 온교는 17세에 출사하여 여러 직책을 수행하였다. 동진이 건국되는 사마예의 건무(建武) 원년(317)에, 온교는 유곤(劉琨)의 명을 받아 남하하여 원제(元帝)의 즉위를 권유하였다.

원제가 즉위하자, 온교는 태자(太子中庶子)가 되었다. 명제(明帝)가 즉위하자(323), 중서령(中書令)으로 주요 국정에 참여하였다. 왕돈(王敦)의 반란 중에 중루장군(中壘將軍)으로 반란을 평정하였다(324). 성제(成帝)가 즉위한 뒤에는 강주자사(江州刺史)로 소준(蘇峻)의 난을 평정하였다(329).

이런 공로로 시안군공(始安郡公)이 되었다. 죽은 뒤 시호는 충무(忠武)였다.

○ 환온(桓溫)을 영재라 칭찬하다

서진 회제(懷帝) 영가(永嘉) 6년(312)에 환온이 출생하였는데, 2살 때 온교가 아기 환온을 보았다. 어린아이의 기골이 장대하였고, 아기 울음 소리를 듣고서는 영재(英才)라고 칭찬하였다.

사실 온교는 사람을 잘 알아본다는 명성이 있어 환온의 부친인 환이(桓彛)가 무척이나 좋아하며, 온교의 성씨인 온(溫)으로 아기 이름을 지었다.

나중에 이런 사실을 안 온교가 웃으면서 말했다.

"그렇다면 나는 나중에 내 성을 바꿔야 될 것 같아!"

이는 나중에 환온이 칭제할 것을 암시하는 뜻이었다. 곧 환온이 황제가 되면, 황제 이름 글자를 피휘(避諱)하여 사용하지 못하고 바꿔야만 했다.

(6) 유량

○ 성제의 외척

유량〔庾亮, 289-340, 자(字)는 원규(元規)〕은 동진의 권신(權臣)이며, 외척이었다. 유량의 여동생 유문군(庾文君)이 명제(明帝, 사마소, 재위 323-325)의 황후이다. 그래서 명제 사후에 성제(成帝, 사마연, 재위 325-342)의 외삼촌으로, 성제 초기에 국정을 담당했다. 소준(蘇峻)의 난(328-329) 이후 정서장군(征西將軍)으로 외지에 출진(出鎭)하며 북벌(北伐)을 실천하려 했으나 성공하지 못했다.

유량이 타는 말에 적로(的盧)라는 말이 있었는데, 어떤 사람이 '적로 말은 주인에게 해를 끼칠 것이니 팔아버리는 것이 좋다.'

고 권유하였다.

그러자 유량이 말했다.

"말을 판다면 분명 사는 사람이 있을 것이고, 사는 사람이 주인입니다. 그렇다면 나의 안전을 위하여, 곧 내가 살겠다고 어찌 남에게 재앙을 떠넘기겠습니까? 옛날 초(楚)의 영윤(令尹, 재상)인 손숙오(孫叔敖)[68]는 뒷사람을 위하여 양두사(兩頭蛇)를 죽인 것은 예부터 전해오는 미담이요. 이를 본받는다면 어찌 신운(身運)이 트이지 않겠소?"

그러면서 적로마를 팔지 않았다. 《세설신어 덕행(德行)》

○ 유량과 왕도(王導)

유량(庾亮)이 기병하여 왕도를 폐출하려 하자, 어떤 사람이 왕도에게 은밀히 대비를 하라고 권유했다.

그러나 왕도가 말했다.

---

[68] 손숙오(孫叔敖, 前 630?-약 593) - 미(芈)는 姓. 위씨(蔿氏). 孫叔은 字. 敖가 名. 손숙오가 어렸을 때 들에서 양두사(兩頭蛇)를 보았다. 당시에 양두사를 본 사람은, 곧 죽는다는 말이 있었다. 손숙오는 다른 사람이 또 보지 못하도록 뱀을 죽여 묻어버렸다. 前 601년, 손숙오는 楚國 令尹이 되었다. 수리사업을 일으켜 농업생산을 크게 늘렸다. 司馬遷 《史記 循吏列傳(순리열전)》의 첫 번째 인물이다. 손숙오는 '三得相에 不喜했으니 知其材自得之也요, 三去相에 후회 없었으니 나의 죄가 아님을 알 수 있다.'고 하였다.

"나와 원규(元規, 유량)는 기쁨과 슬픔을 같이 나눌 사람이다. 원규가 만약 공격해 온다면, 나는 각건(角巾)을 쓰고 은퇴할 것인데, 다시 무엇을 두려워하겠는가?"

유량이 비록 외진에 나가 있지만 멀리서도 조정의 권세를 쥐고 있으며, 상류에 웅거하며 강병을 장악하고 있어 권세를 쫓는 자들이 많이 따르고 있었으니, 왕도가 마음속으로 평온할 수는 없었다.

일찍이 서풍에 먼지가 날려오자 부채를 들어 먼지를 가리면서 천천히 말했다.

"원규의 먼지가 사람을 더럽히는군!"

왕도는 간소하고 욕심을 부리지 않았으며 일이 있으면 처리하여 공을 이루었는데, 비록 단기간에는 보탬이 없는 것 같았지만 멀리 보면 여유가 있었다. 황제 삼대(三代)를 보좌하는 재상이었지만 창고에 비축한 곡식이 없었고 비단옷을 겹쳐 입지 않았다.

○ 유량의 병사(病死)

동진의 사공(司空) 유량(庾亮)이 죽었다. 그전에 소준(蘇峻)의 반란은 유량이 소준을 내직(內職)으로 불러들여 세력을 꺾으려 했었기 때문에 일어났다. 소준의 난이 평정된 뒤, 유량은 깊이 사죄하며 지방 군진에 나가 공을 세우고자 했다.

유량은 뒷날 강주와 형주 등 여러 지방의 군사를 감독하며 은

호(殷浩)[69]란 사람을 뽑아 참군(參軍)으로 삼았는데, 은호는 저부(褚裒)와 함께 식견과 도량이 청원하며 노장사상과 주역에 밝아 강동에 이름을 날렸으며, 특히 은호는 청담의 종주(宗主)였다.

유량은 중원을 수복하고자 상소를 올려 대군을 인솔하여 석성(石城)으로 본진을 옮기고, 군사를 한강(漢江)과 면수(沔水)에 배치하여 석호(石虎)[70]의 조(趙, 후조)를 칠 계획을 주청하였다.

채모(蔡謨)는 "대강(大江, 장강)으로도 소준을 감당하지 못했으면서 어찌 면수로 석호를 막겠느냐?" 하면서 유량에게 조서를 보내 군진을 이동하는 것을 허락하지 않았다. 이즈음 유량은 무창(武昌)에서 병사하였다.

○ 관직과 재물

어떤 사람이 은호(殷浩)에게 물었다.

"어째서 관직을 얻기 전에 시체를 넣는 관(棺)이 꿈에 보이고, 인분(人糞) 꿈을 꾸면 왜 재물을 얻게 됩니까?"

그러자 은호가 대답했다.

---

69 은호(殷浩, ?-356) - 10여 년을 은거하다가 관직에 나왔으나 뒷날 북벌 실패로 서민이 되었다.

70 석호(石虎) - 오호십육국시대 後趙의 三代 武帝. 後趙 開國 君主 석륵(石勒)의 조카. 333년에 석륵이 죽고, 그 아들 石弘이 계승했으나 석호가 시해하고 탈취하였다. 석호는 유명한 폭군이었다.

"관직이란 본래가 냄새가 나고 썩은 것이다. 그래서 그런 벼슬을 얻기 전에 널(棺)이나 시체를 꿈에 보는 것이다. 그리고 재물이란 본래 더러운 것이기에, 그것을 그리워하다 보니 저절로 오물 꿈을 꾸는 것이다."

이 이야기를 들은 당시 사람들은 모두 명쾌한 답변이고, 명언이라고 생각하였다.

어느 날 은호가 여러 사람에게 물었다.
"인간의 품성은 자연에서 왔고 자연에는 선악이 없는데, 어째서 선한 사람은 적고 악한 사람이 많은가?"
이에 많은 사람들이 선뜻 대답을 못하는데, 어떤 이가 말했다.
"마치 물을 땅에 쏟아붓는 것처럼, 쏟은 물을 잡아서 모아주는 것이 없어 모두 흩어지기 때문입니다."
그러자 많은 사람들이 탄복했다. 《세설신어 문학》

(7) 사안 일족

1) 사안

○ 사안의 동산재기(東山再起)

동진의 가장 유명한 세족은 왕씨(王氏)와 사씨(謝氏)였다. 그 사씨의 대표적 인물이 사안〔謝安, 320-385, 자(字)는 안석(安石). 호(號)는 동산(東山)〕이었다.

사안은 문벌에 의한 벼슬에 뜻이 없어 왕희지(王羲之)와 교유하면서 유유자적했었다. 물론 조정에서 여러 차례 불렀지만 출사하지 않았다. 그러나 아우 사만(謝萬)이 패병(敗兵)했기에 서인(庶人)이 되고 형과 사촌들이 연이어 세상을 떠나자, 사안은 가문의 몰락을 염려하여 40이 넘은 나이에 처음으로 환온(桓溫)의 막료인 사마(司馬)가 된다. 사람들은 이를 '동산재기(東山再起)'라 하였다. 물론 환온과 사안의 정치적 견해나 입장이 일치하지는 않았지만 환온도 사안을 존중하며 협조하였다.

사안은 일생동안 정당하게 정치와 소임을 다하였고, 가장 청렴한 재상의 표준이며 고결(高潔)의 상징으로 이름을 남겼다. 사안

사안(謝安)
동산재기(東山再起)의 주인공 사안(謝安),
만소당화상(晚笑堂畵像) 〈출처: 위키백과〉

은 태보(太保) 겸 도독십오주군사(都督十五州郡事) 겸 위장군 등 요직을 역임했고 전진왕(前秦王) 부견(苻堅)의 남하를 저지시켜 동진(東晉)을 지켰다.

2) 사현

○ 총명한 사현(謝玄)

사현(謝玄)은 어려서부터 동산(東山)에 은거하고 있는 작은아버지(숙부) 사안을 잘 따랐다.

사현은 총명하고 지혜로워 사안도 매우 기특하게 생각하였다.

사안이 사현에게 "왜 사람들은 자식들이 뛰어나기를 바라는가?"라고 물었다.

그러자 사현은 "비유하자면, 향기로운 지란(芝蘭)이나 옥수(玉樹)가 자기 집 뜰에 자라기를 바라는 것과 같습니다."라고 대답했다.

사안이 또 언젠가는 '《시경(詩經)》 중에서 어떤 구절이 마음에 드는가?' 라고 묻자, 사현이 대답했다.

"昔我往矣 楊柳依依(석아왕의 양류의의) ; 전날 내가 떠나올 때는 버드나무가 푸르렀는데,

今我來思 雨雪霏霏(금아래사 우설비비) ; 지금 내가 돌아간다면 눈이 펑펑 내릴 것이네."

이 구절은 (《시경 소아(小雅) 채미(采薇)》에 나오는데, 변경을 지키는 군사로 출정한 사람의 심경을 노래한 시이다.

사현은 처음에 환온의 막료로 출사하여 환온으로부터 능력을 검증받았었다. 사안도 조카의 재능을 알고 있었기에 다른 사람의 눈치를 보지 않고 소신껏 추천했었다. 실제로 사현은 북부병(北部兵)이라는 강군(强軍)을 육성했고, 이 북부병으로 비수의 싸움에서 큰 공을 세운다.

3) 사만

○ 서인으로 강등

사만〔謝萬, 320 – 361, 자(字)는 만석(萬石)〕은 진군(陳郡) 출신으로, 동진의 명사(名士)인 사부(謝裒)의 아들로 사혁(謝奕)과 사안(謝安)의 동생이다. 사혁의 뒤를 이어 예주(豫州)자사가 되어 북벌을 주도하였지만 실패하였고, 서인으로 강등되었다.

사만의 재능이나 기량(器量)은 보통 사람보다 특출났지만 그래도 사안(謝安)에는 미치지 못했다. 성인이 되었고, 무군장군(撫軍將軍)인 사마욱(司馬昱)이 정사를 주도할 때, 사만의 명성을 듣고 종사중랑(從事中郞)으로 등용했다. 사만은 이어 오흥(吳興) 태수가 되었다.

목제(穆帝) 승평(昇平) 2년(358), 사만은 안서장군(安西將軍)이 되었고, 형 사혁(謝奕)이 예주자사(豫州刺史)로 죽자, 사만은 서중랑장(西中郞將)이 되었고, 부절을 받고, 사예, 예주, 기주, 병주의 모든 군사를 감독하며 예주자사를 겸임하였다.

승평 3년(359), 사만은 여러 사정으로 북벌에 실패하였고 책임을 따져 서인으로 강등되었다.

승평 5년(361), 조정에서는 사만을 불러 산기상시(散騎常侍)에 임명하였지만, 그 해에 사만은 42세로 죽었다.

4) 사석

○ 비수의 싸움 – 승리의 주역

사석(謝石, 327–389)은 진군(陳郡) 사씨로, 태보(太保) 사안(謝安)의 동생으로 사현(謝玄) 등과 함께 동진의 군사를 지휘하여 비수(淝水)의 싸움에서 전진(前秦)의 군사에게 대승을 거두었다.

사석은 여러 관직을 거친 뒤에, 효무제 태원(太元) 4년(379)에 동진을 침략하는 전진의 군사를 저지하였다.

태원 6년(381)에, 사석은 상서복야(尙書僕射)가 되었다.

효무제 태원 8년(383), 전진의 왕 부견(苻堅)이 대군을 거느리고 남침할 때, 전진의 전봉(前鋒)인 부융(苻融)이 25만을 거느리고 회하(淮河)를 건넜다.

그러자 조정에서는 사석의 상서복야 지위를 해임하며 정로장군(征虜將軍)으로 정토대도독(征討大都督)의 직임으로 조카인 사염(謝琰), 사현(謝玄), 그리고 서중랑장(西中郎將) 환이(桓伊) 등을 지휘하여 전진의 남하를 저지하였다.

전진(前秦)의 군사는 10월에 수양성(壽陽城)을 함락한 뒤에, 부장을 보내 사석에게 투항을 권유하였다. 그러나 사석은 군사를 거느리고 전진을 공격하여 전진을 물리치고 수양을 수복하였다. 이후 적극 공격하여 비수지전의 대승을 이끌었다. 비수의 싸움 이후 사석은 중군장군(中軍將軍)으로 승진하였고, 상서령(尙書令)이 되었으며 남강군공(南康郡公)의 작위를 받았다.

효무제 태원 10년(385), 사석의 형인 사안(謝安)이 죽었고, 사석은 태원 13년 12월에 62세로 천수를 누리고 죽었다.

(8) 유뢰지

○ 정예 북부군의 지휘관

유뢰지〔劉牢之, ?-402, 자(字)는 도견(道堅)〕는 팽성〔彭城, 지금의 강소성(江蘇省) 북부 서주시〕 출신으로, 전한 초 원왕(楚 元王)인 유교(劉交, 고조 유방의 막내 아우)의 후손이라고 하였다.

동진 효무제 태원(太元) 2년(377), 사현(謝玄)은 연주(兗州)자사

(刺史)로 광릉(廣陵)을 지키며 전진(前秦)의 군사적 위협에 대처하고 있었다. 그때 사현은 대대적으로 군사를 모집하였는데, 유뢰지(劉牢之)는 손무종(孫無終), 하겸(何謙) 등과 함께 뽑혔고 바로 참군(參軍)이 되어 정병을 인솔하고 최전방 선봉이 되었다.

태원 4년(379) 전진(前秦)의 장수가 남침하여 회음(淮陰)을 함락시키더니, 이어 회남(淮南) 지역까지 진격하여 우이(盱眙)까지 점거하였다. 이에 사현(謝玄)이 부대를 친솔하여 전진과 맞섰는데, 이에 유뢰지도 함께 참전하여 우이 지역을 수복하고 적의 치중(輜重) 물자를 상당량 노획하였다. 이후 유뢰지는 응양장군(鷹揚將軍)으로 승진하였고, 이어 사현을 대신하여 광릉을 통치하며 막강한 군사를 지휘하였는데, 유뢰지의 군사는 북부군(北府軍)이라 불렸다.

○ 유뢰지의 전공(戰功)

동진(東晉)의 정예군 북부군(北府軍)을 통솔하는 장군으로 여러 차례 전투에 참여하였고, 특히 비수(淝水)의 싸움에서(383) 전진 부견의 부장인 양성(梁成)을 죽여 동진의 승리에 크게 공헌하였다.

효무제 태원 14년(389)에, 팽성 사람 유려(劉黎)가 황구(皇丘)란 곳에서 칭제(稱帝)하자 유뢰지는 군사를 이끌고 공격하여 진압하였다. 이후 유뢰지는 곳곳에서 여러 번 무공을 세우며 동진의 북쪽 국경을 지켰다.

안제 융안(隆安) 원년(397), 청주와 연주(兗州)의 자사인 왕공(王恭)은 경구(京口)에서 기병하며 유뢰지를 사마(司馬)에 임명하며 보국장군(輔國將軍)이라 하였다. 유뢰지는 왕공을 도왔고 그 덕분에 전후에 진릉태수(晉陵太守)가 되었다.

그리고 유뢰지는 손은(孫恩)의 반란(399-401)을 진압하는데 공을 세웠다. 안제(安帝) 재위(397-418) 중에 동진에서는 여러 번 내란이 있었다.

○ 유뢰지의 삼반(三反)

유뢰지는 정예군이라 할 수 있는 북부군을 지휘하였기에 안제 재위 중에 왕공(王恭)과 사마원현(司馬元顯)의 신임을 받으며 그 반대 세력을 토벌하였으나 유뢰지는 나중에 그 두 사람을 배반하였다.

유뢰지는 나중에 환현(桓玄)을 배반하려다가 뜻대로 되지 않자 일족을 거느리고 광릉(廣陵)으로 달아났는데, 도중에 환현의 부장들에게 일족이 피살당하자 유뢰지는 자살하였다.

3. 동진의 명인

(1) 귀족 문화의 발달

○ 시대적 배경

서진 멸망(316년) 이후 중국은 남북의 대립 시대가 시작된다.

화북(華北) 지방에서는 이민족의 무상한 흥망 속에 전란이 이어지는 5호16국 시대가 열린다. 이 5호16국 시대는 그동안 사실상 독자적으로 성장한 중국의 농경문화와 북방 유목문화의 대융합이 이루어지는 시기였다. 이는 유럽에서 게르만족의 이동으로 로마제국의 고대가 붕괴하고 중세가 열리는 상황과 유사한 일면이 있었다.

서진이 멸망하기 전부터 시작되었던 북방 5호족의 중국 진출은 16국의 건국과 멸망이 진행되다가 전진(前秦)의 부견(符堅)[71]에

---

[71] 부견〔符堅, 338 – 385, 저족(氐族), 符雄의 아들, 符洪의 손자, 符健의 조카〕 – 前秦의 君主로, 대진천왕(大秦天王, 재위 357 – 385)이라 알려졌다. 처음에는 前秦의 東海王에 책봉, 나중에 堂兄인 부생(符生)을 몰아내고 즉위, 재위 중에 漢人 왕맹(王猛)을 중용했다. 여민휴식(與民休息)하며 생산을 늘려 나라를 부강케 한 뒤, 군사력을 키워 화북지방의 여러 나라를 병합하였다. 이어 동진(東晉)의 영역이던

의해 일시 통일이 되지만 동진(東晉)과의 싸움에서 패하며 곧 멸망한다. 이어 북위(北魏)가 화북지방을 통일 지배하게 된다.

이들 5호16국의 흥망은 민족 간의 갈등을 첨예화시켰다. 당시 사회는 불안했고, 경제는 쇠락하여 백성들의 생활은 매우 곤궁하였다. 그러나 이를 통하여 북방 유목민족과 한족(漢族)의 융합은 가속화되었고 문화에도 활력이 보태지는 역동적인 시대였다고 평가할 수 있다.

○ 강남(江南), 강동(江東)의 뜻

우리말에서 강(江)은 보통명사이지만, 이는 본래 중국 서쪽 티베트 고원 산악지대에서 발원하여 중국 중부를 가로질러 동쪽으로 흐르는 큰 수계(水系)를 지칭하는 말이다.

북에는 하(河, 황하)가 서북에서 동쪽으로 흐르고, 제수(濟水, 지금은 사라지고 지명으로만 남았다)와 회(淮, 회수)가 있고, 남쪽에 강(江)이 있다.

이 강의 중국 측 공식 명칭은 장강(長江)이다. 우리는 이를 보통 양자강(揚子江, Yángzǐ jiāng)이라 표기하는데, 이는 옛날 해상무역

촉(蜀) 일대를 차지한 뒤에, 동진과 대치하였다. 부견은 383년에 동진을 공격하였으나 비수(淝水)의 전투에서 사안(謝安), 사현(謝玄)이 거느린 동진의 北府兵에게 대패한 뒤에 나라는 혼란에 빠졌다. 결국 강족(羌族)인 요장(姚萇)에게 살해되었다. 시호는 선소(宣昭), 묘호(廟號)는 진진의 세조(世祖)이다.

기지로 서양인에게도 잘 알려진 양주(揚州) 부근의 명칭이었다. 우리나라 금강(錦江)의 부여(夫餘) 부근을 특히 백마강(白馬江)이라 부르는 것과 같다.

그래서 장강의 남쪽이 강남(江南)이다. 강남이면서 장강의 하류, 장강의 왼쪽에 해당하는 지역이 강동(江東)이다. 강동의 상대적인 강서(江西) 지명이 통용되어 강서성(江西省)이 있다.

장강의 큰 호수가 동정호(洞庭湖)이고, 이 호수의 북쪽과 남쪽에 호북성(湖北省)과 호남성(湖南省)이 있다.

장강이 워낙 크고 수량이 많을 뿐만 아니라 강수량이 많아 곳곳에 수택〔水澤, / 소택(沼澤)〕이 형성되었고, 이런 수맥(水脈)이 골고루 형성된 지역을 왕래하는 교통수단으로 선박이 유리하였다. 이에 남선북마(南船北馬)라는 표현 그대로였다.

○ 미작(米作) 농업의 발달

소택 지역은 범람으로 비옥한 토사를 침전하여 농사짓기에 적당하였다. 이런 소택 지역에 수로를 뚫고 물을 빼내는 수로가 뚫리고, 곳곳에 피(陂, 둑 피, 제방, 비탈. 파, 언덕 파) 또는 당(塘, 연못)이라 불리는 용수지(用水池)가 만들어졌다. 다음에 광대한 수전(水田)으로 개간되었다. 이런 곳에 벼(稻, 도)의 이모작이 가능한 곳도 있어, 강남지역은 도작(稻作, 벼농사) 지역으로 급속도로 변모되었다.

벼농사의 소출이 늘면서 농민들이 굶지 않는다는 현실은 엄청난 매력이었다. 이에 화북 지역의 빈민들이 대거 강남지역으로 흡수되었다.

그런데 이런 강남개발의 주체는 당연히 기존 세력을 갖고 있던 북쪽의 호족들이었다. 서진(西晉) 멸망 이후(316), 그리고 5호족의 내침(來侵)과 잦은 전란(戰亂)에 사족(士族)은 그 문중 일족이나 빈민들을 거느리고 많은 사람들이 남방으로 이동하였다.

북방 유목민족의 침입과 전란을 피해 남으로 이주한 중국인들은 동진이라는 안전지대에서 나름대로 착실한 경제발전을 이룩했다. 동진의 정치적 역량은 부진하였지만 강남지방의 농업생산이 크게 증가하고 북방 농민들의 지속적 유입은 농업 이외에도 여러 산업을 발전시켜 중국 경제의 중심이 남방으로 이동하게 된다.

이 호족의 대토지 소유가 보편화되면서, 안정된 경제적 능력을 보유한 호족은 귀족으로 정치, 사회적, 여러 특권을 누릴 수 있었다. 그리고 강남의 경제력을 바탕으로 귀족 문화가 발전하였다.

곧 강남지역의 경제적 안정과 번영은 귀족사회의 형성과 발전, 귀족문화의 발전으로 이어졌다.

○ 육조(六朝) – 귀족 문화의 특성

삼국시대 손견(孫堅)과 아들 손책(孫策), 손권(孫權) 일족의 오(吳)나라를 보통 손오(孫吳) 또는 동오(東吳)라 지칭한다. 동오의 도읍이었던 금릉(金陵)은 이후 동진(東晉)의 수도 건업〔建業, 建鄴 / 건강(建康)〕이 되었고, 동진이 멸망한 뒤로 이어지는 남조(南朝), 곧 송(劉宋, 420-) – 제(齊, 479-) – 양(梁, 502-) – 진(陳, 557-)의 도읍이었다.

이 여섯 나라는 도읍지가 같다는 점 이외에도, 경제, 문화, 정치적으로도 공통점이 많아 이를 특별히 육조(六朝)라고 지칭한다.

육조의 문화는 귀족 문화의 특성이 강하다. 남조에서는 황제권이 미약하고 귀족 및 호족의 권력이 강대하여 정치적으로 그 우월성이 인정되었고, 사회 경제적으로 문벌 귀족사회가 형성되었기 때문이다. 이런 상황에서 귀족들은 경제적 여유를 바탕으로 독자적인 가문의 전통과 문화 스타일을 유지하였고, 그들 문벌의 강력한 자아인식으로 그들만의 확실한 내면세계를 형성할 수 있었다.

그리고 경제적 안정과 융성 속에 자아인식으로 밖으로 확산할 수 있어 불후의 가치와 자아인식을 추구하여 문학이나 서화(書畫), 사상과 종교, 역사와 지리 방면에서도 학문적 성과를 거두었다.

이러한 환경과 분위기에서 육조시대의 사대부는 특히 문학과 예술에 심취하였는데, 강남(江南)의 온화한 기후와 풍토가 그 바탕이 되었다. 그리하여 수많은 문사와 명필과 화가들이 출현하여 작품 활동을 전개하였고 다방면으로 사상과 학문적 성과를 심화시켰으며, 비평가와 그들의 저술이 나와 문학 발전의 이론과 사색의 깊이를 추구하였다.

○ 자치통감(資治通鑑)

북송(北宋, 존속 기간, 960 - 1127)의 사마광〔司馬光, 1019 - 1086, 자(字)는 군실(君實), 호(號)는 우수(迂叟)〕의 《자치통감(資治通鑑)》[72]은 '정치에 도움이 되도록 비춰보는 거울'이라는 의미이다.

다시 말하면, 책 이름에는 역사를 정치와 처세의 거울로 인식한다는 뜻이 담겨있다. 그러다 보니 자연스레 왕조의 흥망성쇠(興亡盛衰)와 정치에 대한 내용이 주류를 이루고, 사회나 경제에 관한 내용은 적고, 문화에 관한 내용은 더 적을 수밖에 없었다.

---

72 자치통감(資治通鑑) - 編年史. 北宋 司馬光이 주편(主編)한 編年體 史書로 총 294권, 3백만 자의 대작. 사마광을 비롯한 유서(劉恕). 유반(劉攽), 범조우(范祖禹) 등 여러 사람이 19년에 걸쳐 편찬하였다. 周 위열왕(威烈王) 23년(前 403)의 三家 分晉(戰國時代)에서 서술을 시작하여, 당 멸망 이후 五代의 後周 世宗 현덕(顯德) 6년(959)까지 16개 왕조, 1362년의 역사를 기록하였다.

방대한 편년체 사서(史書)인 《자치통감》을 요약한 책이 《통감절요(通鑑節要)》이고, 그것을 다시 크게 줄여 고쳐 쓴 것이 《십팔사략(十八史略)》이다. 따라서 《십팔사략》에는 문화적 성취나 발전에 관한 내용이 거의 없으며, 유명한 시인이나 문장가에 대한 언급도 극소량이다.

우리 조상들은 《십팔사략》 다음에 《통감절요》를 배웠는데, 《통감절요》를 1년쯤 배우면 한문의 문리(文理)가 튼다고 하였다. 그래서 중국 역사에서 왕조의 변화에는 대략적인 윤곽을 파악하였지만, 중국 문화에 대한 이해는 거의 없었다고 말해도 괜찮을 정도였다.

이에 필자는 여기서 문학과 예술, 사상과 학문에 관한 명인들의 일생과 그 업적을 좀 더 소상하게 서술하려 한다.

○ 동진의 문화적 성취

여기서 우리가 중국 문화 발전의 기초가 되었던 동진 시대의 주요한 문화적 성취를 정리하면 아래와 같다.

동진(東晉)의 왕희지(王羲之, 303-361)는 서성(書聖)으로 이름을 날렸는데, 왕희지의 노력과 아름다운 일화는 지금도 많은 사람들이 알고 있다.

고개지(顧愷之, 344-405)는 회화(繪畵)의 조종(祖宗)이라 할 만하다. 고개지의 작품으로는 〈여사잠도(女史箴圖)〉, 〈열녀인지도(列女仁智圖)〉, 〈낙신부도(洛神賦圖)〉의 두루마리 그림이 현존하고 있다.

동진 말기와 송대(宋代)에 걸쳐 살았던 도연명(陶淵明)은 앞서 나온 도간(陶侃)의 증손(曾孫)으로 동진 제일의 시인이었다.

문장가로는 양 무제의 아들 소명태자(昭明太子)가 유명하였는데, 그가 편찬한 《문선(文選)》에는 당시의 대표적 명문장이 수록되었다.

그리고 시인으로 유명한 사령운(謝靈運) 이외에, 유협(劉勰)의 《문심조룡(文心雕龍)》과 종영(鍾嶸)의 저술인 《시품(詩品)》은 문학 비평서로 남조 문학 사상의 깊이와 연구 성과를 잘 반영하였다.

문학, 예술과 함께 역사와 지리학도 발전하였는데, 《정사 삼국지》를 저술한 진수(陳壽)가 있고, 《후한서(後漢書)》를 저술한 범엽(范曄)이 유명하다. 그리고 고대 중국 지리서로 북위(北魏) 역도원(酈道元)의 《수경주(水經注)》 전 40권이 유명하며, 양자강 중류지역의 민속을 연구 기록한 《형초세시기(荊楚歲時記)》가 있다.

농업 서적으로는 《제민요술(齊民要術)》이 유명하며, 양(梁)나라 출신 안지추(顏之推)의 《안씨가훈(顏氏家訓)》도 명저로 당시 사대부들의 국가관, 학문에 대한 인식과 태도, 사회, 종교관을 읽을 수 있어 남북조의 풍속과 사상을 파악할 수 있는 중요한 저술이다.

전진(前秦)의 왕 부견은 군사 7만으로 구자국(龜玆國)을 공격하였는데, 그 목적은 승려 구마라집〔鳩摩羅什, 중국명 동수(童壽)〕을 데려다가 불경을 번역하기 위해서였다. 구마라집은 불경 35부 290여 권을 번역하여 중국 불교 확산과 발전에 기여하였다.

법현(法顯, 337-422)은 60세가 넘은 고령인데도 399년에 중국을 출발하여 돈황을 거쳐 파미르 고원을 넘어 인도의 굽타왕국에 유학하며 지금의 스리랑카까지 여행을 하였고, 불경을 구해서 해로(海路)로 귀국하여 여행기인 《불국기(佛國記)》를 남겼다.

갈홍(葛洪, 284-363)은 《포박자(抱朴子)》란 책을 저술하여 도교의 이론체계를 확립하여 뒷날 구겸지(寇謙之)와 함께 도교의 성립과 발전의 토대를 닦았다.

(2) 서성 왕희지

1) 왕희지 일생

○ 낭야왕씨

동진의 서성(書聖)인 왕희지(王羲之, 303-361, 羲는 내쉬는 숨 희, 복희씨 희)의 아버지 왕광(王曠, ? 274-328, 회남태수 역임)은 왕도(王導), 왕돈(王敦)과 사촌 형제이다. 그러므로 왕희지는 동진 최고의 정치가였던 왕도의 조카(당질堂姪)였다.

왕희지는 그 관직이 우군장군(右軍將軍)이었기에 보통 왕우군(王右軍)으로 호칭된다.

왕희지는 벼슬에 연연하지 않고 회계군(會稽郡)의 산음(山陰, 지금의 절강성(浙江省) 북부 소흥시(紹興市))에 은거하며 서법(書法)을 연마하여 웅위(雄偉)하고 유려(流麗)한 행서(行書)의 대가가 되었고, 전승되는 여러 서체에 나름대로의 서체를 완성하여 서성(書聖)으로 불리었다.

당시 사람들은 왕희지의 글씨에 대하여 '떠도는 구름처럼 표연하고〔飄若遊雲(표약유운)〕, 놀라 뛰는 용을 붙잡아놓은 것 같다〔矯若驚龍(교약경룡)〕.' 라고 평하였다.[73]

왕희지의 서예작품으로는 〈난정집서(蘭亭集序)〉와 〈황정경(黃庭經)〉, 〈악의론(樂毅論)〉 등이 있다. 왕희지의 아들 왕헌지(王獻之)도 서예로 이름을 날렸는데, '서성(書聖)'에 비해 '소성(小聖)'이라 불리었다.

○ 어린 날의 왕희지

왕희지가 열 살이 채 안되었을 때, 당숙인 왕돈은 조카 희지를 무척 귀여워하며 늘 자기 처소에서 놀게 하거나 잠을 재웠다.

어느 날, 왕돈이 잠을 자고 일어나 밖에 나갔는데 희지는 잠을

---

[73] 출처는 《世說新語 容止》.

자고 있었다. 왕돈이 전봉(錢鳳)이라는 부장을 데리고 와서 비밀 이야기를 한동안 나누었다.

그러는 동안 희지는 잠에서 깨어 그들 이야기를 모두 들었다. 희지는 자신이 들은 이야기가 반역에 관한 이야기라서 이야기를 들은 이상 목숨을 유지하기가 어렵다고 판단하였다. 이에 왕희지는 얼굴에 침을 잔뜩 묻히고, 이불을 푹 뒤집어 쓰고 땀을 흘리며 깊이 잠든 척 꾸며대었다.

이야기를 하던 왕돈은 희지가 자고 있다는 사실을 깨닫고 전봉과 함께 왕희지가 잠자는 침상에 와서 이불을 들췄다. 그런데 희지가 얼굴에 땀이 범벅인 채, 침을 흘리고 자고 있는 것을 보고 못 들었다고 생각하여 그냥 지나갔다.

이렇게 해서 어린 왕희지는 죽음을 면했다는 이야기가 전해오는데, 사람들은 어린 왕희지의 기지(機智)를 칭송하였다.《세설신어 가휼(假譎, 남을 속이다)》

○ 왕희지의 결혼

태위(太尉)인 치감(郗鑒)[74]은 낭야왕씨(琅邪王氏)의 아들이나 조카들이 모두 영명한 준재(俊才)라는 소문을 듣고, 왕도(王導)에게

---

[74] 치감(郗鑒, 269-339) - 동진의 장군. 원제(元帝), 명제(明帝), 성제(成帝)의 三朝를 섬김. 동진 초기 왕돈의 난과 소준(蘇峻)의 난을 진압하는데 공을 세웠다. 치감은 딸(치선)을 왕희지에게 출가시켰다.

사윗감을 골라달라는 서신을 문생(門生)을 시켜 보냈다.

그러자 왕도는 서신을 갖고 온 사람에게 "동쪽 별채에 모여 있을 것이니 가서 직접 골라보라."고 말했다.

이에 치감의 문생이 동쪽 별채에 기별하고 들어갔다. 왕씨 집안 젊은이들이 한곳에 모여 담소하거나 책을 보고 있었는데, 태위가(太尉) 사람을 보내 사윗감을 고르려 한다고 하자, 모두 옷매무새를 다듬고 기다렸다.

치감의 문생이 들어가 젊은이들을 훑어보니, 과연 모두가 준수한 미남이었다.

그런데 오직 한 사람만이 배를 드러내고 침상에 엎드린 채〔坦腹東床(탄복동상)〕치감의 문생을 쳐다보지도 않고 있었다.

문생이 둘러보고 나와 왕도에게 태연자약한 젊은이를 말하자, 왕도는 "아마 희지일 것이다."라고 말했다.《세설신어 아량(雅量)》

문생의 보고를 받은 치감은 배를 드러낸 채 엎드려있던 왕희지를 사윗감으로 낙점하고, 딸 치선(郗璿, 아름다운 옥 선)을 출가시켰다(명제 태녕 원년 323, 왕희지 시년時年 21세). 이것이 성어(成語) 「동상쾌서(東床快婿)」의 유래이다.

왕희지의 아내가 된 치선은 천수를 누려 90세를 넘긴 것으로 알려졌다. 치선은 왕희지의 아내로, 왕희지의 7남 1녀 모두를 출산했다. 왕희지의 7남 1녀는 장자(長子) 현지(玄之), 차자(次子) 응지(凝之), 3자(子) 환지(渙之), 4자(子) 숙지(肅之), 5자(子) 휘지(徽之), 6자(子) 조지(操之), 7자(子) 헌지(獻之), 장녀 맹강(孟姜)이다. 이 중 막내 왕헌지는 명필로 소문이 나서 부친과 함께 「이왕(二王)」으로 불린다.

○ 왕희지의 출사(出仕)

왕희지는 23세에 비서랑(秘書郎)으로 관직을 시작하였다. 동진의 귀족 자제는 보통 젊고 어린 나이에 출사(出仕)하는데, 왕희지의 관직 시작은 많이 늦은 편이었다.

왕희지는 젊은 시절에 어느 정도 명성이 있었지만, 목제(穆帝) 영화(永和) 4년(348)에, 호군장군(護軍將軍)으로 승진하였다. 이 호군 장군은 황제를 호위하고 수도의 군대를 감독하며 많은 속관을 거느린 막중한 직책이었다. 그러나 왕희지는 아무런 흥미나 관심이 없었다.

왕희지가 일상적으로 접촉하는 벗들은 대개 도교를 숭상하는 도교나 명사들이었다.

특히 도사 허매(許邁)와 깊이 사귀었고, 함께 산수를 누비며 선약(仙藥)을 채집하였다. 그러면서 관직을 그만두고 수도하고픈 심경은 더욱 간절하였다. 왕희지가 〈난정집서(蘭亭集序)〉를 지은 353년, 그 2년 뒤인 영화 11년(355)에, 왕희지는 신병을 핑계로 〈고서문(告誓文)〉을 짓고 관직을 사퇴하였다. 그리고 떠도는 구름처럼(閒雲), 들판의 학처럼(野鶴) 은퇴 생활을 즐겼다. 왕희지의 마음은 한가하였지만, 육신은 점차 쇠약하였고, 특히 두 명의 손녀를 먼저 보낸 일이 왕희지에게 마음의 상처를 크게 주었다고 한다.

○ 〈난정집서(蘭亭集序)〉

목제(穆帝) 영화 9년(353) 3월 3일, 50세의 왕희지는 손작(孫綽), 허순(許詢), 사상(謝尙), 지둔(支遁) 등 당시의 명사 42인과 회계군(會稽郡) 산음〔山陰, 지금의 절강성(浙江省) 북부 소흥시〕의 난정(蘭亭)이라는 정자에 모여 술을 마시면서 시를 짓고 감상하였다.

이 난정에 있는 곳에, 옛날 월왕 구천(越王 勾踐, 생졸년 미상, 재위 前 496-464)이 난(蘭)을 많이 심게 했었다. 한대(漢代)에는 여기에 정(亭)이었다고 한다.

봄이 무르익어 일기는 온화 화창하고 온갖 꽃이 피었는데, 26명의 문인이 곡수(曲水)에 술잔을 띄워보내 마시면서 37수의 시를 지었다. 그리고 그 시를 묶어 《난정집(蘭亭集)》이라 이름 짓고, 그 시집의 서문을 왕희지가 짓고(324자) 서문의 글씨를 썼다.

이 〈난정집서(蘭亭集序)〉는 서법의 교과서이고 경전으로「행서 제일(行書第一)」이라는 칭송을 듣는 걸작이었다.

이 〈난정집서〉는 왕희지가 특별히 엄선한 서수필(鼠鬚筆, 쥐 수염으로 만든 붓)로 잠건지(蠶繭紙, 누에고치로 만든 종이) 위에 썼다고 한다.

〈난정집서〉 문장의 전반은 경치에 대한 서술과 모임의 정황, 인생에 대한 감상(感想)을 서술하였다. 후반부는 여러 서정(抒情)과 함께 짧은 인생살이의 고뇌와 세상사의 무상(無常), 그리고 생사(生死)와 덧없는 생을 초월할 장생(長生)의 염원을 서술했다.

아마 왕희지도 술 기운에 감상적이었을 것이나, 문장의 언어가 유창(流暢)하고 애써 꾸미지 않았기에 통속적이면서도 자연스러워 산문(散文)의 명편이라는 평가를 받는다.

○ 왕희지가 서성(書聖)인 까닭

왕희지의 최고 성취는 그의 서법예술(書法藝術)이니, 왕희지는 분명 한 시대의 획을 긋는 거장(巨匠)으로 서성(書聖)의 영예를 차지하였다.

한(漢)과 위(魏)를 거치면서 중국의 서법예술은 휘황찬란한 발전을 이룩하였다.

한대(漢代)의 예서(隸書)와 장초(章草) 이외에, 행서(行書)와 해서(楷書)의 서체(書體)가 새로이 창신(創新)되었고, 이후 수많은 명필이 배출되었다.

조위(曹魏)의 종요[鍾繇, 151 – 230, 자(字)는 원상(元常)]는 위(魏)의 태부(太傅)를 역임한 대신이며 명필로 유명하였는데, 왕희지와 함께 「종왕(鍾王)」으로 불린다. 종요는 예서와 해서, 행서와 초서 모두에 능했는데, 특히 해서의 대가였다.

왕희지의 가문은 서법의 전통으로 잘 알려졌었다. 왕희지의 당숙인 왕도(王導)는 상란(喪亂)을 겪으면서도 늘 종요의 서첩(書帖)을 지니고 다녔다.

그리고 왕희지의 다른 숙부인 왕이(王廙, 276 – 322, 공경할 이)는 형주자사를 역임하였고, 해서(楷書) 비백서(飛白書)[75]의 대가로 널리 알려졌는데, 왕희지에게 처음 글씨를 가르친 숙부였다.

당시 저명한 명필이던 위부인〔衛夫人, 위삭(衛鑠), 272 – 349〕[76]은 왕희지를 제자로 받아 가르쳤다.

왕희지가 12살 무렵에, 부친의 서재에 늘 어떤 사람의 시중을

---

75 비백서(飛白書, 飛白) – 붓에 먹물이 다하여, 처음 착필(着筆)이나 운필(運筆)에 먹물이 묻지 않고 흰 종이가 그대로 보이는 글자. 보는 사람으로 하여금 붓이 날아 움식인 것 같은 느낌을 주기에 飛白書, 또는 비백이라 부른다. 이 비백서는 후한 말기에 좌중랑장(左中郎將)인 채옹(蔡邕)이 처음 창작한 서체(書體)라고 알려졌다. 비백서는 당대(唐代)에 크게 성행하였고, 특히 태종(太宗, 李世民)은 비백서의 대가로 알려졌다.

76 위삭(衛鑠, 272 – 349) – 위부인(衛夫人)으로 통칭되는데, 河東郡 安邑縣 출신으로 왕희지를 제자로 거두었다. 위삭은 위소(衛韶)의 딸인데 曹魏의 종요(鍾繇)한테 사사하였고, 위부인의 남편 이구(李矩)는 江州자사였고, 아들 이충(李充) 역시 명필로 유명했다.

받으며 책을 읽고, 또 먹을 갈아 아주 신중 공손하게 글씨를 쓰며, 글씨 쓰기가 끝나면 그 책을 아주 조심스레 침상 베개 속에 보관하는 모습을 자주 보았다.

왕희지는 부친이 외출하신 틈을 타 침상 베개 속에서 그 서책을 꺼내보았더니, 그 책은 위부인(衛夫人)이 소장했다는 후한 채옹(蔡邕)의 《필론(筆論)》이라는 책이었다.

왕희지는 《필론》에 쓰여진대로 필법을 연마하였고, 왕희지의 서법은 크게 향상되었다. 왕희지의 부친 왕광(王曠)은 아들이 채옹의 《필론》을 몰래 읽었을 것이라 짐작하고 아들을 엄히 질책했다고 한다.

왕희지의 공헌은 두 가지로 요약할 수 있다.

첫째로, 왕희지는 초서와 해서를 결합한 새로운 서체를 개발, 발전시켰다. 이는 이전 필법의 정화(精華)를 계승하면서 동시에 새로운 서법을 창조하였으니, 이는 서법의 실용성과 예술의 결합이며, 서예(書藝)의 대담한 변화를 완성했다고 평가할 수 있다. 왕희지의 이러한 계승과 창조는 수당(隋唐) 이후 서법의 주류를 형성하였다.

둘째로, 왕희지는 풍부한 표현력과 서사(書寫) 방법을 새로이 창조하였다. 왕희지는 모든 서체에 두루 정통하였고, 여러 명가(名家)의 필법에 정통했었다. 그러면서 전통의 계승과 함께 새로운 서법의 개혁을 통하여 특별히 현란하고 다채로우며 풍부한 표현으로 천편일률(千篇一律)에서 탈피하였으며 「만자부동(萬字不同)」의 경지에 도달하여 후인을 경탄케 하였다.

○ 거위를 좋아한 왕희지

왕희지의 면학과 노력은 '묵지(墨池)' 이야기를 통해 알 수 있다.

왕희지는 매우 소탈한 성격이었다. 특히 거위(鵝, 거위 아)를 좋아하였다. 왕희지가 어떤 도사(道士)에게 〈황정경(黃庭經) / 一說 老子道德經〉을 필사해 주고, 거위를 선물로 받았다. 당나라 이백(李白)은 〈왕우군(王右軍)〉이라는 시로 이 정경을 읊었다.

〈왕우군〉	李白 〈王右軍〉
우군은 천성이 청진하고,	右軍本淸眞
소탈해 속세를 벗어났다.	瀟灑出風塵
산음의 도사를 만났는데,	山陰過羽客
거위를 좋아한 손님을 반겼다.	愛此好鵝賓
종이를 펴놓고 도경을 쓰나니,	掃素寫道經
정묘한 필치는 입신 경지다.	筆精妙入神
쓰고서 거위를 안고 가는데,	書罷籠鵝去
작별을 고해서 무얼 하리오!	何曾別主人

뒷날 왕희지가 써준 《황정경(黃庭經)》은 왕희지 「제2의 정서(正書)」, 또는 《환아첩(換鵝帖)》이라고 통칭하는데, 돌에 새겨졌고 송대의 그 탁본(拓本)이 지금 북경 고궁박물원(故宮博物院)에 소장되었다고 한다.

○ 왕희지의 서거(逝世)

왕희지는 도교를 신봉하며, 약석(藥石)을 복용하면 신선이 되거나 장생할 수컷이라고 믿었다. 때문에 만년에 도사와 잘 어울리며 명산을 찾아 선약(仙藥)을 구하려 애를 썼지만, 건강은 계속 나빠져 59세에 서거하여 효가향(孝嘉鄉) 제도사(濟度寺)에 묻혔다.

2) 왕희지의 아들들

○ 오자(五子) 왕휘지(王徽之)

왕희지의 다섯째 아들인 왕휘지〔王徽之, 338 – 386, 자(字)는 자유(子猷)〕는 거기장군(車騎將軍)과 대사마(大司馬)를 역임하였지만, 관리로서 그 직무에 충실하거나 열심히지는 않았다. 왕휘지는 관직을 사임하고 고향에 은거하였다.

왕휘지는 어려서부터 부친의 서법을 따라 배웠는데, 사람들은 왕휘지가 「그 서법에 세(勢)를 터득하였다(徽之得其勢).」고 평가하였다.

왕휘지가 산음(山陰)에 은거하는 어느 겨울 밤에 큰 눈이 내리기 시작하였다. 왕휘지는 흥취(興趣)가 대발(大發)하여 아랫사람에게 술을 준비시키고 배를 젓게 하여 벗인 대규(戴逵)를 생각하며, 벗이 살고 있는 섬현〔剡縣, 지금의 절강성(浙江省) 북부 소흥시(紹興市) 관할 승주시(嵊州市)〕을 찾아갔다. 왕휘지는 전날 저녁에 눈을 맞으며 출발하여 다음 날 정오 무렵에 섬현에 있는 벗(대규)의 집 앞에 도착하였다. 그러나 왕휘지는 벗의 집에 들어가지 않고 바로 돌아갔다. 이를 본 다른 벗이 까닭을 물었다.

그러자 왕휘지가 대답했다.

"나는 눈이 오고 주흥(酒興)으로 여기까지 왔지만, 이제 눈도 그치고 주흥도 사라졌으니, 자연히 돌아갈 뿐이다."

○ 왕휘지의 대나무

왕휘지가 한때 다른 사람의 빈 집을 빌려 기거했었다. 왕휘지는 그 집 주변에 대나무를 많이 심게 하였다.

이에 어떤 사람이 물었다.

"잠시 거처할 곳인데, 그럴 필요가 있겠습니까?"

그러자 왕휘지가 한참 숨을 길게 내쉬고서는 대나무를 가리키며 말했다.

"하루인들 군자와 같은 대나무 없이 어찌 살 수 있겠소?(何可一日無此君邪)"

왕휘지가 오군(吳郡) 어느 곳을 지나가는데, 어떤 사인(士人)의 집에 무성하게 자란 좋은 대나무를 보았다. 집 주인도 왕휘지가 대나무를 좋아한다는 소문을 들어 알고 있었다.

　왕휘지가 견여(肩輿)를 타고 대나무 밭으로 가는 것을 보고, 서둘러 뜰을 청소하고 주안상을 차리며 왕휘지가 떠나면서 인사는 하고 가리라며 기다렸다.

　그러나 왕휘지가 주인장을 만나지도 않고 그대로 돌아가려 하자, 주인은 하인을 시켜 대문을 닫고 왕휘지를 못 나가게 하였다.

　왕휘지는 주인장의 그런 호의가 마음에 들어 주인과 마주 앉아 마음껏 담소를 즐기고 돌아갔다.

　○ 막내 왕헌지(王獻之)

　왕희지(王羲之)의 아들 왕헌지(王獻之, 字는 자경)는 왕휘지의 막내 아우인데, 어려서부터 이름이 알려졌다. 왕헌지는 고매(高邁)하고 얽매임이 없으며, 자유분방하더라도 그 용모와 행실은 조금도 흐트러지지 않아 풍류인들에게 널리 알려졌었다.

　어느날 왕헌지는 그의 형 휘지(徽之)와 조지(操之)를 따라 사안(謝安)을 예방하였다. 헌지의 두 형은 사안과 함께, 세속에 관한 많은 이야기를 나누었다. 그러나 헌지는 사안과 다만 간략한 인사만을 나누었다.

이들 삼형제가 떠나가자, 어떤 사람이 사안에게 형제의 우열(優劣)을 물었다.

이에 사안은 말없이 앉아만 있던 헌지가 가장 나았다고 말했다.

어떻게 그것을 알 수 있느냐고 묻자, 사안이 대답했다.

"훌륭한 사람은 말이 적고 경솔한 사람은 말이 많다고 하였소. 그것으로 미루어 알 수 있었소."

어느 날, 집에 갑자기 불이 났다. 왕휘지와 헌지가 같은 별채에 머물고 있었는데, 불이 났다는 말에 휘지는 신발도 신지 못한 채 뛰어나갔다. 그러나 황헌지는 천천히 일어나 종을 불러 부축케 한 뒤, 놀라는 기색도 없이 걸어나갔다.

어느 날 좀도둑이 들어, 집안 가구를 모두 거두어 짊어지고 나가려 했다.

왕헌지는 조용히 침상에서 일어나 차분하게 좀도둑을 불러 말했다.

"도둑아! 네가 거둬가려는 청색 양탄자(청전靑氈)는 우리 집에 예부터 전해온 물건이다. 그 양탄자는 놓고 가거라."

왕헌지는 초서와 예서, 그리고 회화(繪畵)에 두루 능통하였다.

왕헌지는 7, 8세부터 부친의 서법을 틈틈이 보아 익혔다. 어느 날 왕헌지가 글씨를 쓸 때, 왕희지가 은밀히 붓을 잡아빼려 했으나 왕헌지가 꽉 잡은 붓을 뺄 수가 없었다.

이에 왕희지가 탄식했다.

"이 아이는 명성을 얻을 것 같구나!"

후세 사람들은 왕헌지 필법이 형제 중 제일이라며 부친과 막내 아들 헌지를 「이왕(二王)」이라 칭했다.

왕휘지는 막냇동생 왕헌지(王獻之, 344 – 386)와 형제애가 돈독하였다.

왕휘지가 말했다.

"어찌 헌지의 소식이 없는가! 이미 죽었단 말인가!"

왕휘지는 수레를 몰아 동생 집으로 달려갔다. 왕휘지는 분상(奔喪)하면서도 곡을 하지 않았다. 그냥 관 앞에 멍청하니 한동안 앉아만 있었다. 그러다가 갑자기 동생이 즐겨 뜯던 금(琴)을 끌어당겼다.

그러나 곡이 마음대로 연주되지 않았다. 그러자 휘지는 동생의 금을 바닥에 내동댕이치며 비통하게 소리질렀다.

"자경(子敬)아! 자경아! 너와 금(琴)이 모두 가버렸구나!(子敬! 子敬! 人和琴都已經走了啊)"

이것이 성어(成語) 「인금구망(人琴俱亡)」의 전고(典故)이다.

그 몇 달 뒤 왕휘지도 세상을 등졌다.《세설신어 상서(傷逝)》.

○ 왕도(王導)의 손자

왕순(王珣, 349~400)은 낭야(琅琊)왕씨로 진대(晉代)의 명필이다. 부친은 중령군(中領軍)이 왕흡(王洽)이고, 조부는 동진(東晉) 승상인 왕도(王導)이다. 왕순은 동정후(東亭侯)에 봉해졌기에 왕동정(王東亭)이라고도 불린다.

왕순은 처음에 환온(桓溫)의 막료로 관직을 시작했지만, 많은 우여곡절을 겪었고 사안(謝安)과의 관계도 복잡 미묘했다. 효무제 태원(太元) 10년(385)에 사안이 죽자, 이후 왕순은 여러 고급 관직을 두루 역임했다.

사안이 죽은 이후 사마도자(司馬道子)가 국정을 주도하였는데, 왕순과의 관계나 관직 등등은 이루 다 설명할 필요가 없다. 안제(安帝) 융안(隆安) 4년(400) 왕순은 질병으로 관직을 사임했고, 바로 그 해에 52세로 세상을 마감했다.

○ 대수필(大手筆) 왕순(王珣)

여러 기록을 보면, 왕순은 체구가 왜소했고 재물 모으기를 좋아했다. 그러나 왕순은 명필 집안의 혈통이 분명 이어졌다.

언젠가 왕순의 꿈속에서 어떤 사람이 집의 서까래(椽子)만큼 큰 붓(大手筆)을 왕순에게 주었다. 이후 왕순의 글씨는 크게 좋아졌고 뛰어났다.

그래서 사람들은 "이는 분명 큰 붓을 가진 사람의 작품이다(此當有大手筆事)."[77]라고 말했다.

○ 태원왕씨(太原王氏) - 왕탄지(王坦之)

왕희지는 자신의 낭야(瑯琊)왕씨야말로 왕씨를 대표하는 정통 명문(名門)이라 생각하였다. 그러면서 태원(太原)왕씨 출신의 상서령(尙書令) 왕술(王述)을 무시했기에 왕희지와 왕술은 마치 물과 불처럼 상극이었다.

왕희지는 왕술의 아들인 왕탄지[王坦之, 330-375, 자(字)는 문도(文度)]가 매우 총명하고 뛰어난 인재라서 뒷날 나라의 동량(棟梁)이 될 것이라고 인정하였다. 그런데 자신의 아들들은 서예 방면에는 제법 알려졌지만, 다른 모든 면에서는 왕탄지에 비교하여 뒤진다 생각하여 아들들을 모아 심히 꾸짖고 질책했다는 이야기가 전한다.

---

77 大手筆 - 아주 훌륭한 명문장으로, 大作. 名作. 명저(名著). 유명한 작가. 문호(文豪) 등 다양한 뜻으로 쓰인다.

3) 왕희지와 당 태종

○ 당 태종의 서예 애호

당 태종은 서법(書法, 書道)을 무척이나 좋아하였고, 또 배우는 데도 열심이었다.

당 태종의 예서(隸書)는 상당한 수준이었다는 공인을 받고 있다. 태종은 특히 왕희지 작품을 좋아하고 수집하였다고 한다.

당 태종은 사실상 당의 건국자이고, 문무(文武)로 대별하자면 군사를 지휘하고 큰 활을 쏘는 무인, 곧 장군이었다. 그가 서예를 좋아하고 상당한 조예가 있었다면, 이는 문무겸전(文武兼全)이다. 당 태종은 또 시인으로서 작품을 남겼다.

○ 당 태종 - 〈난정서첩〉 진본을 얻다

어느 날 태종은 왕희지의 〈난정서(蘭亭序)〉(난정시집 서문) 서첩을 보지 못했다며 울적해 했다고 한다. 왕희지와 그 아들과 벗들이 동진(東晉) 목제(穆帝) 영화(永和) 9년(353년) 3월에, 난정에 모여 계(禊)를 하면서 시를 지었고 그 서문을 왕희지가 썼다.

〈난정서〉는 총 324자의 서문으로, 그중에 '之'가 21번 들어있는데, 모두 서체를 달리해서 썼으며, 이 서첩은 왕희지 행서(行書)의 최고봉으로 알려진 명품이었다.

수소문 끝에 왕희지의 7세손 지영(智永)[78]은 승려가 되었고, 그 난정서첩이 지영의 제자인 변재화상(辯才和尙)이 갖고 있다는 것을 알아냈다.

당시 감찰어사이던 소익(蕭翼)이란 사람이 변재화상을 찾아가 바둑을 두며 우정을 쌓은 다음 그 원본을 훔쳐다가 태종에게 바쳤다는 이야기가 전해지는데, 하여튼 태종은 난정서첩 진본을 손에 넣었다.

○ 〈난정서〉 모사본

태종은 즉시 당시의 명필인 우세남(虞世南), 저수량(褚遂良), 풍승소(馮承素), 구양순(歐陽詢) 등을 시켜 그 모사품을 많이 만들어 여러 사람들에게 나누어주었다. 그 모사품을 '당인모본(唐人摹本, 摹는 베낄 모)'이라 하는데, 그중에서도 '신룡본(神龍本)'을 가장 알아준다고 한다.

---

[78] 지영(智永) - 왕희지의 후손으로, 陳과 隋 연간에 산음(山陰) 영흔사(永欣寺)의 승인(僧人)이었다. 지영은 당시에 서예에 상당한 조예가 있어 자신이 직접《진초 천자문(眞草千字文)》을 써서 그 800여 부를 절강 동쪽 일대의 절에 나눠주었다고 한다. 당이 이를 구하러 오는 사람이 너무 많아 대문의 문턱이 닳아 없어질까 걱정하여 대문 문턱을 얇은 쇠로 덮었다. 이를 철문감(鐵門檻)이라 하였다. 唐의 명필 우세남(虞世南)이 그 서법을 전수받아 초당(初唐)의 書學에 영향을 끼쳤다.

〈난정서〉 원본은 태종이 죽으면서 부장품으로 무덤에 넣었다고 한다. 그리하여 진품 〈난정서첩〉은 이 세상에 존재하지 않았다고 한다. 그런데 당 태종의 소릉(昭陵)은 5대(五代) 시대에 완전히 도굴을 당했는데, 그 이후 〈난정서〉가 출토되었다는 기록은 없다고 한다.

그러면서 진품은 태종의 아들 고종과 측천무후의 합장묘인 건릉(乾陵)에 부장되었을 것이라고 추측하고 있다.

○ 당(唐) 화가 염입본

염입본(閻立本, 601-673)은, 지금의 강소성(江蘇省) 소주(蘇州, 일설에는 장안 만년현) 출신으로 당대(唐代)의 저명한 화가인데, 공부상서(工部尙尙書)를 거쳐 중종(中宗) 때 우승상(右丞相)에 올랐다. 그는 정무에도 능했지만 시문에도 매우 출색(出色)했으며, 일반 문인과 달리 회화에도 특별한 재주가 있었다. 염입본은 인물과 거마(車馬)를 잘 그렸고 특히 역사적 인물 초상화에 뛰어났는데, 그가 그린 〈진부십팔학사(秦府十八學士)〉, 〈능연각 공신(凌煙閣 功臣) 24인도(圖)〉는 태종의 명에 의한 작품이었다. 그의 현존 작품으로는 〈보련도(步輦圖)〉, 〈고제왕도(古帝王圖)〉, 〈직공도(職貢圖)〉 등이 있다.

염입본의 작품으로 지금까지도 매우 많은 명작이 전해온다. 그중 〈역대제왕도(歷代帝王圖)〉는 가장 많은 칭송을 받는다. 이 작품은 전한(前漢, 서한)에서 수조(隋朝)에 이르는 13명의 제왕을 그렸는데, 치적에 걸맞는 개성이 살아있듯 선명하게 드러난다.

이는 중국 고대 인물화에 이정표가 될 만한 수작이라 찬탄하지 않을 수가 없다. 그러나 이런 명작이 중국에 있지 않고 미국 보스턴(波士頓) 박물관에서 수장하고 있다.

염입본의 〈보련도(步輦圖)〉는 중국과 티벳의 장족(藏族), 토번(吐蕃) 간의 우호적 역사 사실을 그린 두루말이 그림이다(畵卷). 이는 장족의 사절이 장안에 와서 구혼하고 결혼하는 역사적 사실을 묘사하였는데, 태종이 사절을 접견하고 당실(唐室)의 먼 지손(支孫) 종실녀인 문성공주(文成公主, 623-680)를 토번의 찬보송찬간포(贊普松贊干布)에게 출가시키는 기록화이다.

이는 현재 북경 고궁박물원이 수장하고 있다.

특별히 재미있는 것은 염입본의 그림인 〈소익잠난정도(蕭翼賺蘭亭圖, 賺은 속일 잠)〉이다. 이는 태종의 감찰어사였던 소익(蕭翼)이 서생(書生)으로 꾸미고 왕희지(王羲之)의 〈난정집서첩(蘭亭集序帖)〉을 갖고 있는 왕희지의 후손 지영(智永)의 제자인 변재화상(辨才和尙)을 찾아가 기회를 보아 왕희지의 진품을 편취(騙取)하는 장면을 그린 것이다.

변재화상은 고담준론을 말하고, 서생으로 분장한 소익은 열심히 듣는척하면서 한 눈으로는 〈난정집서첩〉을 편취할 머리를 굴리는 교활한 사기꾼의 모습이 아주 사실적으로 그려졌다고 한다. 염입본의 이 그림은 요녕성(遼寧省) 박물관에 소장하고 있다.

그리고 〈북제교서도(北齊校書圖)〉와 〈취도도(醉道圖)〉도 염입본의 명작이다.

(3) 미술과 음악

1) 고개지

○ 삼절(三絕)

고개지〔顧愷之, ?348 – 405, 자(字)는 장강(長康), 顧는 돌아볼 고, 愷는 즐거울 개〕는 인물화에 뛰어난 화가이며 관리였다. 동진 애제 흥녕(興寧) 2년(364), 도읍 건강(建康)의 와관사(瓦官寺)에서 유마힐 거사(維摩詰 居士) 상을 그렸다. 366년 대사마의 참군(參軍)이 되었고, 405년 산기상시(散騎常侍)가 되었다.

고개지는 다재다능하였으니 시부(詩賦)와 그림 재주도 뛰어나 당시 사람들이 삼절(三絕)이라 하였으니, 곧 재절(才絕), 화절(畫絕) 치절(痴絕)이라 하였다. 치절이란 '어리석은 척 꾸미기' 이지 진짜 바보란 뜻은 아니다.

고개지는 인물화, 산수, 불상(佛像), 조수(鳥獸, 새나 짐승), 그림

에 뛰어났는데, 특히 고개지 인물화의 화선(畵線)은 아주 부드럽고 유창하여 마치 봄누에가 실을 토하는 것 같다〔春蠶吐絲(춘잠토사)〕고 하였다.

동진의 태부(太傅)였던 사안(謝安)은 고개지의 그림에 대하여 「고개지의 그림은 유인(有人) 이래로 없었던 신품이다(顧長康畵, 有蒼生來所無, 장강長康은 고개지의 자字).」라고 격찬하였다.

고개지의 저서로 《논화(論畵)》, 《위진승류화찬(魏晉勝流畵贊)》과 《화운대산기(畵雲台山記)》가 있다. 고개지의 회화 이론은 '인물의 형상을 통하여 그 신령을 그려내기(以形寫神)'라 요약할 수 있다.

고개지(顧愷之)
고개지(顧愷之, ?348-405), 동진의 화가, 대표작 〈여사잠도(女史箴圖)〉 〈출처: 위키백과〉

o 고개지의 작품

고개지의 그림 작품은 다수가 전한다.

〈사마선왕상(司馬宣王像), 사마의〉, 〈사안상(謝安像)〉, 〈유뢰지상(劉牢之像)〉, 〈완함상(阮咸像)〉, 〈진제상열상(晉帝相列像)〉, 〈사마선왕병위이태자상(司馬宣王並魏二太子像)〉, 〈계양왕미인도(桂陽王美人圖)〉, 〈탕주도(蕩舟圖)〉, 〈호표잡지조도(虎豹雜鷙鳥圖)〉, 〈부안수조도(鳧雁水鳥圖)〉, 〈여산회도(廬山會圖)〉, 〈수부도(水府圖)〉, 〈행삼룡도(行三龍圖)〉, 〈하우치수도(夏禹治水圖)〉 등의 이름이 보인다.

현재 남아 전하는 작품으로는, 〈여사잠도(女史箴圖)〉, 〈열녀인지도(列女仁智圖)〉, 그리고 〈낙신부도(洛神賦圖)〉 등의 두루마리

(卷) 그림이 전한다.

　○ 작품의 내용

〈여사잠도(女史箴圖)〉— 지금 영국 대영박물관에 수장된 이 두루마리 그림은, 당나라 시대 비단에 모사한 그림으로 청나라 궁중에 보관 중이었으나 영국과 프랑스군이 원명원(圓明園)을 불태울 때(1860) 약탈한 것으로 알려졌다.

또 다른 송대(宋代)의 흰 종이에 모사한 그림은(白描紙臨本, 일설에 이공린李公麟 필필)은 북경 고궁박물원이 소장하고 있다.

서진(西晉) 혜제(惠帝) 재위 중에 가황후(賈皇后)는 전권을 행사하면서도 질투가 매우 심했다. 그래서 당시 장화(張華)[79]가 가황후를 풍자로 깨우치려고 〈여사잠(女史箴)〉이라는 글을 지었고, 이를 통하여 궁중 부녀자들을 교육하였다.

고개지는 장화가 저술한 주요 내용, 곧 부녀자들이 준수해야 할 청규(淸規)와 계율(戒律)을 그림으로 그렸는데, 모두 12단(段)이다. 현재는 9단만 남아 전한다. 그리고 매 단마다 고대 궁정 여인

---

[79] 장화(張華, 232 – 300) — 西晉의 詩人이며 관리였다. 좌저작랑(佐著作郞), 중서랑(中書郞) 등의 직책을 거쳐 西晉이 성립된 이후에 황문시랑(黃門侍郞)을 거쳐 사공(司空)이 되었지만, 혜제 때, 八王의 난 소용돌이 속에서 사마륜(司馬倫)에게 살해되었다. 《博物誌(박물지)》의 저자.

들 품행의 모범적인 이야기를 기록하였다.

〈낙신부도(洛神賦圖)〉-조조(曹操)의 아들 조식(曹植)의 작품 〈낙신부〉의 내용에 맞춘 두루마리 그림이다. 일부는 북경 고궁박물원과 요령(遼寧) 박물관에 수장(守藏) 중이다.

〈열녀인지도(列女仁智圖)〉-《열녀전》은 한대(漢代)에 유명 유학자인 유향(劉向)이 편찬한 책. 〈열녀전〉에 수록된 여러 이야기 내용을 고개지가 두루마리 그림으로 그렸다. 북경 고궁박물원에 수장.

○ 점정(點睛, 點眼)

고개지는 인물 묘사를 즐겨하였다. 그가 형주자사를 지낸 은중감(殷仲堪, ?-399)을 모델로 인물을 그리고 싶었다.
그러나 은중감이 말했다.
"나는 못생긴 사람이요, 그러니 공연히 헛수고하지 마시오."
그러자 고개지가 말했다.
"나는 귀하의 눈을 그리고 싶습니다. 눈동자를 점찍을 때, 백비(白飛)의 기법으로 얇은 구름이 해를 가리는 형상을 그려내고 싶습니다."

고개지가 사곤(謝鯤)의 인물화를 그려놓고서도 몇 년이 지나도록 눈동자를 찍지 않았다.

어떤 사람이 그 까닭을 묻자, 고개지가 말했다.

"사지(四肢)의 아름다움은 그림을 잘 그렸는가 못 그렸는가에 달려 있지 않습니다. 그 신명(神明)을 전달하기는 눈동자에 있습니다."

고개지가 말했다.

"손으로 슬(瑟)을 연주하기는 쉬우나, 돌아가는 기러기를 눈으로 보내는 모습을(目送歸鴻, 鴻은 큰 기러기 홍) 그리기는 어렵습니다."《세설신어 교예(巧藝)》

○ 10만전을 시주(施主)하다

동진 애제 흥녕(興寧) 2년(364)에, 동진의 도읍 건강(建康)의 와관사(瓦官寺)[80]에서는 사부대중의 보시(布施)를 받았다. 그렇지만 누구든 10만전을 헌납하는 이가 없었다.

그런데 젊은 고개지는 자신이 1백만전을 보시하겠다고 말했다.

와관사에서는 고개지가 작은 불전(佛殿)의 한쪽 벽을 하얗게 칠한 뒤에 고개지에게 유마힐 거사(維摩詰 居士)의 모습을 그려주

---

80 와관사(瓦官寺, 瓦棺寺) — 동진 哀帝 흥녕(興寧) 2년, 364)에, 당시 도읍 건강(建康, 今 南京市, 秦淮區)에 창건한 佛寺. 지금 있는 사원은 2003년에 중건했다. 瓦官寺 三絶.

길 부탁하였다. 거사는 불교의 독실한 신자이나, 출가(出家)하지 않은 신도(信徒)이다.

고개지는 전각의 문을 닫고 1개월 동안 그림을 그렸다. 그리고 유마힐 거사의 초상을 완성한 뒤, 마지막 눈동자를 찍는 날, 와관사의 주지에게 점안(點眼)하는 순간을 참관하는 사람에게는 10만전을 받고 참관을 허용하라고 말했다. 이런 사실이 알려지자, 많은 사람이 10만을 보시하고 그 순간을 지켜보았다.

그리고 다음 날에는 유마힐 거사상을 구경하려는 사람은 5만전을 시주하게 하였다. 그리고 3일째 부터는 능력껏 시주하고 참관케 하였다. 화관사에는 금방 1백만전의 시주가 들어왔다고 한다.

2) 대규

○ 범선(范宣)의 제자

대규〔戴逵, ?331－396, 자(字)는 안도(安道)〕는 범선(范宣, 유학자, 《진서 유림전》에 입전)한테 학문을 배웠다. 대규는 범선이 하는 대로 따랐는데, 범선이 독서하면 대규도 독서하고, 사부가 글을 필사하면 대규도 글씨를 썼다.

다만 대규는 그림 그리기를 좋아했는데, 범선은 이를 무용(無用)하니 힘써 배우지 말라고 하였다.

그러나 대규가 그린 〈남도부도(南都賦圖)〉[81]를 보고서는 크게 칭찬, 감탄하면서 "매우 유익하다."고 말했다.

대규는 종신(終身)토록 자신의 동산(東山)에서 청고(淸高)한 은일(隱逸)의 뜻을 실천하며 살았다. 그러나 대규의 형님인 대록(戴逯)은 백성을 잘 다스리려고 분발 노력하였다.

이에 사안(謝安)이 물었다.

"그대 형제의 뜻이 어찌 그리 다른가?"

그러자 대록이 말했다.

"저는 백성의 고통에 대한 걱정을 감당할 수 없어 이러하지만, 동생은 그 즐거움을 고칠 수가 없어서(不改其樂) 그렇습니다." 《세설신어 서일(棲逸)》

○ 다재다능(多才多能)

대규(戴逵)는 동진(東晉)의 사인(士人)이며 예술가였다. 오랫동안 회계군〔會稽郡 섬현(剡縣)〕에 은거하며 명사(名士) 고승(高僧)과 교제했으나 조정의 부름에는 응하지 않았다.

왕희지의 아들 왕휘지(王徽之)가 눈이 내리는 날, 흥이 나서 밤새 노를 저어 찾아간 벗이 대규였다. 《세설신어 임탄(任誕)》

---

81 〈南都賦圖(남도부도)〉 - 〈南都賦(남도부)〉는 후한의 장형(張衡)이 후한 광무제(光武帝, 劉秀)의 고향인 남양(南陽)을 묘사한 부(賦)이고, 그 내용을 그림으로 그렸다.

대규는 유가(儒家)의 예학(禮學)에 밝았고, 도가와 불교에 대한 신앙을 갖고 유가와 도가가 융화할 수 있고, 무위(無爲)와 명교(名敎)의 충돌은 없다고 주장하였다.

문학 방면에서 대규는 많은 부(賦)를 창작하였고, 죽림칠현(竹林七賢)을 찬상(讚賞)하면서 한적한 생활 속에 은거하는 정회(情懷)를 묘사하는 시를 지었다.

예술면에서도 그의 다재다능(多才多能)이 빛났는데, 탄금(彈琴)의 대가였으며, 회화(繪畵)에 뛰어났고, 조소(彫塑)에서도 생동감 있는 대형 불상을 제작하여 남방 불교 조각에서 새로운 시대를 개창하였다는 칭송을 듣는다.

3) 음악

○ 음악가 - 사상(謝尙)

사상(謝尙, 308-357)은 예장태수(豫章太守) 사곤(謝鯤)의 아들이며, 태부(太傅)인 사안(謝安)의 사촌 형(從兄)이었다. 음률에 정통했고 춤을 잘 추었으며, 명필이었고(工書法) 청담(淸談)을 좋아하였다. 여러 관직을 역임했고, 북벌 과정에서 우저(牛渚)에서 채석(採石)하여 악기(樂器) 석경(石磬)을 만들었다.

손성(孫盛)의 역사책 《진양추(晉陽秋)》에서도 「사상은 음악을 잘했다.」고 기록했다.

(4) 시인 도연명

○ 적막을 깨트리다

서진의 곽박(郭璞, 276-324) 이후 진대(晉代)의 시단(詩壇)은 적막했다. 곽박의 유선시(遊仙詩)가 알려졌지만, 곽박 이후에는 문학적 향기나, 또 예술성을 느낄 수 없는 현언시(玄言詩)가 많이 지어졌다. 현언시의 작자로 손작(孫綽), 은중문(殷仲文), 사혼(謝混)[82] 등이 있었다.

그러나 그런 현언시로 지금까지 잘 알려진 작품이 없다는 것은 노장사상에 심취, 강조하다 보니, 독자에 공감

도연명(陶淵明)
《만소당화전(晚笑堂畫傳)》에 수록된 도연명 상. 줄 없는 금(琴)을 안고 있다. 〈출처: 위키백과〉

---

[82] 사혼(謝混, ?-412) - 陳郡 謝氏. 사염(謝琰)의 막내아들. 謝安의 손자.

하지 못했다는 뜻이다.

동진은 317년 건국 이래, 어린 황제의 즉위와 단명으로 황제권은 미약했지만, 전란이 없어 평온 속에 경제적 발전을 이룩하였다. 동진은 383년, 화북지방을 통일한 여세를 몰아 남하하는 전진(前秦)을 격퇴하였지만, 귀족들의 정권 독점과 호화 사치, 군벌의 득세로 혼란이 크게 가중되었다.

결국 420년, 유유(劉裕)가 동진의 제위를 물려받아 송(劉宋)을 건국한다.

동진 말기, 이러한 혼란 속에 도연명(陶淵明)이 나와서 광채를 발하며 시단의 적막을 깨트린다.

○ 관직 생활의 끝 – 팽택(彭澤) 현령

도연명(陶淵明, 365?–427, 일명 도잠)[83]은 심양군 시상현〔尋陽郡 柴桑縣, 지금의 강서성(江西省) 북단 구강시(九江市) 서남〕사람이다. 도연명의 증조부는 동진 조기 유명한 장군인 도간(陶侃)이었다. 도

---

[83] 도연명의 字는 원량(元亮, 亮은 밝을 량), 號는 오류선생(五柳先生), 友人들이 지어준 사시(私諡)는 정절선생(靖節先生)이다. 陶는 질그릇 도, 기쁠 도. 潛은 잠길 잠. 학문과 덕행이 높아 군주가 불러도 나아가 벼슬하지 않는 사람을 징사(徵士, 부를 징) 또는 隱逸(은일)이라 부른다. 징군(徵君)은 징사(徵士)를 더 높인 말이다. 도연명 앞에 징사라는 말이 붙기도 한다.

간은 소준(蘇峻)의 반란을 평정하여 명성을 날렸다.

도연명의 조부 도무〔陶茂, 도대(陶岱)〕는 무창(武昌) 태수를 역임하였으나 부친 도일(陶逸) 때에는 완전 몰락한 가문이었다. 도연명은 도일의 외아들로 알려졌다.

도연명은 빈곤 속에 29세에 강주제주(江州祭酒)가 되었고, 이어 진군참군(鎭軍參軍), 건위참군(建威參軍) 등 미관 말직을 역임하였지만, 부패 암흑의 관직생활에 염증을 느낄 뿐 만족할 수 없었다.

나중에 고향에서 멀지 않은 팽택(彭澤)[84] 현령이 되었다(405년). 젊어서부터 고아한 취향을 가진 도연명이었다. 80여 일이 지나자 군(郡)에서 독우(督郵)가 올 것이라며, 아전이 '응당 관복을 입고 만나 뵈어야 한다.' 고 말하자, 도연명이 탄식했다.

"나는 쌀 닷 말의 녹봉 때문에, 허리를 굽혀 고향 소인(小人)을 섬길 수 없다!(吾不能爲五斗米, 折腰拳拳事鄕里小人!)"[85]

그 당일에 현령의 인수(印綬)를 풀어놓고 고향으로 돌아가, 〈귀거래혜사(歸去來兮辭)〉를 읊고, 〈오류선생전(五柳先生傳)〉을 지었다.

---

[84] 팽택(彭澤) – 江西省 북부 九江市 관할 현. 安徽省(안휘성) 서남부와 접경. 405년은 東晉 安帝 의희(義熙) 원년(405)이었다.

[85] 《晉書》및《南史》〈陶潛傳〉.

도연명은 평생 술을 즐겼다. 그러나 생업에 힘쓰지 않고, 농사는 자식과 노비에게 맡겼다. 술이 있으면 기뻐 마셨고, 없으면 시를 읊으며 참았다.

여름철 한가하면 북창(北窓) 아래 누워 시원한 바람을 기다렸다. 그러면서 자신은 희황상인(羲皇上人)이라 자처하였다.

도연명은 음률을 잘 알지 못했다. 그런데도 집에는 아무런 장식도, 줄도 없는 금(琴)을 갖고 있었다. 벗이 찾아오고, 술이 있다면 소금(素琴)을 어루만지면서 즐거워하였다.

"금(琴)을 즐기는 아취(雅趣)를 안다면, 굳이 애써 연주해야 하는가?"[86]

도연명은 송 문제〔宋 文帝, 유의륭(劉義隆)〕원가(元嘉, 424-453) 연간에, 63세로 죽었다. 그의 문집이 알려졌고, 《진서(晉書) 은일전(隱逸傳)》에 입전되었다.

○ 도연명의 산수자연시(山水自然詩)

도연명 시의 풍격(風格)은 평담(平淡)하고, 그 언어는 평이(平易)하며 유창(流暢)하였고 자연적이라서 꾸밈이 없다. 곧 평담하면서도 깊은 사색이 있고, 큰 생각은 자연스러우면서도 심오하다.

도연명의 대표작으로 〈귀원전거(歸園田居)〉, 〈음주(飮酒)〉, 〈잡

---

86 원문「但識琴中趣, 何勞弦上聲!」

시(雜詩)〉 등 여러 편에서 전원생활의 즐거움을 노래했다.

도연명은 출사와 은퇴를 거듭하며 관련된 시를 지었으며, 궁경(躬耕) 속 낙도(樂道)의 뜻을 읊은 〈영빈사(詠貧士)〉, 〈이거(移居)〉, 〈독산해경(讀山海經)〉 등의 명작을 남겼다.

그의 문장으로는 〈오류선생전(五柳先生傳)〉과 〈도화원기(桃花源記)〉가 유명하다. 〈도화원기〉는 〈도화원시(桃花源詩)〉의 서문으로 무릉도원의 이상향을 서술한 명편이다.

사부(辭賦)로는 〈귀거래혜사(歸去來兮辭)〉가 가장 유명하다.[87] 그리고 생사에 관한 도연명의 철학을 엿볼 수 있는 시로 〈형영신병서(形影神幷序)〉, 〈지주(止酒)〉, 〈만가시(挽歌詩)〉, 〈자제문(自祭文)〉 등을 남겼다.

도연명의 시로는 〈잡시(雜詩)〉, 〈음주(飮酒)〉, 〈의고(擬古)〉 등의 연작시(連作詩)가 잘 알려졌으며, 그의 〈귀거래사(歸去來辭)〉, 〈오류선생전(五柳先生傳)〉은 짧은 명문장으로 누구나 좋아한다. 그리고 〈도화원기(桃花源記)〉는 도연명이 그리는 이상세계를 묘사한 글로 널리 읽혀지고 있다. 중국인들이 생각하는 이상향은, 곧 도연명이 묘사한 '도화원(桃花源)'으로 생각하고 있다.

---

87 구양수(歐陽修)는 "晉에 명문이 없고, 오직 도연명의 〈歸去來兮辭〉 한 편이 있을 뿐이다."라고 말했다.

○ 〈귀거래혜사(歸去來兮辭)〉와 〈도화원기(桃花源記)〉

도연명이 팽택 현령을 사직한 뒤, 벼슬에 뜻을 버리고 농사와 시를 지으며 일생을 보냈지만 생활은 매우 곤궁했다. 거기에다가 다섯 아들이(雖有五男兒) 하나같이 글을 좋아하지도 않았기에(總不好紙筆), 아버지 도연명의 마음은 매우 울적했을 것이다.

도연명은 술(酒)을 좋아했고, 국화(菊)를 사랑했으며 시(詩)를 읊었다. 지금도 많은 사람들이 '도연명과 술, 그리고 국화와 시'를 함께 연상한다. 그리고 국화라면, 곧 '은자(隱者)의 꽃'이라 생각하는 것도 모두 도연명의 영향이라 할 수 있다.

도연명이 서거한 뒤에 생전의 벗이었던 안연지[顔延之, 384-456, 자(字)는 연년(延年)]는 도연명을 추모하는 〈도징사뢰(陶徵士誄)〉라는 조문 글을 지었는데, 여기서 도연명을 정절선생(靖節先生)이라 불렀다.

도연명의 〈도화원시(桃花源詩)〉에는 시 본문보다 더 멋진 서문이 있는데, 그 〈도화원시〉 서문에 등장하는 어부의 고향은 무릉(武陵)이다. 그래서 '무릉도원(武陵桃源)'이라 했는데, 이 말은 경제적 가난과 정치적 탄압, 그리고 관리의 횡포에 시달리는 중국 사람들에게 영원한 이상향으로 각인되었다.

당나라의 3대 시인이며 시불(詩佛)로 알려진 왕유(王維)의 여러 시를 읽다 보면, 그가 젊은 시절부터 산수(山水)를 좋아했고 선도(仙道)의 영향을 받았음을 알 수 있다. 젊은 왕유가 도연명의 〈도화원시〉를 읽고 느낀 생각은 도연명과 달랐다.

도연명이 생각한 이상향은 피난한 뒤에 다시 본래 고향으로 돌아가지 않았기에 세상과 단절되었고, 옛날 그대로 살아온 속세지만 세금이나 강제 동원이 없기에 누구나 행복한 세상이었다.

그러나 왕유는 피난을 간 그들이 신선이 되었다고 그렸다. 물론 속진(俗塵)을 털어낸다면 누구나 신선이 되겠지만 갑자기 신선이 되어 속세와 절연할 수 있다니?

아마 보통 사람이라면 그렇게 되기를 기대하기 어려울 것이다.

도연명의 도화원, 곧 세금이 없는 인간세계에서 살 가능성은 얼마든지 있으니 외부와 단절만 하면 된다. 그러기에 왕유가 그린 이상 세계보다 도연명의 이상 세계가 더 리얼하게 사람들에게 다가왔고, 그래서 더 많은 사람이 도연명의 도화원을 기억해 왔다.

○ 도연명의 시에 대한 인식

도연명의 시는 현재 120여 편과 문장 10여 편이 전해오고 있다. 양(梁)나라의 소명태자(昭明太子) 소통(蕭統)은 도연명의 시를 모아《도연명집(陶淵明集)》을 편찬하였는데, 이를 통해 도연명의 시가 후세에 전해졌다.

도연명의 시는 생활에서 우러나온 시이며, 자신의 감정을 꾸밈없이 표현하였다. 곧 시인의 참된 감정이 담겨 있고, 도연명의 소탈한 인품과 천성을 느낄 수 있다. 노장사상의 영향으로 현언시(玄言詩)가 지어지고 성행하던 그 시절에 도연명의 시는 별로 높이 평가되지 않았다.

남조 제(齊)나라 유협(劉勰)의 문예 이론 및 문예비평서인《문심조룡(文心雕龍)》에서는 도연명에 대한 언급이 없고, 남조 양(梁)나라 종영(鍾嶸)의《시품(詩品)》에서는 도연명의 시를 포조(鮑照), 사조(謝朓)의 시와 함께 중품(中品)으로 평가하였다.

다만 남조 양나라의 소명태자(昭明太子)인 소통(蕭統)이《도연명집(陶淵明集)》을 편찬하면서 서문에서 칭찬하였다.

도연명은 중국 산수전원시(山水田園詩)의 선구로, 그의 시는 당대에 들어오면서 새로이 인식되며 높은 평가를 받았다. 당의 3대 시인으로 시불(詩佛)인 왕유(王維)와 맹호연(孟浩然) 등에 큰 영향을 끼쳤다.

당(唐)과 송(宋, 북송과 남송)을 거치면서 당시의 시인들에게 큰 영향을 끼쳤고, 매우 긍정적인 평가를 받아 지금은 중국 제일의 전원시인으로 알려졌다.

특히 북송(北宋)의 문호(文豪) 소식(蘇軾, 동파, 1037－1101)은 도연명의 시에 화답하는 109편이나 되는 〈화도시(和陶詩)〉를 남겼는데, 이를 본다면 소동파가 얼마나 도연명을 존경했는지를 알 수 있다.

○ 호계삼소(虎溪三笑)

호계(虎溪)는 여산(廬山)의 동림사(東林寺) 옆을 흐르는 하천이다. 동진(東晉)의 혜원법사〔慧遠法師, 334－416, 속성(俗姓) 가(賈)〕는 동림사에 수도하며 시냇물 밖에 나가지 않겠다고 다짐했었다. 이후 간혹 손님을 전송하며 시냇물을 건너려 하면 호랑이가 울어 그 시냇물을 호계라 불렀다.

이후 다리를 건너지 않았는데, 어느 날, 도연명과 도사 육수정(陸修靜, 406－477)이 혜원법사를 찾았고, 혜원법사가 이들을 배웅하며 담소하면서 무심코 시냇물을 건넜는데 호랑이들이 모여들어 울었다. 이에 3인은 혜원법사가 계율을 어겼다며 크게 웃었다(虎溪三笑).

이 「호계삼소」의 성어는 후세 사람들이 지어낸 이야기이다. 세 사람의 생존 연대가 서로 달라 한 시기, 한 장소에 모일 수 없었다. 이는 다만 중국 유가(儒家)와 도교 및 불교의 이상과 조화를 상징하는 말이 되었고, 회화(繪畵)의 좋은 소재가 되었다.

○ 〈오류선생전(五柳先生傳)〉

이는 안빈낙도(安貧樂道)의 삶을 산 도연명의 자서전이라 생각할 수 있는 짧은 글이다.
원문과 함께 수록한다.

「선생이 누구인지 알 수 없으며(先生不知何許人也), 성씨나 이름도 확실하지 않다(亦不詳其姓字). 집 둘레에 다섯 그루 버드나무가 있어(宅邊有五柳樹), 오류선생이라 불렸다(因以爲號焉).

오류선생은 한가히 지내며 말수가 적었고(閑靜少言), 영예나 재물을 바라지 않았다(不慕榮利). 독서를 좋아해도(好讀書), 끝까지 따지지 않았으나(不求甚解), 마음에 드는 글을 읽을 때는 기뻐 끼니를 잊었다(每有會意, 便欣然忘食). 술을 좋아했지만(性嗜酒), 가난해서 늘 마실 수는 없었는데(家貧不能常得), 그의 친구가 이를 알고(親舊知其如此), 가끔 술을 차려 부르면(或置酒而招之), 찾아가 끝까지 마시면서(造飮輒盡), 취하길 바랬는데(期在必醉), 취하고 헤어지며(旣醉而退), 미련을 두지 않았다(曾不吝情去留).

집안은 조용했고(環堵蕭然), 바람이나 해를 가리지 못했으며(不蔽風日), 짧은 베옷을 기워입었고(短褐穿結), 밥과 국도 자주 떨어졌지만(簞瓢屢空), 마음은 늘 평안하였다(晏如也). 혼자 글을 지어 즐기며(常著文章自娛), 자신의 뜻을 서술했다(頗示己

志). 득실을 따지지 않았고(忘懷得失), 그렇게 죽을 것이다(以此自終).」

선생을 칭송하나니(贊曰) :

「검루의 아내가(黔婁之妻有言), "빈천을 걱정하지 않고(不戚戚於貧賤), 부귀를 아니 따른다(不汲汲於富貴)."하였나니, 이런 말의 깊은 뜻은(極其言) 오류선생을 두고 한 말이 아닌가(茲若人之儔乎)? 술잔을 들고 시를 읊으며(酣觴賦詩), 즐겁게 살았도다(以樂其志). 무회씨의 백성이로다(無懷氏之民歟)! 갈천씨의 백성이야(葛天氏之民歟)!」[88]

○ 〈귀거래혜사(歸去來兮辭) 서문〉

도연명(陶淵明)이 오두미(五斗米) 때문에 향리 소아에게 허리를 굽힐 수 없다며 80일 만에 팽택(彭澤) 현령(縣令)을 버리고 돌아온 해는 서기 405년으로 알려졌다.

〈귀거래혜사〉는 형식상 고시(古詩)로 구절에 따라 자수(字數)가 다르다. 시를 짓게 된 사유를 서문을 지어 자신의 심경을 자술했다.

이에 서문을 원문과 함께 우리말로 옮겼다.

---

[88] 검루(黔婁)는 齊나라의 은자(隱者). 무회씨(無懷氏) 갈천씨(葛天氏) - 아주 먼 옛날 제왕의 칭호.

〈병서(並序)〉

「나는 집이 가난하여(余家貧), 농사로는 자급이 부족하였다(耕植不足以自給). 어린 자식들이 많았고(幼穉盈室), 쌀 독에 비축된 곡식도 없었다(缾無儲粟). 생활비를 충당할 방법이 없었기에(生生所資, 未見其術), 그래서 여러 벗들이 나에게 관리가 되라고 권하였고(親故多勸余爲長吏), 나도 그럴 생각이 있었지만(脫然有懷), 벼슬을 얻을 길이 없었다(求之靡途).

마침 세상이 어지러웠고(會有四方之事), 지방관들은 인심을 쓰듯 시혜하였는데(諸侯以惠愛爲德), 집안 당숙도 쪼들리는 내 살림을 보고(家叔以余貧苦), 작은 고을에 추천하여 등용되었다(遂見用於小邑). 그때는 풍파가 아직 진정되지 않아(於時風波未靜), 먼 곳의 관직은 꺼렸었다(心憚遠役). 그러나 팽택은 1백 리 거리이고(彭澤去家百里), 공전(公田)의 수입으로도(公田之利), 술을 댈 수가 있다 생각하여(足以爲酒), 현령이 되고 싶었다(故便求之).

그런데 오래지 않아(及少日), 돌아가고픈 마음이 생겼는데(眷然有歸歟之情), 무슨 연고이겠나(何則)? 나의 타고난 본성으로는(質性自然), 억지로 애쓴다 하여 될 일은 아니었다(非矯厲所得). 아무리 굶주림과 추위에 떨더라도(饑凍雖切), 본성과 어긋나니 병이 되었다(違己交病). 그전에도 세상살이에(嘗從人事), 배나 채우려 몸고생을 했었다(皆口腹自役). 이에 서럽고 강개하여(於

是悵然慷慨), 나의 삶이 많이 부끄러웠다(深愧平生之志). 그래도 1년은 채우고(猶望一稔), 소매를 떨치고 떠나려는 생각이었다(當斂裳宵逝). 그런데 마침, 무창의 정씨에게 시집간 동생이 죽었다는 소식에(尋程氏妹喪於武昌), 빨리 문상해야 한다는 마음 뿐이라서(情在駿奔), 내 스스로 사직하였다(自免去職). 그간 가을에서 겨울까지(仲秋至冬), 80여 일 재직하였다(在官八十余日). 이런저런 형편대로(因事順心) 글을 지어 〈귀거래혜(歸去來兮)〉라 하였다. 을사년 11월이었다(乙巳歲十一月也).」

○ 도연명의 이상향 – 도화원기(桃花源記)

도연명의 증조부는 동진 초기 유명한 장군인 도간(陶侃)이었다. 도간은 소준(蘇峻)의 반란을 평정하여 명성을 날렸다. 도연명의 조부 도무(陶茂)는 무창(武昌) 태수를 역임하였으나 부친 도일(陶逸) 때에는 완전 몰락한 가문이었다. 도연명은 도일의 외아들로 알려졌다.

생활에 지친 도연명이었다.

젊어 가난은 가난이라 할 것도 없지만(少年受貧不算貧), 노년에 가난해지면 가난이 사람을 잡는다(老年受貧貧死人). 젊은이의 고생은 지나가는 바람이지만(後生苦 風吹過), 늙은이의 고생은 진짜이다(老年苦 眞個苦). 원대한 뜻을 품은 가난한 노인에게는 서러움 뿐이다.

도연명이 그려보는 세상이 바로 도화원(桃花源)이었다. 도화원을 묘사한 시(〈도화원시〉)를 감상하려면 도연명이 지은 서문을 읽어야 한다.

「동진, 태무제의 태원 연간에(晉太元中, 376-396), 고기잡이를 하는 무릉(武陵)[89] 사람이 있었다(武陵人捕魚爲業). 냇물을 따라가다가(緣溪行) 얼마나 왔는지 길을 잃었다(忘路之遠近). 갑자기 복숭아 나무 숲을 따라(忽逢桃花林) 좁은 냇물을 수백 보 나아갔는데(夾岸數百步), 다른 나무는 없고(中無雜樹) 풀이 무성하였으며(芳草鮮美), 꽃잎이 멋대로 날렸다(落英繽紛). 어부는 이상하다 생각하며(漁人甚異之), 앞으로 나아가(復前行) 끝까지 가보고 싶었다(欲窮其林).

복숭아 숲이 끝나고 샘물이 솟는 곳에(林盡水源) 산으로 막혔는데(便得一山), 좁은 길이 뚫렸고(山有小口), 빛이 비추는 것 같았다(髣髴若有光). 어부는 배에서 내려(便捨船) 입구로 들어갔다(從口入). 입구는 매우 좁아(初極狹), 겨우 사람이 지날 수 있었다(纔通人). 다시 수십 보를 걸었더니(復行數十步), 앞이 탁 트였다(豁然開朗).

그곳 땅은 평평하고 넓었으며(土地平曠), 집이 줄지어 늘어선

---

[89] 무릉(武陵) - 今 湖南省 북부 常德市 일대.

마을이었다(屋舍儼然). 잘 가꾼 논밭과 연못, 뽕나무와 대나무 숲이 보였다(有良田美池桑竹之屬). 논두렁 길이 이어졌고(阡陌交通), 닭과 개 짖는 소리도 들렸다(鷄犬相聞). 사람들이 왕래하고 농사일을 하는데(其中往來種作), 남자나 여인의 옷이 다른 세상 사람 같았다(男女衣著, 悉如外人). 노인과 어린아이가(黃髮垂髫) 모두 기뻐 즐거워하였다(並怡然自樂).

그들은 어부를 보자 크게 놀라며(見漁人, 乃大驚), 어디서 왔느냐고 물었다(問所從來). 어부가 일일이 대답하자(具答之), 집으로 데리고 가서(便要還家), 술상에 닭을 잡고 식사를 하게 하였다(設酒殺鷄作食). 마을에 어부가 왔다고 알려지자(村中聞有此人), 모두 와서 소식을 물었다(咸來問訊).

그들이 말하기를, 선대에 진(秦)나라 때 난리를 피하여(自云先世避秦時亂), 처자를 거느리고 마을 사람들이 이 외진 곳에 들어왔다가(率妻子邑人來此絶境), 다시는 나가지 않아(不復出焉) 바깥 세상과 격리되었다고 하였다(遂與外人間隔). 그러면서 지금이 어떤 세상인지 물었는데(問今是何世), 한(漢)나라도 알지 못했고(乃不知有漢), 위와 진은 말할 것도 없었다(無論魏晉). 어부가 하나하나 아는 바를 모두 말해주니(此人一一爲具言所聞), 모두가 탄식하며 놀랐다(皆歎惋). 다른 사람들도 각자 집으로 맞이하며(餘人各復延至其家), 모두가 술과 음식을 대접하였다(皆出酒食). 며칠 머물다가 인사하고 떠나왔다(停數日, 辭去).

그곳 사람이 말했다(此中人語云).

"바깥 사람들에게 말할 것은 못됩니다(不足爲外人道也)."

어부는 그곳을 떠나(旣出) 배를 타고(得其船), 이전에 갔던 곳으로 나오면서(便扶向路) 곳곳에 표시를 하였다(處處誌之). 나중에 무릉군에 가서(及郡下), 태수를 만나(詣太守) 그간 일을 말하였다(說如此). 태수는 즉시 사람을 보내 어부를 따라가게 하였고(太守卽遣人隨其往), 전에 표시한 곳을 찾아갔지만(尋向所誌) 결국 길을 잃어(遂迷), 마을에 가는 길을 찾지 못하였다(不復得路). 남양(南陽) 사람 유자기(劉子驥)는 고상한 사인(士人)이었는데(高尙士也), 그 이야기를 듣고서는(聞之) 기꺼워하며 찾아갔다(欣然規往). 찾아내지 못하고(未果), 결국 병들어 죽었다(尋病終). 그 이후로는 도원으로 가는 길을 묻는 사람이 없었다(後遂無問津者).」

(5) 간보 -《수신기》

○ 동진의 저작랑(著作郎)

간보(干寶, ?-336)는 동진(東晉)의 사학자이며 문인으로, 지괴소설(志怪小說)을 창시(創始)한 사람이다. 간보는 동진 원제(元帝,

사마예) 재위 중(317-322)에 저작랑(著作郞)으로 사관(史官)의 직무를 수행하였다. 간보는 명을 받아 《진기(晉紀)》를 저술하였는데, 지금은 전하지 않는다.

간보의 저술로 아주 널리 알려진 《수신기(搜神記)》가 있는데, 이 수신기는 신선과 귀신의 괴이한 일을 기록하였고, 지금은 20권이 전해온다.

○ 《수신기(搜神記)》

《진서 간보전》에 의하면, 간보가 《수신기》를 저술한 계기 2가지를 말하고 있다.

첫째, 간보의 부친이 아주 총애하는 시비(侍婢)가 있었다. 간보의 부친이 죽자, 간보의 모친은 시비를 강제로 부친 무덤에 산 채로 밀어넣고 봉분을 만들고 장례를 마쳤다.

그런데 10년 뒤, 간보의 모친이 죽자 부친과 합장하려고 분묘를 열었다. 그런데 그 시비가 살아있는 모습으로 부친의 관 위에 엎드려 있었다. 그 시비는 며칠 뒤 깨어났고, 그동안 간보의 부친이 마치 살아있을 때처럼 자신에게 음식물을 구해다 주며 무덤 안에서 살게 하였다고 말했다. 그 시비는 나중에 다른 사람에게 출가해서 자식까지 낳았다.

둘째, 간보의 형이 병을 앓다가 기절(氣絶)하였다. 그런데 숨을 쉬지도 않았지만 손발은 굳어지지도 썩지도 않았다. 간보의 형은 여러 날이 지나 다시 깨어났는데, 그간에 천지간을 넘나들며 많은 귀신이나 인간의 혼령을 만나 함께 지냈다는 이야기를 했다.

그래서 간보는 귀신(鬼神)은 결코 허황된 이야기나 꾸며낸 이야기가 아닌 사실이며, 확실하게 존재한다는 사실을 사람들에게 알려주기 위하여 귀신과 혼령에 관한 이야기를 수집(搜集, 蒐集)했다고 하였다.

간보가 지은《수신기》의 내용은 여러 전적(典籍)에서 자료를 찾아 수록한 것과, 간보 자신의 전문(傳文)을 수록한 것으로, 간보의 성심을 다한 저술이었다.

간보의《수신기》이후 지괴(志怪) 소설이나 저술이 많이 나왔으니 그 영향이 매우 지대하였다.

(6) 역사 저술

1) 손성

○《위씨춘추(魏氏春秋)》,《진양추(晉陽秋)》

손성(孫盛, 302-373)은 태원(太原) 출신으로, 영천군(潁川郡) 태수 손순(孫恂)의 아들이었다. 부친이 도적을 만나 피살된 뒤에, 10여 세의 손성은 족인(族人)을 따라 강동으로 이주하였다. 나중에 비서감(秘書監)을 역임하였다. 박학다문(博學多聞)하였고, 돈독하게 배우며 늙도록 손에서 책을 놓지 않았다(手不釋卷).

손성은 《위씨춘추(魏氏春秋)》, 《진양추(晉陽秋)》 등 역사서를 편찬하였다.

《위씨춘추》는 조위(曹魏)를 정통으로 서술하면서 조위의 멸망 원인을 권세를 잡은 조씨 일족을 장악하지 못했기 때문이라고 보았다. 그러면서 진수(陳壽)의 《정사 삼국지》는 조씨 내부의 상호 투쟁과 사마씨에게 불리한 내용을 기록하지 않았다고 비판하였다.

손성의 《진양추》는 편년체의 진(晉)나라 사서인데, 진의 건국 이후 애제(哀帝, 재위 362-365)까지의 역사를 기록하였다.

2) 습착치

○ 《한진춘추(漢晉春秋)》 - 촉한 정통론

습착치(習鑿齒, ?-383, 鑿은 뚫을 착)는 양양(襄陽) 출신의 세가대족(世家大族)으로 동진의 사학자이다. 습착치는 박학다문에 글을 잘 지었고, 형주자사(荊州刺史)인 환온(桓溫)의 종사와 여러 직책을 역임하였다.

환온이 출정할 때, 습착치는 수행하며 여러 업무를 잘 처리하여 환온의 인정을 받았다.

습착지는 《한진춘추》 54권을 저술하였다. 이 책은 후한(後漢) 광무제 유수(劉秀)의 기병 이후 서진 민제(愍帝, 사마업)까지의 역사 기록이다. 습착치는 삼국 중 촉한(蜀漢)을 정통으로 서술하였고, 조위(曹魏)가 비록 헌제의 선양을 받았지만, 이는 찬역(簒逆)이라고 기록하였다. 《한진춘추》는 송대 이후 실전되었다.

(7) 종교와 사상

1) 갈홍

○ 도교(道敎)의 성립 과정

가령 중국인들에게 무슨 종교를 믿느냐고 물으면, 거의 종교가 없다고 대답한다. 중국에서도 불교가 융성했었고, 라마교나 배화교(拜火敎, 조로아스터교), 카톨릭(천주교)과 최근의 개신교까지 수많은 외래 종교가 유입되었지만, 중국인들에게 범국민적 종교로 자리를 잡지는 못했다.

그러나 도교(道敎)는 중국의 민간신앙과 결합하여 중국에서 발생했고, 중국인들에게 가장 친근한 – 물론 신자도 가장 많은 – 종교라 할 수 있다.

도교는 불교보다도 늦게 형성되고 발전한 종교이다. 따라서 도교가 불교의 영향을 받은 것을 누구나 인정한다.

갈홍(葛洪)

포박자 갈홍[抱朴子(抱樸子) 葛洪, 283-343] 〈출처: 위키백과〉

 이러한 도교의 철학적 이론 바탕은 노자와 장자의 노장사상이고, 거기에 중국인들의 여러 토속신앙(土俗信仰)과 음양오행설(陰陽五行說) 등이 한데 융합된 종교라 할 수 있다.

 이러한 도교는 위진남북조 시대에 종교로서의 기틀을 다지게 된다.

동진의 갈홍(葛洪, 283-363년)은 연금술(鍊金術)을 익히고, 연금술에 관한 저술과 아울러 부수적으로 의학을 연구하였다. 그리고 갈홍은 명저《포박자(抱朴子)》내편과 외편을 저술하여 도교의 이론을 정립시켰다.

갈홍은 「도(道)란 유학의 근본이며, 유학은 도(道)의 말단(道者儒之本也, 儒者 道之末也)」이라 하며, 유학(儒學)에 대한 도교의 우위를 주장하였다.

그리고 북위(北魏, 386-534년 존속)의 구겸지(寇謙之)는 교단을 조직하여 도교가 비로소 종교 조직을 갖추었다.

도교는 이후 여러 분파로 갈리면서 발전하지만, 일반적으로 도교의 사원을 도관(道觀), 그리고 도교의 성직자를 도사[道士, 여성일 경우 도고(道姑)]라 부른다.

남조의 송(宋, 유송)나라의 육수정(陸修靜, 406-477)은 도교의 경전 체계를 확립하면서 도교의 제천의식인 초제(醮祭)의 틀을 마련하여 도교의 발전에 기여하였다.

초제는 간단히 초(醮, 제사를 지내다) 또는 초전(醮典)이라고 부르는 도교의 제사의식(祭典儀式)이다. 이런 초제를 올리는 행위를 타초(打醮), 건초(建醮), 또는 조초(造醮)라고 하는데, 초제의 종류는 매우 많다.

한마디로 초제는 나에게 닥칠 재앙을 피하고 복을 빌기 위한 제사이다.

가령 가족이나 친족 중에 어떤 사람이 익사했을 경우, 그 억울한 한 맺힌 원혼을 위로하기 위해 익사한 현장에서, 또는 어떤 도교의 사원, 곧 도관(道觀)에서 신명(神明)의 보호를 빌기 위하여 청초(淸醮) 또는 기안초(祈安醮)를 올린다.

그리고 집이나 사묘(寺廟)를 새로 짓거나 오랜 세월을 두고 계획한 건축물을 완공했을 때, 완공을 축하하며 무사고를 비는 경성초(慶成醮) 의식을 거행한다. 마을에 전염병이나 염병이 돌면 염병의 신을 잘 대우하여 다른 곳으로 떠나가라는 의미로 온초(瘟醮, 瘟은 염병 온)를 지낸다.

화재로 집이 불타고 노인이 불에 숨지는 재앙을 당했다면, 화마(火魔)를 달래고 진정시키는 화초(火醮)를 지냈다. 그리고 천지신명께 장수(長壽)를 비는 뜻으로 신탄초(神誕醮)를 올린다. 또 불교의 우란분회(盂蘭盆會)와 혼합된 제사의식인 중원초(中元醮)도 초제의 일종이다.

○ 나부산에서 수도

갈홍〔葛洪, 283－343, 자(字)는 치천(稚川), 호(號)는 포박자(抱朴子)〕은 보통 갈선옹(葛仙翁)으로 호칭한다. 본래 진조(晉朝)의 음양론자(陰陽論者)이고, 의원(醫員)이며 연단술사(煉丹術師)였다.[90]

갈홍은 도교의 교리와 이론을 확립한 저명 도사로 중국 철학과 의학 분야에 지대한 업적을 남겼다.

갈홍의 조부 갈해(葛奚)는 손오(孫吳)에서 대홍려(大鴻臚)를 역임하였고, 작은할아버지(叔祖父)는 삼국시대의 방사(方士) 갈현〔葛玄, 갈선옹(葛仙翁)〕이었다. 갈홍은 좌자(左慈)[91]를 따라 연단(鍊丹)과 장생술(長生術)을 배웠으며 남방 도교의 지도자였다.

부친 갈제(葛悌)는 진(晉)이 성립한 뒤 소릉(邵陵) 태수였다. 갈홍은 갈제의 셋째 아들이었는데, 갈홍이 13살에 부친이 죽었다.

갈홍의 가도(家道)가 쇠락하였지만 갈홍은 욕심 없이 많은 책을 읽었고, 신선의 도인(導引, 맨손체조)을 익혔다. 갈홍의 호(號) 포박자(抱朴子)는 순박한 본질을 지킨다는 뜻이고, 갈홍은 물욕의 유혹에 빠지지 않았다.

---

90 연단(煉丹) – 고대의 방술(方術)에서 시작된 도교의 수련 방법 중 한 가지. 단사(丹砂), 납(鉛), 유황 등 광물질을 혼합 가열한 선단(仙丹)을 얻어서 그것을 복용하여 不老長生하는 것을 외단(外丹)이라 한다. 宋代 이후 우리 몸은 하나의 화로와 같다 생각하여 신체 내의 정기(精氣)를 강화하거나, 약물을 복용하거나, 정신을 수양하는 것을 내단(內丹)이라 하는데, 이 내단과 외단을 포함한 일체의 수련을 연단이라 한다.

91 좌자(左慈, 생졸년 미상) – 후한 말의 道士, 方士. 葛洪의《神仙傳(신선전)》에 의하면, 좌자는 귀신을 부릴 줄 아는 사람이며, 벽곡(辟穀)으로 3백 년 이상 장수했다고 한다.

서진(西晉) 혜제 태안(太安) 2년(303)에, 갈홍은 농민 봉기를 진압한 공로가 있어 복파장군(伏波將軍)이 되었다. 혜제 광희(光熙) 원년(306)에, 갈홍은 광주자사(廣州刺史)가 되었다. 갈홍은 곧 나부산(羅浮山)[92]에 은거하며 채약(採藥)하고 연단(煉丹)하며, 사람의 병 증세를 상세히 관찰하였다.

갈홍은 민제(愍帝) 건흥(建興) 2년(313)에, 향리로 돌아왔지만 출사하지 않았다.

그러다가 동진 성제(成帝) 함화(咸和) 원년(326), 왕도(王導)의 부름을 받아 출사하였다. 갈홍은 함화 7년에, 교지군(交趾郡, 지금의 월남)에서 단사(丹砂)가 산출된다는 말을 듣고 그 지역 현령을 원했고, 성제의 승낙을 받자 온 가족을 데리고 남행하였다. 이후 갈홍은 나부산에 은거하며 연단하다가 거기서 81세로 일생을 마쳤다. 사람들은 갈홍이 득도하여 신선이 되었다고 말했다.

○《포박자》– 도교 이론 체계 수립

갈홍은 진 무제(晉 元帝, 사마예) 건무(建武) 원년(317)에, 《포박자(抱朴子)》[93] 내, 외편을 저술하였다. 이 《포박자》는 자신의 호를 서

---

92 나부산(羅浮山) – 中國 十大 道敎 名山의 하나. 司馬遷은 이 산을 월악(粵岳)이라 지칭하였다. 廣東省 동남부 惠州市 서북부에 위치. 해발 1296m.

명(書名)으로 정한 것이다. 갈홍은 《신선전(神仙傳)》도 저술하였다.

《포박자》는 도교의 경전(經典)이다. 그중 《외편》은 갈홍 자신의 일생을 자술하였고 사회의 여러 현상을 담론(談論)하였다. 《내편》은 도가사상과 연단(鍊丹)과 수련 방법, 신선방약(神仙方藥), 귀괴변화(鬼怪變化)와 양생연년(養生延年)의 방법 등을 설명하였다.

갈홍이 저술한 《포박자》의 사상의 연원(淵源)은 3가지를 들 수 있다.

첫째는, 한대(漢代) 이후의 선도(仙道)나 황노(黃老) 사상의 근원이라 할 수 있는 《황제구정신단경(黃帝九鼎神丹經)》, 《태청금액신단경(太淸金液神丹經)》 등 외단(外丹) 관련 황백술(黃白術)에 관련한 도서(道書)와,

둘째, 《삼황문(三皇文)》, 《오병진형도(五兵眞形圖)》 등의 주술적 내용의 부록(符籙)과,

셋째, 그의 가족 세대에 전래되어 온 《영보경(靈寶經)》 같은 서적과 자료들이 《포박자》의 자료가 되었다. 《포박자》는 진한(秦漢) 이래의 방술(方術)과 선도(仙道), 그리고 황노(黃老) 사상의 전통과

---

93 抱朴子-《老子道德經》19장. 「見素抱樸, 少私寡慾, 絕學無憂.」에서 따온 말. 樸은 통나무 박. 나무를 잘라낸 상태 그대로, -아무런 꾸밈이나 가공이 없는 상태. 朴(나무껍질 박)과 通.

계승의 총결(總結)이라 할 수 있다. 동시에 신선사상과 도교 이론의 기초를 마련한 저술이었다.

갈홍은 《포박자》에서 「신선이 되려는 사람이라면, 충효(忠孝)에 힘쓰고, 인의와 신의를 실천하며 온화 순박해야 한다.」고 하였다.

그리하여 도교와 신선사상, 유가의 예교(禮敎)를 한데 포용 융합하여 사회적 교화를 실천하여 도교의 사회적 인식과 지위를 높여야 한다고 주장하였다.

갈홍의 《포박자》는 중국 고대의 신선사상을 집대성한 저술이면서, 도교 발전에서 전통의 계승과 함께 새로운 미래를 제시한 중요한 전적(典籍)이 되었다.

○ 신선에 관한 이야기 – 선화(仙話)

도교의 이상은 인간의 무병장수(無病長壽)였다. 더 나아가 득도하여 신선이 되는 것이다. 신선은 무병장수하며, 모습을 마음대로 바꿀 수 있으며 초능력을 갖고 있다.

그런 신선들의 이야기는 중국과 우리나라에 매우 많다. 그런 신선들의 이야기를 중국에서는 선화(仙話)라고 한다. 중국인들에게 가장 잘 알려는 신선은 이철괴(李鐵拐)를 비롯한 여덟 명의 신선인데, 이들을 팔선(八仙)이라 했다.

옛이야기에 '신선 같다', '신선이 되었다'는 이야기는 있지만, 현실에서 신선을 만났거나 아니면 신선의 존재를 확인한 사람은 없다. 그렇다면 선화의 합리성이나 사실 여부를 따질 일은 아니다. 아래에 중국인에게 잘 알려진 선화(仙話) 하나를 소개한다.

○ 팔선과해(八仙過海)

매년 삼월 삼일, 천부(天府)의 요지(瑤池)에서는 반도성회(蟠桃盛會)가 열린다. 반도성회는 상, 하 팔동(八洞)에 거주하는 모든 신선들이 서왕모(西王母)의 초청을 받아 참가하니, 말하자면 신선들의 정기총회라 할 수 있다.

어느 해 삼월 삼일, 팔선(八仙)들은 반도성회에 참가하여 마음껏 마셔댔다. 그리고 모두 대취하여 비틀거리며 구름을 타고 표표히 동해(東海) 속의 신산(神山)인 영주(瀛洲)로 돌아가고 있었다. 그들이 동해 상공에 다다르니 동해엔 큰물이 넘실넘실대고, 가끔씩 거대한 파도가 하늘을 때리는, 그야말로 일망무제(一望無際)의 망망대해였다.

그때 갑자기 꾸루룽하는 거창한 소리와 함께 파도 속에서 휘황찬란한 큰 누각이 나타났다. 팔선들은 눈이 둥그레지면서 입을 벌린 채 말이 없었다.

한참 후 모두 같이 감탄했다.

"과연! 우리 영주의 건물보다 열 배는 크겠다. 하늘 아래 어디서 저렇게 큰 누각을 찾을 수 있겠는가?"

여동빈(呂洞賓)이 약간 취기가 있는 얼굴로 여러 신선에게 말했다.

"동해가 크고 넓다 소리야 많이 들어왔지만, 오늘의 동해는 대단하구먼! 우리 한 번 신나게 놀아보지 않으시겠습니까?"

그러자 종리권(鐘離權)이 급히 저지하듯 말했다.

"내 들자니, 동해 용왕은 거느린 장수가 많으며 신통력도 있는 데다가 교만하고 뽐내길 좋아한답니다. 만약 용궁문을 닫고 우리를 거절한다면 정말 난처할 것이오. 여러분들 오늘은 이미 즐길 만큼 즐겼는데, 만일 취중실언 때문에 사단이 생기면 어찌하겠소?"

그러나 이철괴(李鐵拐)가 그럴 수 없다는 듯이 눈을 부릅뜨며 말했다.

"여러 선장(仙長)께선 악(惡)을 겁낼 필요도 없지만 그렇다고 선(善)을 감출 까닭도 없습니다. 어찌 타인의 기세에 눌려 자신의 위풍을 죽이겠습니까? 그 명성도 쟁쟁한 팔동(八洞) 신선이 풋내기 용을 두려워하겠습니까? 웃기는 얘기죠! 안 그렇습니까?"

팔선들은 이철괴의 말을 듣고 서로 얼굴을 쳐다보며 난감한 표정을 지었다.

그러자 이철괴가 말을 이었다.

"까짓것 용머리 뿔이야 꺾어버리면 그만아닙니까?"

그러나 종리권은 냉소하며 한마디 했다.

"그냥 생각나는 대로 말씀한다면, 누군들 큰소리 못치겠습니까? 인간 속언에 아무리 많은 대화를 나누어도 과연 진정한 벗인지 알기 어렵지만, 서로 등돌리고 원수가 되려면 한두 마디로도 족하다는 말이 있습니다. 우리 신선들이란 본래 수신(修身)과 양성(養性)에 힘써야 합니다. 그만 돌아갑시다."

이철괴는 화가 머리 끝까지 치밀었는지 이마에 굵은 핏발 자국을 세우더니 이것저것 따지지도 않고 그의 굽은 쇠지팡이를 바다로 내던졌다. 그리고 몸을 날려 지팡이에 올라서자, 지팡이는 금방 파도를 가르는 큰 용주(龍舟)로 변했다. 이철괴가 뱃전에 서자, 그 큰 배는 마치 활 시위를 떠난 화살처럼 파도를 뛰넘으며 앞으로 나갔다.

여러 신선들은 이철괴가 혹 잘못되지나 않을까 걱정하면서 그 뒤를 따랐다.

한쪽 어깨와 배(腹)를 내놓고 다니는 종리권은 북을 띄워 그 위에 올라앉아 이철괴의 배를 바짝 따라갔다. 그는 양다리를 북 가죽 위에 접고 앉은 채로 하얀 파도를 타넘으면서 용궁을 향했다.

구렛나루가 많은 장과로(張果老)는 다리를 저는 나귀 등에 뒤쪽을 향해 돌려앉은 채, "이랴!" 소리를 지르며 채찍을 들어 나귀 엉덩이를 내리쳤다. 다리를 저는 나귀는 두 귀를 쫑긋 세우고 울음소리를 내면서 네 발굽으로 파도를 짓밟으며 나아갔다.

하선고(何仙姑)는 등에 여러 가지 꽃이 든 꽃바구니를 메고 있었다. 그 바구니 안에는 곤륜산의 형형색색 기화이초가 담겨있어 진한 향기가 코를 즐겁게 했다. 용궁 안에 산다는 용녀(龍女)들이나 새우 물고기들이 서로 앞을 다투며 꽃을 갖다 머리에 꽂았다.

하선고 꽃바구니야 꺼내도 꺼내도 계속 꽃이 나오기 때문에 용궁 안의 모든 이들이 하선고를 둘러싸고 환영하면서 안으로 맞이했다.

손에 먼지털이(불진拂塵)를 든 여동빈이 허리에 찬 보물 호로병을 전후좌우로 흔들자, 오색 영롱한 꽃구름이 피어났다. 구름이 연화대를 만들자, 여동빈은 그 위에 걸터앉아 이철괴의 배를 쫓아 달렸다.

조국구(曹國舅)는 광택이 반질반질나는 죽판(竹板)을 들고 민간 속악의 옛 노래와 유행가들을 불렀다. 용궁의 자라 거북들도 조국구의 노래를 듣고 대머리를 흔들면서 환호했다.

조국구는 자라와 거북의 등을 타고서 마치 바람이 파도를 가르듯 앞을 다투며 전진했다. 남채화(藍采和)는 서둘지도 꾸물대지도 않았다. 또 조심조심, 단아한 모습으로 광채가 찬란한 구슬 옥판(玉板)을 높이 들어 하얀 은색 광으로 용궁을 대낮처럼 환하게 비춰주었다.

그때 마침, 술판을 벌리고 있던 용왕은 급히 순해(巡海)하는 야차(夜叉)를 불러 사방을 탐색해 무슨 일인가 알아보라고 명령했다. 용왕은 팔선들이 술에 취한 듯 기분 좋게 용궁에 놀러오면서 제각각 신통력을 발휘하고 있다는 보고를 받았다.

그러자 용왕은 크게 화를 내며, 이를 드러내고 흉악한 표정으로 소리쳤다.

"음! 팔선들이 나를 완전히 무시했어! 기껏해야 광대 같은 녀석들이 약간의 선술(仙術)을 구경했다고 용궁에서 이렇게 소란 피울 수 없지!"

용왕은 고개를 흔들어 본래의 흉물로 모습을 바꾸었다. 용왕은 수면 위로 솟구쳐 오르며 피가 뚝뚝 떨어지는 큰 입을 벌려 남채화가 갖고 있는 구슬 옥판을 뺏어가지고 바닷속으로 다시 들어갔다.

본래 남채화의 옥판은 천지의 영기(靈氣)와 해와 달의 정화(精華)를 모아놓은 것이기에, 용궁은 금방 화려한 광채로 가득찼다. 마치 해와 달과 온갖 별들을 한꺼번에 걸어놓은 것 같았다. 이에 용왕은, 곧 친척과 뭇 신하들을 모아 옥판을 구경시키겠다며 잔치를 열라고 분부했다.

한편 팔선들은 모두 난처한 표정 속에 약간씩은 후회하면서 이철괴가 너무 고집을 부렸기에 이런 일이 생겼다고 한마디씩 건넸다.

그러자 이철괴도 화를 내며 말했다.

"내가 좀 따끔한 맛을 보여준 뒤, 그 늙은 용에게 한수 가르쳐 주겠습니다."

이철괴는 한 발로 빨리 뛰어가 용궁 앞에 서서 소리 질렀다.

"나는 상선(上仙) 이철괴다. 늙은 도적아! 이 밝은 날에 도둑질을 하는가? 당장 그 옥판을 내놓지 않으면 네 집을 깔아 뭉개버리겠다."

막 잔치를 시작하려던 용왕은 앙천대소하면서 말했다.

"초개 같은 꼬마 돌팔이 의사야! 네 다리도 못 고치면서 물속 성스러운 용궁에 와서 큰소리 치느냐! 큰소리 그만 치고 분수나 지켜라!"

이철괴는 더 이상 말하지 않았다. 그의 꼬부라진 쇠지팡이를 바닷속에 던져 엄청나게 큰 용으로 만들어 웅웅 소리를 내며 불을 토하게 했다. 삽시간에 드넓은 바다가 마르면서 불이 붙었다. 게, 새우 같은 장수들은 모두 놀라 도망쳤다.

다른 신선들도 따라와 각종 신통력을 발휘하니, 용왕인들 어찌 감당할수 있겠는가? 용왕은 불을 끌 수 있는 구슬도 잃어버린 채, 단 한 번 제대로 대결도 못해보고, 팔선 앞에 옥판을 바쳤다. 이철괴는 화재를 진정시켰고, 용왕은 팔선을 용궁으로 초대했다. 용왕은 이철괴를 상석으로 모시면서 용서를 빌었다. 이철괴는 득의양양 기분이 좋았다.

여동빈은 보물 호로병을 거꾸로 해서 억만섬의 바닷물을 끄집어냈다. 이리하여 동해엔 다시 푸른 물이 넘실대고 용궁은 평화를 되찾았다.

이후 "팔선들이 바다를 건너면서(八仙過海) 각자 신통력을 발휘했다〔各顯神通(각현신통)〕."는 이야기가 전해지고 팔선에 관련한 많은 그림들이 그려졌다고 한다.

2) 불도징

○ 불도징의 입국

불도징〔佛圖澄, 231–348, 부도징(浮圖澄)〕은 서역(西域) 출신으로, 서진과 오호십육국 시대의 고승(高僧)이다. 불도징은 불경을 익혀 불리(佛理)와 주어〔呪語, 범문(梵文), 다라니〕에도 밝았다.

서진 회제(懷帝) 영가(永嘉) 4년(310)에, 79세의 불도징이 낙양에 들어와 불사(佛寺)를 세우

불도징(佛圖澄)
서역 출신 불승 불도징(佛圖澄, 232–349)
〈출처: 위키백과〉

려 했지만, 영가의 난이 계속되면서 실패하였다.

　영가 6년(312), 5호16국 중, 후조(後趙)의 건국자인 석륵[石勒, 후조(後趙) 명제(明帝)]이 낙양에 들어왔고, 불도징은 신통력으로 석륵의 신임을 얻었다. 불도징은 석륵과 석호(石虎, 295-349, 석륵의 조카, 後趙의 3대 황제)의 존중을 받으면서 국사(國事)에 대한 자문에 응했다. 불도징은 후조(後趙) 건무(建武) 14년(348)에, 업궁(鄴宮)의 불사(佛寺)에서 입적하니, 117세였다고 한다.

　○ 불도징의 포교

　불도징은 5호16국의 난세에 살육을 금지하고 선행을 실천하도록 권유하며, 무고한 백성을 지켜주면서 포교에 힘썼다. 불도징은 불교 승단에 술을 금하는 등 좋은 전통 수립에 힘썼으며, 덕행과 학식으로 불교 포교의 신 기원을 이룩하였다.

　불도징은 불경을 번역하지 않았고, 교리를 확립하거나 정립하는데 많은 노력을 기울이지도 않았다. 그러나 몸소 계율을 지키며 실천하여 많은 신도들에게 큰 영향을 끼쳤다. 불도징이 있는 곳에서는 누구든 부처를 비난하거나 모욕하지 못했다.

　이런 성실한 수도(修道)는 중국인들에게 불교에 대한 좋은 인식을 심어주었다. 그리하여 뒷날 구마라집(鳩摩羅什) 같은 서역의 승려가 입국하여 포교할 수 있는 밑거름이 되었다.

3) 구마라집

○ 서역 출신

구마라집〔鳩摩羅什, Kumārajīva, 344-413, 의역(意譯), 동수(童壽)〕은 구자〔龜茲, 지금의 신강성(新疆省) 위그루 자치구 서부 아극소시(阿克蘇市) 관할 고거현(高車縣)〕에서 출생하였다.

구마라집의 부친 구마라염(鳩摩羅炎)은 인도에 살면서 국상(國相)의 직위를 버리고 출가하였다. 뒷날 구자국에 와서 국왕의 여동생과 결혼하였고, 아들 구마라집을 얻었다.

구마라집은 7세에 모친과 함께 출가(出家)하였고 불경을 공부하였다. 하루에 수천 자의 불경을 읽고 외우며 그 뜻을 저절로 깨우쳤다.

뒷날 구마라집은 음양(陰陽)과 역법(曆法)에 박통하였고 인간의 길흉사를 점칠 수 있었다. 구마라집은 소절(小節)에 얽매이지 않았으며 솔직하고 활달하였다. 구마라집은 20세에 구자국으로 돌아왔고 사방에서 학도들이 모여들었다.

구마라집의 모친은 인도로 돌아가기 전에, 구마라집에게 말했다.

"불교를 동방의 나라에 전파하는 일은 너의 역량에 달렸다. 내가 너에게 말하나니, 너에게는 아무런 이익도 없을 것이다."

이에 구마라집이 대답하였다.

"저는 틀림없이 불법을 전파하겠습니다. 아무리 큰 고통을 격더라도 후회하지 않을 것입니다."

○ 불경 한역

서역에서 구마라집의 명성은 점차 동쪽 땅에도 알려졌으며, 화북 지역 여러 왕조에서도 구마라집을 알고 있었다.

전진(前秦) 부견(苻堅)의 건원(建元) 18년(382), 부견은 장군 여광(呂光)을 파견하여 서역을 원정케 하였다. 부견은 여광에게 구자국을 정벌하고, 구마라집을 데리고 속히 귀국하라고 명령하였다. 그러나 여광은 여역에서 칭왕(稱王)하면서 구마라집을 결혼시켰다. 여광은 뒷날 구마라집의 말에 따라 하서주랑(河西走廊)[94]에서 후량(後凉)을 건국하였는데 불교를 신봉하지 않았다. 구마라집은 어찌할 수 없었다.

---

[94] 하서주랑(河西走廊) – 중국 서북에서 동남으로 연결되는 타림(塔里木) 분지(盆地)와 농서(隴西) 지역에 이르는 좁고 긴 평원지대를 말한다. 중국에서 서역으로 가려할 때 꼭 지나가야 하는 통로이다. 중국과 서역의 연결 통로인 하서주랑에는 석양하(石羊河)와 흑하(黑河), 그리고 소륵하(疏勒河)의 골짜기와 지류의 범람으로 평원이 만들어졌다. 그 길이가 약 900km이나 폭은 수 km에서 100여 km까지 일정하지 않다. 이 하서주랑은 지금의 감숙성(甘肅省), 영하(寧夏), 내몽고(內蒙古), 신강(新疆), 청해(青海) 5省에 걸쳐 있지만 대부분은 감숙성 경내에 해당되기에 '감숙주랑(甘肅走廊)'으로도 불린다.

이어 강족(羌族)의 후진(後秦)이 장안(長安)에 건국되면서(384-417년 존속) 건국자인 요장(姚萇)이 구마라집을 초청하였다. 그러나 여광이 수락하지 않았다.

이에 후진이 후량을 공격하였고, 후량이 후진에게 항복하자 구마라집은 장안에 들어올 수 있었다. 이후 구마라집은 장안에 머물면서 특별한 예우 속에 불경의 한역에 헌신하였으니, 지금 우리나라에서도 널리 알려진 《마하반야바라밀경(摩訶般若波羅蜜經)》은 구마라집의 번역이다.

구마라집은 《금강경(金剛經)》, 《법화경(法華經)》, 《중론(中論)》, 《대지도론(大智度論)》 등 불경을 한역(漢譯)하였다.

남조(南朝) 양대(梁代)의 《출삼장기집(出三藏記集)》의 기록에 의하면, 구마라집은 일생 동안 32부를 역경(譯經)하였으며, 당조(唐朝) 지승(智昇) 《개원역교록(開元釋敎錄)》에 의하면, 구마라집은 52부 302권의 불경을 한역하였다.

4) 법현 - 《불국기》

○ 3살에 출가(出家)

법현(法顯, 337-422)은 동진의 고승(高僧)으로, 속성(俗姓)은 공씨(龔氏)이다. 법현의 위로 세 아들이 모두 어린 나이에 죽자, 법현의 부친은 재앙이 법현에게 미칠 것이 두려워 3살 된 법현을 출가시켰고, 법현은 20세에 수계(受戒)하였다.

동진(東晋) 안제(安帝) 융안(隆安) 3년(399), 60세가 지난 고령(高齡)의 법현은, 동학(同學)인 혜경(慧景) 등 4인이 함께 다짐하고 당시 후진(後秦, 존속 384-417)의 도성인 장안에서 출발하여 장액군(張掖郡)에서 지엄(智嚴), 혜간(慧簡) 등 몇 명과 더 합류하여 돈황군(敦煌郡)에 도착하였다.

당시 돈황 태수인 이호(李浩)는 법현 등 5인에게 사하(沙河, 타클라마칸 사막)를 지나 선선(鄯善)과 오기(烏耆)를 지나 우전국(于闐國)까지 길을 안내해 주었다.

○ 천축국에서 불경을 구하다

법현 일행은 고창(高昌)과 계빈국(罽賓國)을 경유하였고, 법현 등 3인은 총령〔蔥嶺, 파미이(怕米爾) pàmir 고원〕을 넘어 인도의 북쪽(북천축北天竺)에 도착하였다.

법현과 혜경(慧景), 도정(道整)은 중천축(中天竺)에 가려고 소설산(小雪山)을 넘다가 혜경은 폭설에 사망하였다. 법현과 도정은 중천축에 도착하였고, 그 국도(華氏城)에서 《대반니원경(大般泥洹經)》등 많은 불경을 얻었다.

법현은 중천축국에서 3년을 지내면서 범어(梵語)를 배웠다. 그리고 법현은 남쪽으로 계속 내려가 동천축국의 다마리(多摩梨) 제국〔帝國, Tamralipta, 지금의 가이각답(加爾各答), jiaěrgèdá〕에서 불경 공부를 계속하며 불경을 필사하였고 불화(佛畫)를 수집하였다.

이어 안제 의희(義熙) 6년(410)에는, 사자국〔獅子國, 사리란잡(斯里蘭卡) 스리랑카〕에 들어가 2년을 머무르면서《장아함경(長阿含經)》,《잡아함경(雜阿含經)》및《잡장경(雜藏經)》등을 공부하였다.

법현은 의희(義熙) 8년(412)에, 많은 불경 원전(原典)을 가지고 해로로 귀국하였다. 도중에 폭풍을 만나 표류한 적도 있었다. 결국 청주(青州) 장광군(長廣郡) 뇌산〔牢山, 지금의 청도시(青島市)〕에 상륙하였다.

○ 귀국 이후

법현은 귀국 이후 건강(建康, 지금의 남경시)에 머무르면서《마하승기률(摩訶僧祇律)》과《대반니원경(大般泥洹經)》,《잡장경(雜藏經)》등 경(經), 율(律), 논(論) 등 6부 24권의 불경을 번역하였다.

법현은 자신의 여행기인《불국기(佛國記) 일명 법현전(法顯傳)》을 저술하였는데, 이는 고대 중앙아시아와 인도 동남아시아의 역사와 지리, 풍속 연구의 중요한 사료이다.

5) 혜원 – 백련사

○ 동림(東林) 백련결사(白蓮結社)

혜원〔慧遠, 334 – 416, 속성(俗姓) 가씨(賈氏)〕은 병주(幷州) 안문군(雁門郡) 누번현〔樓煩縣, 지금의 산서성(山西城) 서북부 흔주시(忻州市) 관할 영무현(寧武縣) 부근〕 출신인 동진(東晉)의 고승이다. 혜원은 중관반야학(中觀般若學)의 대사(大師)로 일찍이 여산(廬山)에[95] 동림사(東林寺)[96]를 창건하고 머물렀기에 사람들은 여산 혜원(廬山 慧遠), 또는 동림 혜원(東林 慧遠)으로 호칭한다. 그는 불교 정토종(淨土宗)의 초조(初祖)로 추앙된다. 혜원은 일찍이 동림사에서 백련결사(白蓮結社)를 조직하여 불교 전파와 생활화에 주력하였다.

○ 유학(儒學)에서 불학(佛學)

혜원은 젊어 유가의 오경(五經)과 도가의 노장학(老莊學)을 공

---

[95] 여산(廬山) – 今 江西省 북부, 長江 남안, 九江市의 남쪽 교외의 명산. 유네스코 지정 문화유산이며 세계지질공원. 「雄(웅)」, 「奇(기)」, 「險(험)」, 「秀(수)」로 유명한 산. 일찍부터 「여산의 기이하고 빼어난 산수는 천하의 제일이다(匡廬奇秀甲天下).」라는 명성을 누렸다. 최고봉인 漢陽峰은 해발 1,474m 여산폭포가 특히 유명.

[96] 동림사(東林寺) – 今 江西省 북부 九江市 여산(廬山) 서북쪽의 유명 佛寺. 동진 孝武帝 太元 9년(384)에 명승 혜원(慧遠)이 창건. 혜원은 여기서 정토종(淨土宗)을 창립했다. 名士 사령운(謝靈運)이 혜원을 흠모하여 여기에 東, 西에 연못을 조성한 뒤 백련(白蓮)을 심었다.

혜원(慧遠)
동진(東晉)의 고승 혜원(慧遠, 334-416) 〈출처: 위키백과〉

부하였다. 354년에, 혜원은 도안법사(道安法師, 314-385)를 항산(恒山)으로 찾아가서 도안을 스승으로 모시고 반야경(般若經)을 배운 뒤에 출가(出家)하였다. 혜원은 361년에 도안법사를 따라 왕옥산(王屋山)[97]에 입산 수도하였다. 나중에는 도안의 명에 따라 형

---

97 왕옥산(王屋山) - 河南省 중북부 황하 북쪽 濟源市 소재의 명산. 헌원 황재(軒轅 黃帝)가 祭天한 산. 道敎 十大洞天 중 첫째. 수많은 도관이 있는 산. 「우공이산(愚公移山)」의 고사가 만들어졌다는 산.

주(荊州) 상명사(上明寺)에서 수도하였다(시년時年 45세).

○ 동림사(東林寺) 주지(住持)

혜원은 사부 도안(道安)을 떠나 여산(廬山) 서림사(西林寺)에 머물고 있는 혜영(慧永)을 찾아 그곳 용천정사(龍泉精舍)에 머물렀다. 이어 혜원은 동림사를 창건하였고, 동림사는 당시 남지(南地) 불교의 중심이 되었다.

그때 서역에서 들어온 구마라집(鳩摩羅什)은 장안에 머물렀고, 장안은 북지(北地) 불교의 중심이었다.

혜원이 동림사에 머물면서「백련사(白蓮社)」를 조직하였고 정토종(淨土宗)을 개창하였다. 때문에 정토종을「연종(蓮宗)」이라 한다. 혜원은 동림사에서 입적〔入寂, 원적(圓寂)〕하였는데, 나이는 83세였다.

혜원은 동림사에 머물면서 승단(僧團)을 조직하고, 제자를 모아 강학(講學)하며 불경 간행사업을 주도하며 여러 저서를 남겼다.

(8) 효자 열전

1) 왕부

○ 문뇌읍묘(聞雷泣墓)

왕부(王裒, ?-311. 裒는 모을 부)는「24효」[98] 중 천둥이 치면 어머니 묘에서 울다〔聞雷泣墓(문뢰읍묘)〕의 주인공이다.

왕부의 부친 왕의(王儀)는 조위(曹魏) 소제 조방(曹芳)의 가평(嘉平) 4년(252)에, 패전의 책임을 지고 사마소(司馬昭)의 분노에 의해 처형되었다. 때문에 왕부는 평생 동안 서쪽을 향해 앉지 않았으며, 진(晉)나라에 출사하지도 않았다.

왕부는 고향에 은거하며 학동을 가르쳐 생계를 유지하였다. 그러면서 부친의 묘 곁에 움막을 짓고 조석으로 시묘(侍墓)하였다. 왕부는 부친의 묘지에서 시묘하며 묘 곁의 편백나무를 끌어안고 울었다. 그 눈물에 편백나무가 고사했다고 한다.

왕부의 모친은 살아 생전에 천둥소리를 많이 무서워하였다. 천둥이 치는 날에는 집에 달려와 모친을 감싸 놀라지 않게 하였다. 모친이 죽어 부친과 합장한 뒤에도 천둥이 치는 날에는 묘 앞에 꿇어앉아 울면서 "어머니 제가 여기 있으니 놀라지 마십시오!"라고 말했다.

왕부는 가난하였지만 다른 사람의 도움을 받지 않았다. 왕부는 박학다능(博學多能)하여 명성이 높았다.

서진 회제 영가(永嘉) 5년(311), 흉노 유연(劉淵)의 한국(漢國)이

---

98 《二十四孝》는 元代 郭居敬(곽거경)이 엮은 24명의 효자 이야기이다.

서진 도읍 낙양을 함락하였고, 중원(中原)이 크게 혼란하며 도적이 봉기하였다. 그 친족이 대거 강동으로 피난하였는데, 왕부는 부친 묘를 떠날 수 없어 머뭇거리다가 도적들에게 살해되었다.

2) 허자

○ 효순리(孝順里)

허자(許孜, 생졸년 미상. 孜는 힘쓸 자)는 동양군(東陽郡) 사람으로, 젊어 예장(豫章) 태수인 공충(孔冲, 공자 24대손)으로부터 《시경(詩經)》과 《효경(孝經)》을 배웠다.

공충이 죽자, 허자는 공충의 3년 상을 치렀다. 부모가 돌아가시자 직접 흙을 날라 분묘를 만들고, 분묘 곁에 오두막을 짓고 3년간 시묘살이를 하였다.

허자는 부모 주변 5, 6리에 걸쳐 소나무를 심고 가꾸었는데, 사슴이나 노루 같은 짐승이 소나무를 밟아 죽여버렸다.

이에 허자는 슬퍼하며, "아무리 짐승인들 나의 효심을 모르는가!"라며 통곡하였다. 그 다음날 허자가 보니, 죽은 소나무 곁에 사슴이 한 마리 죽어있었다. 사람들은 하늘이 허자의 효심에 감동하여 사슴을 징벌한 것이라고 말했다.

허자는 3년 시묘를 마친 다음에 아내를 맞이하였다. 그러면서도 십여 년을 더 시묘살이를 하였다.

진 혜제(晉 惠帝) 원강(元康) 연간(291 – 299)에, 군에서 효렴으로 천거하였으나 출사하지 않고 평생 동안 상복을 입고 부모를 추념하였다.

허자가 80여 세에 죽자, 사람들은 그 마을을 효순리(孝順里)라고 불렀다.

3) 유곤

○ 질녀가 황후

유곤(庾袞, 생졸년 미상)은 영천군(穎川郡) 출신으로 은사(隱士)였으며, 진나라에 출사(出仕)하지 않았다. 그러나 유곤의 인품과 덕행은 많은 사람들의 신뢰와 존경을 받았다.

유곤의 조카인 유량(庾亮)과 그 형제들은 동진 조정에 출사하여 고위직을 역임하였고, 유곤의 질녀(姪女) 유문군(庾文君)은 동진 명제의 황후였다.

유곤은 향인(鄕人)의 천거를 받았고, 주군(州郡)에서도 유곤을 효렴(孝廉)이나 수재(秀才)로 천거하였지만 끝내 받아들이지 않았기에, 세상 사람들은 그를 「이행(異行)」이라고 불렀다.

○ 유현(庾賢)이라 존칭

유곤은 근검호학(勤儉好學)하고 부모에 대한 효성으로 칭송을 받았다. 유곤의 부친 형제가 모두 출사하였지만, 유곤의 부친은 직접 농사를 지으며 질박 검소하게 생활하였다.

서진 혜제 원강(元康) 말년(299)에, 영천태수가 유곤을 불러 관직에 임명하려 했지만 유곤은 끝내 받지 않았다.

혜제 영녕(永寧) 원년(301), 제왕(齊王) 사마경(司馬冏) 등 여러 왕들이 기병(起兵)하여 찬위하고 칭제한 조왕(趙王) 사마륜(司馬倫)을 공격하자, 사마륜은 여러 장수를 보내 사마경 측의 공격을 방어하게 하였다. 사마륜의 부장 장홍(張泓)이 영천군에 들어와 약탈을 자행하자, 유곤은 가족 및 다른 백성들을 데리고 산속에 들어가 피난하였다.

사람들은 유곤을 대장으로 추대하였고, 유곤은 무리들을 안정시키고 질서를 유지하며 일족과 백성을 지켰다.

사마경은 결국 사마륜을 격파하고 혜제를 복위시켰다. 그런데 사마경의 탐욕과 약탈이 이어져 사람들은 산속에 계속 머물면서 유곤의 보호를 받았다. 유곤의 보호로 생명을 유지한 백성들은 유곤을 「유현(庾賢)」이라 부르며 존경하였다.

4) 유은

○ 하늘이 감동한 효성

유은(劉殷, ?-312)은 한(漢) 광록대부(光祿大夫)인 유릉(劉陵)의

현손(玄孫)이었다. 유은은 7살에 부친을 여의고 3년 상을 치루는 동안 이를 드러내고 웃은 적이 없었다. 열흘이 넘도록 한 끼를 배불리 먹어본 적이 없는 가난한 살림이었다.

증조모인 왕씨는 한겨울에 미나리(芹)가 먹고 싶었지만 말을 못하고 있었다.

증조모의 뜻을 알게 된 9살 난 유은은 연못가에 가서 통곡하며 종일 하늘에 빌었다.

그러자 어디선가 못 보던 사람이 나타나 말했다.

"그만 울어라. 울음을 그쳐라!"

유은이 눈물을 훔치며 그 사람이 섰던 땅을 바라보니 거기에 미나리가 자라나고 있었다.

그날 밤에, 낮에 만났던 그 사람이 꿈에 나타나 말했다.

"서쪽 울타리 아래 곡식 항아리가 있다."

유은이 서쪽 울타리 아래를 파 보니 항아리에 한끼 밥을 지을 만한 쌀이 들어 있었다. 유은은 조모를 지성으로 모셨다. 항아리 쌀은 7년 동안 계속 나왔다.

○ 불응하면 살해 위험이

유은은 약관(弱冠)에 경사(經史)에 박통하였고, 읽지 않은 문장 시부(文章詩賦)가 없었다. 유은은 제세(濟世)의 큰 뜻을 품었기에 검소하였지만 구차한 행동은 없었으며, 아무런 권위도 없었지만 그렇다고 무시할 수도 없었다.

군(郡)에서는 유은을 주부(主簿)로, 주(州)에서는 종사(從事)에 임명하였지만 끝까지 사양하며 응하지 않았다. 같은 군에 사는 대부호인 장선자(張宣子)는 그 딸을 유은에게 출가시켰다. 장선자의 부인이 대노하였지만, 장선자는 딸에게 유은과 집안 어른을 잘 섬기라며 단단히 일러 보냈다. 유은 부부는 증조모에게 끝까지 효도를 다했다.

혜제가 즉위하고 팔왕(八王)의 난이 일어나자, 태부(太傅) 양준(楊駿)이 보정(輔政)하며 유은을 초빙하였다. 그러나 유은은 노모를 모셔야 한다며 끝까지 사양하였다. 이에 양준은 유은에게 곡식과 비단을 상으로 내렸다.

나중에 제왕(齊王) 사마경(司馬冏)이 국정을 주도하며 유은을 불렀다. 유은은 조정에 들어가 대사마군자제주(大司馬軍咨祭酒)가 되었다.

사마경이 유은에게, 이전의 부름에는 응하지 않다가 왜 나의 부름에 응했느냐고 물었다.

이에 유은이 대답하였다.

"앞선 여러 왕들은 정(情)으로 보정(輔政)하였기에 제가 불응하여도 아무런 화가 없었지만, 지금 왕의 부름에 응하지 않으면 제가 살신(殺身)의 화를 당할 것입니다."

사마경은 마음속으로 부끄러웠고 유은을 지방 태수로 내보냈다.

○ 북주지학(北州之學)의 흥성

혜제 영가(永嘉)의 난(311)에, 유은은 흉노인 유연(劉淵)이 건국한 한(漢)의 포로가 되어 북방으로 끌려갔다.

유은에게는 7명의 아들이 있었는데, 5명의 아들에게는 각각 《오경(五經)》을 하나씩 전공(專攻)케 하였고, 두 아들에게는 《사기(史記)》와 《한서(漢書)》를 전공케 하였다. 그리하여 한 가문 안에서 《오경》과 사서(史書)가 모두 흥성하였다.

그리하여 "북주지학(北州之學)이 모두 은씨 가문에서 일어났다(殷門爲盛)."라고 하였다.

유은 부부는 천수(天壽)를 누렸다. 《진서 88권, 효우전(孝友傳)》

5) 고화

고화(顧和, 288-351)는 오군(吳郡) 오현〔吳縣, 지금의 강소성(江蘇省) 남단 소주시(蘇州市)〕 사람인데, 동진의 상서령(尙書令)을 역임했다.

고화는 아주 어려서 부친이 돌아가셨지만, 18세에는 지조와 도량이 보통 사람과는 크게 달랐다.

고화의 족숙(族叔)인 고영(顧榮)이 말했다.

"이 아이는 우리 집안의 기린아(麒麟兒)이니, 앞으로 우리 집안을 흥성케 할 것이다."

왕도(王導)가 양주(楊州)자사였을 적에 고화를 종사(從事)에 임명하였다.

어느 날, 당시의 명사이던 주의(周顗)가 고화의 가슴을 가리키며 "여기에 무엇이 들었소?"라고 물었다.

그러자 고화가 말했다.

"여기에는 정말 헤아릴 수 없는 것이 있습니다."

주의가 들어가 왕도를 만나 물었다.

"경의 아랫사람 중에 뛰어난 인재가 있는 것 같습니다."

왕도는 주의 말에 동의하면서 틀림없이 고화라고 생각하였다.

왕도는 양주자사로 재직하며 여러 명의 종사를 각 군현에 보내 정사의 득실을 알아오게 하였다. 고화도 지방에 나갔다가 돌아와 왕도를 만났다. 여러 종사들이 왕도에게 이런저런 보고를 하였지만 고화는 아무런 말도 하지 않았다.

왕도가 고화에게 묻자, 고화가 말했다.

"공(公)께서는 천자를 보좌하시면서, 비록 그물로 배를 삼킬만큼(탄주吞舟) 큰 물고기를 놓칠망정, 어찌 자질구레한 품평(品評)을 모아듣고 감시하며 다스리려 하십니까?"

왕도는 고화의 말에 수긍하였고, 다른 종사들은 자신의 부족했던 점을 부끄러워했다.

6) 진유

  ○ 효자의 누룽지

오군(吳郡)의 진유(陳遺)란 사람은 효자였다. 그의 어머니는 누룽지(초반焦飯)를 매우 좋아하였다. 진유는 주군(州郡)의 주부(主簿)가 되어 집을 떠나야만 했다. 그래도 진유는 항상 자루를 가지고 다니면서 매번 밥을 해 먹을 때마다 누룽지를 모았다가 어머니에게 갖다 드렸다.

손은의 난이 일어났을 때(399), 반군이 오군에 밀려왔고 관군은 토벌에 실패했다. 그때 진유는 몇 말의 누룽지를 모았지만 집에 보낼 수가 없어 어머니 생각을 하며 그 누룽지를 가지고 종군했었다. 관군이 패하여 산택(山澤)으로 쫓길 때, 흩어진 많은 병졸들이 굶어 죽었지만, 진유는 누룽지를 먹으며 살아남았다. 이를 두고 당시 사람들은 진유가 참된 효자였기에 얻은 보답이라고 칭송했다.

⑼ 독학자

  1) 두이

  ○《진서 유림전(晉書 儒林傳)》

두이(杜夷, 258-323)는 여강군〔廬江郡, 지금의 안휘성(安徽省) 서남부 지역) 출신인데, 유학자로 잘 알려졌다. 두이는 지방의 현족(顯族)이었지만, 젊었을 적에 조용하고 호학하며 바른 지조를 가지고 경서를 두루 공부하여 제가(諸家)의 학설에 밝았다. 그러면서 중년에 이르도록 폐문하고 젊은이들에게 경학(經學)을 교수하였기에 그 문도(門徒)가 수천 명이었다.

서진 혜제 재위 중에 여러 번 효렴(孝廉)으로 천거되었고, 혜제 영가(永嘉) 원년(307)에, 박사(博士)와 태부(太傅)를 제수 받았지만 출사하지 않았다. 당시 승상이던 사마예(司馬睿)가 특별히 유림제주(儒林祭酒)에 임명하였지만 끝까지 병을 핑계로 사양하였다.

동진 원제(元帝, 사마예) 때 두이는 국자제주(國子祭酒)에 임명되었지만 조회(朝會)에는 나가지 않았다. 당시 태자가 세 차례나 두이의 집을 방문하여 경의(經義)를 묻고 배웠다. 나라에 큰일이 있으면 조정에서 사람을 보내 두이의 의견을 물어 국정에 반영하였다.

두이는《유구자(幽求子)》20편을 저술했고 세상에 알려졌다. 두이는 명제 태년 원년(323)에 병으로 죽었고, 시호는 정자(貞子)였다.《진서 유림전》에 입전되었다.

2) 서광

○《진기(晉紀)》저술

서광(徐廣, 352-425)은 동진 동완군(東莞郡) 출신으로 역사학자이다. 서씨 집안은 가학(家學)의 전통이 깊어, 서광의 학문은 심오한 경지에 이르렀다.

사현(謝玄)이 연주(兗州)자사일 때 서광을 불러 서조종사(西曹從事)로 삼았고 나중에 진북장군(鎭北將軍)에 임용하였다.

동진 효무제(孝武帝, 재위 373-396)는 서광을 초치하여 비서랑에 임명하였다. 서광은 장서비각의 서책을 마음대로 열람할 수 있었다. 서광은 안제(安帝) 융안(隆安, 397-401) 연간에, 상서령 왕순(王珣)의 천거로 승진을 거듭하였다.

환현(桓玄)이 권력을 잡았을 적에 서광은 대장군문학제주(大將軍文學祭酒)가 되었다. 안제(安帝) 의희(義熙) 원년(405) 이후 여러 관직을 골고루 역임하였다. 의희 12년(416)에,《진기(晉紀)》46권을 완성하였고 비서감(秘書監)으로 승진하였다.

420년, 유유(劉裕, 유송 건국자)가 동진의 제위를 찬탈할 때, 서광은 중산대부였고 아들 서도현(徐道玄)은 진릉 태수였다. 서광은 고향으로 돌아왔고, 유송(劉宋) 문제(文帝, 유의륭) 원가(元嘉) 2년(425)에 74세에 천수를 누리고 죽었다.

○ 수불석권(手不釋卷)

서광은 동진의 마지막 황제 공제(恭帝) 퇴위 시 끝까지 눈물을 흘리며 진(晉)의 신하로 지조를 지키며 송(宋)에 출사하지 않겠다는 의지를 분명히 하였다.

서광은 독서를 좋아하여 늙도록 독서에 게으르지 않았다. 매년 《오경(五經)》을 한 번씩 읽었으니, 그의 손에 책을 놓질 않았다〔手不釋卷(수불석권)〕.

서광은 《진기(晉紀)》 이외에 《거복의주(車服儀注)》, 《답예문(答禮問)》, 《모시배은의(毛詩背隱義)》를 저술하였으며, 자신의 문집 15권을 남겼다. 또 《사기음의(史記音義)》 13권을 저술하였다. 《진서(晉書)》 82권에 입전되었다.

3) 차윤

○ 차윤낭형(車胤囊螢)

차윤(車胤, ?-400. 胤은 이을 윤, 자손이 뒤를 잇다)은 동진 남평군(南平郡) 사람이다.

차윤의 증조는 오국(吳國) 회계(會稽) 태수였고, 부친은 군(郡)의 하급 서리였다. 그러나 차윤이 어렸을 적에 가정은 아주 빈궁하여 밤에 불을 켤 수가 없었다.

이에 차윤은 여름에 반딧불이(형화충螢火蟲)를 잡아 얇은 천 주머니에 넣고 그 불빛으로 책을 읽었다. 이것이 차윤낭형(車胤囊螢, 囊은 주머니 낭. 주머니에 넣다. 螢은 개똥벌레 형)의 전고(典故)이다.

차윤은 나중에 환온(桓溫)의 주부(主簿)와 정서장사(征西長史)로 일했다. 동진 효무제(孝武帝) 재위 중(373-396)에 시중(侍中)과 호군장군(護軍將軍)이 되었고, 안제 융안(隆安) 연간(397-401)에 오흥태수(吳興太守)를 역임한 뒤에 이부상서(吏部尙書)로 승진하였다. 나중에 권력을 잡은 사마원현(司馬元縣)에게 죽임을 당했다. 《진서》 83권에 입전되었다.

4) 왕육

○ 양치기 – 노비가 되다

왕육(王育, 생졸년 미상)은 경조윤〔京兆尹, 지금의 섬서성(陝西省) 서안시(西安市) 서북〕 사람이다.

어린 시절에 몹시 가난하여 남의 집 양을 치는 목동이었다. 왕육은 글방을 지날 때마다, 글 읽는 소리를 들으며 눈물을 흘렸다. 어쩌다가 글자를 한두 자 배워 알게 되면, 나뭇가지를 꺾어 땅 위에 글자 쓰기를 연습하였다.

그러다 어느 날 양을 한 마리 잃어버렸다.

양 주인이 왕육에게 변상을 요구했다. 왕육은 자신의 잘못을 인정하고, 자신이 노비가 되어 양값을 변제하였다.

같은 군(郡)의 허자장(許子章)이란 사람은 왕육이 각고(刻苦)하며 노력한다는 이야기를 듣고, 그가 양값을 변상하고 왕육을 데려다가 먹여주고 자신의 아들과 함께 공부를 시켰다.

○ 상관의 명예를 지켜주다

왕육이 성인이 되었을 때, 8척이 넘는 큰 키에 수염이 3자나 되었고, 그 음성은 마치 종소리와 같았다. 허자장은 자신의 조카딸을 왕육에게 시집보냈고 독립하여 생계를 꾸려나가게 도왔다.

태수 두선(杜宣)은 왕육을 주부(主簿)에 임용하였다. 그러나 나중에 두선은 업무상 잘못이 있다 하여 현령으로 강등되었다. 그때 왕유(王攸)라는 다른 현령이 두선을 방문하였다. 그러나 두선은 밖에 나가 왕유를 영접하지 않았다.

그러자 화가 난 왕유가 두선에게 말했다.

"당신이 옛날 태수였을 때, 나는 당신을 존경하였다. 그러나 이제는 똑같은 현령이다! 왜 나를 영접하지 않고, 나를 참새처럼 대우하는가? 참새일지라도 죽은 새매를 무서워하겠나?"

이 말을 들은 왕육은 칼을 잡고 왕유를 잡아 밀치면서 말했다.

"주군이 욕을 당한다면 신하는 주군을 위해 죽어야 한다. 나의 주군이신 두공(杜公)은 억울하게 강등당했다. 이는 마치 해와 달이 일식과 월식을 하는 것과 같다. 응당 원상회복될 것인데, 당신, 겨우 일개 현령이 어찌 감히 나의 주군을 모욕할 수 있는가? 당신에게는 이 칼날이 무딘 것으로 보이나!"

왕육이 왕유를 찌르려 하자, 두선이 크게 놀라며 제지하였다. 이 때문에 왕육의 명성은 널리 알려졌다.

왕육은 나중에 현령이 되었는데, 그 정사가 매우 공정하여 백성의 칭송을 들었고, 도적 무리들도 왕육이 다스리는 현에 들어가지 않았다고 하였다.

왕육은 나중에 군사를 거느리고 흉노 유연(劉淵)의 한(漢, 304-317 존속)을 공격했지만 포로가 되었는데, 나중에 한(漢)의 대신으로 활약하였다. 《진서 충의(忠義)》89권에 입전되었다.

5) 조지

○ 불우한 신분

조지〔趙至, 우명(又名)은 조준(趙浚), 250년대?-280년대?〕는 서진(西晉) 대군〔代郡, 지금의 하북성(河北省) 북서부 장가구시(張家口市) 관할 울현(蔚縣)〕 사람이었다. 조지의 부친은 난세(亂世)를 당하여 군호(軍戶)로 전락한 가문이었다. 조지는 그 출신이 미천하였지만, 어린 나이에 근학(勤學)으로 현달(顯達)하여 부모님을 편하게 모시고, 부모의 노역(勞役)을 면하게 하겠다고 다짐하였다.

○ 혜강(嵇康)을 만나다

14세 때, 조지는 낙양(洛陽)의 태학(太學)에서 석경(石經)[99]을 필

---

[99] 희평석경(熹平石經) – 후한 영제(靈帝) 희평(熹平) 4년(175), 여러 유생에게 조서를 내려 《五經》의 문자를 확정하고 이를 석비(石碑)에 새기게 하였는데(熹平石經), 이는 古文과 전서(篆書)와 예서(隸書)의 三體 書法으로 쓰여 서로 참고 확인케 하였는데, 석경을 太學

사(筆寫)하는 혜강(嵇康)을 보았다.

조지는 혜강 주위에 한참 머물다가 혜강에게 성함을 물었다.

이에 혜강이 말했다.

"너 같은 어린아이가 내 이름을 물어 무엇을 하려는가?"

"어르신의 풍채가 매우 비범하시기에 물었습니다."

이에 혜강이 이름과 거처를 말해주었다. 뒷날 조지가 산양(山陽)으로 혜강을 찾아갔으나, 찾을 수 없어 헛걸음으로 돌아왔다.

조지가 집을 떠나 먼 곳에 구학(求學)하려 하자 부모는 조지를 보내려 하지 않았다. 그러자 실성한 척 달리며 돌아다니다가 떠나려 했지만 부모의 강요에 집으로 돌아왔다.

16살이 된 조지는 업현(鄴縣)에 가서 혜강을 만났고, 혜강을 따라 산양군에 와서 이름을 조준(趙浚)으로 바꿨다.

혜강은 늘 조지에게 말했다.

"너의 두상은 작고도 뾰쪽하고, 눈동자는 흑백이 분명하여 옛날 진(秦)의 장군 백기(白起)[100]의 풍모와 매우 닮았다."

의 정문 앞에 건립하여, 천하 사람 모두가 이를 표준으로 삼게 하였다.

100 《千字文》에 「기전파목(起翦頗牧), 용군최정(用軍最精), 선위사막(宣威沙漠), 치예단청(馳譽丹靑).」이라 하였다. 곧 秦國의 白起(백기, 前 332-257), 秦의 王翦(왕전, 생졸년 미상, 翦은 자를 전), 趙國의 廉頗(염파, 前 327-243), 趙國의 李牧(이목, ?-前 229)을 전국시대 4대 名將으로 꼽았다.

혜강이 죽은 뒤, 조지는 위흥태수(魏興太守) 장사종(張嗣宗)의 인정을 받아 강하군(江夏郡)의 관리가 되었다. 그러다가 기회가 있어 오국(吳國)으로 갔다. 장사종이 죽은 뒤, 조지는 다시 요서군(遼西郡)의 계리(計吏)가 되어 낙양에 출장을 갔고, 부친과 상면하였다. 그때 모친은 이미 별세한 뒤였다. 부친은 집에 돌아올 생각 말고 관리 업무에 전념하며 학문에 힘쓰라고 아들을 격려하였다.

조지는 요서군에 재직하며 재판 판결이 정확 공평하다는 칭송을 들었고, 유주(幽州)의 부름을 받아 종사(從事)가 되었다. 서진 무제 태강(太康) 연간(280 – 289)에, 조지는 모범 관리(良吏)로 천거되어 낙양으로 돌아왔다. 모친이 돌아가시어 안 계시니, 부모를 편히 모시겠다는 조지의 뜻을 이룰 수가 없었다. 결국 슬피 통곡하고 통곡하다가 피를 토하고 죽으니, 조지의 나이 37세였다. (《진서 92권, 문원전(文苑傳)》)

6) 혜함

ㅇ 식물학 저서를 남김

혜함〔嵇含, 263 – 306. 자(字)는 군도(君道), 자호(自號) 박구자(亳丘子)〕은 초국〔譙國, 지금의 안휘성(安徽省) 북부 박주시(亳州市)〕 출신으로, 서진(西晉)의 시인이며 식물학자였다. 혜함은 죽림칠현으로 유명한 혜강(嵇康)의 질손(侄孫)이며, 태자사인(太子舍人)인 혜번(嵇蕃)

의 아들이었다. 정서참군(征西參軍), 상서랑(尙書郞) 등 여러 관직을 역임하였고 나중에 양성태수(襄城太守)가 되었다.

혜제 영흥(永興) 3년(306)에 살해되었다.

혜함의 오언시가 남아있고, 《수서(隋書) 경적지(經籍志)》에는 《혜함집(嵇含集)》10권이 기록되었지만, 실전되었다.

혜함은 당시 보통 사인(士人)과 달리 식물에 관심을 가지고, 영흥 원년(304)에 《남방초목상(南方草木狀)》3권을 저술하였는데, 이는 풀(초류草類, 30종), 나무(목류木類, 28종), 과일(과류果類, 17종), 대나무(죽류竹類, 6종)에 대한 연구 기록이다.

7) 범선

○ 화가로도 유명

범선(范宣, 생몰년 미상)은 동진(東晉) 진류군〔陳留郡, 지금의 하남성(河南省) 동부 개봉시(開封市) 일원〕사람이다. 10살에 시서(詩書)를 외웠다. 후원에서 채소를 뽑다가 손가락을 다치자 크게 울었다.

어떤 사람이 '그렇게 아픈가?' 라고 묻자, 범선은 "아파서 우는 것이 아니라 신체발부(身體髮膚)는 훼상해서는 안 되기에 우는 것이라."고 대답하였다.

장성해서는 많은 책을 읽었는데, 특히 《삼례(三禮)》(《의례(儀禮)》, 《주례(周禮)》, 《예기(禮記)》)에 밝았다. 동진이 건국된 뒤에는 예장군(豫章郡)으로 이사하여 학관을 열고 문도를 교육했는데, 초국(譙國)의 대규(戴逵), 유명 화가인 대달(戴達) 등이 그의 문도로 유명했다.《진서 유림전》에 입전.

(10) 방술가

1) 진훈

진훈(陳訓, 생졸년 미상. 자(字)는 도원]은 동오(東吳)와 서진(西晉) 사람으로, 여러 비기(秘記), 천문(天文), 산술과 역법, 음양(陰陽), 점술(占術)에 밝았다. 동오의 마지막 황제 폭군 손호(孫皓)는 진훈을 봉금도위(奉禁都尉)에 임명하여 점복(占卜)을 전담케 하였다.

동오가 멸망한 뒤, 진(晉) 무제는 진훈을 간의대부(諫議大夫)에 임용하였지만, 곧 사직하고 고향으로 돌아갔다. 많은 사람들이 진훈을 찾아 점을 물었고, 진훈은 80여 세에 죽었다.《진서 예술전(藝術傳)》에 입전되었다.

2) 대양

대양(戴洋, 생졸년 미상)은 동오의 오흥(吳興) 사람으로, 풍각(風角),[101] 도술(道術), 점복(占卜)에 박통하였다.

---

101 풍각(風角) — 五音으로 四方의 바람을 점치고 그 길흉을 판단하는 점술.

대양은 동오 말기에 대리(臺吏)로 근무하다가 동오가 멸망하며 귀향하였다. 한동안 관직을 맡지 않다가 동진이 건국된 뒤에 중전군(中典軍)이 되었다가 독호(督護)로 승진하였다.

대양은 나중에 태위 도간(陶侃)에게 뽑혀 무창(武昌)에서 근무하며 점치는 일을 맡았으며, 80세가 넘어 죽었다. 《진서 예술전》에 입전.

3) 한우

한우(韓友, 생졸년 미상)는 《주역(周易)》에 박통하였고 많은 유명인이 한우를 찾아 점을 물었다. 사마예의 동진 건국 이후 광무장군(廣武將軍)이 되었고, 회제 영가(永嘉) 말기에 죽은 것으로 알려졌다. 《진서 예술전》에 입전.

(11) 양진의 은일

1) 손등

○ 위말진초(魏末晉初)의 은일

손등(孫登, 생졸년 미상)은 서진의 은사(隱士)인데, 도교(道敎)에서는 소문손진인(蘇門孫眞人) 또는 손진인선사(孫眞人先師)라고 부른다.

손등의 조적(祖籍)은 급군〔汲郡, 지금의 하남성(河南省) 서북부 신향시(新鄕市) 관할 휘현(輝縣)〕이지만, 산간 지역에 토굴을 파고 오랫동안 은거하였다. 천성적으로 희노애락을 나타내지 않았고 노장사상과 《주역》을 연찬하였다. 그러면서 통소를 잘 불었고 금(琴) 연주도 즐겼다.

여름에는 풀을 엮어 옷을 대신했고, 겨울에는 머리를 풀어 몸을 덮었다고 한다. 손등은 득도하고서 의양산(宜陽山)과 소문산(蘇門山)에서 살았다고 한다.

○ 도광양회(韜光養晦)

전설에 의하면, 손등은 미래를 예지(預知)하는 능력이 있었고, 완적(阮籍)과 혜강(嵇康)도 손등을 찾아 가르침을 받았다. 손등은 혜강에게 도광양회(韜光養晦)[102]하여 세속의 해악을 피하라고 가르쳤다.

완적과 혜강은 죽림칠현(竹林七賢)으로도 유명한데, 혜강은 손등을 3년간이나 따르고 배우려 했으나 손등은 자신이 뜻하는 바도 말해주지 않았다.

결국 혜강은 문하를 떠나면서 말했다.

---

102 도광양회(韜光養晦, 韜는 감출 도, 晦는 그믐 회, 어둠) − 자신의 재능이나 명성을 드러내지 않고 참고 기다리다. 양회는 은퇴하여 때를 기다리다.

"사부께서는 끝내 아무 말씀도 없으시군요."

그러자 손등이 말했다.

"그대는 불(火)을 아는가? 불이 생기면 빛(光)이 있다. 빛을 쓰지 않는다지만 결국 빛을 이용한다. 사람이 태어나면 재주(才)가 있다. 사람의 재주 자체를 쓰지 않는다 하지만, 결국 그 사람의 재능을 쓰지 않는가? 그러므로 빛을 쓰려면 땔감이 있어야 한다. 그것은 땔감이 타면서 광채를 내기 때문이다. 그리고 인재(人才)를 쓴다는 것은 그 사람의 참모습을 알아야 한다. 그 까닭은 그 사람이 제 목숨대로 살 수 있는가를 알아야 하기 때문이다."

혜강은 손등에게 음악을 가르쳐달라고 했으나 못 가르쳐 주겠다면서 다음과 같이 말했다.

"그대는 재능은 많으나 안목이 적으니, 지금 살고 있는 이 세대를 넘기기 어려울 것 같다."

그 뒤 과연 왕족 간의 정변에 휘말려 혜강은 죽음을 당했다.

죽음을 앞두고 혜강은 후회하는 〈유분시(幽憤詩)〉를 남겼다.

「그전엔 유하혜에게 부끄러웠고,　(昔慚柳下)
　지금은 손등에게 부끄럽도다.」　(今愧孫登)

서진(西晉) 무제(武帝) 영평(永平) 원년(291), 태부(太傅)인 양준(楊駿)[103]이 손등을 불렀는데, 손등은 양준 앞에 가서 아무 말도

하지 않았다. 이에 양준은 손등에게 좋은 옷 한 벌을 하사하였다.

손등은 아무 말도 없이 하사한 물건을 받아가지고 대문을 나오더니 칼을 꺼내어 "몽땅 찢어! 찢어버려!"라고 소리치며 옷을 갈기갈기 찢어버렸다.

이에 양준은 크게 화를 내며 아래 무사들을 시켜 손등을 잡아 가두게 하였다.

그러자 손등은 잡혀 갇힌 지 열흘 만에 갑자기 죽어버렸고, 양준은 좋은 관을 사다가 장례를 치러주었다.

그리고 팔왕(八王)의 난이 일어나면서 양준은 초왕(楚王) 사마위(司馬瑋)에 살해되고, 일족도 모두 죽임을 당했다.

얼마 뒤에, 손등을 동마파(董馬坡)란 곳에서 보았다는 사람이 있었다. 그러자 사람들은 손등이 거짓으로 죽었다고 믿기 시작했다.

도교에서는 정월 초사흘을 손등의 탄신일이라 믿고, 소문진인(蘇門眞人)이라 불렀다. 《진서 94권, 은일전(隱逸傳)》.

지금도 대만의 지역에서는 이날 손등을 위한 제사를 지낸다고 한다.

---

103 晉 武帝 양황후〔楊皇后, 名 芷(지)〕의 부친 양준(楊駿).

2) 노포

○ 〈전신론(錢神論)〉

노포(魯褒)의 자(字)는 원도(元道)인데, 남양군(南陽郡, 지금의 하남성(河南省) 서남부 남양시(南陽市) 일원) 사람이다. 호학하고 다문(多聞)하나 평생을 가난 속에 살았다. 서진 혜제 원강(元康, 291 – 299) 이후에 나라의 기강이 완전히 무너지자, 욕망과 야비가 세상을 뒤덮는 현실을 탄식하며 노포는 성명을 숨기고 살면서 〈전신론(錢神論)〉을 지어 돈(金錢)의 힘을 풍자하였다.

○ 〈전신론〉의 대략

「돈의 생김새는 건곤(乾坤, 하늘과 땅)의 모양이니, 안은 사각형 구멍이 있고, 밖은 둥근 모양이다. 돈을 쌓아두기로 한다면 산처럼 많고, 돈을 유통할 수 있다고 생각하면 냇물처럼 유용하다. 때로는 움직이거나 조용히 있지만, 나오고 물러남에 절조가 있어 시정(市井)에서는 매우 유용하나 닳아 없어지지 않고 오래 살 수 있으니, 세상 사람들은 금전을 신이(神異)한 보배라고 생각한다.

그래서 돈을 가까이하는 사람은 돈을 형님(兄)처럼 생각하니, 금전의 자(字)는 공방(孔方)이다. 돈이 없으면 빈약(貧弱)하고, 돈을 많이 얻으면 부자이며 번창한다. 돈은 날개가 없지만 날아다닐 수 있고[無翼而飛(무익이비)], 발이 없어도 달아날[無足而走

(무족이주)〕 수 있다. 엄숙한 표정을 짓지 않더라도 그 입을 열기는 어렵다. 돈이 많은 사람은 앞에서 우대받고, 돈이 적은 자는 뒤쪽에 자리잡는다. 돈이 많아 여러 사람 앞에서 우대받으니 우두머리가(君長) 되고, 뒤에 머무는 자는 신하나 머슴이 된다. 우두머리는 매사에 넉넉하고 여유가 넘치지만(君長者豊衍而有餘, 衍은 넘칠 연), 신하나 노복(奴僕)은 늘 곤궁하고 돈이 말라 부족하다(臣僕者窮竭而不足).

그래서 《시경 정월(正月)》에서도 말했다.

「부자에게는 넉넉하지만,　　(哿矣富人)
　가난뱅이는 고단하도다!」　(哀此煢獨)

돈을 화천(貨泉, 샘물이 솟아나듯 흘러나온다는 뜻)이라 하는데, 물은 아무리 멀더라도 흘러들어가지 않는 곳이 없다. 돈이 도와준다면 불리한 것이 있을 수 없다.

옛날 여불위(呂不韋)가 뜻을 이룬 것도, 또 한 고조가 진(秦) 2세를 이기고, 못난 2세가 제위에 오른 것이, 또 탁문군(卓文君)이 옷을 벗고 비단 이불 속으로 들어갔고, 사마상여(司馬相如)가 높은 일산(日傘)을 받들고, 높은 관직에 이름을 날린 것도 그 근원을 따져본다면 모두가 금전의 힘이었다. 그러니 그런 금전의 힘을 독서를 많이 한다 하여 어찌 얻을 수 있겠는가! 그러니 금전은 가히 신물(神物)이라 할 수 있다.

돈이 있다면 덕행이 없어도 존귀해지고(無德而尊), 권세가 없더라도 잘 살 수 있다. 위태롭다가도 편안하고 죽을 것도 살릴 수 있으며, 높은 자리에서 천한 자리를 부릴 수 있으며, 아무리 분노가 치밀더라도 돈이 없다면 돈 많은 자를 이길 수 없다. 그리고 원한이 아무리 깊어도 돈이 없으면 복수를 할 수도 없으며, 돈이 많다면 복수도 쉽다.

낙양성에 붉은 관복을 입은 사람들 역시 모두가 돈을 형님처럼 모시니, 오로지 금전만이 가장 고귀한 줄로 알아 모신다. 돈으로 모든 것을 끝내주니, 돈만 많다면 우열을 따질 수 없고, 나이를 묻지도 않는다. 돈 많은 사람 앞에 수레를 탄 사람들이 모여들고, 부잣집 대문 앞은 시장처럼 붐빈다.

그러니 오직 돈만이 힘을 쓸 수 있다. 그래서 속언에서도 '돈은 잡아끌 수 있는 귀(耳)가 없더라도, 돈을 통하면 누구든 귀신처럼 부릴 수 있다.'고 하였다.

집안에 형님과 같은 공방형이 없다면, 이는 마치 날개도 없으면서 날려고 하고, 발도 없으면서 먼 길을 가려 하는 것과 같다.」

금전의 힘이 이러하기에, 아마도 많은 사람들이 노포의 〈전신론(錢神論)〉을 읽고 공감하며 널리 퍼트렸다. 노포는 언제, 어디서 죽었는지 모른다.

3) 곽문

○ 산속에서 홀로 10여 년

곽문(郭文)은 하내군(河內郡) 지현(軹縣) 사람이었다. 젊어 산수(山水)를 좋아하며 은둔생활을 꿈꾸었다. 나이 30세에 산림을 유람할 때마다 열흘이 넘어도 돌아갈 줄을 몰랐다. 부모가 돌아가시고 복상을 마치자, 결혼도 하지 않고 집을 떠나 명산을 유람하였다.

서악(西嶽)인 화산(華山)의 북쪽 절벽을 지났고, 닉양을 경유하여 오흥(吳興) 여항(餘杭)의 대벽산(大辟山)의 막다른 골짜기의 인가도 없는 곳에서 나무에 기대어 움막을 짓고, 이끼를 깔고서 거적으로 앞을 가리고 그 아래에 거처하였는데 비바람을 막을 벽도 없었다. 때로는 맹수들이 몰려들어 곽문의 움집에 들어오는 일도 있었다. 그렇지만 곽문은 혼자 10여 년을 지내는 동안 별다른 피해가 없었다.

곽문은 늘 사슴 가죽옷에 갈건(葛巾)을 쓰고 살았는데, 술이나 고기를 먹어본 적도 없었다. 가끔 콩을 심어 수확하거나 대나무 죽순 또는 나무 열매를 따다가 소금과 바꾸어 먹고 살았다. 가끔 사람들이 값을 깎으려 하면 그냥 주어버렸다. 가끔 곡식이 여유가 있으면 마을에 내려가 가난한 사람을 도와주었다.

어느 날 맹수가 주둥이에 피를 흘린 채 곽문에게 와서 주둥이를 벌렸다. 곽문이 맹수의 입을 보니 큰 뼈가 걸려 있어 곽문이 손을 넣어 빼주었다. 맹수는 돌아가더니 다음 날 곽문의 움집에 사슴 한 마리를 잡아놓았다.

곽문은 맹수의 보은이라 생각하였다. 가끔은 사냥꾼들이 지나다니면서 곽문의 오두막에 들어와 하룻밤을 묵어갔는데, 곽문은 그들의 시중을 들어주며 싫어하는 기색이 없었다.

○ 왕도(王導)의 초청

왕도(王導)가 곽문의 명성을 듣고 사람을 보내 곽문을 초빙하였다. 곽문은 수레나 배를 타지 않고, 보따리를 짊어지고 걸어서 왕도를 찾아갔다. 왕도는 곽문을 서원(西園)에 머물게 하면서 7년 간 의식을 베풀어 주었다.

곽문이 머무는 서원에는 새와 짐승들이 모여들었고, 그렇게 모여든 짐승은 마치 곽문과 함께 사는 식구와 같았다. 이에 왕도를 찾아오는 많은 관리들이 곽문이 머무는 서원을 찾아와 짐승들과 함께 생활하는 곽문의 모습을 구경하고 돌아갔다.

곽문은 남들이 와서 보든 안 보든 전혀 마음 쓰지 않고, 산속에 살 때처럼 그대로 생활하였다.

온교(溫嶠)란 사람이 곽문을 찾아와 물었다.

"인간은 육친(六親)이 함께 모여 즐기며 사는데, 선생은 육친을 버리고서도 무슨 낙으로 사십니까?"

그러자 곽문이 말했다.

"나는 본래 도(道)를 배우고자 했습니다. 난세를 만나 돌아갈 길이 없어 여기 왔을 뿐입니다. 굶주리면 먹고 싶고, 나이가 들면 여인이 생각나는 것이 자연의 본성인데, 선생께서는 그런 정념이 없습니까?"

이에 곽문이 말했다.

"정(情)이란 기억이 있기에 생기는 것입니다. 아무런 기억이 없으니, 속인들이 말하는 그런 정을 느끼지 않습니다."

"선생께서는 깊은 산속에 홀로 지냈습니다. 만약 병에 걸려 죽었다면 금수의 밥이 되었을 것입니다. 그런 끔찍한 일을 생각하지 않았습니까?"

"사람이 땅에 묻히면 땅속의 개미나 벌레가 먹을 것인데, 무슨 차이가 있겠습니까?"

이후 온교는 늘 다른 사람에게 말했다.

"곽문은 현인의 본성을 갖고 있지만 현인의 재주는 없다. 그러니 유하혜(柳下惠)[104]의 아류(亞流)인 것 같다."

---

104 유하혜(柳下惠) – 魯의 대부로, 본명은 展獲(전획)이고 柳下를 식읍으로 받았고, 惠는 시호이다. 공자는 유하혜의 탁월한 재능을

동진 원제(元帝, 사마예) 영창(永昌) 연간(322)에, 온 나라에 전염병이 크게 돌았다.

왕도가 곽문에게 약을 보내자, 곽문이 말했다.

"인명(人命)은 재천(在天)이지 약에 있지 않습니다. 그리고 인명의 수요장단(壽夭長短)은 시운(時運)입니다."

곽문은 왕도의 집 서원에 7년을 머물렀는데, 집 밖을 출입하지 않았다. 그러던 어느 날 곽문은 산으로 돌아가겠다고 말했다. 왕도가 만류하자, 곽문은 절강(浙江) 임안(臨安, 杭州)으로 몰래 떠났고 산속에 움막을 짓고 홀로 거처하였다.

곽문은 나중에(328, 소준의 반란 이후에) 임안현에서 죽었다. 《포박자(抱朴子)》를 저술한 갈홍(葛洪)이 곽문을 위해 제사하고 곡을 한 뒤에 떠나갔다고 한다.

칭찬하였다. 유하혜는 典獄官(전옥관)으로 현명하고 유능하였지만 관직에서 3번이나 쫓겨났다. 어떤 사람이 유하혜에게 "당신은 세 번이나 쫓겨났는데도 魯나라를 떠나지 않을 겁니까?"라고 물었다. 이에 유하혜가 말했다. "正道로 주군을 섬긴다면, 어디를 가더라도 3번쯤은 쫓겨나지 않겠습니까? 정도를 굽힌 왕도(枉道)로 섬길 것이라면, 하필 부모님이 살던 나라를 떠나겠습니까?"라고 말했다. 이처럼 유하혜는 사리에 맞는 말을 사려 깊은 행동으로 정도를 지켰지만 3번이나 면직되는 치욕을 겪었다.

(12)《진서 열녀전》

1) 양탐의 처 신헌영

○ 태자의 자리

양탐(羊耽)[105]의 아내인 신씨(辛氏)의 자(字)는 헌영(憲英, ?-269)인데, 농서(隴西) 출신으로 위(魏)의 시중인 신비(辛毗, 도울 비)의 딸이다. 총명하고 재주가 많았다.

언젠가 위 문제(魏 文帝, 조비)가 태자로 책립되자, 조비는 신비의 목을 껴안으며 말했다.

"내가 기쁘겠는가? 안 기쁘겠는가?"

신비가 딸인 헌영에게 이런 이야기를 들려주자, 헌영이 탄식하며 말했다.

"태자(太子)는 주군에 이어 종묘와 사직의 주인입니다. 주군의 대를 잇게 되니 기쁘지 않을 수 없지만, 동시에 슬프지 않을 수 없습니다. 응당 슬퍼해야 하거늘 기뻐하니, 나라가 어찌 오래 지속할 수 있겠습니까! 위(魏)는 아마도 번창하지 못할 것입니다."

○ 직무 수행 – 대의(大義)를 따르기

신헌영의 남동생인 신창(辛敞)은 대장군 조상(曹爽)의 참군(參

---

[105] 양탐(羊耽, 생졸년 미상. 耽은 즐길 탐) – 曹魏의 泰山太守, 太常을 역임.

軍)이었다. 사마의(司馬懿, 중달)가 조상 일족을 제거하려고, 위 소제(魏 少帝) 조방(曹芳)의 가평(嘉平) 원년(249)에 조방을 따라 고평릉(高平陵, 명제의 능)을 참배하러 성문을 나가자, 사마의는 성문을 닫아버렸다. 그러자 조상의 사마(司馬)인 노지(魯芝)가 군사를 거느리고 관문을 지키는 군사를 죽이고서, 함께 조상에게 가자고 신창을 불렀다.

이에 신창은 두려워하며 누나인 헌영에게 물었다.

"지금 천자는 성 밖에 행차했는데, 태부(太傅, 사마의)께서는 성문을 폐쇄하였습니다. 사람들은 나라에 불리할 것이라 말하는데, 태부의 일이 성공할 것 같습니까?"

그러자 신헌영이 말했다.

"앞일은 알 수가 없지만 내가 헤아려볼 때, 태부는 어쩔 수 없을 것이다. 붕어하신 명제(明帝)께서는 임종 직전에 태부의 어깨를 잡고 후사를 부탁하셨고, 그 말씀은 아직도 조정 관원들에게 남아있을 것이다. 또 조상(曹爽)과 태부가 함께 후사를 부탁받았는데, 조상이 권세를 멋대로 휘두르는 것은 왕실에 대한 불충이며 신하의 바른 도리가 아니다. 이번 거사로 조상을 제거할 것 같다."

그러자 신창이 물었다.

"그렇다면 저는 성을 나가지 않아야 합니까?"

"출성(出城)하지 않는 것이 안전할 것이나 직분의 수행은 신하의 대의(大義)이다. 보통 사람이 위난(危難)에 처했다면 도와주어야 한다. 그러나 할 일이 있는데도 하지 않는다면 좋은 일이 없을 것이다. 누군가를 위한 책임을 맡았다면 그를 위해 죽어야 한다. 네가 네 직무를 수행하지 않는다면, 그것은 여러 사람에게 휩쓸리는 것이다."

신창은 출성하였고, 사마의는 조상을 죽여버렸다. 모든 일이 끝난 뒤에 신창이 탄식했다.

"내가 누나와 상의하지 않았다면 대의를 지키지 못했을 것이다."

○ 아들을 훈계하다

그 뒤에 종회(鍾會)[106]는 진서장군(鎭西將軍)이 되어 촉한 정벌에 나섰다.

신헌영이 아버지 신탐의 조카인 호(祜)에게 물었다.

"종회는 왜 서쪽으로 출정하는가?"

"촉한을 정벌하러 갔습니다."

신헌영이 말했다.

---

[106] 종회(鍾會, 225 – 264) – 字는 士季, 三國 曹魏의 사도(司徒) 역임. 태부(太傅) 종요(鍾繇)의 막내아들. 촉한을 멸망시키는 원정에 참여, 촉한 멸망 후 촉한의 장수 강유(姜維)와 연합하여 반역을 계획했으나 난군(亂軍)에게 살해되었다.

"종회는 일처리가 제멋대로이니, 그 아랫사람으로 오래 견디며 모실 수 있는 사람이 아니다. 나는 그 사람이 아마 다른 뜻을 품었을 것 같다는 생각이 든다."

종회는 출정에 앞서 아들 양수(羊琇)를 참군(參軍)으로 데리고 가겠다고 말했다.

그러자 신헌영이 걱정하며 말했다.

"그전에 나는 나라를 걱정하였지만, 오늘은 우리 집에 재난이 닥쳤도다."

이에 양수는 문제(文帝)에게 청원하였지만, 문제는 들어주지 않았다.

이에 신헌영이 아들에게 말했다.

"종회를 수행하라. 그러나 조심해야 한다. 군자는 들어와서는 부모에게 효도해야 하고, 밖에 나가서는 나라에 지조를 다해야 한다. 직분을 수행하면서 맡은 바를 생각하고, 의리에서는 자신의 처지를 생각해야 한다. 그래야만 부모에게 걱정을 끼치지 않을 것이다. 군사 업무의 수행에서는 오직 인의(仁義)와 용서(容恕) 뿐이다."

종회는 촉한을 멸망시킨 뒤에, 촉의 장수 강유(姜維)[107]와 함께

---

[107] 강유(姜維, 202-264, 字는 伯約) - 涼州 天水郡 출신. 蜀漢의 장수, 본래는 曹魏의 天水郡 中郎將, 촉한에 투항했고, 제갈량의 인정을 받았다. 제갈양 사후에 蜀漢의 軍權을 쥐고 전후 11차례나 위나

위(魏)에 반역하였지만 양수는 무사히 귀국하였다.

신헌영은 진 무제 태시(泰始) 5년(269)에, 79세의 천수를 누리고 죽었다.

2) 왕경의 모친

왕경(王經, ?-260)은 젊었을 때 빈곤하였는데, 질록 2천석의 태수가 되었다.

이에 그 모친이 말했다.

"너는 원래 가난한 집안에서 이제 태수가 되었으니 만족할 줄 알아야 한다."

왕경은 나중에 상서(尙書)로 승진하였으니 조위(曹魏)의 대신(大臣)이었다. 왕경은 위(魏)에 충성하며 사마소(司馬昭)의 편에 서지 않았다.

왕경은 진(晉)에 충성하지 않았다는 이유로 잡혀가면서 모친에게 울면서 말했다.

라 정벌에 나섰다. 사마소(司馬昭)가 蜀漢을 멸망시킬 때, 강유는 검각(劍閣)에서 종회(鍾會)를 막고 있었으나, 등애(鄧艾)가 음평(陰平) 小路를 지나 成都를 함락시켰고, 後主 유선(劉禪)의 투항을 받았다. 종회는 등애를 제거한 뒤 강유와 그 군사를 거느리고 위를 정벌하려는 반역을 꾸몄고, 강유도 딴 뜻을 품고 종회에 동조하였지만, 종회의 부하들이 반기를 들면서 亂軍 속에서 62세로 죽었다. 正史《三國志 蜀書》14권,〈蔣琬費禕姜維傳〉에 立傳.

"어머님 가르침을 따르지 않아 오늘 이런 꼴을 당했습니다."

그러자 모친은 조금도 슬픈 기색 없이 아들에게 말했다.

"아들로서 효도했고 신하로서 주군에게 충성했는데, 어찌 내 말에 따르지 않았다 하느냐!"《세설신어 현원(賢媛)》

3) 왕담의 결혼

왕담(王湛, 249-295)[108]은 큰 코에 이마가 튀어나왔으며, 말수가 적으나 남에게 베풀기만 하기에 종족 사람들은 왕담을 바보라고 생각하였다. 그래서 혼인할 나이가 되었지만 혼처가 나오지 않았다. 그런데 왕담이 학보(郝普, 후에 낙양태수 역임)의 딸과 결혼하고 싶다고 말했다. 왕담의 부친인 사공(司空) 벼슬의 왕창(王昶)은 아들이 어리석어 혼사가 쉽지 않을 것이라 생각하여 서둘러 청혼하고 혼사를 마쳤다.

그런데 왕담의 신부는 그 미모와 현숙한 품덕(品德)이 일문에 으뜸이었고, 아들을 낳고 잘 길러 으뜸 현모양처였다.

어떤 사람이 왕담에게 "어떻게 아내를 알아보았는가?"라고 물었다.

이에 왕담이 말했다.

---

108 왕담(王湛)은 서진에서 여남태수(汝南太守)를 역임했다. 28세에 처음 출사하여 여러 관직을 역임했다.

"일찍이 그녀가 우물에서 물을 긷는 모습을 보았는데, 행동거지가 법도에 맞고, 함부로 두리번거리지 않았습니다." 《세설신어 현원(賢媛)》

4) 도간의 모친 담씨

  o 아들이 보내온 걱정거리

진(晉)의 장군 도간(陶侃, 259-334, 侃은 강직할 간, 도연명의 증조부)의 모친인 담씨(湛氏, 즐길 담)는 예장군〔豫章郡, 치소는 지금의 강서성(江西省) 북서부 남창시(南昌市)〕사람이었다.

그전에 도간의 부친 도단(陶丹)이 담씨를 첩으로 맞이하여 도간을 얻었다. 그러나 도단은 빈천하였고, 담씨는 길쌈으로 돈을 벌어 도간이 자신보다 나은 사람과 교유할 수 있도록 도와주었다.

도간이 젊었을 때, 심양현〔尋陽縣, 지금의 강서성(江西省) 북단 구강시(九江市) 서남〕의 현리가 되었다. 한번은 나라의 어장(漁場)을 감독하면서 소금에 절인 젓갈 한 항아리를 모친에게 드렸다.

모친 담씨는 젓갈 항아리를 봉한 다음에, 아들에게 서신을 보내 꾸짖었다.

「너는 관리가 되어 관아에서 얻은 물건을 나에게 보냈는데, 이는 나에게 도움이 되지 않고, 오히려 나에게 걱정만 끼칠 것이다.」

파양군(鄱陽郡)의 효렴으로 천거받았던 범규(範逵)란 사람이 도간의 집에 들렸고, 마침 큰 눈이 내렸다. 담씨는 자신의 침상에 깔린 볏짚을 걷어다가 범규의 말을 먹였다. 그리고 자신의 머리카락을 잘라 팔아 술과 안주를 사다가 범규를 대접하였다.

범규가 이런 사정을 알고서 감탄하며 말했다.

"이런 모친이 아니라면 도간 같은 아들을 낳지 못했을 것이다."

도간은 청렴결백한 장군으로 나라에 큰 공을 세웠다.

5) 순숭의 딸 순관

ㅇ 13살에 군사 지휘

순숭(荀崧, 262-328)[109]의 막내딸 순관(荀灌)은 어려서부터 지조가 굳었다. 순숭이 양성태수(襄城太守)일 때, 두증(杜曾)에게 포위되었는데, 군사력도 미약했고 군량은 떨어질 지경이었다. 순숭이 옛 관리이던 평남장군(平南將軍) 석람(石覽)에게 구원을 요청해야 하는데, 성을 빠져 나갈 방법이 없었다.

---

[109] 순숭(荀崧, 262-328, 崧은 높이 솟을 숭) - 영천군(潁川郡) 출신. 후한 말 조조의 참모 순욱(荀彧)의 현손(玄孫)으로 동진의 右光祿大夫 역임. 순숭의 모친이 영가의 난(永嘉之亂, 311)에 돌아가셨는데, 순숭은 중상을 입으면서도 모친의 시신을 지켰다. 중상을 입고도 모친상을 치뤘다. 《晉書 荀崧傳》75권.

그때 순관은 13살이었는데, 용사 수백 명을 인솔하여 밤에 성벽을 넘어 포위를 뚫고 나갔다. 적도들이 심하게 추격해오자, 순관은 장졸을 독려하고 싸우며 전진하였다.

결국 적도를 따돌리고 석람의 진영에 이르러 구원을 요청하는 서신을 전달하였고, 또 남중랑장(南中郎將)인 주방(周訪)에게도 도움을 요청하였다. 결국 적도들은 물러갔고, 양성 군민을 구원하였으니, 이 모두는 순관의 공로였다.

6) 왕응지 처 사도온

○ 사안(謝安)의 조카

왕응지(王凝之)[110]의 아내인 사씨(謝氏)의 자(字)는 도온(道韞)인데, 안서(安西) 장군인 사혁(謝奕)의 딸이다. 사씨는 총명하고 재주가 많았다.

어느 날, 사도온의 숙부인 사안〔謝安, 320－385, 자(字)는 안석, 호(號)는 동산〕이 물었다.

"《시경(詩經)》에서 가장 아름다운 구절이 무엇인가?"

---

[110] 왕응지(王凝之, 334－399, 字는 叔平) — 왕희지의 次子. 명필로 소문났지만 여러 형제 중 재능이 제일 떨어졌다고 한다. 江州刺史, 左將軍, 會稽內史 등을 역임. 五斗米道를 신봉했다. 왕응지는 그의 아내 사도온(謝道韞)보다 열등하여 아내의 불만이 많았다고 알려졌다.

그러자 사도온이 대답하였다.

「길보가 노래를 지으니,　(吉甫作頌)
조화가 청풍과 같도다.　(穆如淸風)
중산보 항상 그리나니,　(仲山甫永)
마음이 위로받는구나.　(以慰其心)」[111]입니다.

어느 눈이 내리는 날, 사안이 자식과 조카들을 모아놓고 눈 내리는 모습이 무엇과 같으냐?고 물었다.

"소금을 뿌리는 것 같다."는 말도 있었고 여러 가지가 나왔는데, 사도온은 "버들솜(柳絮)이 날리는 것 같습니다."라고 대답하였다.

그러자 사안은 사도온이 '많은 학식과 고아한 정서(雅人深致)'를 가졌다고 칭찬하였다.

○ 왕희지의 며느리

그전에 사도온이 왕응지와 결혼했는데, 왕응지는 왕희지의 작은 아들로, 오두미도(五斗米道)를 신봉하였다.

---

[111] 《詩經 大雅 烝民(증민)》의 마지막 구절 – 이 시는 西周 宣王의 명을 받아 중산보(仲山甫)가 齊나라에 성을 쌓으러 갈 때, 길보가 이 시를 노래하여 전송했다고 한다. 곧 선왕이 어질고 유능한 인재 등용을 기린 것이라는 주석도 있다.

뒷날 왕응지와 왕응지의 아들은 손은(孫恩)[112]의 난 중에 살해되었다. 사도온은 소식을 듣고도 평상시와 같았다. 다만 사도온은 비수를 항상 품고 다녔다. 사도온은 손은의 무리 몇 명을 찔러 죽이고 산 채로 잡혔다. 그때 사도온의 외손은 열 살도 안 된 어린아이였다.

손은의 무리가 사도온의 외손을 해치려 하자, 사도온이 당당하게 말했다.

"이번 일은 왕씨 집안이 겪은 재앙이다. 나의 외손과 무슨 상관이 있다고 어린아이를 해치려 하는가! 정말로 사람을 죽이고 싶다면 나를 죽여라!"

손은의 무리가 아무리 악독하다지만, 사도온의 당당한 말에 겁을 먹고 외손을 죽이지 못했다. 사도온은 여인이지만 그 기개(氣槪)는 이와 같았다.

---

[112] 손은(孫恩, ?-402) - 낭야군〔治所 在 今 山東省 남부 臨沂市(임기시)〕 출신. 서진 中書令인 손수(孫秀)의 후손. 五斗米道를 신봉. 399년 起兵하여 晉에 반기, 402년 패사. 손은이 죽자, 손은의 매부인 노순(盧循)에 의해 반란 계속.

제3부

5호16국과 남북조의 흥망

1. 5호16국의 명멸

(1) 5호16국 시대

○ 오호십육국(五胡十六國) 시대의 기본

① 시기 : 서기 304-439년.

304년에, 유연(劉淵)¹¹³이 자립하여 병주〔幷州, 지금의 산서성(山西省) 지역〕를 차지하면서 한(漢)을 세웠다. 그리고 이웅(李雄)¹¹⁴

---

113 유연(劉淵) – 흉노인. 漢趙 光文帝 유연(劉淵, ?-310, 재위 304-310)이 서진 말기, 8王의 난 혼란 중에 남흉노인들의 추대를 받아 대선우(大單于)가 되었는데, 304년에 자립하여 한왕(漢王)을 자칭하고 국호를 한(漢, 뒷날 趙로 개명. 史書에서는 前漢 또는 前趙)이라 하였다. 연호는 영봉(永鳳).

114 이웅(李雄, 成武帝, 274-334) – 저족(氐族). 성한(成漢)의 개국 군주 (재위 304-334). 자립하여 성도왕(成都王)을 자칭. 정식 국호는

이 사천성(四川省) 지역(蜀)을 차지하고 성한(成漢)을 건국하였다 (304).

이를 기점으로, 5호16국 시대가 시작되었다.

이후, 439년에 북위(北魏) 탁발도(拓跋燾, 태무제)[115]가 흉노족 일부가 건립한 북량(北涼, 397-439 존속)을 멸망시켜, 화북지방을 통일할 때까지를 5호16국 시대라 한다.

② 16국에 대해서는 여러 주장이 있지만, 보통 5량(五涼), 4연(四燕), 3진(三秦), 2조(二趙), 성한(成漢)과 흉노족의 하(夏)를 16국이라 지칭한다. 이 말은 북위(北魏, 386-535 존속)의 사학자 최홍(崔鴻, 478-525)이 16국의 역사를 서술한 《십육국춘추(十六國春秋)》에서 유래하였다.

그러나 이 시기에 활동한 민족이 5호족만은 아니었고, 그 시기에 명멸(明滅)한 나라가 16개국만은 아니었다. 한족(漢族)인 염민(冉閔)이 건국한 위(魏)가 있었고, 돌궐족의 한 갈래인 정령(丁靈, 丁零, 丁令)족이 건국한 위(魏), 무도군〔武都郡, 지금의 사천성(四川省) 서남〕 일대에 저(氐)족이 건립한 구지국(仇池國)과, 선비족 모용씨(慕容氏) 일부가 건립한 서연(西燕), 선비족 탁발씨가 건국했던 대국(代國) 등을 포함하면 21국이었다.

　　大成, 史書에서는 성한(成漢).
115 北魏 太武帝 탁발도〔拓跋燾, 재위 423-452, 북위의 3대 황제, 탁발규(拓拔珪)의 손자〕-북위는 선비족의 나라.

③ 5호16국의 영역 : 대체적으로 화북(華北), 촉지(蜀地), 요동(遼東) 지역을 포함하고, 장강(長江) 또는 회수(淮水)에서 동진과 접경했다. 5호16국 중, 후조(後趙)와 전연(前燕), 그리고 전진(前秦)은 화북 지역 거의 대부분을 차지한 적도 있었지만, 나라의 수명은 대개 매우 짧았다. 따라서 5호16국 시대 1백여 년간에는 화북 지역에 전쟁이 그치지 않았다.

④ 오호족(五胡族) : 호(胡)는 한족(漢族)이 아닌 이민족에 대한 멸칭(蔑稱)이다. 우리말로는 한인(漢人)이 아닌 여진족(女眞族, 만주족)을 지칭한다. 보통 멸칭으로 되놈이라 불렀다.

[예] 호란(胡亂, 병자, 정묘). 호떡, 호주머니(호랑胡囊, 호로胡虜) 새끼.[116]

－흉노(匈奴)는 아시아 대륙 북부의 유목 민족. 막북(漠北) 지역에 건립된 부족 연맹 형태의 국가. 중국의 고대부터 한족을 철저하게 괴롭힌 민족이다. 지금의 몽고 공화국, 시베리아 남부, 중앙아시아, 중국 북부에서 유목생활을 했다.

---

116 5호(五胡)에 파촉(巴蜀) 지역의 종인(賨人, 賨은 종족 이름 종, 賨의 音 cóng)을 보태어 육이(六夷)라는 지칭도 있다. 이들은 판순만(板楯蠻)이라고도 부른다. 종인은 秦漢 시기에 四川省의 북부와 동부, 그리고 섬서성 남부의 한중군(漢中郡) 일대에 살던 토착 원주민인데, 나무판을 방패로 사용한다고 하였다. 漢 高祖는 이들을 동원하여 秦을 돌파했고, 그 공로로 부세를 면제하였다는 기록도 있다.

─선비(鮮卑)는 중국 북방 유목 민족인 동호족(東胡族)의 한 갈래였다. 한초(漢初)에 그 부족이 흉노의 동진(東進)에 밀려 묵독선우(冒頓單于)에게 격파된 뒤에, 오환산(烏桓山)과 선비산(鮮卑山) 지역에서 각각 생활하였기에, 거기에서 오환과 선비의 명칭이 유래되었다고 한다. 선비족의 주 활동 무대는, 지금의 내몽고의 동부 지역이었다. 선비산의 위치는 미상이나 대체로 대흥안령(大興安嶺)의 북쪽으로 추정하고 있다. '서백리아(西伯利亞, 시베리아)'의 명칭도 '선비리아(鮮卑利亞)'에서 유래되었다는 주장도 있다. 선비족은 5호16국 시대부터 크게 융성하였는데, 모용씨(慕容氏)의 전연(前燕)과 후연(後燕)이 있었고, 탁발씨(拓拔氏)의 북위(北魏) 등이 선비족이 세운 나라였다.

─갈(羯)은 중국 산서성(山西省) 일대에서 하북성(河北省) 북부 일대에 거주하던 유목 민족으로, 남흉노족의 일부이다. 중앙아시아의 대월지인(大月氏人), 또는 돌궐인을 지칭한다는 등 여러 주장이 많다. 그 생김새는 고비(高鼻, 큰 코)에 심목(深目, 우묵한 눈)이라 하였다. 지금의 갈족은 중앙아시아 타시칸트(塔什干)에 살며, 요교(祆教, 배화교)를 신봉한다. 후조〔後趙, 석조(石趙)〕를 건국한 석륵(石勒)이 갈족이었다.

─강(羌)은 양(羊)을 토템으로 숭배했던 종족. 자칭은 이마(爾瑪), 강(羌, 종족 이름 강)은 타칭이다. 중국 서남이(西南夷)의 하나로, 지금은 사천성(四川省) 일대에 거주, 인구 약 30만 정도로, 구

어〔口語, 장어(藏語)〕는 전승되었으나 그들 문자는 소멸되었다고 한다.

- 저(氐)는 고대 중국 서북부 소수민족의 하나. 지금의 섬서성(陝西省), 감숙성(甘肅省), 사천성(四川省)의 접경 지역이 주 활동무대. 전진(前秦)을 건국한 부건(苻建)이 저족이었다.

⑤ 오호족(五胡族) 흥기(興起)의 배경 : 서진(西晉)의 '팔왕(八王)의 난'이 계속되는 동안 서진의 국력은 크게 쇠퇴했고, 당시 팔왕(八王)이 이민족을 용병(傭兵)으로 고용하면서 이들 입지가 강화되었다.

⑥ 5호족의 영향 : 서진(西晉) 시대에 5호족은 서진(西晉)의 북방과 서방에 거주하여 서진(西晉)의 반쪽을 포위한 상태였다. 이들이 화북지방에 들어와 나라를 세우고 망하는 과정에서 약탈과 도살이 그치지 않았다. 이에 따라 경제가 침체되었고 백성들은 극심한 고통을 겪었다.

⑦ 오호십육국(五胡十六國) 시대의 사회 : 중국의 북방 민족이 중원(中原)으로 대량 유입된 시기로, 대규모의 민족 융합을 이룩했다(胡漢 체제 성립).

이 기간에 한인(漢人)과 유목민의 혼혈과 융합이 이뤄졌고, 정치 문화적으로 호인(胡人)과 한인(漢人)의 문화가 뒤섞였다. 그러나 한인 귀족들은 5호족의 혼란과 압제를 피해, 강남 지역과 요동 지역으로 피난하면서 결과적으로 한인 거주지역이 확대되었고 강남 개발과 육조(六朝) 귀족문화의 융성을 가져왔다.

  ○ 한인(漢人)과 흉노족의 관계

전한(前漢) 고조(高祖) 유방(劉邦)은 한(漢) 7년(서기 前 200) 평성(平城)에서 흉노에게 7일간 포위되었으나 진평(陳平)의 비계(秘計)로 탈출하였지만,[117] 이후 굴욕적 화친을 맺어 한(漢) 종실 공주와 화혼(和婚)을 허락하였고, 형제의 맹(盟)으로 해마다 곡식과 비단을 보내주어야만 했다.

전한 무제의 무력 정벌 – 위청(衛靑), 곽거병(霍去病) 등을 보내 흉노족을 적극적으로 정벌하며 실크로드를 개척하고, 이후 서역(西域) 지역에 대한 한의 지배권이 강화되었다.

후한 건국(서기 25) – 광무제(光武帝, 유수)의 후한 건국 이후에

---

[117] 陳平(?-前 178)은 여러 번 奇計로 劉邦을 도왔다. '反間計', '이간계(離間計)'가 그의 특기였다. 漢 高祖가 흉노와 싸우다가(前 200) 平城(今 山西省 북부의 大同市 동북쪽)의 백등산에서 포위되었는데, 이를 '평성지역(平城之役)'이라 한다. 이 위기를 해결한 진평의 '奇計'는 진평이 흉노선우의 정처(正妻)에게 밀사를 시켜 '美人圖'를 보내며 말했다. '漢의 황제가 포위되었는데, 포위를 풀려고 이런 미인을 單于에 보내려 한다.' 면서 많은 예물을 주자, 선우(單于)의 正妻가 총애를 잃을까 걱정하여 선우를 설득했다고 한다. 진실 여부를 떠나 이는 陳平만이 낼 수 있는 '기계(奇計)'임은 틀림없다. 진평의 기계는, 곧 당당하지 못한 해결이기에 史書에 자세한 기록이 없다.

흉노족은 남북 흉노로 분열 - 남흉노(南匈奴)는 한(漢)의 영토 내 거주하였다.

후한(後漢) 말에 조조는 남흉노를 5부(좌左, 우右, 남南, 북北, 중부中部)로 분할하여 지금의 섬서성(陝西省), 산서성(山西省), 하북성(河北省) 일대에 나눠 거주케 하였다. 그러면서 각부(各部)에 우두머리 격인 수(帥) - 나중에 도위(都尉)로 개칭 - 를 두어 통치하였다.

(2) 5호16국 시대 개관

서진 멸망(서기 316년) 이후 중국은 남북의 대립 시대가 시작된다.

화북지방에서는 이민족의 무상한 흥망 속에 전란이 이어지는 5호16국 시대가 열린다.

이 5호16국 시대는 그동안 사실상 독자적으로 성장한 중국의 농경문화와 북방 유목(遊牧)문화의 대융합이 이루어지는 시기였다. 이는 유럽에서 게르만족의 이동으로 로마제국의 고대가 붕괴하고 중세가 열리는 상황과 유사한 일면이 있었다.

서진이 멸망하기 전부터 시작되었던 북방 5호족의 중국 진출은 16국의 건국과 멸망이 진행되다가 전진(前秦)의 왕 부견(苻堅)에 의해 일시 통일이 되지만, 동진(東晉)과의 비수(淝水)의 싸움에서(383) 패하며 곧 멸망한다. 이어 북위(北魏)가 화북지방을 통일 지배하게 된다.

이들 5호16국의 흥망은 민족 간의 갈등을 첨예화시켰다. 당시 사회는 불안했고, 경제는 쇠락하여 백성들의 생활은 매우 곤궁하였다. 그러나 이를 통하여 북방 유목 민족과 한족의 융합은 가속화되었고 문화에도 활력이 보태지는 역동적인 시대였다고 평가할 수 있다.

서진 멸망 이후 북방의 사족(士族)과 함께 많은 사람들이 남방으로 이동하였다. 서진의 황족인 사마예(司馬睿)는 건업〔建業, 지금의 남경시(南京市)〕에서 진(晉)을 부흥하면서 제위에 오른다(317). 이 나라는 사마염이 건국한 진나라와 구분하기 위하여 동진(東晉)이라 부르는데, 동진의 기초는 강남에 거주하는 한족(漢族)의 문벌 귀족들이었다.

북방 유목 민족의 침입과 전란을 피해 남으로 이동한 중국인들은 동진이라는 안전지대에서 나름대로 착실한 경제발전을 이룩했다. 그리고 이러한 강남의 경제력을 바탕으로 귀족 문화가 발전하였다.

동진의 정치적 역량은 부진하였지만 강남지방의 농업생산이 크게 증가하고 북방 농민들의 지속적 유입은 농업 이외에도 여러 산업을 발전시켜 중국 경제의 중심이 남방으로 이동하게 된다.

이와 같은 화북의 5호16국과 화남의 동진의 대립 이후, 화북에서는 선비족의 탁발규가 북위(北魏)를 건국(서기 386년)한 뒤, 화북지방을 통일(서기 439년)하여 지배하지만 이 북위는 다시 동위(東魏)와 서위(西魏)로 분열되고, 이는 다시 북주(北周)와 북제(北齊)로 이어진다. 북위와 이후의 여러 나라를 '북쪽의 왕조'라는 뜻으로 북조(北朝)라고 한다.

한편 강남에서는 동진의 멸망(서기 420년) 이후에 송(宋, 420-479), 제(齊, 479-502년), 양(梁, 502-557), 진(陳, 557-589)으로 이어지는데, 이를 남조(南朝)라 부르고 전체적으로는 남북조 시대(南北朝 時代, 서기 420-589년)라고 한다. 이 중에서 손권의 오(吳) 이후 동진(東晉)과 남조(南朝)의 4나라를 합하여 특별히 육조(六朝)라고 한다.

다시 종합한다면, 서진 멸망(서기 317년) 이후에, 북쪽에서는 5호16국 시대(304년-439), 남쪽에서는 동진이 존속했다(317-420).

화북지방에는 북위(北魏)의 통일과 분열이 진행되는 동안 남조에서는 송-제-양-진의 남조(南朝)가 흥망을 거듭하고, 이를 남북조 시대라고 하는데, 서기 589년에 수(隋)나라에 의해 전 중국은 통일이 된다. 그리고 후한(後漢) 멸망 이후 삼국의 분립에서 수의 통일까지는 위진남북조 시대(魏晉南北朝 時代, 220-589)라 부른다.

위진남북조 분열의 시대를 종결시킨 것이 수(隋)의 통일이었다. 서기 581년 개국한 수 문제(隋 文帝) 양견(楊堅)은, 589년 남조의 진(陳)을 멸망시켜 통일을 완성하며 위진남북조의 오랜 분열에 종지부를 찍었다. 그러나 수의 건국과 통일에서 멸망(618)까지는 불과 30년이었다. 그러나 다음에는 290년에 가까운 당(唐)의 융성과 번영이었다. 당의 제도와 문화는 중국 중세의 완성이라고 할 수 있다.

그렇다면 중국 고대 춘추전국시대의 분열을 통일한 진(秦)이 한(漢) 융성의 토대가 된 것처럼, 수(隋)는 위진남북조의 혼란을 수습했고, 이는 당(唐)의 통일과 융성으로 똑같이 재현되었다.

말하자면, 진(秦)과 수(隋)와 통일은 한(漢)과 당(唐)의 발전과 융성의 기초가 되었다. 혼란 수습이라는 난제를 그 앞의 진(秦)과 수(隋)에서 다해주었기 때문에 한과 당은 곧장 비약적인 발전을 이룩할 수 있었다.

○ 5호16국 시대의 정치

5호16국 시대(서기 304-439년)에는 겨우 12년을 존속한 남연(南燕, 398-410)이나 17년을 존속한 후량(後涼, 386-403)도 있고, 전진(前秦)과 같이 한때 화북지방을 통일한 강국도 겨우 44년간(351-394) 존속했다. 또 이 시기에 아랫사람이 주군을 시해하거나 축출하는 사건이 빈발했고 폭군이 많았다는 것도 큰 특징의 하나이다.

이렇듯 분열과 지배세력의 빈번한 교체는 그 지배체제의 결함 때문이라 볼 수 있다.

우선 지배계층으로 무력을 소유한 북방민족의 상층부가 유목민족을 지배하는 지배체제와 농경민족인 한족을 통치하는 지배구조를 달리하였다. 이를 호한분치(胡漢分治)라 하는데, 이런 배경에는 엄연한 문화와 풍속의 차이가 존재했었다.

다음으로는 유목 민족들에게 전통적으로 내려온 군사적 봉건제도를 들 수 있다. 그들 지배계층은 아버지와 아들 또는 장자와 차자(次子)들 사이에서 무력을 나누어주고 일정 지역을 다스리게 하였는데, 이러한 군사적 봉건제도는 강성해진 자가 무력을 행사하여 뒤엎는 것을 막을 수 있는 제도적 장치가 없었다.

결국 빈번한 왕조 교체, 계속되는 전투에는 그만한 재정적 손실이 뒤따르고 그것을 보충하기 위한 착취가 이어지는데, 착취는 곧 폭정이며 그러한 폭정이 계속될 때 폭군의 출현은 자연스러운 것이었다. 곧 휴식과 경제적 여유가 없는 시대에 문화의 발전을 기대할 수가 없는 것은 역사의 엄연한 교훈이라 할 수 있다.

(3) 5호16국 시대 주요 인물

1) 유연의 건국

  ㅇ 유연의 자립

  흉노족의 유연(劉淵, 재위 304 – 310)은 좌국성[左國城, 지금의 산서성(山西省) 중서부 여양시(呂梁市) 일대]에서 흥기하였는데, 유연은 옛 남흉노(南匈奴)[118]의 후손이다. 자신들(남흉노)은 한(漢)과 위(魏)를 거치면서 중국의 신민(臣民)이 되었고 그들의 윗대에서는 한(漢) 공주의 아들이니, 곧 한(漢) 황실의 생질이라며 유연은 유씨(劉氏)라 칭했다.

  ㅇ 한조(漢朝)의 계승자를 자처

  서진 혜제 영흥(永興) 원년(304) 11월, 유연은 자신들의 선조는 한조(漢朝, 304 – 329 존속)의 종실인 유씨(劉氏)와 형제의 맹약을 맺었고 후대에도 혼인을 계속하였다며[119] 한왕(漢王)을 자칭하였고,

---

118 남흉노(南匈奴) – 後漢이 건국될 무렵에 흉노족은 南, 北 흉노로 분열되었고, 南匈奴는 漢 영토 내에 거주하면서 漢의 실질적 지배를 받았다.

119 漢 高祖는 흉노와 和婚하고 宗室의 公主를 흉노 족장에게 시집보냈기에 漢은 흉노의 外家인 셈이다. 또 흉노를 兄弟로 대우했고 劉씨 姓을 하사하였기에 劉氏라 칭했다.

국호를 한(漢, 史稱 한조)이라 하였으며, 연호는 원희(元熙)라 하였다.

그러면서 유연은 촉한(蜀漢) 후주(後主) 유선(劉禪)을 효회황제(孝懷皇帝)로 추존하였고, 한 고조 유방(劉邦), 한 세조 유수(劉秀, 후한 광무제), 한 소열제(昭烈帝) 유비(劉備)를 삼조(三祖)로 받들었다.

그리고 한 문제 유항(劉恒), 한 무제 유철(劉徹), 한 선제 유순(劉詢), 후한 명제인 유장(劉莊)과 후한의 장제(章帝) 유달(劉炟)의 5위 황제를 오종(五宗)이라 받들었다. 또 중국식의 백관을 설치, 임명하였고, 한조(漢朝)의 계승자로 자처하며 서진(西晉)과는 분명히 다른 독립 정권임을 천명하였다.

○ 문무겸전한 유연

유연의 부친 유표(劉豹)는 좌부(左部)의 수(帥, 우두머리)[120]가 되어 유연을 낳았다. 유연은 어려서부터 재능이 뛰어났으며 경전과 사서(史書)를 널리 배웠다.

일찍이 유연이 말했다.

"나는 수하(隨何)[121]와 육가(陸賈)[122]가 무예가 없어 한 고조를

---

120 左部 帥 - 흉노 5部 中, 인구가 많은 左部의 수(帥, 족장에 해당하는 명칭), 뒤에 도독으로 바뀌었다.
121 수하(隨何) - 秦末 漢初의 유학자. 漢 高祖의 功臣이었지만 제후

섬기고서도 제후가 되지도 못한 것을 부끄럽게 생각한다. 그리고 강후 주발(絳侯 周勃)[123]과 관영(灌嬰)[124]은 학문이 없어 한 문제를 섬기면서도 교육을 진흥시키지 못하였으니, 어찌 아까운 일이 아니겠는가?"

이는 유연이 문무(文武)를 겸하지 못한 것을 부끄럽게 여기며, 자신은 문무겸전하겠다는 의지를 피력한 것이다. 유연은 크고 건장한 외모에 학문과 무예를 겸전하였던 인물이었다.

혜제 재위 시에 유연은 5부 대도독이 되었다. 8왕의 하나인 성도왕(成都王) 사마영(司馬穎)은 표문을 올려 유연이 좌현왕(左賢王)이 되게 했고, 병력을 거느리고 업현(鄴縣)에 주둔하게 했다.

유연의 아들 유총(劉聰, 유연의 4子, 소무제, 재위 310–318, 서진을

가 되지 못했다.

122 육가(陸賈) – 언변이 뛰어났던 漢 高祖의 신하. 유학지로서 고조에게 '무력으로 건국했지만 文武을 병용(倂用)하라'는 통치방략(統治方略)을 건의하였다. 《新語》를 저술, 뒷날 동중서(董仲舒)의 사상 형성에 영향을 주었다. 고조 유방의 인정을 받았지만 제후의 반열에 오르지 못했다.

123 주발(周勃) – 漢 高祖와 同鄕人, 文帝 時 우승상(右丞相)이었다.

124 관영(灌嬰) – 본래 면포(비단)를 판매하는 상인이었지만, 고조 유방을 만난 이후 여러 공을 세우고 文帝를 옹립하는 공이 많았다. 태위(太尉)와 승상을 역임했다.

멸망시킴) 또한 남들보다 뛰어나게 용감했으며, 경사(經史)를 널리 섭렵했고 문장도 잘 지었으며 삼백 근 활을 당길 수 있었다.

그전에 유연의 작은 할아버지(從祖)인 유선(劉宣)이 말했다.

"한(漢, 전,후한)이 망한 이후로 우리 선우(單于)는 한낱 헛된 명성만 누리고 있으며, 한 자의 땅도 없고 왕후(王侯)일지라도 굴복하여 일반 중국인 백성과 같이 되어 있다. 지금 우리 무리가 비록 쇠약해졌다지만 그래도 2만여 명인데, 어찌 손을 묶고 부림을 당하면서 골골하며 한평생을 살아야 하는가? 지금은 사마씨들이 골육상잔을 하며 천하가 물 끓듯 하고 있다. 좌현왕(유연)은 영명하고 무예가 세인들보다 뛰어나니 호한야(呼韓邪) 선우[125]의 업적을 수복할 수 있고, 지금이 바로 그때이다."

그리하여 서로 모의한 뒤 일을 추진하였다.

유연이 사마영(司馬穎)에게 "돌아가 5부의 무리를 데리고 와서 도와주겠습니다."라고 말했다. (유연이) 좌국성에 도착하자, 유선(劉宣) 등은 유연을 대선우로 추대하였고 20여 일 동안에 5만의 무리를 모았다. 그리고 진(晉)에 사는 흉노로 귀향하는 자가 더욱

---

125 호한야선우(呼韓邪單于, ?- 전 31) - 흉노의 單于(선우)로 前漢 宣帝 때, 흉노선우로는 처음 수도 長安을 방문하여 漢의 황제에게 신속(臣屬)했고, 유명한 왕소군(王昭君)을 하사받아 아내로 데려갔다.

많아지자, 나라를 세워 한(漢)이라 하고 한왕을 자칭했다.

유연의 집안 자제인 유요(劉曜)[126]는 태어나면서 눈썹이 희고 눈에서는 붉은 빛이 나고, 어려서부터 총명하고 담이 크고 독서를 좋아했으며 글을 잘 지었다. 활을 쏘면 7치의 나무를 뚫을 수 있었는데, 이때 유연의 부장이 되었다.

○ 유연의 아들 유총(劉聰)

유연은 304년에 건국하고, 308년 황제를 자칭했으나 310년에 죽고, 그 아들 유화(劉和)가 계승하였다. 유화는 인망이 없어 동생 유총(劉聰)이 제위를 찬탈했다.

유총은 311년에 낙양(洛陽)을 함락하고 서진(西晉) 회제(懷帝)를 붙잡아갔다. 이것을 '영가(永嘉)의 난(亂)'이라 한다. 그 후 장안에서 민제(愍帝)가 옹립되었으나, 316년에 유총에게 패하여 서진은 완전히 멸망하였다.

유총이 죽은 뒤, 후계자 쟁탈전에서 유요(劉曜)가 승리하여 즉위하였으며, 장안으로 천도하며 국호를 조(趙)로 고쳤다. 사서(史書)에서는 보통 조한(趙漢), 또는 한조(漢趙), 또는 전조(前趙)라 기록하였다.

---

126 유요(劉曜) — 漢의 황제(在位 318 – 329)는 草書와 예서(隸書)에도 능했으며, 늘 자신을 樂毅(악의)나 蕭何(소하), 曹參(조참)과 같다고 자부했었다.

그러나 유요의 부장이었던 석륵(石勒)이 자립하여 즉위하니, 이를 후조(後趙)라 하면서 나라는 분열되었다.

유요는 한학(漢學)을 중시하며, 학교를 설립하며 나라의 중흥을 꾀하였지만 석륵과의 교전에서 패배하여 포로가 되었다가 피살되며 나라도 멸망하였다(329).

유요는 9척이 넘는 장신에 팔이 무릎까지 닿았다고 한다. 눈에서는 광채가 나는 특별한 외모였지만 술을 너무 좋아했고, 술에 취하면 매우 포악하였으니, 이 때문에 전쟁 지휘를 제대로 못하여 패전하고 멸망했다.

2) 이웅 – 성한의 개국

○ 이웅(李雄)의 자립

파서(巴西)의 저족(氐族) 사람 이특(李特)은 그전에 유민을 이끌고 촉에 들어갔는데, 한 달 만에 2만여 무리를 모아서 광한(廣漢)이란 지역에 웅거하다가 성도(成都)[127]로 진공했으나 그곳 자사인 나상(羅尙)에게 패배하여 참수되었다(302). 동생 이류(李流)가 그 나머지 무리들을 이끄니 세력이 다시 성했다.

이류가 죽은 다음에 동생 이웅(李雄)이 뒤를 이어 나상을 공격

---

[127] 성도(成都, 청뚜) – '天府之國'이라 불리는 四川 분지의 중심, 四川省의 省都. 蜀漢의 도읍이었던 곳.

하여 패주케 한 다음에 성도(成都)에 들어가서 성도왕(成都王)이라 자칭했다(304). 이웅은 306년에 정식으로 칭제하고(재위 304-334), 국호를 대성(大成)이라 했다. 역사에서는 이를 성한(成漢)이라 한다.《진서 재기(載記) 21권》참고.

○ 성한(成漢)의 멸망

이웅(李雄)이 죽자, 이반(李班, 재위 334) - 이기(李期, 재위 334-337) - 이수(李壽, 재위 338-343) - 이세(李勢, 재위 343-347) 때 와서 동진의 장군 환온(桓溫)의 공격을 받아 멸망하였다.

3) 석륵 - 후조 개국

○ 유연(劉淵)의 부장

한(漢)의 군주 유연(劉淵)이 칭제하면서(306) 평양〔平陽, 지금의 산서성(山西省) 중남부 임분시(臨汾市)〕으로 도읍을 옮겼다. 그리고 아들 유총(劉聰)과 석륵(石勒) 등을 보내 서진(西晉)의 여러 군(郡)을 공격하며 낙양에 침략했다.

석륵은 상당군(上黨郡) 무향(武鄕)에 사는 갈족(羯族, 신발 갈)이었다. 예전에 그가 낙양(洛陽)에 와서 동문에 기대어 휘파람을 불었었다(장소長嘯). 왕연(王衍)[128]은 그가 특이하다는 것을 알아봤었는데, 뒷날 도적의 무리가 되어 유연(劉衍)의 한〔漢, 성한(成漢)〕을 섬겼다.

○ 일자무식의 석륵

갈족인 석륵은 일자무식(一字無識)이었다. 다른 사람에게 반고(班固)의 《한서》를 읽어달라고 부탁하였다. 한 고조에게 역이기(酈食其)[129]가 6국의 후손을 찾아 왕으로 봉해야 한다고 건의하였고, 고조가 육국의 왕을 봉한다는 인수를 새겼다는 부분에 이르자, 석륵이 크게 놀라면서 말했다.

"그런 일은 실패할 것이다. 그렇게 해서야 어찌 천하를 다스리겠는가!"

그리고 유후(留侯) 장량(張良)이 육국 후손을 제후로 책봉해서는 안 된다는 부분에 이르자, 석륵이 감탄하였다.

"응당, 이런 말을 따라야 한다." 《세설신어 식감(識鑑)》

---

128 왕연〔王衍, 256-311, 字는 夷甫(이보)〕- 서진 三公의 하나인 司徒(사도)를 역임했고, 清談을 좋아했다. 국가보다 개인만을 챙겼기에 '清談誤國'의 평을 들었으며 석륵(石勒)에게 피살되었다.

129 역이기(酈食其, 前 268-204) - 별명이 고양주도(高陽酒徒). 食易(yī jī, 이기)는 '배불리 먹는다'는 뜻. 食은 사람 이름 이. 한왕의 모신(謀臣). 나중에 齊王 田廣에게 정전(停戰)토록 유세하여 성공했으나 대장군 韓信이 齊를 공격하자 역이기는 팽살되었다. 《漢書》43권, 〈酈陸朱劉叔孫傳〉에 입전.

○ 사슴을 누가 잡을 것인가?

후조(後趙)의 석륵이 천왕(天王)이라 자칭하다가, 곧이어 칭제했다.

어느 날, 군신과 큰 잔치를 하다가 물었다.

"짐은 옛날의 어느 군주와 비교할 수 있는가?"

어떤 사람이 "한 고조(漢 高祖, 유방)보다 낫습니다."라고 말하니, 석륵이 웃으며 말했다.

"사람이 어찌 자신을 모르겠는가? 경의 말은 너무 지나치다. 내가 만약 한 고조를 만났다면 당연히 신하로서 섬기었겠지만, 만약 한신(韓信, 회음후)이나 팽월(彭越)을 만났다면 어깨를 나란히 했을 것이다. 만약 후한 광무제(光武帝, 유수)를 만났다면 나란히 중원을 달리면서 사슴이 누구의 손에 죽는지 알 수 없었을 것이다(未知鹿死誰手).[130] 대장부는 일을 처리하는데 공명정대해야 하고 해와 달처럼 명백해야 한다. 끝까지 조맹덕(曹孟德, 조조)이나 사마중달(司馬仲達)처럼 고아나 과부를 속이듯 여우처럼 홀려서(호미狐媚) 천하를 차지하는 것을 본받아서는 안 된다."

○ 역사 인물에 대한 평가

사람은 자신이 누군가 닮고 싶은 사람이 있고, 어느 정도 무엇

---

[130] 鹿死誰手(녹사수수) – 사슴이 누구의 손에 죽는가? 누가 천하를 차지하는가?

인가를 성취했다고 자부한다면, 역사상의 누구와 비교해 보고 싶은 마음을 갖고 있다. 이는 그 사람 자존심의 표현이라 할 수 있다.

석륵은 글자 읽고 쓰기를 배우지 못한 한낱 무부(武夫)로 시작했지만 많은 공을 세우면서 자신감을 얻었고, 나라를 세우고 통치하는 과정에서 더 크고 원대한 꿈을 품고 실현하려 노력했었다.

석륵이 아랫사람에게 역사서를 읽게 하고 그 내용에 대해 자신의 의견을 말할 수 있었다는 것은 그만큼 그가 영특했다는 증거이다.

석륵이 조조나 사마중달(사마의司馬懿)을 우습게 여긴 것은 두 사람이 정정당당한 모습보다는 작고 얄팍한 지혜가 많았다고 평가했기 때문일 것이다. 그러나 그 자신이 후한 광무제를 만났다면 천하를 놓고 한판 승부를 벌렸을 것이라는 말은 좀 지나쳤다고 할 수 있다.

사실 석륵의 말은 광무제 유수와 어깨를 견주겠다는 사나이의 배짱으로 인정할 수 있다. 그러나 광무제는 나라를 열고 기초를 다져 그 뒤에도 2백여 년이 흘렀지만 석륵은 바로 아들 대(代)에서 망하고 말았다.

한 인물의 평가는 살아있을 당시의 평가도 있지만 역사적 인물이라면 그 영향과 후세에 끼친 공적까지 평가해야 한다. 때문에 지금 시대에서 광무제와 석륵은 어느 면에서든 같이 비교할 수는 없을 것이다.

○ 후조(後趙)의 개국(開國) 군주

후조(後趙)의 명제(明帝) 석륵(石勒, 274-333)은 상당군(上黨郡) 무향〔武鄕, 지금의 산서성(山西城) 중부 진중시(晉中市) 유사현(楡社縣)〕의 갈족이었다. 5호16국 시대 후조(後趙)의 개국 군주이다(고조, 재위 330-333).

석륵은 어렸을 때 노예였지만, 스스로의 노력으로 출세하면서 한조(漢趙)의 군주(君主)인 유연(劉淵)을 섬겼지만 나중에 한조(漢趙)와 갈라서며 독립하였다.

석륵은 한인(漢人) 장빈(張賓, ?-322)의 도움을 받으면서 양국〔襄國, 지금의 하북성(河北省) 남부 형태시(邢台市)〕을 근거지로 삼아 왕준(王浚), 소속(邵續), 단필제(段匹磾) 등 서진의 북방 세력을 격파하면서 세력을 키워 화북의 강자로 등장하였다.

석륵은 자신의 세력 범위 내에 여러 혁신적인 조치를 취하고 백성 교화에 힘썼으며, 경제발전을 이루었으며 서역의 승려 불도징(佛圖澄)을 우대하며 불교 전파에도 공헌하였다.

석륵의 통치 지역이 전국(戰國)시대 조국(趙國)의 옛 땅이기에, 석륵은 전조(前趙)의 유요(劉曜)로부터 조왕(趙王)에 책봉되었기에 (319), 석륵은 즉위하면서 국호를 조〔趙, 사칭(史稱) 후조(後趙)〕라 하였다. 석씨(石氏)이기에 석조(石趙) 또는 북조(北趙)로도 부른다. 석륵은 329년에 칭제하였다.

○ 포악한 석호(石虎)

후조(後趙)의 무제(武帝)인 석호(石虎, 295-349)는 건국 시조인 석륵의 조카(질아侄兒, 양자養子라는 기록도 있음)로 후조의 3대 군주인데, 묘호(廟號)는 태조(太祖), 시호(諡號)는 무제이다.

석호는 그 성격이 잔인 흉포하여 즉위 이전에 이미 두 명의 아내를 잔인하게 죽였다. 부하 장수 중에 자기보다 무예가 강하다고 생각되는 부장이 있으면 사냥이나 전투 놀이를 핑계로 죽여야만 직성이 풀리는 사람이었다. 전쟁 포로에 대해서는 남녀나 투항 여부를 불문하고 무조건 산 채로 묻어 죽였다.

○ 잔인무도한 살인

333년 석륵이 죽자, 군주의 자리는 아들 석홍(石弘)이 계승했다. 석호는 이미 병권을 완전히 장악하고 있어 그 세력을 어찌할 수가 없었다. 이에 석륵의 아내였던 유태후(劉太后)와 양자(養子)인 석감(石堪)은 석륵의 또 다른 아들인 석회(石恢)를 옹립하고 거병하여 석호를 제거할 계획을 꾸몄다. 그러나 비밀이 누설되어 유태후는 즉시 처형되었지만, 석감은 산 채로 불에 태워 죽였다. 석회가 석호 앞에 불려나가자, 석홍은 국새와 인수를 석호에게 바치며 선양하겠다고 말했다(334).

그러나 석호는 선양 받기를 거절하며, 전한 왕망(王莽)을 흉내 내어 스스로 거섭(居攝)이라며 조천왕(趙天王)을 자처하였다. 그러면서 석호는 석홍을 폐위하여 해양왕(海陽王)으로 강등시켰다. 그리고 석호는 바로 그해에 석홍과 그 생모 정씨(程氏), 석홍의 동생 석굉(石宏), 석회(石恢) 등을 모조리 살해했다.

석호는 335년, 나라의 도읍을 양국(襄國, 하북성(河北省) 남부 형태시(邢台市)에서 업현(鄴縣, 지금의 하북성(河北省) 남단 한단시(邯鄲市) 관할 임장현(臨漳縣))으로 천도하였다.

337년 석호는 대조천왕(大趙天王)을 자칭했고, 349년 정월 초하루에 정식 제위에 올랐으나 그해 4월에 병사했다. 이후 그 아들 사이에 제위 쟁탈전이 벌어졌다.

5호16국 시대 최악의 폭군인 석호(石虎)가 죽자, 아들 석세(石世)가 계위하였지만 쫓겨나면서 석호의 아들인 석준(石遵), 석감(石鑒), 석지(石祗) 등이 계위하며 차례로 피살당했다. 결국 후조는 폭군 석호가 죽은 3년째, 351년에 염위(冉魏)에게 멸망했다.

염위(冉魏, 존속 350−352)는 후조(後趙) 석호(石虎)의 부하인 한인(漢人) 염민(冉閔)이 세운 나라(국명 魏)로 3년을 못채우고, 352년에 전연(前燕)의 침공으로 멸망했다.

4) 선비족 모용황

○ 선비족의 발흥

선비족(鮮卑族)[131]의 모용외(慕容廆, 269-333)는 서진 무제 때부터 침략을 하다가 얼마 뒤에 투항하여 선비족의 도독(都督)이 되었다. 모용외는 모용황(慕容皝, 297-348)을 낳고, 모용황은 요동(遼東) 땅에서 황하 하류 지역으로 옮겨 살다가 다시 대극성〔大棘城, 지금의 요녕성(遼寧省) 중부 금주시(錦州市) 관할 의현(義縣)〕이란 곳으로 이주했는데, 이때부터 모용씨의 부족은 더욱 강성해졌다.

○ 동진의 책봉을 받다

진(晉)이 모용황(慕容皝)을 연왕(燕王)으로 봉했다. 모용황의 부(父) 모용외(慕容廆)가 요동공(遼東公)이 되자 모용황을 세자(世子)로 삼았는데, 모용황은 신체가 크고 건장하며 권모와 지략이 많고 성인(聖人)의 학술을 좋아하였는데, 아버지가 죽자 모용황이 즉위하였다.

아래 신하들이 칭왕(稱王)할 것을 권했지만, 모용황은 동진(東

---

[131] 선비(鮮卑, xiānbei) - 中國北方 유목 민족으로 東胡의 山 이름인 鮮卑山에서 명칭이 유래하였다고 한다. 또 선비는 순록(馴鹿) 계통의 동물 이름이며, 시베리아(Siberia)라는 이름도 선비에서 유래했다는 주장도 있다.

晉)에 사신을 보내 책봉을 요청하니, 마침내 그를 연왕(燕王)으로 책봉했다.

모용황은 전연(前燕)을 건국했고(337), 348년까지 재위했다. 모용황은 345년에 모용각(慕容恪)을 보내 고구려(高句麗)를 공격했고, 346년에는 모용준(慕容儁)을 보내 부여(夫餘)를 공격하여 부여왕 여현(餘玄) 등 포로 5만 명을 잡아 회국했다.

이처럼 이적(夷狄)들이 중국을 혼란케 하는 재앙은 모두 한(漢), 위(魏), 진(晉)에서 싹이 텄는데, 혜제(惠帝) 때에 이르러 중국의 대란을 틈타 사방에서 일어났다.

○ 왜 책봉을 요구했는가?

당시 동진과 모용황(慕容皝)은 국경을 맞대고 있지도 않았다. 모용씨는 동진에서 볼 때, 산동반도와 바다(발해渤海)를 건너 지금의 요녕성(遼寧省) 일대를 장악하고 있었다.

모용씨가 책봉을 요구한 것은, 동진의 권위를 빌리는 것 외에 석(石)씨의 후조(後趙)를 남북에서 협공한다는 의미가 있었다.

동진에서는 직접적인 위협이 되지도 않는 나라가 신속(臣屬)하겠다며 책봉을 요구하는데 마다할 이유가 없었다. 당장 국경을 맞댄 후조(後趙)의 배후에 동맹국을 두는 이점을 동진에서 모를

리가 없었을 것이다.

이를 본다면, 사대(事大)와 책봉(册封)은 외교 전략의 일환이었다.

○ 선비족 모용씨의 나라

선비족의 주 거주지는 지금의 베이징 일대와 그 북쪽 만리장성 이북이다. 모용씨가 세운 나라를 5연(五燕)이라고 한다.

국명	건국자	존속 기간	비고
前燕(전연)	慕容皝(모용황)	333-370년	
後燕(후연)	慕容垂(모용수)	384-409년	
西燕(서연)	慕容泓(모용홍)	384-394년	
南燕(남연)	慕容德(모용덕)	398-410년	
北燕(북연)	馮跋(풍발)	409-436년	

5) 전진의 부견

○ 부건(苻建)의 건국(350)

전진(前秦, 존속 350-394)은 저족(氐族) 사람 부홍(苻洪)이 관중(關中)을 점거하고 삼진왕(三秦王)을 칭했다. 이어 352년, 부건(苻健, 재위 352-355)이 옛 진(秦)의 강역을 점유하고 칭제(稱帝)하며, 장안(長安)에 정도하고 국호를 진(秦)이라 하였다. 국성(國姓)이 부씨이기에 부진(苻秦)으로도 통한다.

355년에 부건이 죽고, 아들 부생(苻生)이 계위했다. 그러나 부생은 지나치게 음란하여, 부건의 동생 부웅(苻雄)의 아들 부견(苻堅)에게 살해된다.

선소제(宣昭帝) 부견〔苻堅, 338–385, 저족(氐族), 부웅(苻雄)의 아들, 부홍(苻洪)의 손자, 부건(苻健)의 조카〕은 전진(前秦)의 군주(君主)로, 대진천왕(大秦天王, 재위 357–385)이라 알려졌다.

○ 왕맹을 중용(重用)

전진의 왕 부견(苻堅)은 사촌 형 부생(苻生)의 자리를 빼앗고 진천왕(秦天王)이라 칭했다.

부견은 저족(氐族)이지만 즉위하면서 한인(漢人) 왕맹(王猛, 325–375)을 중용하여 강력한 부국강병책을 추진하여 서기 376년에 화북지방을 통일한다. 왕맹은 왕족인 부씨(苻氏)들의 횡포와 부정을 과감하게 척결하였는데, 그의 강력한 후원자가 바로 국왕 부견이었다.

환온(桓溫)이 북벌(北伐)하면서 장안 근처까지 전진을 공격해 왔을 때(355년), 환온을 만나서 '이(虱)를 잡으면서 이야기를 했던' 문슬이담(捫虱而談)의 주인공이 왕맹이다.

당시 환온은 '동진에는 당신 같은 인재가 없다'면서 같이 돌아가자고 했으나 왕맹은 환온을 신임하지 않았기에 따라가지 않았다.

뒷날 왕맹을 만난 부견은 마치 유비(劉備)가 제갈량(諸葛亮)을 만난 듯 좋아했으며,[132] 부견은 왕맹을 춘추시대의 '제 환공(桓公)의 관중(管仲)과 정(鄭)나라 자산(子産)에 견줄만한 사람(王景略固是夷吾, 子産之儔也)'이라고 평가했다.

○ 부견의 화북 통일

부견은 즉위 이전부터 왕맹(王猛, 325-375)의 명성을 들어 알고 있었다. 부견은 즉위하면서 왕맹을 등용하였고 내외정을 모두 일임하였다.

왕맹은 내정을 개혁하면서 중앙집권을 강화하였고, 귀족의 사치와 부정을 금하였다. 그러면서 관중(關中) 지역의 수리사업을 진행하여 점차 국력을 키웠다.

370년, 전진은 전연(前燕)을 멸망시키면서 국왕 모용위(慕容暐)를 생포하였다. 373년에, 동진(東晉)을 공격하여 양주(梁州)와 익주(益州)를 탈취하였다. 이에 서남이(西南夷)인 공(邛), 작(筰), 그리고 야랑(夜郎)의 부족들이 모두 귀부하였다.

---

132 삼고초려 이후 제갈량과 유비는 날로 가까워졌다. 그러나 관우와 장비는 기뻐하지 않았는데, 유비는 관우 등에게 "내가 孔明을 얻은 것은 물고기가 물을 만난 것과 같으니 자네들은 더 이상 말하지 말라."고 말했다. 관우와 장비는 제갈량에 대하여 더 말하지 않았다.

전진은 376년에 전량(前涼)을 병합하였고, 같은 해에 선비족 탁발씨(拓跋氏)의 쇠약과 혼란을 이용하여 대국(代國)을 병합하였다. 왕맹은 전연을 멸망시키고, 157군에 246만 호, 990만 명의 백성을 차지하였기에 화북 지역 사람들은 왕맹을 「북방의 제갈량」이라 부르면서 존경하였다.

378년, 전진에서는 정남(征南) 대장군 부비(苻丕) 등 7만 병력을 보내 동진의 영역인 양양(襄陽)을 포위 공격하였다. 동진의 양주자사인 주서(朱序)는 1년간 저항하였지만 성이 함락되면서 포로가 되었다.

382년에는 서역에 대한 지배권을 확보하였고 화북지역을 완전히 통일하였다. 그래서 전진의 영역은 「동쪽은 바다에 이르렀고, 서쪽으로는 구자국(龜玆國)을 병합하였으며, 남쪽으로는 양양(襄陽)을 아우르고, 북쪽으로는 막북(沙漠)에 닿았다.」고 하였다.

이에 전진은 동남으로 동진과의 일전을 남겨놓았다.

○ 비수(淝水)의 싸움

비수(淝水)는 회수(淮水) 북쪽 지류의 하나이다.

비수의 싸움은 동진 효무제 태원(太元) 8년(383, 전진前秦의 건원建元 19년)에 전진(前秦) 왕 부견이 직접 대군을 이끌고 남하하여 동진을 공격하면서 시작된 전쟁이었다.

구체적인 전투 지역은, 지금의 안휘성(安徽省) 회남시(淮南市)

수현(壽縣) 동남방인데, 동진의 7만 군사가 80만 대군이라는(기병 20만, 보병 60만) 전진의 군사를 격파하여 소수로 대 병력을 격파한(以少勝多), 유명한 교전으로 장기간 분열 대립한 남북의 정세를 크게 전환시켰다.

○ 부견의 죽음, 전진의 멸망

383년의 비수의 전투(淝水之戰)에서 동진에 완패한 이후, 전진 지배하의 소수민족들의 봉기가 일어나고, 부견은 385년에 강족(羌族)의 요장(姚萇)에게 피살되고, 전진은 서진(西秦)과 후진(後秦)에게 394년에 멸망한다.

진(秦)이 존속할 때, 고구려, 백제, 신라가 할거하면서 삼국이 모두 전진(前秦)의 책봉(册封)을 받았다. 또 북방민족인 유연(柔然)과 고막해(庫莫奚)와 거란(契丹) 및 고차(高車), 서쪽의 토욕혼(吐谷渾)도 전진에게 복속했었다.

전진의 왕 부견은, 서기 372년(소수림왕 2년)에 고구려에 불교를 전래해 주었다.

(4) 5호16국 시대의 역사적 의의

후한이 멸망한 뒤 위, 촉, 오의 대립을 종식시키고 중국을 통일하였던 서진(西晉)은 진취적 기상의 상실과 함께 왕족의 내부 분열로 쇠약해지면서 북방 유목민들을 통제할 능력이 없었고 오히려 그들의 침입으로 멸망하게 된다.

비록 서진이 동남쪽으로 이동하여 동진(東晉)으로 되었다지만 그 동진도 명문세족의 정권 독점과 무능한 황제들의 연속 즉위로 잃어버린 화북을 되찾겠다는 의지가 제대로 실행될 수가 없었다.

화북지방은 북방 유목 민족의 건국과 시해와 찬탈과 소멸이 계속되었다. 이 시대의 역사 개략은 아무리 인내심을 갖고 읽으려 해도 읽을 수 없을 정도로 복잡하고, 또 '과연 읽을만한 가치가 있는가?'를 생각하게 한다.

북방 유목 민족들의 그 무상한 변화는 오직 군사력에 의한 건국과 지배에 따른 결과라 할 수 있다. 5호16국 시대에는 5호족들의 미숙한 통치능력, 농경지 정착생활에 따른 무력의 약화, 다수의 중국인에 비해 소수에 불과한 사람들의 무력 지배라는 한계성 때문에 5호족들은 점차 중국화 되어갔다.

동시에 북방 유목 민족의 생활양식이나 관습이 중국 사회에 유입되었으며, 유목민과 농경민의 통혼(通婚)은 사회적으로 대등한 관계에서의 혼합을 촉진시켰다.

결국 이는 다음에 도래하는 시대 수(隋)와 당(唐)의 국제적 성격을 강화하기 위한 활력을 잉태하는 기간이었다고 볼 수도 있다.

이 시대는 유목 민족에 의한 분열과 항쟁 약탈의 시대였으므로, 사회가 극도로 불안하여 백성들이 안정을 희구하면서 불교와 도교가 크게 융성하는 시대였었다. 그리고 현실도피적인 청담의 유행과 현실적 고통을 모르는 귀족들의 우아한 문화가 발전하는 시기였다.

2. 북조의 흥망

(1) 탁발씨의 흥기

○ 선비족 탁발씨의 선조

선비족의 삭두(素頭)[133] 탁발씨(拓跋氏)는 그전에 질자(質子, 인질)로 서진에 머물렀었는데 무제가 돌려보내 주었다.

그 뒤에 탁발력미(拓跋力微, 북위 탁발씨의 선조)가 그 아들을 보내 조공했다. 탁발력미가 죽자, 그 아들 실록관(悉祿官)이 뒤를 이

---

[133] 삭두(素頭) – 선비족의 姓. 그 부족의 풍속에 새끼줄로 머리를 묶는다 하여 이런 명칭이 붙었다. 탁발(拓跋)은 複姓. 拓은 주울 척, 넓힐 척, 밀칠 탁. 跋은 밟을 발. 三國에서 西晉 시대 鮮卑族의 부족 이름이며 성씨. 5호16국 시대에 중국으로 이동해 들어와 北魏(북위)를 건립하고 화북지방을 통일, 지배하였다. 北魏의 孝文帝가 漢化政策을 추진하면서 拓跋을 원씨(元氏)로 바꾸기도 했다.

었다. 혜제 때에 삭두씨(索頭氏)는 나라가 3부로 나뉘었는데, 하나는 상곡군(上谷郡)의 북쪽에 거주하는데 실록관이 다스리고, 하나는 대군(代郡) 삼합피(參合陂)의 북쪽에서 실록관 형의 아들인 의이(猗㐌)가 다스렸으며, 또 하나는 정양군(定襄郡)의 성락고성(盛樂故城)에서 의이의 아우 의로(猗盧)가 다스렸다. 진나라 선비족 백성 중 탁발씨를 따르는 사람들이 점점 많아지자, 의이는 사막을 넘어 서쪽으로 여러 부족을 공략하니 30여 부족이 항복하였다. 탁발씨의 번성은 이때부터 시작되었다.

○ 탁발씨 번영의 시작

전에 탁발씨(拓跋氏)[134]의 실록관〔悉祿官, 탁발력미(拓跋力微)의 아들〕이 죽자, 실록관의 아우인 의로(猗盧)[135]가 3부를 전부 다스렸다.

유곤(劉琨)[136]은 의로와 형제의를 맺었는데,[137] 혜제 재위 시에

---

134 탁발(拓跋) ─ 선비족의 부족 이름. 복성(複姓). 拓跋(tuòbá)은 托跋과 同.

135 의로(猗盧, 猗는 아름다울 의, 盧는 밥그릇 노(로)) ─ 人名. 悉祿官(실록관)의 아우. 盧 '오두막집 려(여)', 또는 慮 '생각할 려(여)'와 다른 글자이다.

136 유곤(劉琨, 270-318, 字는 越石) ─ 中山郡 魏昌縣(今 河北省 남부 石家莊市 無極縣) 출신. 西晉 말기 16국 시대 관리, 장군. 서진 말기에 진양(晉陽, 今 山西省 중부 太原市)을 10년 가까이 지키며, 유연(劉淵) 및 석륵(石勒)과 대결하였다. 서진의 司空을 역임, 병주자

표문을 올려 (의로를) 대선우로 삼고, 대공(代公)에 봉하여 운중군(雲中郡)에서 안문군(雁門郡)에 이르는 부락을 통솔케 했다. 유곤이 정형(井陘) 북쪽의 땅을 떼어주니, 의로는 이로부터 더욱 번성했다.

그전에 유곤의 도움을 받아 (한漢나라) 유요(劉曜)의 군대를 진양(晉陽)에서 대패시켰었다. 의로는 성락(成樂)에 성을 쌓고 북도(北都)라 하고, 평성(平城)을 남도(南都)라 하였다. 서진 민제(愍帝) 때 의로의 작위를 올려 왕으로 삼고, 관속을 두게 하고 대군(代郡)과 상산군(常山郡) 2군을 식읍으로 주었다.

의로(猗盧)는 소자(少子)를 편애하여 후계자로 삼고, 장자 육수(六脩)를 내보내고 싶어서 육수를 시켜 동생에게 절을 올리게 하였으나 명에 따르지 않고 떠나가자, 크게 화를 내며 공격했으나 군대가 패배하면서 아들 손에 죽었다.

의이(猗㐌)[138]의 아들 보근(普根)은 육수(六脩)를 공격해서 멸망

사(幷州刺史), 幷, 冀, 幽州 등 三州 軍事를 감독하였다. 동진의 은사(隱士) 유곤(庾袞)과는 다른 사람이다.

137 結義하여 형제가 되다. 義兄弟가 되다. 유목 민족의 풍속 중 하나.《삼국연의》에서 유비 등 3인의 桃園結義(도원결의)도 유목 민족의 풍속이 중국 북방에 흘러 들어온 것으로 해석하는 견해도 있다.

138 猗㐌(의이) - 선비족 탁발씨의 人名. 猗盧(의로)의 동생. 㐌는 종족

시키고, 스스로 자리에 올랐으나 갑자기 죽었다. 국인(國人)들이 의로 동생의 아들 울율(鬱律)을 내세웠는데, 이때 의이의 처가 울율을 죽이고 아들 하녹(賀傉)을 내세웠다. 울율의 아들 십익건(什翼犍)은 강보에 싸인 아기였는데, 그 어미가 치마 아래에 숨겨 죽지 않았다.

○ 십익건(什翼犍)의 즉위

대(代)[139]의 탁발십익건(拓跋什翼犍)[140]이 왕으로 즉위했다. 이에 앞서 대왕(代王) 하녹이 죽자, 동생 흘나(紇那)가 뒤를 이었다. 흘나가 달아나자, 탁발울률(拓跋鬱律)의 아들 예괴(翳槐)가 뒤를 이었는데, 흘나가 다시 돌아오자, 예괴는 조(趙, 前趙)로 달아났다. 조(趙)에서는 예괴를 대(代)나라로 돌려보냈다. 예괴가 죽으면서 여러 대인(大人, 족장)들에게 동생 탁발십익건을 세우라고 명했다.

탁발의로(拓跋猗盧)가 죽은 이후로 나라에 내부 어려움이 많아 부락들이 흩어졌지만, 십익건은 용기와 지략이 있고, 조상의 업

이름 이. (它 '다를 타' 가 아님) '猗㐌'를 '의타'로 읽으면 분명한 오류이다.

139 대(代) - 선비족 拓跋氏(탁발씨)의 나라. 뒷날 北魏(북위)로 발전. 북위가 화북지방을 통일하며 남북조 시대를 열게 된다.

140 탁발십익건(拓跋什翼犍, 318-376) - 16국 시대 선비족 拓跋部의 首領. 代王. 재위 338-376. 北朝 시기, 북위(北魏)의 개국 황제인 道武帝 탁발규(拓跋珪)의 祖父. 拓跋鬱律(탁발울률)의 次子.

적을 빛내며 여러 관제를 만들었고, 명령은 명백하며 정사가 깨끗하고 간명해서 백성들이 평안했다.

이리하여 동으로는 예맥(濊貊)에서부터, 서로는 파락나(破落那)[141]까지, 남으로는 음산(陰山)을 거쳐 북으로는 사막(沙漠)까지 모두 다 귀속하고 복종하니, 무리가 수십 만에 이르러 탁발씨(拓跋氏)는 이로부터 더욱 강대해졌다.

○ 대국(代國)의 발전

대(代, 338-376년 존속)는 16국 시대에 선비족의 탁발씨(拓跋氏)가 세운 나라로 뒷날 북위(北魏)의 전신(前身)이다.

대국(代國) 전성 시기의 판도는 위(魏)와 서진(西晉) 시대에 선비 탁발부(拓跋部)가 원래 유목하던 내몽고 일대에 해당된다. 조위(曹魏) 감로(甘露) 3년(258)에, 추장 탁발력미(拓跋力微)가 성락[盛樂, 지금의 내몽고 화림격이(和林格爾) 북쪽]에 제 부족을 모아 대추장(大酋長)의 지위를 차지한다. 탁발력미가 죽고 부족들이 이반(離叛)했으나 서진 혜제 원강(元康) 5년(295)에, 탁발력미의 아들 녹관(祿官)이 부족을 총괄하면서 중(中), 동(東), 서(西) 3부로 나누고 자신은 동부를 거느린다.

서진 영가(永嘉) 원년(307)에 녹관이 죽고, 그 조카 의로(猗盧)가

---

141 예맥(濊貊) – 동이족을 중국에서 부르는 명칭. 이들이 사는 지역.
파락나(破落那) – 대원족(大宛族)의 후예. 이들이 사는 지역.

3부를 총괄 지배하며 기사 40여만 명을 보유하게 된다. 영가의 난 이후 중원(中原)이 혼란한 틈을 이용하여 서진의 병주자사 유곤(劉琨)이 표문을 올려 의로를 대공으로 봉했다가 나중에 대왕으로 격상(格上)시켜 준다.

이후 여러 곡절을 거쳐 요양[姚襄, 십익건(十翼健)]에 이르게 되는데, 십익건은 후조(後趙)에 인질로 보내져서 여러 해 머물면서 한 문화의 영향을 받는다.

대왕인 탁발십익건(拓跋什翼犍)의 세자(世子) 식(寔)은 일찍 죽었다. 뒤를 이을 후계자가 미정인데, 서장자(庶長子)인 탁발수(拓跋遂)가 다른 동생들을 다 죽이면서 부친 십익건도 죽였다(376).

이때에 전진의 군사들이 대를 공격하니, 부족 무리가 흩어지고 궤멸하며 나라가 크게 혼란했다.

전진의 왕 부견은 대국(代國)을 둘로 나누어 황하 이동은 대의 남부대인(南部大人) 유고인(劉庫仁)에게 소속시키고, 황하의 서쪽 지역은 흉노의 유위진(劉衛辰)에게 소속시켜 그 무리를 통치케 하였다.

대(代)의 세자였던 탁발식(拓跋寔)의 아들 규(珪)는 아직 어렸다.

모친 하씨(賀氏)는 아들 규(珪)를 데리고, 친정의 하눌(賀訥)에게 의지했다가 얼마 지난 뒤 유고인(劉庫仁)에게 의지했다. 유고인은 탁발규를 은애(恩愛)로 독실하게 섬기며 흥폐(興廢)에 따라 마음을 바꾸지 않았다.

 십익건은 동진 성제(成帝) 함강(咸康) 4년(338)에 대왕으로 즉위하여 중국식으로 여러 제도를 정비하는데, 유목 민족의 고유한 부락을 국가 조직으로 전환한다. 대국(代國)은 376년에, 전진(前秦)의 부견(苻堅)에 멸망하고 십익건은 도주했지만 피살된다.
 역사에서는 이를 '탁발씨(拓跋氏)의 대국'으로 기록한다. 서기 386년, 십익건의 손자인 탁발규(拓跋珪)가 중건(重建)하면서 나라 이름을 위(魏)라 하는데, 역사에서는 이를 북위(北魏)라 통칭한다.

(2) 탁발씨의 북위

1) 탁발규 - 북위의 시작

 탁발규(拓跋珪)[142]가 다시 대국(代國)의 왕(代王)으로 즉위했다(386). 이에 앞서, 유고인(劉庫仁)은 그 아랫사람에게 피살되었고, 동생 두권(頭眷)이 대신 그 무리를 이끌었다. 유고인의 아들 유현(劉顯)이 두권을 죽이고 자립했다.
 그리고 탁발규도 죽이려 하자, 탁발규는 하란부(賀蘭部)로 도주

---

142 탁발규(拓跋珪, 371-409) - 鮮卑族. 北魏 開國皇帝 道武帝(재위 386-409). 代王 拓跋什翼犍(탁발십익건)의 손자.

하여 그의 외삼촌에게 의지하였다. 여러 부락의 대인(大人)들은 탁발규를 추대하여 군주로 삼았고, 드디어 왕위에 올라 본래의 수도였던 성락(盛樂, 지금의 내몽고 지역)으로 옮겨갔고, 뒷날 위(魏, 北魏)로 개칭했다.

○ 탁발규 칭제와 죽음

위왕(魏王) 탁발규(拓跋珪)는 해마다 연(燕)을 공격하여 중산(中山)을 포위하니, 연주 모용보(慕容寶)는 도망하였으나 뒤에 그 신하에 의해 시해되었다.

위왕 탁발규가 칭제하고(재위 386-409), 평성(平城, 지금의 산서성(山西省) 북단 대동시(大同市))에 도읍하였다.[143]

그전에 탁발규는 남의 남편을 죽이고 그 여인을 아내로 맞이하여 둘째 아들 탁발소(拓跋紹)를 낳았었는데, 탁발소는 흉악하고 사납고 무뢰(無賴)한 아들이었다.

탁발규 천사(天賜) 6년(409) 겨울에, 차자(次子) 탁발소의 생모 하부인(賀夫人)이 잘못한 일이 있어 탁발규는 하부인을 궁중에 감금한 다음에 처형을 미루어 밤이 되었다. 하부인은 환관을 시켜 아들에게 구원을 요청했다. 탁발소는 부하를 데리고 담을 넘어들어가 39세의 부친 탁발규를 척살했다(409).

---

143 魏王 珪 稱帝 - 396년. 연호 황시(皇始). 도읍 平城(평성)은 지금 山西省 북단 大同市.

제3부 5호16국과 남북조의 흥망 *371*

아들한테 죽임을 당했으니, 이 모두가 업보(業報)가 아니겠는가?

천수를 누리고 평온하게 맞이하는 선종(善終), 이는 결코 어렵지 않지만 그렇다고 쉽지도 않다. 또 모두가 누릴 수 있는 당연한 일이나 행복도 아니다.

탁발규의 아들로, 제왕(齊王)이던 장자 탁발사(拓跋嗣)가 탁발소를 죽이고 즉위하였다. 탁발규의 휘(諱)는 도무황제(道武皇帝), 묘호(廟號)는 열조(烈祖)라 하였다.

2) 탁발사

○ 명원제(明元帝)의 즉위

북위의 2대 황제는 명원제(明元帝) 탁발사(拓跋嗣, 392-423)는 탁발규의 장자인데, 탁발사는 도무제 천흥(天興) 6년(403)에 제왕(齊王)에 봉해졌고, 상국(相國)이 되었으며 거기대장군(車騎大將軍)이 되었다.

이에 탁발규 재위 말년에, 생모 유귀인(劉貴人)은 자귀모사(子貴母死)라는 선비족의 습관대로 도무제(道武帝, 탁발규)에 의해 사사(賜死)되었다. 명원제는 생모의 죽음에 크게 서러워했지만, 즉위할 수 밖에 없었다.

○ 자귀모사(子貴母死) – 북위의 이상한 제도

중국의 속담에 '예로부터 여자는 귀천이 없다(自古婦人無貴賤).'고 하였고, '처는 남편을 따라 올라가고, 어미는 자식 따라 귀하게 된다(妻以夫貴母以子貴).' 실제로 아내는 남편의 권세대로 힘을 쓰고〔妻仗夫勢(처장부세)〕, 개는 주인의 힘을 믿고 짖는다〔狗仗人勢(구장인세)〕.

그러나 북위 황실에서는 귀한 아들을 위하여 어미가 죽어야 했는데, 이를 자귀모사제(子貴母死制)라고 한다.

후궁의 여성이 황제의 은택을 입어 아들을 낳았는데, 나중에 황태자로 책봉이 되면 그 모친을 죽여서 모후가 정사에 간여하는 길을 원천적으로 막았다.

다만 어린 황태자를 보살피고 키워야 할 필요에 의거 황태자의 보모(保母)라 할 수 있는 보태후(保太后)를 두었는데, 태자가 즉위하면 이 보태후가 황태후(皇太后, 황제의 모친)가 된다.

북위(北魏)에는 황태후가 셋이 있었으니, 곧 황제의 생모가 있고, 황제의 보모(保母)가 있고, 전 황제의 자식을 낳았으나 살아있는 황태후가 있었다.

위에 언급된 북위 풍(馮)태후는 14살에 문성제의 황후가 되어 헌문제(獻文帝) 탁발홍(拓跋弘)의 보모 황후였다. 이어 헌문제가 즉위하였으니 풍태후가 되었다. 그런데 헌문제가 5년 만에 5살 된 아들 효문제(孝文帝) 탁발굉(拓跋宏)에게 황제 자리를 물려주고 자신은 태상황(太上皇)이 되었다.

그러다 보니 5살난 효문제 탁발굉을 대신하여 풍태후가 섭정을 하였다.

말하자면, 자신이 낳은 아들이 아니었고 거기에다가 20대의 황태후가 그 젊음 때문에 헌문제를 독살할 수 있었다.

북위의 한화(漢化)정책을 강력하게 추진한 효문제 탁발굉(拓跋宏, 재위 471-499년)을 낳은 생후(母后)는 한족(漢族)의 여인으로 이 제도에 의거 희생되었다. 효문제 탁발굉은 친정(親政)을 하면서 이 제도를 폐지하였다.

○ 남조(南朝) 송(宋)을 공격 - 영토 확장

탁발사는 모친의 사사(賜死)된 사실을 알고 매우 슬퍼하였고, 탁발규는 이에 크게 분노하였다.

탁발규가 탁발사를 만나려 부르면, 탁발사는 부친이 자신을 해칠 것이라 생각하여 측근들의 의견에 따라 황궁을 떠나 지방에 머물렀다.

도무제, 천사(天賜) 6년(409) 10월에, 부친 탁발규가 차자(次子) 탁발소(拓跋紹)에게 피살되자, 탁발사는 궁중 위사(衛士)를 동원하여 탁발소를 죽이고 즉위하였고, 영흥(永興)으로 개원하였다(재위 409-423).

명원제 봉상(泰常) 8년(423)에, 탁발사는 남조의 유송(劉宋)을 공격, 승전하여 호뢰관(虎牢關)을 점거하고 영토 300리를 확보하였지만, 곧 32세에 병사하였다. 탁발사의 시호는 명원황제(明元皇帝)이고, 묘호는 태종(太宗)이다.

3) 태무제 탁발도

○ 우수한 자질

북위 3대 태무제(太武帝) 탁발도(拓跋燾, 재위 423－452)는 명원제(明元帝) 탁발사(拓跋嗣)의 장자(長子)로 즉위하여 불교 탄압과 도교 장려, 그리고 강력한 한화(漢化) 정책을 추진하였다.

탁발도는 선천적 장재(將才)에 강건 용감하여 직접 전투에 참가하였다. 거기에 지인지명(知人之明)이 있어 뛰어난 장수를 많이 발굴하였으며 상벌에 귀천의 차별이 없었다.

태무제의 생활은 매우 검소하였으나 상사(償賜)에는 인색하지 않아 장사(將士)의 신뢰를 받았다.

태무제는 걸출한 한인(漢人) 인재를 많이 발굴하였는데, 이순(李順), 최호(崔浩), 이효백(李孝伯) 등이 북위의 정치를 주도하였다.

그 대신 그는 살육을 너무 과감하고 빠르게 집행하는 결점이 있었다.

○ 태무제(太武帝)의 치적

북위가 북연(北燕)[144]을 정벌했다. 군주인 풍홍(馮弘)은 고구려로 도주했다가 피살되고, 북연은 멸망했다(436).

북위가 흉노족의 북량(北凉)[145]을 정벌했다. 고장성(姑臧城)은 궤멸되고, 저거목건(沮渠牧犍)은 투항했으나 후에 피살되었고 북량은 멸망했다(439).[146]

북위가 사도(司徒) 최호(崔浩)[147]를 죽였다. 최호는 명원제(明元帝 409-423) 때부터 모신(謀臣)으로 번번이 공을 세웠다. 도사 구겸지(寇謙之, 365-448)[148]를 신뢰하여 황제에게 믿고 받들도록 권

---

144 북연(北燕) - 건국자는 漢族인 풍발(馮跋). 존속 409-436년.

145 북량(北凉) - 건국자는 흉노족 저거몽손(沮渠蒙遜). 존속 401-439년.

146 북량이 5호16국 중 최후로 소멸했다(439).

147 최호(崔浩, ?-450) - 淸河 崔氏. 北魏에서 道武, 明元, 太武 三帝를 섬긴 재상, 미모의 여인과도 같은 美男이었다고 한다. 북위의 화북통일을 가져온 전략가이었다. 도교를 장려하고 불교를 탄압한 장본인이었으나, 북위의 국사 편찬 사건으로 九族이 몰살되었다.

148 구겸지(寇謙之, 365-448, 字는 輔眞) - 上谷郡 昌平縣(今 北京市 昌平區) 출신. 도교의 일파인 천사도(天師道)를 창립. 불교 배척을 강력 주장. 도교의 교단을 조직. 최호(崔浩)의 도움으로 太武帝의 國師가 되어 太武帝의 멸불(滅佛) 정책을 주도. 삼무일종(三武一宗)의 법난(法難)의 하나. 三武一宗의 法難(법난, 불교 탄압)은 北魏의 太武帝, 宇文氏 北周의 武帝(재위 560-578), 唐의 武宗(재위

유하여 천사도장(天師道場)을 건립케 하였으며, 불법을 증오하며 사문(沙門, 승려)을 죽였고 불상(佛像)과 불서(佛寺)를 훼멸하였다.

위황제는 최호에게 명하여 《국사(國史)》를 편찬토록 하였는데, 최호는 탁발씨 선세(先世)에서의 사적을 모두 상세히 사실적으로 기록하였고, 이를 돌에 새기어 네거리에 세워 놓게 하였다. 선비족들은 이를 보고 성을 내면서 최호가 나라의 치부를 드러내며 선전하다가 참소하였다. 위제는 대노하면서 사안(史案)을 이유로 최호를 죽였고 그 일족까지 모두 죽였다.

○ 최호(崔浩)의 죽음 – 필화가 아닌 문벌 싸움

명문 청하 최씨(清河 崔氏)의 최호(崔浩, ?–450)는 그 아버지 최현백(崔玄伯)과 함께 탁발씨의 위(魏)를 섬기었다. 특히 최호는 탁발규, 탁발사, 탁발도에 이르는 3대를 섬긴 북위 제일의 명신(名臣)이고 참모였다.

최호의 청사(清史) 사건은 최호를 죽이는 하나의 구실에 불과하였다. 최호가 형장으로 갈 때 병사들은 오줌을 싸대며 모욕을 주었다고 한다. 이때 최호의 일족은 물론 범양 노씨(盧氏)나 태원 곽씨(郭氏), 하동 유씨(劉氏)까지 연루되어 죽음을 당했다.

최호는 한인(漢人) 명문가의 출생으로 민족의식이 강했다고 하

840–846)과 五代 後周의 世宗(재위 954–959)은 불교를 크게 탄압하였다.

지만, 선비족의 탁발씨에게 충성을 다했다. 최호는 자신이 명문대가의 출신이라는 점에서 남조 송나라의 건국자 유유(劉裕) 같은 한미한 가문 출신을 무시하는 경향이 있었다. 이러한 자부심은 자연 탁발씨와 같은 유목민 출신 귀족들에 대한 우월의식으로 표출되었다. 유목 민족의 귀족들은 대개 전공(戰功)으로 귀족 반열에 올랐지만, 최호는 문벌사족의 특권을 주장하는 입장이었다.

결국 이러한 신분상의 구별과 우월의식에서 비롯된 갈등은 국사(國史) 사건을 계기로 한인(漢人) 사족(士族)들에 대한 대대적인 살육으로 종결되었다.

○ 남조 송(宋)과의 대결

남조(南朝) 송과 북위는 해마다 서로 침략을 했었는데, 왕현모(王玄謨)[149]는 송의 대대적 거병을 건의했다. 이에 심경지(沈慶之)[150]가 간하며 말했다.

"밭갈이라면 응당 남자 종에게 물어야 하고, 길쌈이라면 으레 계집종에게 물어야 합니다. 지금 다른 나라와의 전쟁을 왜 백면서생과 의논합니까?"

---

149 왕현모(王玄謨, 388-468) — 南朝 宋의 장수. 지방관을 거쳤지만 군사 전문가는 아니었다.

150 심경지(沈慶之, 386-465) — 南朝 宋의 鎭北大將軍, 侍中, 太尉 역임. 南朝 한문서족(寒門庶族)으로 요직에 오른 대표적 인물이다.

송에서는 끝내 왕현모를 보내 군사를 지휘케 했다. 왕현모는 확오성〔碻磝城, 지금의 산동성(山東省)의 지명〕을 뺐고 진격하여 활대성〔滑臺城, 지금의 하남성(河南省)의 지명〕을 포위했다.

이에 앞서 위주(魏主)는 송이 하남(河南) 땅을 빼앗았다는 소식을 듣고 화를 내며 말했다.

"나는 태어나면서부터 하남이 우리 땅이라고 들었다. 지금은 아직 더운 계절이니, 잠깐 군사를 거두어 북으로 돌리지만 황하가 어는 때를 기다려 철기로 그들을 유린하겠다."

겨울이 되자 위주(魏主)는 직접 거느리고 황화를 건너며 백만 대군이라 하였고 말 위에서 치는 북소리가 천지를 진동했다.

왕현모는 두려워 달아났고 북위 병사가 추격하니, 왕현모는 패주했다. 위제(魏帝)는 군사를 거느리고 남하하여 곧장 과보산(瓜步山)에 이르렀고 장강(長江)을 건너려 한다고 공언했다. 송의 수도 건강(建康)은 두려움에 떨었고 백성들은 모두 짐을 싸놓고 달아나려 했다.

송 문제(宋 文帝)는 석두성(石頭城)에 올라 북쪽을 바라보며 탄식했다.

"단도제(檀道濟)[151]가 만약 살았다면, 어찌 호마(胡馬)가 여기까

---

151 단도제(檀道濟, ?-436) - 宋 건국 功臣이며, 宋 武帝 유유(劉裕, 재위 420-422)의 고명(顧命) 大臣이었다. 단도제는 동진 시절에도

지 오게 했겠는가?"

 단도제는 동진(東晉)에서도 공을 세웠고 용병(用兵)에 노련하였다. 이에 앞서 단도제가 참소를 당해 체포당하자, 눈에 횃불을 붙인 듯 쏘아보며 두건을 벗어 땅에 던지며 말했다.

 "너희들이 만리장성을 여기서 허물려 하느냐?"

 단도제가 죽은 뒤, 이 소식을 들은 북위에서는 기뻐하며 말했다.

 "남쪽 오(吳) 땅의 어린 녀석들은 이제 걱정거리가 아냐!"

 북위 군대가 먼 거리를 공격해 왔는데도 송에서는 능히 막을 자가 없었다. 송나라 어떤 사람이 왕현모를 참수해야 한다고 말하자, 심경지가 제지하며 말했다.

 "위주(魏主)의 기세가 천하를 뒤흔들고 궁수들이 백만이라 하는데, 어찌 왕현모가 감당할 수 있겠는가? 싸우는 장수를 죽여 전력을 약하게 하는 것은 바른 계책이 아니오."

 위(魏) 군사가 돌아갔으나 살인과 약탈은 이루 다 셀 수가 없었다. 젊은 장정들을 죽였고 갓난아기를 창에 꿰어 빙빙 돌렸으며, 지나간 곳은 황폐해졌고 봄에 돌아온 제비는 민가가 없어 나무에다가 둥지를 틀었다. 송 문제(宋 文帝, 유의륭, 재위 424-453) 즉위

유유(劉裕)를 따라 섬기면서 환현(桓玄)의 반란을 진압했었고, 북위와 대치하며 큰 공을 세웠으나, 그가 죽은 이후 宋은 수세로 몰렸다.

로부터 28년간 소강을 유지했으나, 이번 전쟁 이후로 마을이 황폐해지고 문제 원가(元嘉, 424-453)[152]의 정치는 쇠퇴했다.

○ 태무제의 죽음

북위 중상시(中常侍) 종애(宗愛)가 동궁(東宮)의 관속을 참소하여 여러 사람이 연좌되어 죽게 되자, 태자 탁발황(拓跋晃)은 걱정 때문에 죽었다. 태무제가 태자의 죽음을 애도하기를 그치지 아니하니, 종애는 두려워 태무제를 죽였다. 뒤에 시호를 태무황제, 묘호를 세조(世祖)라 했다. 탁발황(拓跋晃)의 아들 탁발준(拓跋濬)이 즉위했고, 종애를 잡아 죽였다.

북위 4대 문성제(文成帝) 탁발준(拓跋濬, 재위 452-465)은 태무제의 적손(嫡孫, 탁발황의 장자)으로 13년 재위했다.

북위 5대 헌문제(獻文帝) 탁발홍(拓跋弘, 재위 465-471)은 탁발준의 장자로 6년 재위했다.

4) 효문제의 한화정책

○ 효문제의 즉위

북위(北魏) 효문제(孝文帝) 탁발굉(拓拔宏, 467년생)은 헌문제의

---

152 원가(元嘉)의 정치 – 政治가 비교적 清明했고, 경제 문화적 번영과 함께 백성 생활이 상당히 안정되었다.

장자인데, 5살인 471년에 부친의 양위를 받아 즉위하여 28년간 재위하였다(재위 471-499). 효문제는 선비족의 성을 버리고 중국식으로 원씨(元氏)라 하였다. 때문에 원굉(元宏)으로도 표기한다.

효문제의 여러 가지 개혁은, 곧 중국화 정책(漢化)이라 요약할 수 있고, 이를 '효문한화(孝文漢化)'라 표현한다. 효문제의 이러한 한화 정책은 사회경제적 변화에 적극적으로 작용하여 많은 변화와 발전을 이끌었다.

헌문제는 5살 아들 탁발굉에게 제위를 물려주고 태상황을 자처하였다. 효문제는 5살에 즉위했고, 연흥(延興, 471-476)이라 개원하며(471) 전국의 죄수를 사면하였다.

태상황 헌문제는 476년에 죽었는데, 그때 효문제는 겨우 10살이었기에 조모(祖母, 문성제의 황후인 문성문명황후 풍씨)인 풍태후(馮太后)가 섭정하면서 북위의 조정에 여러 가지 개혁을 추진했고, 이는 효문제에게도 큰 영향을 주었다.

○ 효문제(孝文帝)의 개혁

효문제는 태화(太和, 477-499) 17년(493)에, 남벌(南伐)을 명분으로 도읍 평성(平城, 지금의 산서 북쪽 끝 대동시)에서 남쪽의 낙양(洛陽)으로 천도하였다. 그러면서 선비족의 옛 습속에 대한 대대적인 개혁을 추진하였다. 선비족의 복장이 아닌 중국인의 복장을 채택하고, 선비족의 언어가 아닌 한어(漢語) 사용을 권장하였으며, 선비족의 본적을 낙양으로 옮겨 시행하고, 선비족의 성씨를 중국 한자식으로 고치면서 황제가 원씨(元氏)로 성씨를 고치는 시범을 보였다. 그러면서 선비족과 한인의 통혼(通婚)도 권장하였다. 그러면서 정치와 관료 제도도 남조의 사례를 적극적으로 받아들였다.

이러한 개혁 과정에서 구귀족의 반대에 대해서 효문제는 철저하게 진압하였으며 태자 탁발순(拓跋恂)도 처형하였다(497).

○ 효문한화(孝文漢化) – 삼장제(三長制)

효문제 태화 14년(490)에, 풍태후가 죽자 효문제가 친정(親政)했는데, 풍태후의 한화정책을 그대로 계승하였다.

효문제는 삼장제(三長制)를 시행하였다.

효문제는 유목 민족이 아닌 한인을 다스리는 방법으로 전래의 군현제(郡縣制)를 시행하면서 나라의 기본이 되는 농민 확보 방책으로 채택된 정책이 삼장제(三長制)이다.

이는 농민 5가(家)를 1린(隣), 5린은 1리(里), 5리, 곧 125호를 1당(堂)으로 조직하여 각각 인장(隣長), 이장(里長), 당장(堂長)을 두어 호구(戶口)조사나 조세의 징수, 부역의 배정 등의 일을 담당케 하였다. 이 삼장제는 촌락에 대한 군주권, 곧 국가의 통제를 강화하기 위한 방책이었다.

○ 효문한화(孝文漢化) – 균전제(均田制)

　북위의 토지제도, 곧 경제정책의 핵심은 균전제(均田制)이다.
　중국의 토지제도로 조조(曹操)가 시행한 둔전제(屯田制)는 병농일치의 토지제도로, 군량 확보가 주 목적인 제도였다. 그러나 이제 새로운 제국을 건설하려는 북위에는 적합하지 않았다.
　이 균전제는 한인 관료였던(給事中) 이안세(李安世, 443–493)가 효문제 태화 9년(485)에, 백성들의 빈부격차가 심한 현실을 고려하여 상소 건의하였고, 효문제는 이안세의 건의에 따라 균전령(均田令)을 반포 시행케 하였다.

　균전제는 15세 이상의 남자(丁男)에게는 경작지인 노전(露田) 40무(畝)를 처에게는 20무를 지급하고, 노비도 같은 면적을 지급받을 수 있었다. 농우(農牛)를 소유한 자에게는 30무의 토지를 더 지급받을 수 있지만 4마리(頭)까지만 허용하였다. 농민이 받은 노전은 70세에 국가에 반납하였다. 그리고 경작지 이외에 뽕나무를 심을 수 있는 상전(桑田) 20무를 지급하였는데, 이는 국가에 반환하지 않고 후손에게 물려줄 수 있었다. 그리고 삼(麻)을 심을 수 있는 마전(麻田)과 택지도 규정에 따라 지급하였다.
　이러한 균전제의 토지 지급은 정남과 노비, 농우에 따랐기에 노비와 농우를 소유한 농민은 상대적으로 많은 토지를 지급받았다. 북위에서 이러한 균전제의 시행 목적은 농민 보호와 함께 호족들의 기득권을 제한, 견제하려는 뜻이었다. 사실 농민의 경제적 안정은 국가 경제 발전과 군사적 기반 확충에 꼭 필요한 과제였다.

○ 개혁의 결과와 효문제의 죽음

효문제의 이러한 한화정책은 성공을 거두어 북위는 교육, 문화, 관제, 작위 등에서 중국과의 동화 내지 융합을 추진하였기에 다른 북방민족의 국가와 달리 화북지방을 효과적으로 오랫동안 통일 지배할 수 있었다.

그러나 다른 일면으로, 선비족 고유의 질박 강건한 기질과 상무(尙武) 정신이 사라지면서 사치와 문약(文弱)의 폐단에 빠지게 되었다.

또 이러한 정책을 펴면서 선비(鮮卑) 귀족은 한인(漢人) 관료에게 밀리고, 중앙군의 지휘권도 한화(漢化)된 종실 아니면 한인 대신이 장악하게 되며 점차 무인(武人)을 천시하게 된다.

이러한 한화정책은 자연히 불평불만을 낳고 쌓이게 되니, 그런 불평불만자들이 집결하여 중앙에 대한 반란이 일어나기도 했다. 결과적으로 30여 년 뒤 동위(東魏)와 서위(西魏)로 갈라지는 먼 원인(遠因)이 되었다고 볼 수 있다.

태화 23년(499), 효문제는 남쪽 원정 도중에 병이 났고, 곧 행궁(行宮)에서 죽었다. 사후에 묘호(廟號)는 고조(高祖), 시호는 효문황제(孝文皇帝)였다.

○ 북위의 한인(漢人) 귀족

 북위는 선비족 및 북방 유목민으로 구성된 강력한 무력을 바탕으로 화북지방을 통일하였다. 그 바탕에는 유목 민족들을 그 근거지에서 다른 곳으로 옮기는 사민정책(徙民政策, 徙는 옮길 사)을 펴 유목민들의 세력을 약화시켰다.

 그러면서 선비족으로 구성된 강력한 근위(近衛) 조직을 중앙과 지방에 배치하였는데, 이는 일종의 군정(軍政)이라 할 수 있는데, 이는 차차 중국식 군현제도로 전환이 된다.

 북위가 강대국으로 자리잡을 수 있었던 또 하나의 요인은, 한인(漢人) 귀족들의 포섭과 정치 참여 허용을 들 수 있다. 당시 화북지방에는 진(晉) 왕실을 따라 강남으로 이주하지 못한 명문 귀족들이 많았다. 그중 가장 대표적인 경우가 최호(崔浩)이다.

 태무제 탁발도(拓跋燾)는 칙령으로 화북의 명사를 대거 초빙하여 관리로 임명하였으며, 북연(北燕)과 북량(北涼)을 멸망시키면서 그 한인(漢人) 관리들을 대량으로 채용하였다.

 이렇게 북위가 등용한 한인 관리들은 관제(官制)를 제정하고 율령(律令)을 정비하며, 조세(租稅) 정책을 입안하고 실천하는 등 정책 수립과 결정에 큰 업적을 남겼다. 이런 과정을 거치면서 유목국가 북위는 점차 중국적 제국(帝國)으로 성공적인 전환을 할 수 있었다. 동시에 이는 뒷날 효문제가 적극적인 한화정책을 펼칠 수 있는 바탕을 마련하게 된다.

선비족 북위는 5호16국 어느 나라보다도 성공한 국가였다. 이는 결코 융화할 수 없을 것처럼 인식되던 호한(胡漢)의 협조 체제 구축의 성공이며, 호한 체제의 성립이란 결국 민족 간 통합의 성공이라 할 수 있다.

(3) 북위의 분열

1) 효문제 이후

○ 중앙군의 반란

효문제가 죽은 뒤에, 세종(世宗) 선무황제(宣武皇帝) 원각(元恪)이 즉위하여 500-515년간 재위하였다.

위주(魏主) 원각이 죽었다. 시호는 선무황제(宣武皇帝)이고, 묘호(廟號)는 세종(世宗)이다.

아들 원후(元詡, 詡는 자랑할 후)가 즉위하였는데(숙종 효명제, 재위 515-528), 겨우 6살이라서 모친 호씨(胡氏)가 섭정했다.

위주가 다 장성했지만, 사냥과 말 타기를 좋아하고 친히 조회에 나가지도 않았으며, 호태후(胡太后)는 한창 음란하니 북위의 정치가 문란해졌다. 장군 장이지(張彝之, 彝는 떳떳할 이)의 아들 중우(仲瑀)는 무인을 억제해야 한다는 글을 올렸는데, 떠들며 비방하는 소리가 길에 가득했으며, 큰 거리에는 날을 정해 모여 그 집을 도살하자고 했다.

그런데도 장이지 부자는 마음에 두고 걱정하지 않았다. 이때 우림군(羽林軍)과 호분군(虎賁軍)의 1천 명에 가까운 군사들이 서로 뭉쳐서 상서성(尙書省)에 가서 떠들고 욕하며 상서성의 문에 돌을 던지기도 하였다. 상하의 많은 사람들이 두려워하면서도 감히 말리지를 못했다. 드디어 장이지의 집으로 몰려가 집을 불태우고, 장이지 부자를 끌어내고 매질하며 불속에 던지기도 하였다. 장중우는 중상을 입고 달아나 죽음을 면했지만 장이지가 죽으니 원근 사람들이 놀라고 두려워했다. 호태후는 무리 중에서 흉포한 사람 8인을 잡아 목을 벤 뒤에, 나머지는 다시 치죄하지 않고 대사면을 내려 군중을 안정시켰다.

○ 북위의 6진(六鎭)

북위(北魏)는 낙양으로 천도하기 전 내몽고 고원의 유목 민족인 유연(柔然)의 남침을 막기 위하여 6개의 군사도시를 건설하였다. 이를 6진(鎭)이라 하는데, 서쪽으로부터 옥야진〔沃野鎭, 지금의 내몽고 경내(境內)〕, 회삭진(懷朔鎭, 지금의 내몽고 고양현 서남) 등등인데, 이를 북진(北鎭)이라고도 불렀다.

이 6진이 설치된 지역에는 주나 현을 설치하지 않고 선비족의 군호(軍戶)를 배치하여 군정을 실시하였는데, 선비족 탁발씨의 강력한 무력의 상징이었다.

그러나 효문제가 낙양으로 천도하면서 6진의 군사적 중요성은 크게 약화되었고, 이 지역에서 민란이 일어나기도 하였다.

회삭진(懷朔鎭, 지금의 내몽고 지역)의 문서 담당 관리인 고환(高歡)[153]은 낙양에 와서 장이지가 죽는 것을 보고서 집에 돌아가 재물을 다 기울여 손님들을 대접하며 사귀었다.

어떤 이가 그 까닭을 묻자, 고환이 말했다.

"숙위(宿衛) 군사들이 줄지어 대신의 집을 불사르는데도, 조정에서는 두려워 불문(不問)에 부쳤는데, 정치가 이러하다면 앞일을 알 수 있으니, 재물을 어떻게 지킬 수 있겠는가?"

고환은 그 선세(先世)에서 죄에 연좌되어 북쪽 변방으로 이사하였고, 그래서 선비족의 풍속에 익숙하였으며 침착한데다가 생각이 깊고 대지를 품고 있었다. 고환은 이 6진 지역으로 이주한 한족(漢族)이었고, 선비족화한 한인(漢人)의 대표적 인물이었다.

또 고환은 이 6진을 뒷날 자신의 세력 기반으로 잘 활용하였

---

[153] 고환(高歡, 496–547년) – 인명. 鮮卑化한 漢族. 北魏에서 분열된 東魏의 權臣. 이 사람의 아들 고양(高洋)이 북위 멸망 이후에 북제(北齊, 존속 550–577)를 건국한다.

다. 이 고환은 의협심으로 향리의 우두머리였으나 황제가 되지는 못했지만, 북위와 동위(東魏)의 정권을 좌우했고 그 후손이 나중에 북제(北齊)를 건국하게 된다.

○ 하음(河陰)의 변(變)

북위의 호태후(胡太后)가 섭정한 이후로 총애를 받는 근신(近臣)이 권력을 잡았고, 정치 기강은 해이해졌으며, 도적떼가 일어나고 국경은 날로 줄어들었다.

북위 황제가 완전 성인(成人)이 되자, 태후는 자신의 행실이 나빴었다는 것을 감추려 애를 썼고, 그래서 모자간의 혐오감은 나날이 깊어졌다. 그때 육주의 대도독(六州大都督)이며 수용군(秀容郡)¹⁵⁴의 추장인 이주영(爾朱榮)¹⁵⁵의 군사가 강했다. 고환은 이주영을 만나 바로 거병하여 황제의 측근을 제거하라고 권했다.

마침 북위 황제가 죽었는데, 호태후가 황제를 독살하였다. 뒤에 시호를 효명황제(孝明皇帝, 재위 515 – 528)라 했다.

이주영은 거병하여 효문제의 조카인 장락왕(長樂王) 자유(子攸)

---

154 수용(秀容) – 북위의 郡名. 今 山西省 북부 삭주시(朔州市) 서북.

155 이주영(爾朱榮, 493 – 530) – 이주(爾朱)가 姓氏. 北魏의 權臣. 효명제가 이주영에게 호태후를 제거하라는 밀조를 내렸기에 이주영이 군대를 거느리고 출발했고, 이를 두려워한 호태후가 황제를 독살했다.

를 즉위시키고(북위의 효장제孝莊帝, 재위 528–530), 호태후를 강물에 빠트려 죽였다(하음의 변).[156]

이주영은 태원왕(太原王)에 봉해졌고 진양(晉陽)으로 돌아왔다.

북해왕(北海王) 원호(元顥)는 양(梁)으로 망명했는데, 양(梁)에서는 원호를 인정해주며 장군을 보내 낙양으로 호위했고 자유(子攸)는 도망쳤다.

이주영이 황하를 건너와 (황제를) 구원하자, 원호는 달아나다가 죽었고, 자유가 복귀했고, 이주영을 천주대장군(天柱大將軍)으로 삼았다. 이주영은 반역할 마음을 품었고, 위 황제는 이주영을 죽일 계획을 몰래 추진했는데, 이주영이 궁궐에 들어오자 효장황제(孝莊皇帝)가 직접 찔러 죽였다.

○ 북위의 분열

이주세륭(爾朱世隆)과 이주조(爾朱兆)는 종실(宗室)인 장광왕(長廣王) 원엽(元曄)을 옹립하고 낙양에 입성했다. 자유(子攸)는 시해당했는데, 시호를 효장황제(孝莊皇帝)라 했다. 세륭은 또 원엽과 소원해지면서 원엽을 폐위하고, 효문제(孝文帝)의 조카인 광릉왕

---

156 호태후와 어린 왕자를 함께 물에 빠트려 죽였고, 王公 및 관리들 2,000여 명을 부패와 횡포했기에 정권을 맡길 수 없다며, 낙양 부근 황하의 맹진(孟津)에서 죽인 사건을 '河陰(하음)의 變(변)'이라 한다.

(廣陵王) 원공(元恭)을 옹립하였다.

그러나 고환은 기병하여 이주씨(爾朱氏)를 토벌하며 낙양에 들어가서 이주조가 옹립한 원공(元恭)을 폐위하고, 효문제의 손자인 평양왕(平陽王) 원수(元脩)를 즉위시켰다. 원수는 원공을 시해하였는데, 뒤에 시호를 절민황제(節閔皇帝, 前廢帝, 재위 531)라 하였다.

고환은 대승상이 되었는데, 진양(晉陽, 지금의 산서성(山西城) 중부 태원시)에 관아를 짓고 거기서 살았다. 위 황제는 고환을 두려워하여 진양 토벌을 시도하였다.

그러자 고환이 군사를 거느리고 낙양에 들어오니, 위 황제 원수(元脩)는 장안으로 도망하여 관서대도독(關西大都督)인 우문태(宇文泰)[157]에게 의지하며(534), 우문태를 대승상으로 삼았다.

고환이 위 황제를 추격하였으나 잡지 못하자, 마침내 청하왕(淸河王)의 세자인 원선견(元善見, 孝靜帝, 재위 534-550)을 낙양에서 즉위시키고 업현(鄴縣)[158]으로 천도하였다. 이를 역사에서는 동위(東魏)라 한다.

북위는 도무제(道武帝)로부터 지금까지 12세 149년 만에 분열하여 동위(東魏)와 서위(西魏)로 나뉘었다.

---

157 우문태(宇文泰, 宇文은 複姓, 507-556) - 鮮卑族 宇文部의 후예. 西魏의 權臣으로 北周 政權(557-581)의 기초를 다진 사람.

158 鄴(업) - 地名. 東魏의 수도. 今 河北省 남부 邯鄲市(한단시) 臨漳縣(임장현).

2) 동위(東魏)의 분열

○ 고환과 고양 부자의 동위

동위(東魏, 존속 534-550)는 북위에서 떨어져 나간 나라이다.

북위의 선비족화한 한인(漢人) 고환(高歡, 496-547)이 북위 효문제의 증손(曾孫)인 원선견(元善見, 당시 11세)을 황제로 옹립하였다〔효정제(孝靜帝), 재위 534-550, 이는 북제(北齊)에서 올린 시호였다〕. 동위는 우문태(宇文泰)가 권력을 장악한 북위(535년부터는 서위西魏)와 대립하였다.

동위는 고환에 옹립된 어린 황제였으니, 처음부터 아무런 황제권도, 또는 북위 황족 세력의 지원도 있을 수도 바랄 수도 없었다. 고환과 그 장자 고징(高澄)은 동위의 국정을 좌우하였다.

○ 동위의 멸망

동위(東魏)는 고환의 나라였다. 원선견은 처음부터 허수아비 황제였다. 그러다가 고환이 547년에 죽자, 권력은 상사 고징에게 승계되었다. 고환이 죽은 뒤, 동위의 장군이었던 후경(侯景)이 반역하여 서위(西魏)에 투항하려는 사건이 일어났지만, 곧 고징에 의해 진압되었다.

고징의 횡포는 이루 말할 수 없었으니, 고징은 부하인 최계서(崔季舒)를 시켜 효정제를 3번 주먹으로 후려치는 일도 있었다. 효정제는 고징을 제거하려 했으나 비밀이 누설되어 실패하였다.

그러나 고징은 550년에 27세의 황제 원선견을 유폐하였고, 황제를 도와 자신을 제거하려 했던 대신들을 몰살하였다. 이로써 동위는 멸망하였다(550).

이어 고징이 동위를 친정(親政)하려 했지만, 곧 동생 고양(高洋, 526-559)에게 밀려 폐위되었다. 고양이 자신이 황제로 즉위하면서 국호를 제(齊, 사서는 북제, 존속 550-577)라 하였다.

고양이 바로 북제의 개국 황제 문선제(文宣帝, 재위 550-559)이다.

동위는 효문제의 증손인 원선견(元善見, 효정제)이 1인 1대로 끝난 나라이다. 동위는 16년 존속하면서 천평(天平, 534-537), 원상(元象, 538-539), 흥화(興和, 539-542), 무정(武定, 543-550)의 연호를 사용했다.

○ 후경(侯景)의 난(1) - 서막

후경(侯景, ?-552)은 선비족에 동화된 갈(羯)족이었다.

북위의 정치가 극도로 문란해지면서 여러 봉기가 연속 일어났는데, 후경은 지방에서 봉기하는 한 무리였다. 앞에서 언급한 이주영(爾朱榮)이 하음(河陰)의 변(變) 이후 정권을 장악하자, 후경은 자신의 군사들을 이끌고 이주영에게 의탁한다.

말하자면, 이는 배반으로 점철된 후경 인생의 첫 고비였다. 이주영에 의해 선봉(先鋒)이 된 후경은 528년에 갈영을 포로로 잡았고, 갈영의 봉기는 진압된다. 이 공으로 후경은 북위의 정주자사(定州刺史)가 되었다.

고환(高歡)이 동위(東魏)에서 권력을 크게 확산하는데, 후경과 고환은 내몽고 지역 육진(六鎭)의 하나인 회삭진이란 곳에서부터 가까운 사이였다.

후경은 고환에게 의탁하게 되고, 고환은 후경을 중용하며 10만의 병력으로 하남(河南) 지구를 통치케 한다. 후경은 태어날 때부터 오른쪽 다리가 짧아 무예에 뛰어나지는 않았지만 모략(謀略)이 많았고, 또 병사들에게 아주 가혹할 정도로 모진 성격의 소유자였다고 한다.

고환이 후경의 사람됨을 바로 보고 있었지만 당시 서위의 우문태(宇文泰)와 패권을 다투는 처지에서 후경을 쓰지 않을 수 없었다.

그러나 고환은 죽으면서 아들 고징(高澄)에게 후경을 통제 못할 것이니 조심하라는 유언을 남겼다. 후경의 입장에서는 아버지보다도 훨씬 능력이 떨어지는 고징이 동위의 권력 중심에 서자, 후경은 즉시 배반한다.

후경은 상대적 라이벌인 서위의 우문태에게 투항하지만, 우문태는 후경의 투항을 탐탁하지 않게 여기며 견제의 뜻이 확실했다. 결국 배반의 성과를 얻지 못한 후경은 다시 남조 양(梁)나라 무제 소연(蕭衍)에 귀부(歸附)를 결심하고 양 무제(梁 武帝) 태청(太淸) 원년(서기 547년), 자신의 병력을 갖고 양나라에 투항한다.

양 무제 소연은 후경의 역량을 빌려 북벌에 성공하겠다는 욕심으로 그의 투항을 받아들이며 최고의 대우를 해준다. 그러나 이는 후경이란 인물을 제대로 파악하지 못한 무지의 소치였고, 그 결과는 전대미문(前代未聞)의 참혹을 초래한 양나라 후경의 난(548-552년)으로 이어진다.

3) 서위(西魏)의 흥망

○ 우문태의 집권

서위(西魏, 존속 535-557)는 선비족인 우문태(宇文泰, 505-556)가 북위 효문제의 손자 원보거(元寶炬, 炬는 횃불 거)를 황제로 옹립하고(文帝, 재위 535-551), 고환(高歡)이 권력을 장악한 동위(東魏)와 대립하였는데, 도읍은 장안(長安)이었다. 서위는 557년에 북주(北周, 존속 557-581)로 교체되었는데, 양대(兩代) 삼제(三帝)에 22년간 존속하였다.

서위가 존속하는 기간에 권신 우문태의 패부〔覇府, 막부(幕府)〕가 나라의 정치를 꾸려나가면서 경제력의 회복과 함께 백성은 안정되었고, 동위와 경쟁에서 무력적으로 우세하였다.

북위 효무제(孝武帝) 영희(永熙) 3년(535), 북위의 권신인 선비인(鮮卑人) 우문태(宇文泰)는 효무제〔孝武帝, 원수(元修)〕를 시해하고, 효문제〔孝文帝, 원굉(元宏)〕의 손자인 남양왕(南陽王) 원보거(元寶炬, 문제)를 옹립하고 대통(大統)으로 개원(改元)하였다. 그리고 우문태는 승상(丞相)이 되었고, 중외(中外)의 모든 군사를 감독하며 조정의 행정권까지 장악하였다.

우문태는 동위와 3차례 전쟁에서 모두 이겨 장강 남쪽을 제외한 화북의 최강자가 되었다. 그리고 한인(漢人) 소작(蘇綽) 등을 등용하며 개혁을 추진하여 서위를 강국으로 변모시켰다.

○ 서위의 멸망

서위 문제 대통(大統) 17년(551)에 원보거가 죽자, 태자 원흠(元欽)이 즉위하였다. 원흠은 즉위 이후 우문태를 제거하려 했지만 554년 정월에, 우문태는 원흠을 폐위하고 그 동생인 제왕 원곽(元廓)을 즉위시켰고, 이어 원흠을 독주(毒酒)로 죽였다.

서위가 주국(柱國) 우근(于謹)을 보내 남조의 양(梁)을 공격하고 강릉(江陵)에 입성했다.

양의 원제(元帝, 재위 552 – 554)는 고금의 도서 14만 권을 불태우며 탄식했다.

"문왕과 무왕의 도(道)는 오늘 밤으로 끝장이구나!"

그리고는 나가서 항복했다. 어떤 사람이 책을 불사른 뜻이 무엇이냐고 묻자, "나는 수많은 책을 읽었지만 오히려 오늘 같은 날이 있을 뿐이로다."라고 말했다.

얼마 안 있어 원제는 피살당했는데, 재위 3년에 개원은 한 번, 연호는 승성(承聖)이다.

서위는 양양(襄陽)을 빼앗고서, 양왕(梁王)인 소찰(蕭詧)을 강릉으로 데려다가 칭제하게 하면서 군사를 주둔시켜 지키게 하였다. 이것이 후량(後梁)인데, 서위(西魏)의 속국이었다.

556년 우문태가 병사하자, 우문태의 적장자 우문각(宇文覺)이 부친의 모든 권력을 계승하였다.

557년 우문태의 조카인 우문호(宇文護)가 서위 공제〔恭帝, 원곽(元廓)〕의 선양(禪讓)을 받아 천왕(天王)으로 즉위하며 북주(北周)를 건국하였고, 장안에 정도(定都)하였다.

4) 북제

○ 26년간 존속

북제〔北齊, 후제(後齊), 존속 550 – 577〕는 선비화(鮮卑化)한 한인(漢人)의 정권이다. 문선제(文宣帝)인 고양(高洋)이 동위(東魏)의 제위를 탈취하여 건국하며 제(齊), 연호를 천보(天保)라 하며 업성(鄴城)에 도읍하고, 진양〔晉陽, 지금의 산서성(山西城) 중부 태원시〕을 별도(別都)라 하였다. 사서에서는 이를 고제(高齊), 또는 북제 또는 후제(後齊)라 하여 남조의 제[齊, 소씨(蕭氏), 소도성(蕭道成)이 건국시조]와 구분한다. 북제는 6명의 황제에 27년간 존속하였다.

북제는 개국 초기에 제법 강성했지만, 포악하고 우매한 군주가 연속 즉위하면서 국세(國勢)가 날로 쇠약해졌다. 비슷하게 출발한 북주(北周)와의 경쟁에서 밀렸다.

북제의 후주(後主) 고위(高緯)는 소인들을 많이 신임하였기에 정치가 어지러웠다. 북주가 북제 정벌에 나서 수도 업(鄴)을 함락하고 황제 고위를 생포해 북주로 데려와 죽였으며, 그 일족도 모두 죽였다. 결국 557년에, 북주에 병합되어 소멸하였다.

○ 북제(北齊) 재위 순서

① 고양(高洋, 문선제) : 개국 군주(550-559).

② 고은(高殷, 폐제) : 고양(高洋)의 장자(長子, 559-560).

③ 고연(高演, 효소제) : 고양(高洋)의 동모제(同母弟, 560-561) 조카 고은(高殷)을 폐위, 죽임.

④ 고담(高湛, 무상제) : 고양(高洋)의 동모제(同母弟, 561-565) 조카 백 년을 폐위, 죽임.

⑤ 고위(高緯, 후주) : 고담(무성제武成帝)의 아들(565-577).

⑥ 고항(高恒, 유주) : 고위(후주後主)의 아들(577).

○ 황하의 얼음 깨기

고양(高洋)의 북제(北齊, 550－577 존속)와 우문각(宇文覺)이 건립한 북주(北周, 557－581 존속)는 라이벌 관계였다. 두 나라는 황하를 국경으로 삼고 있었는데, 겨울이 되면 북주의 군사들이 큰 나무망치로 황하의 얼음을 깨는 것이 일과였다. 이는 북제 군사의 겨울 도강(渡江)을 막기 위한 방법이었다.

그러나 나중에 북주가 강성해지면서 북주에서는 얼음을 깨지 않았다. 대신 북제에서는 해마다 겨울이면 날마다 얼음을 깨야만 했다. 이는 라이벌의 강약이 뒤바뀌었다는 증거이다.

이러한 역전의 원인은 국가의 정책방향이었다. 북제는 중국인의 선비족화를 추진했고, 북주에서는 선비족의 한인화(漢人化)를 추진했었다.

고양의 부친 고환(高歡)은 선비족화한 중국인으로 고환 때부터 세력을 심고 키워, 드디어 아들 고양이 동위의 황제 자리를 빼앗아 북제를 건국한다. 고양은 선비족의 언어를 쓰며 선비족을 우대하고 등용하며 철저하게 선비족에 동화하였다. 그러면서 한인들에게는 선비족은 중국인들을 위해 싸우고 나라를 지켜준다고 강조하였다.

결과적으로 북제의 조정은 선비족이 모든 요직을 차지하게 된다. 때문에 초기에는 북제가 무력적으로 강국이었으나 지속적 발전을 이루지 못하고 쇠약해진다.

반면 북주에서는 왕족들이 선비족이었음에도 불구하고 선비족의 한화(漢化)정책을 철저하게 시행한다. 중국인 관료를 채용하고 여러 가지 제도 개혁을 실시한다. 부병제(府兵制)라는 군사 제도 개혁을 통해 무력을 키우면서 노비 해방을 추진하고 불교를 억제하면서 생산 인구를 늘려 나갔다.

선비족은 전투에서 이기면 그 상대방을 모두 노비로 만들고, 그 노비의 신분은 세습되었다. 북주에서는 선비족의 이러한 악습을 철폐하여 농민의 숫자를 크게 늘렸다. 결국 북주와 북제는 역전이 되었다. 이러한 북주의 국력 바탕을 이어받은 수(隋)나라는 북제를 병합하고 나아가 남조의 진(陳)을 멸망시킨다. 그리하여 위진남북조 약 370년간의 분열시대는 막을 내리게 된다.

5) 북주(北周)

○ 북주의 건국

서위(西魏) 공제(恭帝) 3년(556)에, 서위의 실권을 장악했던 우문태(宇文泰)가 병사하자, 장자인 우문각(宇文覺)이 부친의 모든 권력을 승계하였고(557), 서위 공제(恭帝)의 선양(禪讓)을 받아 천왕(天王)으로 즉위하며 북주(北周)를 건국하였고 장안에 도읍하였다.

북주는 건국 이후, 나라의 모든 실권은 우문호(宇文護, 513-

572)에게 있었고, 황제 그 누구도 저항하지 못하고 우문호에게 속박당했다. 우문호는 우문태 큰형의 아들이었으니 우문태의 조카로, 우문각의 사촌 형제였다.

ㅇ 우문호의 전권

황제인 우문각은 우문호의 전권(專權)이 못마땅하여 우문호를 제거하려다가 오히려 살해되었다. 우문호는 우문각의 서형(庶兄)인 우문육(宇文毓, 毓은 기를 육)을 황제로 즉위시키니, 이가 북주 명제(明帝, 재위 557-560)이다. 그러나 명제가 피살된 뒤, 우문육의 이복 동생인 우문옹(宇文邕, 邕은 화합할 옹)을 즉위시키니, 이가 북주 무제(武帝, 재위 560-578)이다. 이처럼 우문호는 북주를 15년간 사실상 지배하였다.

그러다가 무제는 우문호를 죽이고 대권을 장악하였고, 무제는 북제를 병합하여 화북지방을 통일하였다(577). 후주의 무제 우문옹은 침착하고 원대한 식견이 있었으며, 정치는 엄정하고 명확하여 현주(賢主)라는 칭송을 들었다. 북제를 멸망시키고 일 년이 지나 죽었는데, 나이는 서른여섯이었고 시호는 무황제(武皇帝)였다.

ㅇ 양견(楊堅)의 등장 - 북주 멸망(581)

태자 우문윤(宇文贇, 贇은 예쁠 윤, 빈)이 무제의 뒤를 이어 즉위하고(宣帝, 재위 578-580) 황후로 양씨(楊氏)를 맞이하였는데,

황후의 부친 수공(隋公) 양견(楊堅)이 전권을 장악하며 상주국(上柱國) 대사마(大司馬)가 되었다.

우문윤은 태자 시절부터 소인들을 가까이하였다. 즉위 1년이 안 되어 아들 우문연(宇文衍, 靜帝, 재위 580－581, 당시 6세에 즉위)에게 전위하고서 천원황제(天元皇帝)라 자칭했다. 교만과 사치는 갈수록 심해졌는데, 일 년이 안 되어 죽었고 시호는 선제(宣帝)이다.

선제의 장인인 양견은 스스로 대승상(大丞相)이 되었다가 상국과 수왕(隋王)에 오른 뒤 구석(九錫)을 받았다. 이에 북주의 마지막 황제 정제(靜帝, 우문연, 양견의 외손자)는 수왕(隋王)에게 선위(禪位)하였고 곧 피살되었으며, 수(隋) 군주는 우문씨 일족을 다 죽였다. 북주는 칭제 이후 5세 25년에 멸망했다.

이에 우문연은 수왕(隋王)인 양견(楊堅)에게 선양했고(581), 양견(수 문제)은 589년에 남조의 진(陳)을 병합하여, 위진남북조 시대의 오랜 분열의 종지부를 찍었다.

북주(北周) 마지막 왕제인 정제(靜帝)의 대상(大象) 연간(580)에, 북주는 3백여만 호에 인구는 9백여만 명이었다. 북주의 한창 전성에 인구는 1250만이라는 통계가 있다.

○ 북주의 귀족 양견(楊堅)

양견(楊堅, 541－604) 수(隋)는 개국(開國) 황제(皇帝)로, 581－604년까지 재위했다. 재위 24년, 향년 64세였으니 천운을 타고난 인물임에는 틀림없으나 아들 양제(煬帝, 이름은 양광)에 의해 죽음을 당했다.

　양견은 한족이지만 선비족의 성씨와 이름도 갖고 있었다. 그의 부친 양충(楊忠)은 서위(西魏)의 관직을 두루 거쳤으며 선비족화한 한인의 대표적 인물이었다. 양충은 서위의 수국공(隋國公)이었고, 뒤에는 북주 팔주국(八柱國)의 한 사람이었다.

　양견은 부친의 직위를 세습했고 걸출한 용모에 무예도 뛰어났었다. 양견의 부인 독고(獨孤)씨는 당시 북주 팔주국의 한 사람인 독고신(獨孤信)의 딸이었다. 양견의 딸은 북주 선제(宣帝)의 황후였었으니, 북주에서 양견의 지위가 어떠했는가를 짐작할 수 있다.

3. 남조의 흥망

(1) 남조 역사 개관

　ㅇ 한인(漢人) 정통 왕조의 교체

　남조(南朝)는 동진(東晉)에서 송(宋, 유송)으로 교체되면서 시작하여 송(宋)에서 제(齊, 남제(南齊))로 이어지고, 제는 양(梁)으로, 양은 진(陳)으로 이어졌다.[159]

북조는 여러 나라가 위(魏, 북위)에 병합되는 데서부터 시작하여 북위가 동위(東魏)와 서위(西魏)로 분열되고, 동위는 북제(北齊)로, 서위는 후주(後周)로 교체되었다. 후주는 북제를 병합했지만, 다시 수(隋)나라[160]로 교체되었다(581). 수나라가 남조의 진(陳)을 멸망시킨(589) 뒤에 남북조는 하나의 나라로 통일되었다.

○ 남북조 왕조 일람

남북조(南北朝)는 동진과 16국의 분열 상황의 연속이었다. 다만 북위의 화북 통일(439년) 이후 왕조의 난립이 좀 진정되었다고 볼 수 있다.

남조에서는 송–제–양–진의 단선(單線)으로 왕조 교체가 이루어졌다. 남북조에서 통치자 계층의 구성과 통치방법의 차이 때문에 남북조의 대립은 지속되었지만, 어느 쪽에서든 절대 강자가 출현하지 않았기 때문에 남북조의 대립은 170년간 계속되었다.

남북조의 왕조 개창과 멸망을 요약하면 다음과 같다.

---

159 晉, 宋, 齊, 梁, 陳 – 모두 춘추시대에 기원을 둔 왕조의 이름이다.
160 隋나라 이름 수. 제사 지내고 남은 고기 타. 一說에는 隨(따를 수)가 本字인데, 隨의 辶(⻍)가 말이 빨리 달리는 형상(빨리 멸망)이라는 글자에서 '辶(갖은 책받침)'를 빼고 隋로 정했다고 한다.

남북조의 개창과 멸망

南北	국명	건국자	존속 기간		비 고
南朝 (남조)	宋	劉裕 (유유)	420－479	59년	齊에 멸망
	齊	蕭道成(소도성)	479－502	23년	梁　〃
	梁	蕭衍(소연)	502－557	55년	陳　〃
	陳	陳霸先(진패선)	557－589	32년	隋　〃
北朝 (북조)	北魏	拓跋珪(탁발규)	386－534	148년	東西魏 분열
	東魏	元善見(원선견)	534－550	16년	北齊로 교체
	西魏	元寶炬(원보거)	535－556	21년	北周　〃
	北齊	高洋(고양)	550－577	27년	北周에 멸망
	北周	宇文覺(우문각)	557－581	24년	수(隋)에 〃
남북조 시대 ; 통상 420년－589년까지 170년간을 말함.					

(2) 남조 유송의 흥망

1) 송 무제 유유

○ 유유의 일생

송(宋)나라 고조 무황제(武皇帝)의 성은 유씨(劉氏)이고, 이름은 유(裕, 넉넉할 유)이며 팽성(彭城)[161] 사람이었다. 전해오기로는, 한

---

161 팽성(彭城) － 今 江蘇省 북쪽의 徐州. 戰國 中期에는 宋과 楚의 國都. 西楚霸王(서초패왕) 항우(項羽)의 도성. 漢 高祖 劉邦은 이 근처 沛郡(패군) 豊邑 출신. 한 고조 유방은 平定天下하고서 동생 劉交를 楚王으로 봉해 彭城에 도읍토록 했다. 삼국시대에서는 조조가 이곳에서 呂布軍을 격파하기도 하였다.

(漢)의 초 원왕(楚 元王)인 유교(劉交)¹⁶²의 후손이라고 한다.

유유가 태어나면서 어머니가 죽었다. 유유의 아버지는 한때 경구(京口)¹⁶³에 살았었는데, 유유를 버리려 했으나 이모가 데려다가 젖을 먹였다. 자라면서 용감하고 건장하며 큰 뜻을 품고 있었으며 겨우 글자를 알았는데 어렸을 때의 자(字)는 기노(寄奴)였다.

어느 날, 길을 가다가 큰 뱀을 보았는데 유유가 뱀을 때려서 상처를 입혔다.

뒤에 다시 그 자리를 지나는데, 여러 아이들이 약을 찧고 있었다.

유유가 무엇을 하느냐고 물었다.

아이들이 "우리 왕이 유기노에게 부상을 당했습니다."고 말했다.

유유가 "왜 죽이지 않느냐?"고 물었다.

아이들은 "기노는 왕자라서 죽지 않습니다."라고 대답했다. 유유가 아이들을 혼내주니 곧바로 흩어져 보이지 않았다.

유유는 처음에 유뢰지(劉牢之)¹⁶⁴의 군사 참모가 되었는데, 적

---

162 유교(劉交) − 한 고조 유방(劉邦)의 막냇동생. 형제 중에서 가장 학식이 많았다.

163 京口 − 江蘇省 남부, 長江 남안, 진강시(鎭江市)의 지명. 예로부터 군사 주둔지.

을 살피려 나갔다가 수천 명의 적을 만났다. 유유는 긴 칼을 휘두르며 홀로 추격하였고, 나머지 군사들도 그 기세에 따라 진격하여 적을 대파했고, 유유의 이름이 알려졌다.

그 후에 장군과 재상으로 20여 년을 지내면서 환현(桓玄)을 주살하고, 동진 말기 손은(孫恩)과 노순(盧循)의 반란을 평정하였으며, 남연(南燕)과 후진(後秦)을 멸망시키고, 마침내 동진(東晉)의 선양을 받았다. 유유는 57세인 서기 420년에 칭제하고, 422년에 죽었다. 연호는 영초(永初, 420-422년)이었다.

죽어서 태자(太子)가 즉위하니, 이가 폐제(廢帝) 형양왕(滎陽王)이다.

○ 유유의 성격과 일화

유유(劉裕)는 어려서 가난하였기에 신발 장수로 생계를 이었다.

그러나 도박을 좋아하고 가산마저 탕진하여 향리에서의 품평은 좋지 않았다. 그러나 유유가 큰 뜻을 품고 있다는 사실을 알았던 낭야(琅琊)왕씨의 왕밀(王謐)은 유유를 잘 대우했다.

---

164 유뢰지(劉牢之, ?-402) - 팽성인(彭城人). 北府兵의 장군. 전진(前秦)과의 비수(淝水)의 싸움에서(383) 큰 공을 세움. 북벌(北伐)에 참여했고 손은(孫恩)의 반란을 진압하였으며, 동진 安帝의 在位 기간에 나라 안정에 기여하였으나 여러 차례 배신으로 신망을 잃었고, 결국 환현(桓玄)에게 쫓기다가 자살했다.

어떤 때인가 유유가 빚을 갚지 못하여 잡혀있는 것을 왕밀이 그 빚을 갚아주어 유유를 풀어주기도 하였다. 이후 유유는 왕밀에게 그만한 보답을 해주었다.

어느 날 유유가 경구(京口)의 죽림사(竹林寺)라는 절의 강당에 혼자 누워있었는데, 절의 중이 보니 그의 몸을 오색이 영롱한 용이 감싸고 있었다.
놀란 중이 유유를 깨워 이야기를 하자, 유유는 속으로 기뻐하면서도 "스님이 나한테 거짓말 하는 것 아닙니까?"라고 말했다고 한다.
유유는 장군으로서 법령을 엄격히 집행했고 병사들이 백성에게 폐를 끼치지 않도록 잘 단속하였다. 또 업무처리와 신상필벌(信賞必罰)이 정확하여 백성과 병사들로부터 신임을 얻었다.
이는 유유가 거둔 군사적 승리의 바탕이 되었다.
유유는 절검(節儉)을 숭상하며 호화스러운 생활을 멀리하면서 마치 농부처럼 살았기에 '전사공(田舍公, 농사꾼)'이라는 별칭이 있었다고 한다. 황제가 된 뒤에도 궁중의 후궁 여인이 매우 적었다고 한다. 어떤 지방관이 아주 큰 호박(琥珀)으로 만든 베개를 헌상했는데, 호박이 상처를 치료하는 약재라는 말을 들은 유유는 그 호박을 가루로 만들어 장수들에게 나누어주었다고 한다. 유유는 미신을 숭상하지도 않았으며, 신하들의 여러 간언을 잘 받아들였다고 한다.

2) 송 문제 유의륭

○ 폐제 형양왕(榮陽王)

폐제 형양왕(榮陽王)의 이름은 의부(義符)인데, 나이 17세에 즉위했다. 거상(居喪) 중에도 무례했고 놀이가 도를 넘었다. 형양왕 재위는 3년(422-424)이고, 개원은 한번 했는데 경평(景平)이다. 서이지(徐羨之)[165]와 부량(傅亮), 사회(謝晦) 등이 형양왕을 폐위하고 시해하였다. 의도왕(宜都王)[166]이 즉위하니, 이가 태종(太宗) 문황제(文皇帝)이다.

○ 아버지와 아들

아버지가 영웅이면 아들도 대장부(父是英雄兒好漢)인 것처럼, 장수 가문에서 호랑이 같은 아들이 나오고(將門出虎子), 호랑이 아버지에 강아지 같은 아들은 없다〔虎父無犬子(호부무견자)〕는 것이 정상이다.

그리고 권세가 집에서는 아두 같이 못난 아들이 나오고〔朱門

---

165 羨는 넓을 이, 부러워 할 이. 羨(부러워할 선)과 다른 글자.

166 宜都王(의도왕) - 이름은 劉義隆(유의륭). 劉裕의 三子. 在位 서기 424-453년(30년). 연호 元嘉(원가).

出阿斗(주문출아두)〕, 한미한 집안에서 장원이 나온다〔寒門出壯元(한문출장원)〕라는 속담에는, 보통 사람들이 자식을 키우면서 마음에 품을 수 있는 자식에 대한 기대가 담겨있다.

그런데 서진(西晉)의 무제(武帝) 사마염(司馬炎)에게 혜제(惠帝) 같은 백치(白痴) 아들이 있었고, 동진(東晉)에게 안제(安帝)와 같은 저능아(低能兒) 황제가 왜 나온 것일까?

본래 나무를 심었으면 가꾸어야 하고, 아들을 낳았어도 가르치지 않으면 사람이 되질 않는 법이다(生兒不敎不成人). 그러하기에 가장(家長)의 가르침이 없으면 자식은 어찌할 수 없다〔父兄失敎(부형실교) 子弟不堪(자제불감)〕라고 하는데, 아버지가 가르치지 않으면 곧 '버린 자식'이 된다는 뜻일 것이다.

송 개국 군주 무제 유유(劉裕)는 그렇게 성실하고 검소하였으며 온갖 어려움을 이겨내며 자립했다. 나라의 재상이라는 자리가 그리 쉽게 얻거나 차지할 수 있는 자리인가? 그리고 새로운 나라를 개창한다는 것이 그리 쉬운 일인가?

그런 유유한테 부친의 상중(喪中)에도 무례했고, 얼마나 엉망이었으면 사서(史書)에 「遊戲無度(유희무도)」라고 기록할 아들이 나올 줄을 어찌 알았는가? 그래도 유유는 3자(子) 문제(文帝)가 '원가(元嘉)의 치(治)'를 이루며 태평성대를 만들었으니 완전 실패는 아니었다.

그래서 인생은 알 수 없는 것이고, 자식을 키우는 사람은 악행을 해서는 안 되며, 남의 자식에 대한 이야기를 함부로 하는 것이 아니다. 자식을 키우는 부모는 모두 선인(善人)이어야 한다. 왜냐하면, 내 자식이 어떤 사람이 될지 내가 모르기 때문이다.

○ 문제 유의륭

유송(劉宋) 태종 문제의 이름은 의륭(義隆)인데 평소에도 좋은 평판이 있었다. 소제(少帝, 폐제, 형양왕)를 폐출하고 신하의 영입으로 즉위하였다. 재위 424-453년.

문제의 태자 유소(劉劭)는 무고에 의거 황제를 저주하다가 일이 발각되었다.

태자 유소는 과실이 많아 누차 문제로부터 꾸중을 들었다. 이에 무당과 결탁하여 옥(玉)으로 황제의 인형을 만들어놓고 빨리 죽으라고 무고하며 저주를 했다. 이를 내시가 알고 두려워 밀고하여 사건이 발생했으나 아들에게 죽었으니, 결과적으로 빨리 죽은 셈이다. 문제가 죽자, 태자가 즉위하였다.

문제는 재위 30년에 개원은 1번인데, 원가(元嘉 423-453)라 했다.

그러나 무릉왕 유준(劉駿)이 거병하여 유소를 죽이고 즉위하니, 이가 세조(世祖) 효무제(孝武帝, 재위 453-464)이다. 효무제는 즉위 12년에 죽었고, 개원은 2번인데, 효건(孝建, 454-456)과 대명(大明, 457-464)이다. 태자가 즉위하니, 이가 폐제(廢帝, 재위 464-465)이다.

○ 단도제(檀道濟)의 지략과 존재감

단도제(檀道濟, ?-436)는 같은 고향 사람인 유유(劉裕)를 따라 환현(桓玄)의 반란 토벌에 참여했으며, 유유의 후진(後秦) 북벌에도 선봉을 담당하여 416년에 낙양을 수복하기도 했다.

단도제는 송 건국 공신이며 유유의 고명(顧命) 대신이었다. 북위(北魏)와 대치하며 큰 공을 세웠으나 그가 죽은 이후 송은 수세로 몰렸다.

단도제는 송 건국에 일조하였으며, 영초(永初) 3년(422년)에 유유가 죽을 때, 유유의 고명을 받아 유의부(劉義符)를 즉위케 하였다. 그러나 동안 북위와의 대립관계에서 북위의 군사들은 단도제의 이름을 들으면 도망갈 정도가 되었다고 한다. 단도제는 문제(文帝, 유의륭)를 영입하는 과정에서도 큰 역할을 다하였다.

원가 7년(430년)에, 단도제는 송 군사를 이끌고 북벌에 나섰으나 패전하고 또 군량과 마초(馬草)까지 부족하여 위기에 처했다. 그날 저녁에 단도제는 각 군영마다 모래를 모아 말(斗)로 세면서 큰소리로 그 숫자를 떠들게 했다. 이어 단도제는 남아 있는 쌀로 모래더미를 덮게 하였다. 그 다음날 위군에서는 단도제의 부대에 군량이 산처럼 쌓인 것을 보고 공격을 풀고 돌아갔다는 이야기가 전해온다. 이를 산가치(산가지 주籌)를 세면서 모래가 말(斗)로 된다는 「창주량사(唱籌量沙)」란 말이 나왔다고 한다.

원가 13년(서기 436년) 문제는 병이 났고, 문제의 동생인 팽성왕 유의강(劉義康, 409-451)이 집정하면서 '황제가 죽은 뒤 단도제가 반란을 일으킬지 모른다.'는 생각에서 변경에 근무하고 있는 단도제를 아무런 이유도 없이 수도로 불러들여 체포하고 죽인다.

우둔한 권력자의 어리석은 판단은 결국 전쟁과 패전으로 이어지고, 그 결과는 백성들만 죽고 다치고 … 그래서 정치를 하는 사람들의 건강하고 합리적인 이성이 중요한 것이다.

단도제가 죽은 뒤 송은 북위에 비해 군사적으로 열세이기에 공수에서 수세로 몰리고, 남북관계에서 주도권을 빼앗긴다.

3) 전(前) 폐제

○ 무도한 폭군

폐제(廢帝)의 이름은 자업(子業)이다. 즉위하고 거상(居喪) 중인데도 오만하고 게으르며 슬픈 기색이 없었다. 무제도 형제들을 꺼리고 미워하여 많이 죽였지만 폐제 자업은 그보다 더 심했다.

폐제 자업은 상동왕(湘東王) 등 숙부들을 싫어하여 전각 안에 가두어두고, 매질을 하거나 끌고다니며 사람의 도리를 행하지 않고 부도한 짓을 제멋대로 하여 궁 안이나 밖이 시끄러워 나라 사람들이 시해했다.

재위 2년(464-465)에 개원을 한번 하였는데, 경화(景和)이다.

○ 유자업(劉子業)의 만행(蠻行)

전(前) 폐제 유자업(劉子業)은 효무제(유유劉裕)의 장자(長子)로 아버지를 죽이고, 464년에 16살의 나이로 즉위한다.

유자업은 황음(荒淫)의 단계를 넘어 거의 인간 말종과도 같았다.

고모가 마음에 든다고 고모부를 죽인 다음에, 고모가 병사(病死)했다고 말한 뒤에, 고모의 이름을 바꿔 후궁으로 삼았다고 한다. 자기 누이가 나는 '남편이 하나뿐'이라고 불평하자, 30명의 남자를 선물해 줬다는 기록을 보면 웃음도 안 나온다.

자신을 보필한 대신들을 마구 죽였는데, 대신(大臣) 유의공을 죽여 손발을 자르고 눈을 파내고 배를 쨴 다음 거기에 꿀을 집어넣고 '귀목종(鬼目粽, 粽은 단오에 먹는 찰밥)'이라 했다.

폐제는 숙부들을 미워하여 지방에 있는 숙부들을 궁 안으로 불러 가두었다. 뚱뚱한 상동왕(湘東王) 유욱(劉彧)을 굴 안에 발가벗겨 가두어놓고 나무 구유의 음식을 먹게 하고 '저왕(豬王, 豬는 돼지 저)'이라 불렀고, 건안왕(建安王) 유휴인(劉休仁)을 '살왕(殺王)' 이라 부르게 했다. 상동왕은 온갖 모욕과 죽음의 위협을 겨우겨우 모면하면서 살아났다.

이런 잔인한 황제의 목숨은 얼마나 가겠는가? 그가 신임하던 금위군(禁衛軍) 장군들에게 죽음을 당하고 상동왕 유욱이 명제(明帝)로 즉위한다. 그러나 이 사람 역시 폭군이었다.

송나라 8명 황제 중 건국자인 무제(武帝) 유유(劉裕)와 3대 문제(文帝) 유의륭(劉義隆), 맨 마지막 순제(順帝, 재위 477-479)를 제외한 5명의 황제가 모두 폭군이었다.

오죽하면 유송의 존속 기간 60년(420-479) 동안에 쫓겨난 황제가 둘이나 있어 전(前) 폐제(廢帝, 5대, 유자업), 후(後) 폐제(廢帝, 7대 유욱)로 구분해야만 했다.

궁 안에서만 곱게 자랐을 열여섯 살 젊은이에게 어디에 그러한 잔인성이 숨어 있었는가는 생각해 볼 문제이다. 어찌 보면 인간의 잔인성은 천성(天性)의 일부라 아니할 수 없다.

4) 송 명제 유욱

○ 폭군 명제

전(前) 폐제에 이어 상동왕이 즉위하니, 이가 태종(太宗) 명제(明帝, 이름은 彧은 문채날 욱, 재위 465-472)이다.

명황제(明皇帝)의 이름은 욱(彧)인데, 즉위 8년(465-472)에 죽었다. 개원은 1번인데, 태시(泰始, 465-472)이다. 명제 즉위 초부터 소도성(蕭道成, 다음 齊의 개국 군주)은 군사를 거느리면서 원정이나 토벌에 공을 세웠다. 얼마 뒤 회음(淮陰) 지역을 진수하며 호걸들을 초청하고 대우하니 빈객들이 모여들기 시작했다. 곧 남연주(南兗州)의 자사가 되었는데, 이때에 저연(褚淵)을 천거하여 우위장군(右衛將軍)으로 삼았고, 고명대신들과 함께 국가기밀 업무를 담당했었다. 태자가 즉위하니, 이가 후 폐제(後 廢帝)이다.

○ 후 폐제 - 유욱(劉昱)

후 폐제의 이름은 욱(昱, 빛날 욱)이다. 명제는 아들이 없었다. 욱(昱)은 사실 폐인(嬖人, 총애를 받는 미천한 사람) 이도아(李道兒)[167]의 아들이었지만, 명제는 자신의 아들이라 인정했다.

명제가 일족의 왕 15, 6명을 죽인 것은 후 폐제 욱(昱)이 즉위하지 못할 것을 걱정했기 때문이었다. 후 폐제 욱은 10세에 즉위하였다(재위 472-477).

---

167 李道兒(?-468년) - 明帝가 상동왕 시절에 전 폐제 子業으로부터 학대와 조롱을 받을 때, 일당을 모아 子業을 몰아내어 明帝를 즉위시키는 큰 역할을 수행했다. 明帝는 상동왕으로 있을 때, 시녀 陳妙登(진묘등)을 총애하다가 이도아에게 주었다. 그리고 다시 진묘등을 반환받았는데, 진묘등은 昱(욱)을 출산했고, 명제는 자기 자식이라고 인정했다.

계양왕(桂陽王) 유휴범(劉休範)이 거병 반란하여 수도 건강(建康)을 공격하자, 소도성이 이를 반격하여 유후범의 목을 베었고, 소도성은 중령군(中領軍)이 되었다.

후 폐제는 교만 방자하고 살인을 즐겨하여 내외가 걱정하며 두려워하였다.

소도성은 원찬(袁粲), 저연(褚淵)과 함께 욱(昱)의 폐립을 모의했다. 원찬은 불가하다 하였지만 저연은 찬성하였기에, 곧 시해하였다. 재위 6년에, 개원은 한 번인데 원휘(元徽)이다. 안성왕(安成王)이 즉위하니, 이가 유송의 마지막인 순황제(順皇帝)이다.

○ 소도성의 뚱뚱한 배(腹)

남조 제(齊)의 건국자인 소도성(蕭道成)은 명문(名門)인 난릉 소씨(蘭陵 蕭氏) 출신이었다. 소도성은 검소한 생활을 했고, 경서(經書)와 사서(史書)를 많이 읽어 상식을 갖추었고, 나름대로 서법(書法)에도 일가견이 있었다. 부친 소승지(蕭承之)도 송(宋)의 우장군(右將軍)이었다.

명제(明帝)가 죽을 때(472), 소도성은 우위장군으로 몇몇 대신과 함께 유조(遺詔)를 받아 국가 기무를 장악하는 보정대신(輔政大臣)이 되었다. 유욱(劉昱, 후 폐제) 즉위 후에, 계양왕 유후범의 반란을 진압하여 그의 권세는 날로 커졌다.

후 폐제 유욱은 궁술(弓術, 활쏘기)과 승마를 좋아하면서 살인이 취미였는지 무고한 사람들을 함부로 죽였다. 한번은 유욱이 갑자기 소도성의 집에 들어왔다. 아주 뚱뚱한 체구의 소도성이 평상에 앉아있는데, 그의 배는 아주 커다란 박(匏, 바가지 포)과 같았다.

겨우 열 살이 지나 즉위한 뒤, 방자한 살인을 일삼던 폐제는 순간 장난기가 돌면서 그 배를 아주 좋은 표적이라 생각하며 화살을 얹어 활을 당기려 했다. 그러자 소도성은 울며불며 애걸복걸하였다.

주변에서도 크게 놀라며 말을 거들었다.

"소대인(蕭大人)의 배가 저렇게 커 정말 좋은 과녁이지만, 화살 하나로 죽여 없애기에는 너무 아깝습니다. 다음에 쏠 과녁이 없습니다."

유욱은 화살촉을 뽑은 화살을 날려 소도성의 배꼽에 명중시켰다. 주위에서 환호와 박수소리가 요란했고, 소도성은 목숨을 건졌다.

유욱은 곧장 발길을 돌렸지만, 등에 식은땀을 흘리며 분노로 일그러진 소도성이 마음속으로 무슨 생각을 했을지는 물어볼 필요가 없었다. 477년에 미치광이처럼 포악하고 무도한 유욱은 신하들에게 죽임을 당하고, 소도성은 송(宋)의 마지막 황제가 될 순제(順帝) 유준(劉準)을 옹립하고 국가 대권을 완전 장악하였다.

5) 유송의 종말

유송(劉宋) 순제(順帝)의 이름은 준(準)이다. 계양왕(桂陽王) 유휴범(劉休範)의 아들인데, 아들이 없던 명제가 아들처럼 키워 이때에(477) 즉위했다.

○ 원찬 부자의 죽음

송의 원찬(袁粲)[168]은 소도성을 죽이려고 계획을 했지만, 저연(褚淵)이 그런 모의를 소도성에게 알렸기에, 원찬 부자는 석두성(石頭城)에서 모두 피살되었다.[169]

백성들이 이를 애처롭게 여겨 말했다.

"차라리 원찬처럼 죽을지언정〔寧爲袁粲死(영위원찬사)〕, 저연처럼 살지 않겠다〔不爲褚淵生(불위저연생)〕."

○ 재위 3년에 선양

심유지(沈攸之) 역시 강릉에서 거병하여 소도성을 토벌하려 했으나 군대가 궤멸되며 도망가서 목매 죽었다. 소도성은 상국으로

---

168 원찬(袁粲) – 明帝가 죽은 뒤, 後 폐제를 섬기었다. 소도성이 폐제를 폐위하려 했으나 원찬은 반대했다.

169 원찬의 아들 원최(袁最)는 아버지를 지켜주려다가 피를 흘리며 죽어갔다. 그때 원찬은 "나는 절개를 지켜 忠臣이 되었고, 너는 孝子가 되었구나!"라면서 죽었다.

제(齊)의 공(公)이 되었고, 구석(九錫)을 받았다가 곧 작위를 높여 왕이 되었다.

순제는 3년 재위했고(477 – 479), 개원은 한 번을 했는데 승명(昇明)이다.

제나라(蕭道成)에 선위(禪位)했는데 울면서 손가락을 퉁기며 말했다.

"죽은 다음 세상에서는 영원히 다시는 천자 집안에 태어나지 말아야지!"

제(齊)에서는 순제를 시해(弑害)했고 그 일족을 죽였다. 송 고조(宋 高祖, 무제, 유유)로부터 순제까지 8대에 60년 만에 망했다.

○ 마지막 순제(順帝)의 마지막 말

남조 송의 마지막 황제 순제는 기록상 서기 469년에 태어나 477년에 황제의 자리에 올라, 479년에 소도성(蕭道成)에게 황제 자리를 내주고 그해에 죽었다.

물론 본인이 황제가 되기를 원하지도 않았고, 죽어야 할 결정적인 실책이나 악행도 없었다. 다만 역사의 수레바퀴에서 그 시기에 그 자리에 있었다는 것이 비극이었다.

기록대로라면, 9살에 황제가 되어 11살에 죽었다. 그러니 그가 황제로서 어떤 권력을 행사했겠는가? 아니면 재물이나 보석을 모아 가지고 그것을 즐겼겠는가? 어찌 보면 가련한 인생임에는 틀림이 없다.

그가 손가락을 튕기며 "죽어서 다시는 천자 집안에 태어나지 않기를 바란다."는 말도, 역사책을 읽는 사람에게 여러 가지 감회를 갖게 하는 말이다. 11살에 죽는 어린이가 마치 인생을 달관한 철학자처럼 말을 했다. 과연 11살 어린애가 죽음의 의미나 공포를 알았을까? 아니면 자신의 뜻과 상관없이 죽어야 하는 자신의 운명에 대한 비애를 절감했겠는가?

역사를 공부하는 사람들이 분명히 인식해 둘 것이 있다. 역사에 기록되어 있는 사실(史實)이라 하여 언제나 꼭 실제 사실과 일치하는 것은 아니다. 적어도 역사를 기록하는 사람은 사실을 사실적(事實的)으로 기록해야 하지만, 정확한 사실적 기록은 그리 쉬운 일이 아니다.

역사적 사실의 그 현장을 실제로 직접 목격한 기록이라 하여도 그것이 일단 문자로 기록되는 과정에서 역사 기록자의 주관이 작용하게 되고, 또 기록할 것과 버릴 것을 선택하는 과정에서 역사는 어느 정도 사실에서 멀어질 수 있고 더 나쁘게 말하면 왜곡될 수 있는 것이다.

더군다나 그것이 10년 전 아니면 100년 전의 기록을 근거로 다시 기록하거나, 또 읽고 정리하는 과정에서 사실과 한 번 더 멀어질 수 있다.

지금의 독자는 순제의 마지막 말을 읽는 순간에 '소도성이라는 제(齊)나라 개국자가 어린 황제를 무자비하게 죽였구나!' 라고 생각한다. 그리고 원찬은 충신이고, 원찬의 죽음을 그때 사람들이 모두 애통해 했었다는 감정을 갖게 한다.

역사를 공부하는 사람은 감정적 해석이나 느낌보다는 그런 사료를 읽으면서 자기 나름대로의 시각이나 관점을 정립(定立)하는 것이 필요하다. 그러나 그것이 쉬운 일은 결코 아니다. 분명 많이 읽고, 많이 생각하며, 생각한 것을 나름대로 글로 써보아야 한다.

결론을 한 번 더 강조한다면, 역사를 공부하는 사람은 탐구를 멈춰서는 안 된다. 계속 정진해야 한다.

(3) 남조 제(齊)의 흥망

1) 태조 소도성

○ 소도성(蕭道成)의 개국

제(齊, 南齊)[170]의 태조 고제(高帝, 고조)는, 성은 소씨(蕭氏)[171]이고

---

170 제(齊, 존속 479-502) - 南北朝 시대 南朝의 2번째 왕조. 소도성(蕭道成)이 52세에 건국. 南齊(北朝의 北齊와 구별) 또는 소제(蕭齊)

이름은 도성(道成)인데, 난릉(蘭陵)[172] 사람이었다. 전해오기로는 전한(前漢)의 상국(相國)이었던 소하(蕭何)[173]의 후손이라고 한다.

소도성은 생각이 깊고 도량(度量)이 컸으며 박학하고,[174] 문장에도 능했었다. 어깨에 해와 달 모양의 붉은 표식이 있었다.

송(宋, 유송)나라 때 오랫동안 군중(軍中)에 있었고, 민간에서는 그가 특이한 상이 있다는 말이 있어, 나라에서는 소도성의 반역을 의심하였지만 죽일 수가 없었고 마침내 송(宋)을 대신하였다.

라고도 기록한다. 소도성이 52세에 건국했다.

171 姓蕭氏 – 낭야(琅琊)의 王氏, 진군(陳郡) 사씨(謝氏)만은 못하지만 난릉 소씨(蕭氏)도 교성(僑姓)으로 名門이었다. 북방에서 내려온 명문 성씨를 교성(僑姓), 남방의 토착 성씨(朱, 張, 顧, 陸氏 등)를 吳姓이라 구분하였는데, 오성의 정치 사회적 지위는 교성만 못하였다. 이와 같은 世族의 사회적 名望 순위의 결정은 각 世族의 전통, 지위, 명망 등에 의한 일종의 사회적 공인이었다.

172 난릉(蘭陵) – 산동성 남부 臨沂市(임기시)에 해당. 지금의 江蘇省 남부의 鎭江市 관할 丹陽市 일대는 南蘭陵縣이었는데, 西晉 영가(永嘉)의 亂(311) 때, 中原의 世族들이 대거 남하하면서 난릉 소씨들도 이주하였다. 소씨는 江南 발전에 따라 점차 유명해졌는데, 蕭道成은 齊, 蕭衍(소연)은 齊나라에 이어 남조의 양(梁)을 건국하였기에 강남에서 세력이 막강했다.

173 소하(蕭何, 前 257-193) – 漢朝 丞相, 漢初三傑. 《漢書》 39권, 〈蕭何曹參傳〉에 立傳.

174 蕭道成 本人은 장군 이전에 書法家로 유명했다. 뒤에 나오는 울림왕(鬱林王)도 隷書(예서)로 유명했다.

소도성은 천성이 청렴하고 검소하였으니, 매번 주변 사람에게 말했다.

"내가 10년간 천하를 다스릴 수 있다면, 황금을 흙과 같은 값으로 만들겠다."[175]

재위 4년에 죽었고 개원(改元)은 한 번하였으니, 건원(建元, 479-482)이다. 태자가 즉위하니, 이가 세조(世祖) 무황제(武皇帝)이다.

소도성(蕭道成)

남조(南朝) 제 고조(齊 高祖) 소도성(蕭道成, 재위 479-482) 〈출처: 위키백과〉

○ 제 무제(齊 武帝) - 영명(永明)의 치(治)

무제(武帝)의 이름은 색(賾, 깊숙할 색)이다. 즉위 11년(재위 482-493)에 죽었다. 개원은 한 번 했는데, 영명(永明, 483-493)이다.[176]

---

175 황금을 흙 값과 같게 만들겠다. 황금을 소중하게 여기지 않는다면 흙과 같은 값으로 거래될 것이다. 이는 검소한 생활을 강조한 의지로 해석할 수 있지만, 희귀성에 따라 값이 다르다는 경제원리를 모르는 말이었다.

제 무제(齊 武帝)는 재위 중에 화북을 통일 지배하는 북위(北魏)와 통호(通好)하여 변경의 전투가 종식되었다. 제 건국자인 고제(高帝, 소도성)와 무제의 청명(淸明)한 통치 덕분에 강남 지역의 경제가 크게 발전하였고, 사회적으로도 안정되었다.

대체적으로 제 무제는 영명(英明)하고 강단(剛斷) 있는 군주였다. 그는 고제의 생활과 작풍(作風)을 계승하였고, 검소, 질박한 생활로 부국(富國)을 이룩했다. 제 무제의 선정을 당시 연호를 따서 영명(永明)의 치(治)라고 한다.

○ 명문사족(名門士族)과 한문서족(寒門庶族)

위진남북조 시대는 문벌제도가 엄격하였다. 문벌이 높은 사족은 세가대족(世家大族)이라 하였는데, 일반 지주 출신의 한문서족(寒門庶族)과는 자리를 같이 하지도 않았다.

제(齊) 무제의 신임을 받던 기승진이란 관리가 무제에게 말했다.

"저는 일개 무인으로 폐하의 신임을 받으며 영광을 누리고 있지만, 사족(士族)이 되지 못한 것이 평생의 한입니다. 저에게 사족의 신분을 내려주십시오."

---

176 제 무제(齊 武帝)는 英明한 君主였다. 부친 高帝의 作風을 따르고 절검을 숭상하였다. 그러면서 북조의 북위(北魏)와 평화적 관계를 유지하였고, 국력이 크게 신장하였다. 南齊 무제의 선정을 그 연호에 따라「영명지치(永明之治)」라 한다.

그러자 무제가 말했다.

"그것은 짐도 어쩌지 못하는 일이니, 도관상서(都官尙書)인 강효에게 부탁해 보게!"

기승진이 강효를 집으로 방문했으나, 부탁은 커녕 자리에 앉지도 못하고 쫓겨나왔다.

기승진이 이런 전말을 무제에게 이야기하자, 무제가 개탄했다.

"사족은 황제의 어명으로도 어쩔 수가 없구나!"

사족과 서족(庶族)은 생활 방식도 차이가 났고 서로 통혼할 수도 없었다. 또한 환로(宦路), 곧 관직에서도 청관(淸官)과 탁관(濁官)이 있었는데, 고위 문관직을 청관이라 하며, 이는 사족이 독점하며 서족의 진출을 철저하게 막았다.

이러한 문벌의 차이는 조위(曹魏)에서 시작된 구품중정제(九品中正制)에서부터 시작되어 위(魏)－서진－동진을 거치는 동안 계속 그 차별이 강화되어 남북조 시대가 끝날 때까지도 지속되었다.

특히 남조에서의 문벌 차이는 왕조의 교체에 상관없이 유지되었다는 점에서 그 견고성이 어떠했는가를 짐작할 수 있다.

2) 폭군의 연속과 멸망

○ 폐제 울림왕, 해릉왕

태자인 장무(長懋)가 이미 죽었기에 황태손이 즉위하였는데,

이가 폐제(廢帝) 울림왕(鬱林王, 재위 493－494)이다.[177] 폐제 울림왕의 이름은 소업(昭業)이었고, 즉위하고 일 년을 재위했다. 개원은 융창(隆昌)이다.

서창후(西昌侯)[178] 란(鸞)이 폐제를 시해하였다. 신안왕(新安王)이 즉위하니, 이가 폐제 해릉왕(海陵王, 이름은 소소문, 재위 494)[179]이다.

폐제인 해릉왕은 이름이 소소문(蕭昭文)인데, 소란이 즉위시켰다. 개원은 연흥(延興)이다.

○ 명제(明帝)

소란은 스스로 선성왕(宣城王)이 되었다가 해릉왕이 즉위한 지

---

177 울림왕〔鬱林王, 名은 소소업(蕭昭業)〕－ 울림은, 今 廣西省의 地名. 郡 이름. 재위 493－494년. 21세에 즉위. 상당히 음란한 이중인격자였다고 한다. 493년 齊 武帝가 죽어 그 손자인 蕭昭業이 계위했다. 무제의 영구가 출상하는 날, 城 남문에 이르자, 신병으로 더 나갈 수 없다며 돌아왔는데, 바로 풍악을 크게 울리며 신나게 좋아하였다. 즉위할 당시, 국고에 수억만의 재물이 있었는데, 그 비축 재물을 1년 만에 모두 없애버렸다. 자기 주변 아무에게나 심지어 궁녀에게도 수십수백만의 재물을 뿌렸고, 궁중의 재물이나 보물을 때려 부수는 놀이를 즐겼으며, 특히 투계(鬪鷄, 닭싸움)를 좋아했다.

178 서창(西昌) － 今 四川省 남부의 西昌市에 해당.

179 해릉(海陵) － 今 江蘇省 地名. 해릉왕(海陵王)은 武帝의 태자 故 長懋(장무) 二男. 494년에 4개월간 재위.

4개월이 안 되어, 폐제를 폐위하고 시해하였다. 선성왕이 스스로 즉위하니, 이가 고종(高宗) 명제(明帝, 재위 494-498)이다.

명제의 이름은 소란(蕭鸞)인데, 고제(蕭道成)의 형(蕭道生)의 아들이었다. 고제는 소란을 자기 아들보다 더 사랑했지만 무제의 태자인 장무는 소란을 아주 미워하였다.

소란이 즉위하자, 고제와 무제의 자손을 모두 죽였다. 즉위 5년에 죽었는데, 개원을 2번 하였으니 건무(建武)와 영태(永泰)이다. 태자가 즉위하니, 이가 폐제(廢帝) 동혼후(東昏侯)이다.

○ 동혼후 - 멸망 전야(前夜)

폐제인 동혼후(東昏侯)의 이름은 소보권(蕭寶卷, 재위 498-501)[180]이다. 동궁(태자) 시절부터 학문을 좋아하지 않았으며 놀음에 절도가 없었다. 즉위한 다음에는 조정 대신들을 접견하지도 않고, 오직 소인들만 가까이하고 신뢰하며 대신들을 자주 죽였다.

동혼후가 제일 좋아하는 취미가 쥐잡기(포서捕鼠)였다는 기록이 있다. 성격이 매우 내성적이어서 말은 별로 하지 않았으나 밤낮을 가리지 않고 놀러 나갔고, 그 때문에 백성들의 집을 허문다던지 농사를 망쳐놓아 원성이 많았다.

---

[180] 廢帝 東昏侯(재위 498-501) - 16세 즉위. 南齊의 6代 皇帝, 明帝 소란의 둘째 아들. 중국 역사상 어리석고 못나고 荒淫(황음)한 황제 중 한 사람.

동혼후인 소보권은 우매하고 음란하며 광포하고 제멋대로 행동했다.

황금으로 연꽃을 만들어 땅에 붙여놓고 총애하는 반비(潘妃)[181]에게 밟고 걷게 하면서 말했다.

"걸음마다 연꽃이 피어나누나(步步生蓮花)!"[182]

측근이 권력을 휘둘러 백성들을 해치고 학대하는 것이 날로 극심해졌다.

○ 소연(蕭衍)의 등장

태위 진현달(陳顯達)이 먼저 거병하여 건강(建康)을 기습하였으나 패사했다. 장군 최혜경(崔慧景)이 명을 받고 배반 지역을 토벌하러 나갔다가 군사를 돌려 건강으로 접근했다.

그때 남예주자사(南予州刺史)인 소의(蕭懿)는 군사를 거느리고 건강 근처에 주둔하고 있었다. 제주(齊主)는 급히 불러 건강에 와서 구원하라 하였다. 이에 최혜경이 패사(敗死)하자, 소의를 상서

---

181 貴妃 潘玉兒(?-501) - 本名 俞妮子(유니자), 또는 반옥노(潘玉奴)로 동혼후(東昏侯, 소보권)의 寵妃, 國色이었다. 소보권은 반옥노를 보고서는 "仙子下凡하니 步步生蓮!"이라고 말했다는 기록도 있다.

182 步步生蓮花 - 걸음마다 연꽃이 피다. 이는 극락세계의 모습이다. 당시 齊에서 불교가 융성했고, 폐제 동혼후가 好佛했다는 반증이다.

(尙書)로 임명하였다.

소의의 아우인 남옹주자사 소연(蕭衍, 뒷날 양 무제)은 소의에게 사람을 보내 권유했다.

"이윤(伊尹)과 곽광(霍光)의 옛일[183]을 실행하거나 그렇지 않다면 역양(歷陽)으로 빨리 돌아가시라."

그러나 소의는 받아들이지 않았고 끝내 죽음을 당했다.

소연은 양양에서 기병하여 군사를 이끌고 동쪽으로 가서 건강을 포위하였다. 제나라 장군이 폐제를 죽이고 소연을 불러들였다. 폐제는 재위 3년에 개원은 한 번을 했으니, 영원(永元)이다.

이때에 남강왕이 먼저 스스로 제위에 오르니, 이가 화황제(和皇帝)이다.

○ 화제(和帝)

화제(和帝)[184]의 이름은 소보융(蕭寶融)으로 명제의 8자(子)였다. 동혼후 말기에, 소보융은 형주자사로 강릉(江陵)에서 기병하고, 이어 칭제하며(재위 501–502) 중흥(中興)이라 개원했다.

화제가 도읍 건강에 돌아오기도 전에, 제태후(齊太后)가 섭정하면서 소연(蕭衍)을 상국으로 임명하고 양공(梁公)에 봉한 뒤, 구석

---

183 이윤과 곽광의 옛일(伊霍故事) – 商나라 伊尹(이윤)과 前의 霍光(곽광)은 신하였지만 天子를 축출하였다.

184 和帝 – 500년에 강릉에서 起兵하고, 501년에 칭제(稱帝)했다.

(九錫)을 내려주고 얼마 안 있다가 양왕(梁王)으로 작위를 높였다.

화제(和帝)는 고숙(姑孰)에 이르러, 양왕에게 선위한다는 조서를 내렸다. 즉위하고 겨우 1년에 시해를 당했다. 제(齊)는 고제(高帝)로부터 이때까지 7세에 총 23년에 망했다.

○ 제(齊, 南齊)의 폭군들

소도성이 건국한 남조의 제나라는 24년 존속하면서 7명의 황제가 교체되었다. 그중에서 3대 울림왕(蕭昭業), 5대 명제〔明帝, 소란(蕭鸞)〕, 6대 동혼후(소보권)가 폭군으로 유명했다.

3대 울림왕은 할아버지 무제가 빨리 죽기를 빌고 빌었는데, 할아버지인 무제가 죽자, 기쁠 희(喜)를 36개를 써서 '기쁠 喜' 자를 크게 만들었으며, 빨리 죽으라고 축원을 드린 무당을 포상하면서 백숙부들을 모조리 죽였다.

5대 명제 소란은, 자신의 형제 항렬의 왕들을 무자비하게 살육했다.

동혼후는 어리고 내성적이었고 여러 재주가 많았지만 무고한 백성을 가장 많이 죽인 폭군으로 기록되었다.

○ 제(齊)나라의 단명

남제〔南齊, 소제(蕭齊)〕의 개국자인 소도성은 사치를 금하고 자신이 몸소 검소한 생활을 실천했다. 자신이 10년만 천하를 다스릴 수 있다면, 황금과 흙 값을 같게 만들겠다는 것은 실현이 불가능한 말이지만 그만큼 그의 강한 의지를 표출한 말이다. 그러나 겨우 4년 재위했다. 그리고 무제(武帝)의 '영명(永明)의 치(治)' 10여 년간 안정을 유지하였다.

이후 5명의 황제가 10년 동안에 바뀌면서 멸망의 길로 빠져든다. 그 10년 동안에 4명이 살인을 좋아하고 황음무도하기 짝이 없는 황제였고, 마지막 화제는 13살에 즉위하고 다음에 선위하였으니 처음부터 허수아비였다.

나라를 세운 소도성이 송(宋)의 폭군한테 그렇게 당한 것을 이야기로 들었거나 알았을 터인데도, 하나같이 어린 나이에 즉위했고, 또 그렇게 포악한 황제가 줄줄이 나왔다는 것은 한마디로 황실의 교육 부재(不在)라 아니할 수 없다. 남조(南朝)의 4개 왕조 중 겨우 23년 존속한 단명 왕조였고, 특별한 인물도 없었으니 개국도 멸망도 다 천운이라 아니할 수 없다.

(4) 남조 양(梁)의 흥망

1) 양 무제의 개국

○ 시인 소연(蕭衍)

양(梁)[185] 고조인 무제(武帝)는 성이 소씨이고, 이름은 연(衍, 넘

---

[185] 양(梁, 502-557) - 南北朝 시대, 南朝의 3번째 王朝. 齊의 종실

칠 연)으로, 제(齊)의 먼 친족이었다. 모친 장씨(張氏)는 창포(菖蒲)에 꽃[186]이 핀 것을 보았으나 옆사람 모두에게는 보이지 않았다. 장씨는 창포꽃을 삼켰고 얼마 안 있어 소연(蕭衍, 464-549)[187]을 낳았다.

소연은 문학에 뛰어났었다.

동혼후 초기에 소연은 양양(襄陽)에 주둔하고 있었는데, 제나라가 혼란해지리라 생각하여, 곧 비밀리에 군비를 갖추면서 날쌔고 용감한 군사 수만 명을 모았고 재목을 베어 단계(檀溪)[188]에 가라앉혀두었고 갈대를 산처럼 쌓아두었다.

형(兄)인 소의(蕭懿)가 죽음을 당하자, 소연은 장군 기를 세우고

蕭衍(소연)이 稱帝, 도읍지 建康(今 江蘇省 南京). 蕭衍의 封地가 옛 梁郡이었기 때문에 國號를 梁(양)이라 하였음. 역사에서는 보통 蕭梁(소량)이라 함. 梁은 4대 55년간 존속하였는데, 그중 武帝 소연의 재위 기간이 48년이었다.

186 창포꽃을 본 사람은 富貴해진다는 속설(俗說)이 있다.

187 소연(蕭衍, 464-549년, 86세) - 蕭衍 齊의 宗室, 名門 난룽(蘭陵) 蕭氏. 漢朝 相國 蕭何(소하)의 25세손. 父親 소순지(蕭順之)는 齊 개국 군주 소도성의 族弟. 따라서 당시 齊 황실과는 同姓이지만 촌수가 먼 疏族(소족)이었다. 在位 기간(502-549년)이 48년이었고, 중국 역사상 가장 好佛했던 군주로 4차례나 出家하여 僧이 되었음. 말년에 후경(侯景)의 난이 일어났고 후경에게 포로로 잡혀 있으면서 굶주리다가 죽었다.

188 단계(檀溪) - 형주 양양성 서쪽의 급류. 유비가 적로마를 타고 건너갔다는 이야기가 있다.

무리를 모았고, 단계에서 대나무와 목재를 꺼내 싸움배를 만들고 갈대로 배의 지붕을 이으니, 모든 준비는 즉시 갖추어졌다. 기병한 지 일 년 남짓하여 드디어 도읍 건강(建康)에 진입했고, 선위를 받아 즉위하였다(양 무제, 재위 502 – 549).

○ 양 무제(梁 武帝)의 문학 활동

제(齊)나라 무제(武帝)의 재위 기간인 영명(永明, 483 – 493) 시절에 제의 경릉왕 소자량(蕭子良)과 교류했던 8명의 시인을 경릉팔우(竟陵八友)라고 하고, 이들의 시를 영명체(永明體)라고 한다.

즉위 이전의 소연(蕭衍)은 이 경릉팔우의 한 사람이었다. 경릉팔우는 경릉왕(竟陵王) 소자량(蕭子良)이 초빙한 '문학지사(文學之士)'로, 소연(蕭衍), 심약(沈約), 사조(謝朓), 왕융(王融), 소침(蕭琛), 범운(范雲), 임방(任昉), 육수(陸倕) 등이다. 그만큼 소연은 당시에 유명했던 시인이었고, 지금도 그의 시 80여 수가 전해온다.

양 무제 소연은 그 재위 기간 중에 황실을 중심으로 활발한 문학 활동을 하였다.

무제의 아들 소명태자〔昭明太子, 소통(蕭統)〕와 간문제(簡文帝, 재위 549 – 551)[189]와 원제(元帝) 모두가 문학을 애호하였다.

특히 소명태자(501 – 531)는 중국 최초의 시문 총집(總集)이라

---

[189] 梁 간문제(簡文帝) 소강(蕭綱, 503 – 551, 재위 549 – 551, 字는 世讚) – 梁 武帝 蕭衍의 三子, 昭明太子 蕭統의 동복 아우.

할 수 있는 《문선(文選)》(소명문선昭明文選)을 편찬하였는데, 여기에는 130명의 514편의 시문이 수록되었다. 이 책을 통하여 양대(梁代) 이전의 많은 문학 작품이 보존되었다.

이는 조조(曹操)와 아들 조비(曹丕), 조식(曹植) 3부자가 시인으로 유명한 것과 비교가 된다. 간문제와 그 시우(詩友)들은 섬세하고 아름다운 궁체시(宮體詩)를 유행시켰는데, 이는 남조 진(陳)의 후주(後主, 진숙보)에 이르러 더욱 유행하게 된다.

무제는 경학(經學)과 사학(史學)에도 조예가 깊었고 많은 저술을 했다. 그리고 재위 초기에는 절약과 검소한 생활을 하고 정치를 잘해 나라는 평안하였으나 후반부에 가서는 불교를 지나치게 맹신하였고 후경(侯景)의 난을 자초하였으며, 그 와중(渦中)에 죽었고, 양나라는 곧 멸망에 이른다.

○ 양 무제의 재위 기간

양 무제의 재위 기간은 502년부터 549년까지 만 47년 2개월로 햇수로 48년이다. 5호16국 시대와 남북조 시대의 어느 군주보다도 가장 오래 재위했다.

그 기간에 사용된 연호는 아래와 같다.

천감(天監) : 502년 4월 – 519년

보통(普通) : 520년 – 527년

대통(大通) : 527년 – 529년

중대통(中大通) : 529년 – 534년

대동(大同) : 535년 – 546년

중대동(中大同) : 546년 – 547년

태청(太淸) : 547년 – 549년

○ 양 무제의 호불(好佛)

양 무제는 보통(普通) 8년(527)에, 처음으로 동태사(同泰寺)라는 절에 육신(肉身)을 바치는 출가를 행했다. 그리고 3일 후에 환속(還俗)하고 궁으로 돌아와 천하의 모든 죄수를 용서한다는 사면령을 내렸다. 그리고 대통(大通)으로 개원하였다.

곧 527년은 대통 원년이 되었다.

대통(大通) 3년(529) 9월 15일, 무제는 두 번째로 동태사(同泰寺)에 머물면서「사부무차대회(四部無遮大會)」를 열고, 황제의 용포를 벗고 가사(袈裟)로 갈아입고, 육신을 버리는(사신捨身) 출가(出家)를 했다. 9월 16일에 《열반경(涅槃經)》을 강해(講解)하였다. 그 달 25일에는 모든 신하들이 1억전을 걸어「삼보(三寶)」앞에「황제보살(皇帝菩薩)」속전(贖錢)을 바쳤다.

이에 무제는 27일에 환속하였다.

무제 대동(大同) 12년(546) 4월 10일, 황제 아닌 소연(蕭衍)으로

3차 출가하였다. 이에 온 신하들이 2억전을 모아 속전으로 바치자, 무제는 환속하였다.

무제 태청(太淸) 원년(547) 3월 3일, 소연은 4차 출가하여 동태사에서 37일간 머물렀는데, 조정에서는 1억전은 속전으로 납부하였고, 무제는 환궁하였다.

당시 양(梁)나라의 도읍 건강에는 500여 개소의 불사(佛寺)에 10여만 명의 승려가 있었고, 모든 불사와 승려는 많은 재산이 있어 매우 풍요로웠다.

○ 양(梁)에 귀부한 후경(侯景)

후경(侯景, ?-552)은 선비족에 동화된 갈(羯)족으로, 본래 동위(東魏)의 장군이었다. 후경은 하남(河南)의 땅을 들어 서위(西魏)에 투항했다. 동위에서는 장군 모용소종(慕容紹宗, 501-549)을 파견해 배반한 후경을 공격했다.

후경은 패전하고 남으로 달아나, 양나라의 수춘(壽春)을 급습하고, 수춘에 웅거하며 관직을 요청했다. 후경의 사자가 양 조정에 왔을 때, 양의 여러 신하들은 모두 투항을 받아들이지 말라 했고, 양 무제도 또한 스스로 이런 말을 했다.

"내 국가는 황금 사발처럼 완전무결한데, 혹시 후경을 받아들여 이 때문에 일이 생길 수도 있을 것이다."

그러나 오직 주이(朱異)[190]만이 받아들여야 한다고 힘써 권했다. 양에서는 후경을 남예주목(南豫州牧)으로 삼았다. 그 뒤에 동위에서는 양나라에 화친을 요구했는데, 이는 후경을 잡기 위해서였다.

양에서는 후경을 하남왕(河南王)에 봉했다(547). 양은 후경을 이용하여 낙양과 장안을 수복하려 했다.

후경은 양(梁)이 동위(東魏)와 만나는 것을 분하게 여기며, 마침내 수춘에서 반기를 들고 군사를 이끌고 남으로 장강을 건너 수도 건업을 포위했다. - 이는 후경의 난(548-552)의 시작이었다.

양 무제가 즉위 이래 강동 땅이 오랫동안 무사했으며, 오직 불법을 숭상하며 여러 번 불사(佛寺)에 몸을 바쳤기에 상하가 이에 동화되었었다. 후경은 궁성을 포위했고 도착하는 원병은 후경에게 패퇴 당하였다. 무제는 사람을 보내 후경의 맹세를 받고 대승상으로 삼았다. 궁성은 포위된 지 5개월 만에 함락되었다.

후경은 입궁하여 알현하고 삼공의 자리에 올랐다.

○ 후경의 난(2) - 결과

후경은 종실(宗室) 소정덕(蕭正德)을 황제로 내세우기도 했으

---

[190] 주이(朱異, 483-549, 異는 그만둘 이) - 吳郡 전당현(錢唐縣, 今 浙江省 杭州市) 출신. 梁의 대신, 양 무제의 신임을 받았으나 탐욕에 간사한 사람이었으며, 양나라 쇠락을 재촉한 신하였다.

며, 549년에 남경을 함락시킨 뒤 양 무제 소연(蕭衍)을 굶어죽게 만들었고, 대도독이 되어 군사권을 장악하였고, 도성에 굶어죽은 시체가 널렸으며 도성 내의 문무 관리들을 3,000여 명이나 죽였다.

후경의 부하들은 수도 근처 지방을 노략질하였다. 후경은 551년에서 황제 자리에 올라 국호를 한(漢), 연호를 태시(太始)로 바꾸고, 자신의 선친을 원황제(元皇帝)로 추존하기도 하였다.

그러나 서기 552년에, 후경은 남조 진(陳) 개국자 진패선(陳霸先)과 왕승변(王僧辯)에게 패하면서 도망하려다가 부하에게 피살되는 것으로 후경의 난은 끝났다.

후경의 난 기간에 양자강 하류 지역은 철저히 파괴되었다. 천리 길을 가도록 민가에서 밥을 짓는 연기를 볼 수 없고 인적이 끊겼으며, 백골을 모으면 어디든 산더미가 만들어졌다는 역사 기록을 보면 그 폐해를 짐작할 수 있다.

후경은 처음에 양 무제와 협상을 진행하면서 자신에게 낭야(琅邪)왕씨나 진군사씨(陳郡謝氏)와 통혼할 수 있게 해달라고 요청했다. 그러나 이는 양 무제가 허락할 수 있는 것이 아니었다.

그러자 후경이 말했다.

"가문이 도대체 뭐란 말인가? 나는 그들을 우리 집 노비로 만들 수 있다."

그러면서 왕씨와 사씨(謝氏)를 철저하게 파멸시켰다.

후경의 난을 통해 남조의 귀족사회는 많은 타격을 받았고 '왕씨나 사씨 집안에 찾아들던 제비가 백성들의 집으로 들어갔다'는 당나라 시인의 시 구절처럼, 절대적 권위의 가문이 무너진 것은 사회가 진보하는 한 단면이라 볼 수도 있다.

○ 양 무제의 독백

후경이 도읍 건강(建康)의 궁성을 포위하고 있을 때, 무제의 아들 소릉왕 소륜(蕭綸)과 대신(大臣) 유진(柳津)의 아들 유중례는 2, 30만의 대군을 이끌고 도읍인 건강 근처에 주둔하고 있었지만, 이들은 적극적으로 후경을 공격하지 않았다.

소륜은 후경이 자신들을 대신하여 황제 자리를 탈취할 수 있는 장애물을 제거해주기를 바라고 있었다. 무제와 유진은 절망 속에서 구원군의 불충과 불효를 원망하였지만, 그것이 무슨 소용이 있겠는가?

궁성이 함락되고 후경한테 모든 실권이 다 넘어갔기에 무제는 의식조차 자기 뜻대로 할 수 없는 상황에서 자조(自嘲)하듯 중얼거렸다고 한다.

"내가 얻었고, 또 내가 잃었으니, 내게 무슨 원망이 있겠는가?〔自我得之, 自我失之, 我有何怨呢(아유하원니)?〕"

무제의 득실(得失)이야 모두 자신에게 있었겠지만, 그 백성들은 일찍이 당해본 적이 없는 끔찍한 피해를 입었다. 당시 수도 건강에 28만 호가 있었는데, 죽은 자가 열에 여덟아홉이었고 성내 480개소의 사원(寺院)이 모두 깨어진 기와 조각이 되었다니 그 폐해를 짐작할 만하다.

물론 이런 폐해의 주범은 후경이지만, 48년간 통치를 하며 불교에 심취했던 무제는 일말의 책임도 없는가? 종교를 통해 개인은 구원을 얻을 수 있을는지 모르지만, 종교가 통치 계급의 탐욕을 조절해 주거나 포악한 영혼을 바른길로 이끌지는 못한다.

양(梁)의 멸망은 부패한 통치 계층이 스스로 초래한 것이지만, 그 과정에서 아무런 죄도 없는 백성들이 겪는 고통은 누가 보상해 주고 어디서 위로를 받아야 하겠는가?

○ 양 무제의 최후

후경이 다른 사람에게 말했다.

나는 늘 말을 타고 적진에 나갔고 화살과 돌이 빗발쳐도 조금도 두려움이 없었다. 지금 소공(蕭公, 무제)을 만나면서 내 스스로 겁을 먹었었는데, 이것이 바로 함부로 범할 수 없는 천자의 권위가 아니겠는가? 나는 다시는 이 사람을 만나보지 않을 것이다.

무제는 후경에게 눌려 지내면서 먹는 것까지 마음대로 할 수 없어 근심과 분노가 병이 되었다. 입이 써서 꿀을 달라고 하였으나 먹을 수 없어 분노로 허! 허! 책망을 두 번 하고 그대로 죽었다 (86세).

무제는 적손(嫡孫)을 버려두고 서자(庶子)를 세웠는데, 바로 3자(子)인 태종 간문제(簡文帝)이다.

○ 장기 집권에 따른 병폐

남조(南朝) 양(梁)의 건국자인 무제 소연(蕭衍)은 502년부터 549년까지 48년간을 재위했는데, 말년에 후경(侯景)이 난을 당하여 굶어 죽었다는 표현이 맞을 정도로 비극적인 종말을 겪었다.

그는 후경에게 완전 제압당해 자신의 의식주도 마음대로 할 수 없었지만 끝까지 황제의 권위를 지켰고, 후경의 부당한 요구를 분명히 거절하는 기개가 있었다.

무제는 문학적 재능 외에도 깊은 신앙심, 그리고 백성을 위하는 자애를 베풀며 매우 부지런한 황제였다. 자신의 몸을 부처님에게 바친 열성적인 신앙심을 갖고 생활하면서 생선과 고깃국을 먹지 않았으며, 종묘의 제사나 불교행사가 아니라면 음악을 연주하지 않았다고 한다. 그는 사치를 몰랐으며 후궁들도 땅에 끌리지 않는 옷을 입어야 했으며, 한겨울에도 4경(更)이면 일어나 정사를 돌보고 항상 의관을 바로 하며 누구에게나 너그러웠다.

그러나 정치를 잘하던 군주라도 유종의 미를 거두는 것은 쉬운 일이 아니다. 중국 군주정치의 모범이라 하는 '정관(貞觀)의 치(治)'를 이룩한 당 태종도 말년에는 정치적 실수가 있었다. 또 '개원(開元)의 치(治)'를 이룩한 당 현종〔玄宗, 이융기(李隆基)〕도 40여 년 재위하다 보니 온갖 폐단을 바로잡지 못하고 안록산의 난으로 오점을 남겼다.

사실 성공한 기업가는 정치인도 그러하지만, 옛 황제도 시대 상황에 따라 변화와 적응이 있어야 하지만 과거의 성공적 치적이나 자신의 능력, 성실성만을 신봉하다 보니 새로운 적응을 하지 못해 실패하는 것이다.

양 무제 역시 그가 황제로서 할 일을 몰랐던 것이 아니라, 건국 초기의 초심을 잃고 게을러졌기 때문이라고 보아야 한다. 결국 이는 장기 집권에 따라 어쩔 수 없이 진행되는 병폐의 축적이라 볼 수 있다.

○ 장군 진경지(陳慶之)의 활약

진경지(陳慶之, 484-539)는 남북조 시대 남조 양(梁)나라의 무장이다. 사서에는 진경지의 출신이나 성장, 가문에 관한 기록이 없다. 하여튼 진경지는 결코 명문망족(名門望族)이 아니었다.

어려서부터 양 무제(武帝, 소연)를 수행하였는데, 양 무제가 남조 제(齊)를 이어 양(梁)을 건국할 때(502), 진경지는 사재(私財)를 들여 용사를 모집하여 무제의 건국을 도왔다.

무제 보통(普通) 연간에(520–527), 북위(北魏)의 서주(徐州)자사인 원법승(元法僧)이 반역에 실패하자, 팽성에서 양나라에 투항 귀부하려 할 때, 진경지는 2천 군사를 거느리고 원법승을 맞이하였는데, 그 과정에서 북위의 2만 대군과 싸웠다. 그러나 진경지는 군사를 잃지 않고 귀국하였다.

이후 진경지는 북위 군사들의 남하를 철저하게 봉쇄하였다. 만약 진경지가 없었다면 북위의 군사가 장강(長江)의 물을 말에게 먹였을 것이다. 만약 진경지가 10년만 늦게 죽었더라면 반복무상한 후경(侯景)이 건업을 짓밟고, 도성을 파괴하고 양 무제를 죽음으로 내몰지 못했을 것이다. 진경지는 본래 서생이었는데 대소 47차례의 전투를 겪으면서 패배한 적이 없었다.

30만 대군의 북위(北魏)의 선비족 군사들은 흰색 전포(戰袍)를 입은 진경지와 그 7천 기병을 피해 달아나곤 했다. 이제 북방 유목 민족의 막강한 기병을 지칭하는 철기군(鐵騎軍)이란 말은 진경지에게 통하지 않았다.

진경지는 양 무제 대동(大同) 5년(539)에, 56세에 죽었다.

모택동(毛澤東, 1893–1976, 당주석 재임 1945–1976)은 《남사(南史) 진경지전(陳慶之傳)》을 여러 곳에 줄을 치며 읽으면서 "여기를 읽을 때면 늘 정신이 번쩍 든다!"라고 말했다.

2) 간문제와 원제

○ 허수아비 간문제

간문제(簡文帝, 재위 549-551)의 이름은 강(綱)이다. 동궁(東宮)에 18년을 지내다가 그 후에 후경(侯景)의 난을 당했다. 즉위한 뒤에도 후경에게 눌려 지낼 뿐이었다.

후경은 한왕(漢王)이라 자립하면서 양 간문제(簡文帝)를 폐위하고 시해하였다.

간문제는 이름뿐인 자리였는데, 그것도 3년이 안 되었다. 간문제는 개원을 1번 했는데, 대보(大寶, 550-551)였다. 후경은 예장왕(予章王) 소동(蕭棟)을 즉위시킨 뒤, 곧 그 자리를 빼앗았다.

○ 후경의 난 종결

이에 앞서 시흥 태수인 진패선(陳覇先, 503-559)[191]은 기병하여 후경의 토벌에 나섰다. 상동왕 소역(蕭繹, 무제의 7子, 뒷날 양 원제)은 왕승변을 파견하여 후경을 토벌했다.

후경은 몇 달간 찬위했다가 왕승변과 진패선에게 패퇴당하고 오(吳)로 도주하여 바다의 섬으로 숨으려 했으나 부하에게 죽음을 당했다(552). 시신은 국도 건강으로 보내졌고, 머리는 강릉에

---

191 진패선(陳覇先, 503-559) - 552년 후경의 난을 진압. 남조 陳 개국, 武帝. 재위 557-559.

보내졌으며, 그의 팔과 다리는 북제(北齊)로 보내졌다.

○ 후경의 종말

양 무제의 결정적 실수는 사람을 잘못 보았다는 것이다. 기업의 CEO이든, 나라의 황제이든 사람을 볼 줄 모른다면 그 결과는 치명적이다.

후경의 목소리는 날카롭게 짖어지는 소리였기에, 어느 관상쟁이가 "이는 사람의 목소리가 이리나 승냥이 소리와 같으니 능히 사람을 잡아먹을 것이다. 그리고 저 사람도 잡아먹힐 것이다."라고 말했다고 한다.

양 무제가 북에서 자신의 나라를 배반하고 내려온, 그 근본을 알 수 없는 사람을 받아들였고, 그의 존재를 인정하며 역할을 부탁한 것이 온갖 환란(患亂)의 싹이었다.

《남사(南史)》에 의하면, 후경은 시기심이 많고 잔인하였으며 살육을 좋아하였다. 항상 손에 비수를 들고 놀았고, 식사할 때 옆에서 사람을 베어 죽여도 태연히 식사를 하는 사람이었다.

어떤 때는 손발을 먼저 자르고 귀와 코를 자른 뒤, 다음날 목을 베어 죽이기도 했다니 그 잔인성은 알아주어야 한다.

그렇다면 그런 지도자 아래에 있는 병졸들 모두 북에서 남으로 후경을 따라온 병졸들이 양나라 백성을 어떻게 다루었겠는가는 더 말할 필요가 없는 것이다.

그런 후경을 죽였을 때, 그 시신에 가해지는 복수는 또 하나의 참혹일 뿐이었다. 손발은 북제(北齊)로 보내졌고, 그 육신은 건강의 저잣거리에서 사람들이 찢어가 국을 끓여 먹었으며, 그의 뼈는 사람들이 가루로 만들어 술에 타서 마셨다.

처음에 후경이 동위(東魏)를 배반하고 서위로 갔다가 다시 남쪽 양나라로 갔을 때, 남겨진 후경의 처와 자식들은 동위의 재상 고징(高澄)에 의해 얼굴 가죽이 벗겨지고 기름 솥에 튀겼다니, 그 또한 하나의 참혹이었다.

○ 양(梁) 원제(元帝)의 즉위

상동왕(湘東王)인 소역(蕭繹, 양 무제 소연의 7子)은 강릉(江陵)을 지키고 있었는데, 가황월대도독(假黃鉞大都督) 겸 중외제군승제(中外諸軍承制)라 자칭하고 있었다.

악양왕(岳陽王)인 소찰(蕭詧)은 소명태자(昭明太子) 소통(蕭統)의 3자(子)로 양양(襄陽)을 지키고 있었는데, 소역과 불화하여 서로 공격하고 있었다.

소찰은 사자를 보내 서위(西魏)에 투항하면서 도움을 요청했다. 이에 서위는 양(梁)의 악양왕 소찰을 양왕(梁王)으로 인정했다. 서위가 소찰을 양왕으로 인정한 것은 자신의 국경 남쪽에 허수아비(괴뢰傀儡) 국가를 세운 것이다.

간문제의 뒤를 이어 상동왕(湘東王) 소역(蕭繹)이 즉위하니, 이가 원제(元帝, 재위 552-555)이다. 소역은 한 눈이 애꾸눈이었고, 천성이 잔인했지만 독서와 문학을 좋아한 군주였다. 강릉에서 즉위했다.

후경의 난 이후 각 주군의 태반이 서위(西魏)의 땅이 되었고, 촉(蜀)의 땅 역시 서위의 소유가 되었다. 양나라는 파릉[巴陵, 지금의 호남성(湖南省) 동북부 악양시(岳陽市)]에서 건강(建康)에 이르기까지 장강(長江)으로 경계를 삼았다.

3) 양(梁)의 멸망

○ 원제의 탄식

서위(西魏)가 주국(柱國)인 우근(于謹)을 보내 남조의 양(梁)을 공격하고 강릉(江陵)에 입성했다.

양의 원제(元帝, 재위 552-554)는 고금의 도서 14만 권을 불태우며 탄식했다.

"문왕(文王)과 무왕(武王)의 도(道)는 오늘 밤으로 끝장이구나!"

그리고는 나가서 항복했다.

어떤 사람이 책을 불사른 뜻이 무엇이냐고 묻자, "나는 수많은 책을 읽었지만 오히려 오늘 같은 날이 있을 뿐이로다."라고 말했다.[192]

얼마 안 있어 원제는 피살당했는데, 재위 3년에 개원은 한 번, 연호는 승성(承聖)이었다.

○ 마지막 경제(敬帝)

정양후 소연명(蕭淵明)은 그전에 북제(北齊)로 잡혀갔었다. 이때 북제에서 군사와 함께 돌려보냈다. 왕승변은 소연명을 모시고 건강으로 돌아와 칭제(稱帝)하게 하였다.

진패선은 왕승변을 죽인 뒤에 소연명을 폐위하였고 진안왕(晉安王)을 세웠다. 이가 양(梁)의 마지막 황제 경제(敬帝, 재위 555-557)이다.

경제는 원제(元帝)의 아들(9子)로, 이름은 소방지(蕭方智, 543-558)였다. 경제는 555년, 13살에 즉위했다. 연호는 소태(紹泰, 555년 10월-556년 8월)와 태평(太平, 556년 9월-557년 10월)이었다.

경제는 시위(尸位, 尸는 주검 시)로 3년이 안 되어 557년 10월에, 진패선에게 선위(禪位)하고 양(梁)은 멸망했다. 양나라는 고조 무제 소연으로부터 이때까지 4세에 총 56년 만에 멸망하였다.

소방지는 558년에 피살되었다.

---

192 元帝가 책을 불태운 것은 공연한 분풀이였으며, 文武之道가 끝났다고 말한 것은 자신의 실패를 남의 탓으로 돌린 무책임한 말이었다.

○ 서위의 속국 – 후량

서위는 원제가 즉위하고 머물던 양양(襄陽)을 빼앗고서, 양왕(梁王)으로 내세웠던 소찰(蕭詧, 옛 소명태자 소통의 아들)을 강릉으로 데려다가 칭제하게 하면서 군사를 주둔시켜 지키게 하였다. 이것이 후량(後梁)[193]인데, 서위(西魏)의 속국이었다.

○ 후량의 존재

후량(後梁)은 555년 – 587년까지 33년간 존속한 정권으로 수도는 강릉(江陵)[194]이었다.

서위(西魏)는 554년에 양나라를 공격하여 강릉(江陵)을 함락시키고 양 무제의 후손들을 죽인다. 그리고 양왕인 소찰을 데려다가 555년부터 칭제하게 한다.

말하자면, 서위에 의해서 세워졌고, 서위가 지켜주기에, 서위에 대하여 칭신(稱臣)하는 속국이었다. 이를 후량 또는 서량(西梁)이라고 하는데, 남조 양(梁)의 서쪽 지역 수개 군(郡) 사방 8백 리 땅을 통치하였다.

본래의 양(梁)은 557년에 진(陳)에 의해 망하지만, 이 후량은 서위의 속국으로 양(梁)의 문화를 지켜가며 존속한다. 서위가 북주

---

[193] 後梁(후량) – 서기 555 – 587년 존속. 梁과 다른 별개의 政權. 西梁 또는 後梁이라 칭함. 수도는 江陵.

[194] 강릉현 – 今 湖北省 관할 중남부 형주시(荊州市) 江陵縣.

〔北周, 우문각(宇文覺) 건국〕로 바뀌고 다시 수(隋)나라가 성립하는 데(581), 후량은 선제(宣帝, 소찰, 재위 555-562) - 명제(明帝, 소의, 재위 562-585) - 후주(後主, 소종, 재위 585-587)까지 이어지다가 587년에 수나라 문제(文帝)가 없애버렸다.

(5) 남조 진(陳)의 흥망

1) 무제 진패선의 개국

○ 진패선의 전공(戰功)과 개국

남조 진(陳)[195]의 고조 무제(武帝)의 성은 진(陳)이고, 이름은 패선(霸先)인데, 오흥(吳興)[196] 사람이다. 양 무제의 대동(大同) 연간(535-545)에 광주〔廣州, 지금의, 광동성(廣東省)의 남부 광주시(廣州市)〕의 참군(參軍)이었는데, 광주에서 반란이 일어나자 이를 토벌하여 평정했다.

그 공으로 장군이 되었는데 얼마 안 되어 교주(交州)의 사마, 서

---

[195] 진(陳) - 陳은 베풀 진. 늘어놓다. 國名. 557-589년. 33년 존속. 南朝 最后 왕조. 건국자 陳霸先(진패선). 霸는 으뜸 패. 힘으로 최고의 자리를 차지하다. 建康(건강, 南京)에 도읍. 중국 역사에서 황제의 姓으로 국명을 삼은 유일한 왕조. 멸망 당시 군주는 後主 陳叔寶(진숙보), 589년 隋나라에 병합되었다. 陳나라는 북쪽의 강국에 밀려 영토가 크게 축소되었고 또 단명했다.

[196] 오흥(吳興) - 郡名. 浙江省(절강성)의 북단 湖州市(호주시).

강(西江) 도호(都護)를 지내고 고요군(高要郡) 태수가 되었으며, 7군의 모든 군사를 지휘하면서 여러 번 도적들의 소란을 평정했다.

후경(侯景)이 대성(臺城)을 함락시킬 때, 진패선은 그때 시흥군(始興郡)의 태수였었는데, 군내의 호걸들과 함께 후경을 토벌하려 기

진패선(陳霸先)
남조 진 무제(陳 武帝, 재위 557-559)
〈출처: 위키백과〉

병하였다. 먼저 강주(江州)를 빼앗아 강주의 자사가 되고, 각지의 군사를 모아 진격하여 마침내 후경의 난을 평정하였다.

곧 양나라의 장군과 재상이 되어 선양(禪讓)을 받기에 이르렀다. 즉위하고 3년만에 죽었는데, 개원은 한 번 했는데 영정(永貞, 557-559)이다. 두 아들 진창(陳昌)과 진욱(陳頊, 頊은 삼갈 욱. 머리 숙여 조심하다)은 강릉이 함락될 때, 모두 장안(長安)으로 끌려갔다. 임천왕(臨川王)이 즉위하였는데, 이가 세조 문제(文帝, 진천)이다.[197]

---

197 진패선의 다른 아들들은 무사(無死). 文帝는 진패선의 형〔진도담(陳道譚)〕의 아들이니, 진패선의 조카이다. 결국 진나라 황제는 건국자 진패선의 아들과 손자가 아니었다.

○ 남조(南朝) 개국 군주의 비교

삼국의 오(吳) – 동진(東晉) – 송(宋) – 제(齊) – 양(梁) – 진(陳)은 모두 지금의 남경(南京)에 도읍하고 있었다. 그리고 통치 지역도 비슷하였으며, 여섯 나라가 귀족 중심의 문화가 발달하였다는 점도 비슷하다. 이를 특히 6조(朝)라고 한다. 이 중에서 송, 제, 양, 진의 4개국은 차례로 흥하고 망하는데, 이들 개국 황제들은 상당히 비슷한 공통점을 가지고 있다.

우선 송(宋)의 유유(劉裕), 제(齊)의 소도성(蕭道成), 양(梁)의 소연(蕭衍), 진(陳)의 진패선(陳霸先)이 모두 무장(武將)이라는 공통점이 있다. 즉 마상(馬上)에서의 득국(得國)은 그 당시에 극히 자연스러운 일이었다.

유유는 북벌에 공을 세웠고, 환현(桓玄)의 난을 토벌하였다. 소도성은 난릉 소씨 명문가 출신이면서 장군으로 유휴범(劉休範)의 반란을 진압하는 등 여러 공을 세웠으며, 소연은 시인으로서 명성 못지않게 장군으로서 신망을 얻었었다. 진패선은 후경의 난을 진압하는 공을 세웠다.

이들이 개국하고 즉위할 때의 나이는 순서대로 57세, 53세, 38세, 그리고 55세였다. 양무제 소연이 상대적으로 젊었지만 40을 바라보는 초노(初老)였다. 그리고 재위 기간도 유유는 3년, 소도성은 4년, 진패선은 3년이었다. 다만 양 무제는 48년 재위라는 대기록을 세웠다.

이들 개국 군주 4명은 모두 박학다식했었다. 그중에서도 소도성은 경사를 두루 열람하여 박학다식하였으며 문장과 서법(書法)에도 일가견이 있었다. 소연은 경릉팔우(竟陵八友)의 한 사람으로서 즉위 이전부터 시인으로 명성이 있었고, 즉위 후에도 밤이 늦도록 독서하며 불경을 번역하고 강론을 했었다.

또 이들은 모두 검소한 생활을 했었다. 유유는 호박(琥珀)으로 만든 베개를 깨트려 병사들의 치료에 쓰라고 내주었으며, 소도성은 자신이 검소한 생활을 실천하여 금값을 흙의 값과 같게 만들겠다는 포부를 밝혔었다. 소연도 극히 검소했었기에 즉위 초부터 명군(明君)이라는 평가를 받았었다. 진패선은 식사에 반찬을 줄였고, 후궁들에게 금이나 비취 같은 패물을 패용하지 못하게 하였으며, 궁중에 여악(女樂)을 두지 않았었다. 그래서 진패선은 남조의 어느 군주 못지않은 영주(英主)라는 평가를 받고 있다.

유유는 인재 등용에 가문을 따지지 않고 능력을 중시했다. 양무제 소연은 호불(好佛)의 군주였기에 너무 자비로웠다고 한다. 또한 후경을 받아들일 정도로 지인(知人)에 실패했었기에, 결국은 자신과 나라를 파멸로 몰고 간 후경의 난을 당해야만 했었다.

개국의 군주들이 모두 훌륭한 인걸(人傑)임에는 거의 틀림이 없다. 그러나 그 뒤로는 용렬하면서도 포악한 폭군들이 줄줄이 나왔기에 남조의 왕조들은 하나같이 단명으로 끝날 수밖에 없었다.

2) 진 문제 외

○ 진 문제(陳文帝)

문황제(文皇帝)의 이름은 천(蒨, 풀 더부룩할 천)으로 무제의 형의 아들이다. 무제(진패선)가 양의 후경의 난을 평정할 때 이미 공을 세웠었는데, 이때에 즉위하였다(재위 559-566).

진 문제는 간난(艱難)[198]을 딛고 일어난 사람이기에 백성들의 어려움을 알고 있었으며, 천성적으로 명민한 통찰력에 검약하고 부지런하였는데, 재위 8년에 죽었다. 개원을 2번 했는데, 천가(天嘉, 560-565)와 천강(天康, 566)이다.

○ 폐제 임해왕(臨海王)

태자가 즉위하니, 이가 폐제 임해왕(臨海王)인데, 이름은 진백종(陳伯宗)이다. 재위 3년(566-568)에, 연호는 광대(光大)이다. 임해왕은 안성왕(安成王) 진욱(陳頊)에게 폐위당하였다.

---

198 간난(艱難) - 어려움. 역경. 우리말 가난의 어원. 艱은 어려울 간, 難은 어려울 난.

○ 진 선제(宣帝)

진(陳)의 안성왕 진욱(陳頊, 頊은 삼갈 욱)이 자립하니, 이가 고종(高宗) 선제(宣帝)이다. 선황제는 그전에 장안으로 잡혀갔었으나, 문제(文帝) 때 북주(北周)에서 욱을 진(陳)으로 돌려보내주었고 이때 이르러 즉위하였다(재위 560-582).

선제(宣帝)는 재위 14년에(568-582), 개원은 한 번인데 대건(大建, 569-582)이다. 선제 재위 중 정치가 안정되고 경제적으로 번영하였다.

○ 망국 군주 – 후주(後主) 진숙보

명군(名君)은 대개 비슷하나 어리석은 군주(昏君, 혼군)는 그 개성이 제각각 다르다.

남조 진(陳)의 망국 군주 – 후주(後主) 진숙보(陳叔寶, 553-604 / 재위 582-589)를 혼군(昏君)이라 하지만, 진숙보의 문채(文彩)와 풍류(風流), 그리고 음률(音律)에 정통한 그의 능력을 보면, 아마 전무후무한 걸출한 시인이나 문인이 되었을 것이니, 누가 뭐래도 진숙보는 결코 어리석은 사람이 아니었다.

다만 진숙보는 그 본연의 모습과 달리 천성에 맞지 않고, 또 부적절한 시기에 황제가 되어야만 했기에 어리석은 군주, 망국의 혼군(昏君)이라는 불명예를 덮어써야만 했다.

선제가 죽은 뒤(582), 태자가 즉위하니, 이가 후주(後主) 장성양공(長城煬公)¹⁹⁹이다.

후주 장성양공의 이름은 진숙보(陳叔寶, 553년생)이다. 태자가 되었을 때부터(569년 20세) 첨사 강총(江摠)과 더불어 밤을 새워 술을 마셨다.

582년 30세에 즉위하고, 얼마 되지 않아 임춘각(臨春閣), 결기각(結綺閣), 망선각(望仙閣) 등을 지었다. 각 전각의 높이가 수십 장이고 수십 칸의 건물이 이어졌으며, 모두 침향목과 전단목으로 지었고, 금과 진주와 비취로 장식했으며, 구슬로 만든 발과 보석으로 꾸민 휘장, 의복과 노리개가 모두 귀하고 화려하기로는 요즈음도 비길만한 것이 없었다. 그 아래로 돌을 쌓아 산을 만들고, 물을 끌어와 연못을 만들었고 꽃나무와 풀을 섞어 심었다.

진 후주는 임춘각에 거처하고, 귀비 장려화(張麗華)²⁰⁰는 결기각에, 공(龔)과 공(孔) 두 명의 귀빈은 망선각에 거처하면서 복도로 왕래했다.

강총은 재상이 되었지만 친히 정사를 하지도 않았다. 날마다

---

199 장성양공(長城煬公) – 이는 수 양제가 진숙보에게, 패륜의 군주에게 내려준 악시(惡諡)이다. 煬은 불 쬘 양. 그러나 양제 양광은 자신도 양제(煬帝)라는 나쁜 시호를 받을 줄 몰랐을 것이다.

200 장려화(張麗華, 560–589) – 빈천 가문 출생. 머리카락이 7척이었다는 절세미인. 수 양제도 탐을 낼 정도의 절세미인이었다. 陳이 망하는 30세에 피살.

공범(孔範)과 같은 문사와 더불어 후정에서 왕을 모시고 연회를 했다. 이들을 압객(狎客, 狎은 익숙할 압)[201]이라 불렀고 여러 귀빈과 객이 같이 노래를 부르게 하였는데, 그 노래 곡조에 옥수후정화(玉樹後庭花)[202] 등이 있었고, 군신(君臣)이 같이 저녁부터 새벽이 될 때까지 술을 마시며 노래를 불렀다.

○ 망국(亡國)의 음악 -〈옥수후정화(玉樹後庭花)〉

진(陳)의 후주(後主) 진숙보(秦叔寶)는 무능하면서도 주색에 빠진 황음무도한 군주였다. 군주(君主)가 주색과 사치에 빠지고 환관이나 소인의 말을 듣기 시작하면 강직한 신하들이 빠져나가게 되고, 그 자리는 더더욱 무능한 자나 아첨배로 채워지게 되어 있다.

또 이러한 군주일수록 줏대도 없다. 촉한 유비의 아들 후주(後主) 유선〔劉禪, 아두(阿斗)〕이나 진(陳)의 후주 진숙보나 역시 마찬가지였다.

성이 함락될 무렵에, 그래도 강직한 신하 한 사람이 "무제(武

---

201 압객(狎客) - 절친하여 예절에 구애받지 않는 손님. 기방의 손님.

202 〈옥수후정화(玉樹後庭花)〉- 가사는 경박하고, 곡조는 매우 슬픈 곡조의 이름. 이는 진 후주가 장려화(張麗華)를 위해 지었다고 한다. 후주는 장려화를 무릎에 앉혀놓고, 가사를 다양하게 바꿔 부르는 〈옥수후정화〉를 감상했다. 〈옥수후정화〉는 일반적으로 '망국의 음악' 이란 의미로 쓰인다.

帝)가 후경을 대할 때와 같이 의관을 다 갖추고 정좌에 앉아 적장을 만나보십시오."라고 건의했지만, 후주는 두 후궁만을 데리고 마른 우물에 들어가 숨었다고 하니, 그가 얼마나 졸장부였는가를 짐작할 수 있다.

 망국의 책임을 지고 자살할 용기나 책임감도 없이 구차하게 목숨을 부지하려 했다.

 망국(亡國)의 음악이라고 하는 후정화(後庭花)는 후주 진숙보가 지었다고 하는데, 7언 율시의 형태로 전해온다. 후반 4구는 아래와 같다.

예쁜 계집 뺨은 이슬 머금은 꽃이고,	妖姬臉似花含露
옥수에서 나온 빛은 뒤뜰을 비춘다.	玉樹流光照後庭
피고 지는 꽃은 오래 버티지 못하고,	花開花落不長久
붉은 꽃잎 땅을 덮어 적막에 싸였다.	落紅滿地歸寂中

 이 노래가 알려진 뒤, 진나라는 곧 멸망했기에 〈후정화〉는 '망국의 노래(亡國之音)'로 알려졌다.

 소설 《금병매(金甁梅)》에서 후정화는 섹스 체위(體位)의 한 가지이다.

 이 노래의 가사는 경박하고 곡조는 늘어지듯 슬펐는데, 노래를 부르는 사람이 적당히 가사를 바꿔 불렀다고 한다. 이는 후세에 '망국지음(亡國之音)'의 대명사가 되었지만 민간에서는 여전히 유행했던 모양이다.

뒷날 당나라의 시인 두목〔杜牧, 803－852, 소두(少杜)〕[203]은 이런 정경을 읊었다.

강 안개에 달빛은 모래에 내리는데,	煙籠寒水月籠沙
밤 깊어서 진회의 술집에 정박했다.	夜泊秦淮近酒家
기녀는 망국의 슬픔을 알지 못하고,	商女不知亡國恨
물 건너서 그냥 후정화를 노래하네!	隔江猶唱後庭花

두목의 〈泊秦淮詩(박진회시)〉 －(＊진회는 남경에 있는 지명)

○ 진(陳)의 멸망(589)

환관과 근신들은 내외로 연결되었고, 종실과 외척은 함부로 날뛰고 뇌물이 공공연히 오고 갔다. 공범(孔範)과 공귀빈(孔貴嬪)은 남매처럼 맺어졌다.

---

[203] 杜牧(두목, 803－852, 字는 牧之)은 장안 사람이다. 역사 理論書인 《通典》의 저자이면서 재상을 역임한 杜佑(두우, 735－812)의 손자이지만, 그가 10여 세에 부친이 죽어 어렵게 생활하였다고 한다. 두목은 가인미주(佳人美酒)와 화류취미(花柳趣味)를 마음껏 즐겼던 風流才子로 알려졌다. 두목의 古詩는 호방하고 씩씩하며, 七言 절구와 율시는 정취가 호탕하면서도 건실하다. 특히 역사적 사실을 읊은 영사시(詠史詩)는 자신의 감개(感慨)를 유감없이 발휘한 우수작으로 널리 애송되고 있는데 〈阿房宮賦(아방궁부)〉, 〈題烏江亭停(제오강정정)〉, 〈泊秦淮(박진회)〉 등은 그의 詠史詩 중 대표작이라 할 수 있다.

공범은 "문제(文武)의 능력에서 온 조정이 나를 따라올 수 없다."고 스스로 말했다.

장수가 조그만 잘못이라도 있으면 즉시 병권을 탈취했다. 이래서 문무 대신의 마음이 떠나갔기에 멸망에 이르렀다.

581년에, 양견(楊堅)이 건국한 수(隋)는 진왕(晋王) 양광(楊廣)[204]을 원수(元帥)로 삼아 군사를 거느리고 진나라를 정벌했다.

양색(揚索), 한금호(韓擒虎), 하약필(賀若弼) 등이 길을 달리하여 출정했다.

고경(高熲)은 원수부(元帥府) 장사(長史)였는데, 설도형(薛道衡)에게 물었다.

"강동(江東)을 정복할 수 있겠는가?"

이에 설도형이 대답하였다.

"정복할 것입니다. 전에 곽박이 '강동이 분왕(分王)하고 3백 년이면 중국에 합해질 것이라.' 했는데, 이 운수가 지금 돌아왔습니다."

진(陳) 후주는 수(隋)가 공격해온다는 말을 듣고 근신에게 말했다.

---

204 양광(楊廣) – 隋 文帝 楊堅의 次子. 569 – 618. 재위 604 – 618. 隋朝 二代皇帝.

"왕기(王氣)가 이곳에 있는데, 저들이 무엇을 하겠는가?"

그러자 공범(孔範)이 말했다.

"장강(長江)은 하늘이 만들어준 참호입니다. 어찌 날아서 건너겠습니까? 신은 늘 관직이 낮은 것을 걱정했습니다. 적이 만약 강을 건넌다면, 공을 세운 나를 꼭 태위공(太尉公)에 임명해 주기 바랍니다."

진의 후주는 옳다고 생각하고, 여악(女樂)을 즐기고 술을 마시며 시를 짓고 읊기를 그치지 않았다.

하약필은 광한(廣漢)에서 장강을 건넜고, 한금호는 횡강에서 밤에 채석강(采石岡)을 건너갔는데, 수비 군사가 모두 술에 취해 있었다. 한금호는 드디어 신림(新林)에서 직진하여 곧장 주작문으로 들어갔다.

진 후주는 2명의 여인을 데리고 경양궁의 마른 우물 속에 함께 숨었는데, 군졸이 우물을 들여다보고 돌을 던지려 하자 비로소 소리를 질렀다. 밧줄로 끌어올리는데 후주와 장려화와 공귀빈이 함께 같이 묶여 올라왔고,[205] 포로로 잡아 돌아갔다.

후주 재위 7년에 개원은 2번이니, 지덕(至德, 583-586)과 정명(禎明, 587-589)이다. 진은 고조 무제로부터 이때까지 5세에 총 32

---

[205] 後主가 먼저 올라가면 후궁이 돌에 묻혀 죽을 줄 알고, 셋이 같이 올라가겠다며 동시에 한 밧줄에 묶였고, 그래서 수나라 군사들이 무거워했다는 野史가 전해온다.

년(557 - 589) 만에 망했다.

○ 장려화(張麗華)

장려화(張麗華, 559 - 589)는 남조(南朝) 진(陳)의 후주(後主)인 진숙보(陳叔寶)의 총비(寵妃)로, 황태자 진연(陳淵)과 회계왕(會稽王) 진장(陳莊)의 생모이다.

장려화는 양주(揚州)의 병가〔兵家, 군인호(軍人戶)〕 출신으로, 몹시 가난하여 부모 모두가 자리를 엮어(직석織席) 생계를 꾸렸다. 뒷날 진이 수나라에 멸망할 때(589), 수나라 장수 고경이 장려화의 목을 잘랐다.

장려화는 나이 10여 세에 요염한 자태가 절윤(絶倫)하였다. 입궁(入宮)하여 공양제(龔良娣)의 시녀가 되었다. 그러면서 장성하였는데, 진숙보가 보고서는 천인(天人)이라며 놀랐다. 진숙보는 바로 비첩(妃妾)으로 받아들였고, 장려화는 태자 진연(陳淵)과 회계왕(會稽王) 진장(陳莊)을 출산하였다. 진 선제(宣帝, 진욱)가 태건(太建) 14년(582)에 죽자, 태자 진숙보가 계위하였고 장려화는 귀비(貴妃)가 되었다.

장려화는 심계(心計)에도 뛰어나 후주 진숙보의 마음을 사로잡아 총애를 독점하였다.

또 《진서(陳書) 장귀비전(張貴妃傳)》에서도 장려화의 미모를 극찬하였다.

「머리카락이 7척에 옻(칠漆)처럼 검었으며, 안광(眼光)만으로 다른 사람을 사로잡았다. 총명한데다가 신채(神彩)가 있어, 기거동작이 단아하고 미려(美麗)하였으며, 시선이 가는 곳에 광채가 넘쳐나고 좌우를 비추는 듯하였다. 전각에서 화장을 하거나 난간에 나와 멀리 떨어진 곳에서 보더라도 그 표표하기가 마치 여자 신선과도 같았다.」

장려화는 그 용모만 아름다운 것은 아니었다. 재치와 지혜가 출중하였고, 가무에도 뛰어나 진 후주뿐만 아니라 황태후의 총애도 받았다.

장려화는 말솜씨도 뛰어났을 뿐만 아니라 기억력도 아주 좋았다. 한번 읽은 문장은 바로 마음속에 외웠으며, 후주가 잘 모르는 부분도 장려회는 정확하게 기억하였다. 그러다 보니 장려화는 점차 정사에도 간여하였다. 후주 진숙보는 장려화를 무릎에 앉혀놓고 함께 정사를 묻고 답하며 결정하였다. 그러는 과정에서 조정의 문무 대신은 누구나 진숙보의 뜻이 아닌 장려화의 의도에 따라 정사를 추진하였다.

진숙보는 태자였다. 자신의 서장자(庶長子)를 폐하고, 장려화 소생의 대아(大兒) 진연(陳淵)을 태자로 책립하였고, 황후 심무화

(沈婺華)를 폐하고 장려화를 황후에 책봉하려 했으나 진이 멸망하면서 실행하지 못했다.

○ 망국의 군주에게 술이란 무엇인가?

기록에 의하면, 후주 진숙보는 553년에 태어나 30세 되는 582년에 즉위하여 8년간 재위하였다. 진숙보의 심황후(沈皇后)는 소생(所生)이 없었고, 귀비(貴妃) 장려화(張麗華)를 비롯하여 17명의 비빈(妃嬪)으로부터 총 22명의 아들을 두었다.

수 문제(隋 文帝) 양견(楊堅)은 589년 진을 멸망시켜 천하를 통일하였다. 양견은 진의 후주 진숙보를 아주 우대했다. 진숙보가 관직이 없어 궁중 출입에 불편하다 하여 3품 관리의 신분을 부여해 주었고 그만한 우대를 했다. 또 그를 초청한 연회에서는 그가 고향 생각으로 마음이 상할까 염려하여 강남의 음악은 연주하지 못하게 하였다. 그러나 진숙보에게는 망국의 슬픔은 아예 없었다고 한다.

진숙보를 감시하는 사람이 "그는 늘 술에 취해 있고, 깨어 있는 시간이 거의 없습니다."라고 보고를 하였다.

수 문제는 "그가 술을 마시지 않는다면, 어떻게 하루하루를 지낼 수 있겠느냐?"면서 무엇을 좋아하느냐고 물었다.

그러자 감시인은 "당나귀 고기를 좋아하며 술을 한 번에 한 말 이상 마십니다."라고 보고하였다.

수 문제는 '배알도 없는 진숙보(陳叔寶全無心肝)'의 엄청난 주량에 놀랐다고 한다.
문제가 말했다.
"진숙보의 실패는 모두 그 사람의 음주와 관련이 있다. 시를 짓고 술을 마시는 그 시간에 국사(國事)를 돌보았다면, 어찌 저리 몰락할 수 있었겠는가?"
하약필(賀若弼, 隋의 장수)이 경구(京口)를 공격할 때 진숙보의 신하가 위급한 상황을 보고하였으나 진숙보는 술을 마시면서 상관하지 않았다고 한다. 또 고경(高熲, 隋 장수)이 진(陳)의 궁궐을 수색했더니 위급상황을 보고하는 문서들이 개봉도 되지 않은 채 쌓여 있었다 하니, 그가 얼마나 어리석었는가를 알 수 있다.
그러니 "진(陳)의 멸망은 하늘의 뜻이다."라는 말이 있는 것이다.

진숙보는 수(隋) 인수(仁壽) 4년(604)에, 52세에 죽었다. 그가 죽자, 수 양제는 대장군을 추증하고 장성양공(長城煬公)이라는 시호를 내렸다. 煬은 '햇볕쬘 양', '불에 말리다', '화력이 쎄다'는 뜻의 글자인데, 시호로는 「거예원중왈양(去禮遠衆曰煬)」, 곧 통치자가 예를 모르고 백성을 멀리했다는 뜻의 악시(惡諡)이다. 그러나 양제(煬帝) 자신도 그런 악시를 받을 것이라고는 생각 못했을 것이다.

그가 죽으면서 받은 대장군 벼슬은 진숙보나 그 후손에게 무슨 의미가 있겠는가?

4. 남북조의 문화

(1) 문학

동진(東晉) 이후 남조(南朝)는 송(宋) – 제(齊) – 양(梁) – 진(陳)으로 왕조가 교체되면서 도읍 건강〔建康, 지금의 강소성(江蘇省) 장강(長江) 남안 남경시(南京市)〕을 중심으로 발전하였다. 강남의 개발에 따라 풍족한 경제생활로 도시가 번영했고, 문벌 귀족들은 호화생활을 즐겼다.

이런 사회 경제적 분위기 속에서 많은 시인들이 배출되었고, 시(詩)는 귀족들의 교양으로 정착하였으며 좋은 시가 창작되고 알려졌다. 물론 현실 생활과 유리된 내용의 공허한 작품이 많지만, 표현 기교가 수준 높게 발전하였으며, 시의 운율을 심도있게 연구하고 또 그 조화를 추구하였다.

1) 사령운

○ 불운한 천재

사령운(謝靈運)은 동진(東晉)과 전진(前秦)의 명운을 건 싸움인 비수(淝水)의 싸움에서 승리한 명장 사현(謝玄)의 손자로 조부 강락공〔康樂公, 사현(謝玄)〕의 작위를 세습하였기에 사강락(謝康樂)으로도 불린다.

명문 진군사씨(陳郡謝氏)의 일족으로, 최고 명장(名將)의 손자인 사령운은 어려서부터 총명하기로 소문났었다. 그런데 사령운의 부친 사환(謝瑍)은 전혀 총명한 사람이 아니었다.

때문에 사현이 자주 말했다.

"내가 환(瑍)을 낳았지만, 환은 어떻게 영운(靈運)을 낳았을까?"

천재적 재능을 가진 사령운은, 천재 시인인 조조(曹操)의 아들 조식(曹植)[206]을 추앙했다.

---

[206] 조식(曹植, 192-232년, 字는 子建) - 曹操 第 4子, 변씨(卞氏) 소생 第3子, 조비(曹丕)-조창(曹彰)-조식 順. 曹魏의 저명한 詩人. '才高八斗(八斗之才)', '七步成詩'의 주인공. 조식의 재화(才華)는 후세 시인의 추앙을 받았다. 조조, 조비와 함께 시단의 '三曹'로 불림. 부친이나 형과는 달리 정무에는 전혀 손을 대지 않았다. 陳 思王은 죽은 다음의 시호이다. 조식의 작품은 1백여 편이 전하나 대부분 五言詩이고 후세에 《陳思王集》이 편찬되었다. 조식의 詩作은 '골기기고(骨氣奇高)'하다는 평을 듣는데, 建安文學의 成就

사령운이 말했다.

"천하의 재주가 1섬이라면〔天下才有一石(천하재유일석)〕, 조식의 재주가 8두이고〔曹植才高八斗(조식재고팔두)〕, 세상 사람들이 1두를 나누어갖고〔天下人共一斗(천하인공일두)〕, 내가 1두를 독점했다〔我獨佔一斗(아독점일두)〕."

이 말에는 자신의 천재성에 대한 자부심이 넘쳐난다. 그래서 〈칠보시(七步詩)〉를 읊은 조식을 「팔두지재(八斗之才)」라고 부른다.

사실 머리가 좋은 천재들의 공통적인 결함은 자신의 천재성을 잘 알기에 제약이나 통제를 거부하면서 자신의 고고(孤高)한 세계를 즐기는데 있다. 조식과 사령운은 비극적인 결말을 보았다는 점에서도 아주 유사하다.

○ 원가(元嘉) 3대가(三大家)

서기 420년, 유유(劉裕)가 동진(東晉)을 없애고 송(宋)을 세우자 사령운은 작위가 강등된다. 사령운은 동진과 송 교체기에 정치적 실의(失意)를 맛보았으며 불만과 좌절을 산수 유람으로 해소하려 했다.

와 特色을 잘 나타내고 있다. 보통 알려진 〈七步詩〉는 《三國演義》 第79回, 〈兄逼弟曹植賦詩〉에 수록되었다.

시인으로서 사령운은 안연지(顏延之),[207] 포조〔鮑照, ?414 – 466, 자(字) 명원(明遠)〕와 함께 '원가〔元嘉, 송 문제(文帝)의 연호, 424 – 453〕 3대가' 라고 불린다.

○ 사령운의 산수시(山水詩)

사령운은 중국 제일의 산수시인으로, 산수를 묘사하고 자신의 감개를 서술하는 시를 지었다. 도연명이 전원시인으로 인간생활에 뿌리를 둔 평범 담백한 시를 많이 읊은데 비하여, 사령운의 시는 산수의 아름다움을 귀족적으로 향락하면서 지은 화려한 산수시라 할 수 있다.

사령운의 산수자연시는 산수를 묘사한 뒤에 자신의 감개(感慨)를 서술하였다. 어떤 사람들은 사령운의 산수시에는 '좋은 구절은 있으나 좋은 시는 없다' 고 평가하는 사람도 있다.

사령운의 시는 남조(南朝)의 사조(謝朓)로 당대(唐代)의 맹호연(孟浩然), 왕유(王維) 등 많은 산수자연 시인에게 직접적인 영향을 끼쳤다.

종영(鍾嶸)의 《시품(詩品)》에서는 사령운의 시를 상품(上品)에 넣었다.[208] 당나라 이백(李白)은 사령운을 아주 숭상하였는데, 이

---

207 안연지(顏延之, 384 – 456, 字는 延年) – 동진 및 宋의 시인. 사령운과 함께 「안사(顏謝)」로 통칭한다.
208 《詩品》에서 육기(陸機), 반악(潘岳) 등의 시는 上品에 배치하였고,

백은 「나의 시는 강락공(사령운) 앞에 부끄럽다〔吾人詠歌, 獨慚康樂(독참강락). 慚은 부끄러울 참〕.」라고 하였다.

○ 사령운의 죽음

송(宋)의 사령운[209]이 죄를 지어 주살되었다. 사령운은 자연에서 유람하기를 좋아하였는데, 따르는 무리가 수백 명이었고 나무를 베어 길을 내기도 하여 백성들이 놀라 불안에 떨기도 했다.

어떤 사람이 사령운이 반역할 마음이 있다는 글을 올리자, 지금 강서성(江西省)의 임천내사(臨川內史)로 좌천되었다. 다시 관리가 그의 죄상을 드러내며 잡으려 했다.

사령운은 사병(私兵)을 데리고 도망하면서 시를 지어 말했다.

「한(韓)이 망하자 장량(張良)이 울분했었고,　韓亡子房奮
진(秦)의 칭제는 중련의 치욕이었다.」　　　秦帝魯連恥[210]

魏文帝 조비(曹丕), 도연명(陶淵明), 포조(鮑照), 사조(謝朓)의 시는 中品에, 그리고 조조(曹操)의 시는 下品에 배치하였다.

209 사령운(謝靈運, 385-433) - 동진 사현(謝玄)의 손자. 陳郡 謝氏, 유명한 山水 詩人.

210 노중련(魯仲連) - 전국시대 말기 齊의 名士. 당시 說客(세객)이며 策士(책사). 秦에 항거. 장량과 노중련은 秦의 신하가 되기를 거부한 사람이다. 이들을 칭송한다는 것은 사령운이 宋의 신하 되기를 거부하는 의미일 것이다.

사령운은 쫓기다 사로잡혀 남방(南方)의 광주(廣州)로 유배되었다가 얼마 안 있어 기시(棄市)되었다.

2) 안연지

○ 호주(好酒), 명문장(名文章)

안연지〔顏延之, 384-456, 자(字)는 연년(延年)〕는 낭야군 임기현〔臨沂縣, 지금의 산동성(山東省) 남부 임기시(臨沂市)〕으로, 동진에서 송대(宋代)의 문인으로 같은 시기의 사령운과 함께「안사(顏謝)」라 합칭한다.

안연지는 어린 나이에 빈한하였지만 성 밖 누실(陋室)에 살면서도 독서를 좋아하여 읽지 않은 책이 없었고, 그의 문장은 당시에 최고라고 알려졌다. 안연지는 도연명과 가까웠고, 또 존중하였다.

안연지는 술을 즐기면서 소절(小節)에 구애받지 않았다. 그는 30세에 이르도록 결혼하지 않았지만, 그의 여동생은 당시 조정의 중신(重臣)인 유목지(劉穆之)의 아들과 결혼했었다. 이후 안연지는 미관 말직을 맡았다.

유유(劉裕)가 송을 건국하자(420), 안연지는 천거를 받아 박사(博士)가 되었고, 태자사인(太子舍人)이 되었다. 이후 안연지는 금자광록대부(金紫光祿大夫)를 역임하였기에 안광록(顏光祿)으로 불린다.

송 문제(宋 文帝, 유의륭)는 원가(元嘉) 3년(426)에, 문제는 서선지(徐羨之), 부량(傅亮), 사회(謝晦) 등 3인의 권신(權臣)을 제거했다. 그러면서 안연지를 불러 중서시랑(中書侍郞)에 임용했다. 이후 안연지는 요직을 거쳤다.

그러나 안연지는 술을 좋아했고, 그 행실이 가끔은 방종(放縱)에 가까웠으며, 권귀(權貴)들에게 반항적이어서 나중에 지방관으로 폄직당하였다.

○ 안연지의 시

안연지의 명문장에는 그의 경륜이 들어있고, 세속의 속박을 싫어하는 그의 기질이 잘 나타나 있다. 안연지는 시에서 전고(典故)[211]를 널리 사용하였고, 이후 많은 사람들이 안연지를 따랐다.

포조(鮑照)는 안연지와 사령운을 비교하여 말했다.

「사령운의 시는 갓 피어난 부용과 같아서 사랑스런 자연스러움이 있다. 안연지의 시는 비단에 수를 놓은 듯 화려한 무늬가 눈

---

[211] 전고(典故) – 전례(典例)와 고사(故事)를 아울러 이르는 말, 또는 전거(典據)로 삼을 만한 옛일. 가령 고희(古稀)가 70세를 의미하는데, 이는 두보의 시 〈曲江 二首〉에서 「외상 술값은 언제나 가는 곳마다 있지만〔酒債尋常行處有(주채심상행처유)〕, 인생에 나이 칠십은 예로부터 드물었다〔人生七十古來稀(인생칠십고래희)〕」에서 유래되었다. 이때 두보의 시 구절을 고희의 전고라고 말한다.

에 가득하다.」라고 말했다. 이는 안연지의 시가 과도한 수식(修飾)으로 자연스럽지 못하다는 의미일 것이다.

○ 어이없는 죽음

안연지가 몹시 아끼는 여인이 있어, 그 여인이 없으면 침식이 불안하여 견디질 못했다. 그런데 그 여인은 안연지의 총애를 믿고 건방지게 놀다가 안연지를 침상에서 밀어 떨어트렸고, 안연지는 부상을 당했다. 이에 문제(文帝)의 총애를 받으며 당당한 권력을 행사하던 안연지의 아들 안준(顔竣)은 그 여인을 엄히 심문한 뒤에 죽여버렸다.

이를 알게 된 안연지는 몹시 슬퍼하며 그 여인의 신위 앞에 나가 애도하기를 멈추지 않았다. 그렇게 동지(冬至)에도 슬퍼하자, 참지 못한 안연지의 다른 첩이 병풍을 쓰러트리며 안연지를 죽이려 했다. 이에 안연지는 깜짝 놀라며 바닥에 쓰러졌고, 그 때문에 병이 나서 죽었다고 한다.

3) 포조

○ 황족 분쟁에 휘말려 죽다

포조(鮑照, ?414-466)는 참군(參軍, 군사 지휘관의 막료, 하급 참모)을 역임했기에, 보통 포참군(鮑參軍)으로 불리는 남조(南朝) 송(宋)

의 문장가이고, 시인이다.

포조는 출신이 미천하였기에 관직생활도 실의(失意)로 점철되었다고 한다. 포조는 문벌 귀족에 대한 불평과 반감이 많았기에 자신의 비분강개한 감정과 부패한 사회에 대한 불평과 풍자(諷刺)가 들어있다. 그러나 포조의 문장은 웅혼하면서도 부화(浮華)하여 당시의 호사스런 문풍(文風)을 그대로 반영하였다. 포조는 중국의 시에서 칠언시(七言詩)의 기초를 다진 사람으로 인정받고 있다.

남조 송 문제 원가(元嘉, 424-453) 연간에, 포조는 시랑(侍郎)이 되었고 이후 여러 관직을 역임하였다. 포조는 임해왕(臨海王) 유자욱(劉子頊, 송 효무제 유준의 7子)이 형주를 진수(鎭守)할 때 그 아래에서 전군참군(前軍參軍)을 역임했다. 포조는 466년에, 유자욱의 군중(軍中)에서 난병(亂兵)에 희생되었다.

포조는 사령운(謝靈運), 안연지(顔延之)와 함께 「원가삼대가(元嘉三大家)」로 알려졌다. 또 유신(庾信)과 함께 「남조북신(南照北信)」으로 불린다. 포조의 여동생 포령휘(鮑令暉)도 시인으로 유명하다.

4) 심약

○ 양 무제의 신임을 받다

심약(沈約, 441-513)은 남조의 역사가이며 시인이다.

그의 부친 심박(沈璞)은 송 문제 원가(元嘉) 말년에 황족의 분쟁에 휘말렸다가 송 무제 유준(劉駿)에게 주살되었다.

심약은 어린 시절에 역신(逆臣)의 아들이었기에 타향을 떠돌아야 했지만 독지(篤志)로 호학(好學)하였다. 그의 모친은 몸이 약한 아들이 피로로 병이날까 염려하여 등불 기름을 많이 주지 않았다고 한다.

심약은 소제(蕭齊)와 소량(蕭梁)을 섬기면서 국정의 중요한 조서를 거의 다 작성하였다. 심약은 제(齊)에서 저작랑(著作郞), 상서좌승(尙書左丞) 등 여러 관직을 역임하였고, 소연(蕭衍)의 양(梁)이 건국된 뒤에, 양 무제의 신임을 받으며 여러 고위직을 거쳐 재상을 역임하였다.

○ 역사 저술

심약은 20대부터 시작하여 20여 년 동안 《진서(晉書)》 120권을 편찬하였다. 487년에서 조명(詔命)을 받아 《송서(宋書)》를 완성하였다. 그리고 《제기(齊紀)》 20권, 《양 무기(梁 武紀)》 14권, 《송문장지(宋文章志)》 30권 등을 편찬하였으나 모두 실전되었고, 다만 《송서(宋書)》만 지금까지 남아 있다.

○ 사성팔병설(四聲八病說)

심약은 제 무제(齊 武帝) 영명(永明, 483 – 493) 연간에, 시단의 영수(領袖)라 할 수 있는 시인이었다. 심약의 시는 정교(精巧)하거나 개성이 부족하다고 말하지만, 시의 형식과 성률(聲律)을 중시하고 확립한 공로가 확실하였다.

심약은 《사성보(四聲譜)》를 저술하여, 시가(詩歌) 창작에서 음율을 중시하였는데, 뒷날 율시(律詩) 탄생의 기초를 마련하였다. 곧 시를 지을 때, 평성(平聲), 상성(上聲), 거성(去聲)과 입성(入聲), 곧 4성의 고저와 장단(長短)을 잘 배열하여야 한다는 주장이다.

팔병설(八病說)은 평두(平頭, 평범한 서두), 상미(上尾, 치켜 올라간 꼬리), 봉요(蜂腰, 벌의 허리), 학슬(鶴膝, 학의 긴 다리), 대운(大韻)과 소운(小韻), 방유(旁紐, 紐는 끈 뉴), 정뉴(正紐) 등 인공적 음율의 미(美)를 갖출 때 어겨서는(범犯) 안 되는 8가지 병폐(금기禁忌)를 말한다.

심약은 이런 주장을 처음 내세웠지만 그 자신의 상세한 설명도 없고, 또 그의 주장에 맞는 시를 짓지도 않았다. 다만 심약의 주장은 후세에 많은 논쟁과 이론(異論)을 불러왔다. 하여튼 심약의 이러한 주장은 뒷날 근체시(近體詩, 律詩) 성립에 직접적인 영향을 끼쳤다.

○ 미남자(美男子) 심약(沈約)

심약은「문장은 응당 3가지 쉬움을 따라야 한다. 곧 쉽게 전체를 알 수 있어야 하고〔易見事(이견사)〕, 문자를 쉽게 알 수 있어야 하며〔易識字(이식자)〕, 쉽게 낭송할 수 있어야〔易讀誦(이독송)〕 한다.」고 주장하였다. 이처럼 심약은 유창한 음조(音調)의 미적 감각을 주장하였지만, 심약 본인은 그러한 문장을 지으려 끝까지 노력하지는 않았다고 한다.

심약은 불경(佛經) 연구에도 노력하였으니, 여러 방면에 능통한 통재(通才)였다. 심덕잠(沈德潛)은 심약에 대하여「포조(鮑照)나 사령운(謝靈運)에게는 미치지 못하나 소연(蕭衍)의 양대(梁代)의 대가(大家)이며, 폭이 광활하고 문장 기운(詞氣)이 두터워 고시(古詩)의 맥을 지켜왔다.」고 논평하였다.

이외에 심약은 중국에서는 유명한 미남자이며, 그는「가는 허리의 심낭〔沈郎瘦腰(심낭수요)〕」이라는 별명으로 소문이 났었다.

5) 사조

○ 사령운 산수시의 전통을 계승

사조〔謝朓, 464-499, 朓는 그믐달 조, 자(字)는 현휘(玄暉)〕는 명문 진군(陳郡) 사씨(謝氏)이니, 사령운의 일족이었다. 선성〔宣城, 지금의 안휘성 동남부 선성시(宣城市)〕 태수를 지냈기에 사선성(謝宣城)으로도 불린다.

사조는 출신과 경력, 사상과 시풍이 사령운과 비슷한 점이 많아 소사(小謝)라고도 불리는데, 중국문학사에서는 말하는 '경릉팔우(竟陵八友)'의 한 사람이다.

남조(南朝) 양(梁)의 개국 군주인 소연(蕭衍)은 '사조의 시를 3일간 읽지 않으면(三日不讀謝詩), 입에서 냄새가 난다〔便覺口臭(편각구취)〕.'고 말했다.

사조의 시는 사령운의 산수시를 계승하여 더욱 발전시켰는데, 경치의 묘사는 세련되고 청신(淸新)하며, 현언시(玄言詩)에서 보이는 철학적 이치나 설교적인 구절이 없다.

○ 사조루(謝朓樓)

사조가 남조(南朝) 제(齊)의 선성태수(宣城太守)로 재직할 때, 강남(江南) 사대명루(四大名樓)의 하나인 사조루를 건립하였다. 사조루는 당대(唐代)에 중건(重建)하고 북망루(北望樓), 사공루(謝公樓)라고도 불렸는데, 이백(李白)은 그의 시 〈선주사조루(宣州謝朓樓)전별교서숙운(餞別校書叔雲)〉에서 '중간소사우청발(中間小謝又淸發)'이라 읊어, 사조의 명성을 온 천하에 날리게 하였다.

6) 유협 -《문심조룡》

○ 독실한 불심

유협〔劉勰, 464?-521?, 勰은 뜻맞을 협, 법명은 혜지(慧地)〕은 남조 문학 이론가이며 비평가이다.

유협은 결혼하지 않았는데, 당 요사렴(姚思廉)의 《양서(梁書)》에 의하면, 가난하여 결혼하지 못했다고 한다. 그는 사족(士族) 출신이어서 서족(庶族)과는 결혼할 수 없었다고 한다. 또 다른 주장에 의하면, 그가 경제적으로 궁핍하지 않았고, 다만 그가 독실하게 불법을 숭상하며 결혼하지 않았다고 한다.

○ 문심조룡(文心雕龍) – 최고의 문학비평서

양나라의 유협(劉勰)은 독학으로 학문의 기초를 다진 뒤, 20세 전후에는 절에 들어가 10여 년간 불경을 교정하는 일을 했다고 한다. 유협은 자신이 지은 《문심조룡》을 당시 문단의 영수(領袖)인 심약(沈約)에게 보여주고 극찬을 받았다. 이후 관직 생활을 시작하여 당시 양(梁) 소명태자(昭明太子)의 동궁(東宮)에서 근무하기도 하였다.

《문심조룡》은 중국 문학비평에서 획기적인 저작이며, 지금도 유효한 문학비평의 명저로 알려졌다. 《문심조룡》은 크게 문학의 원리와 문학의 장르, 그리고 문학의 창작과 비평으로 구분하여 문학을 논한 책이다.

유협은 문학의 원천을 성인의 경전, 곧 《오경(五經)》에 있다고 보았는데, 이는 문학의 역사 및 문학의 기초가 되는 경서를 중시해야 한다는 의미로 해석할 수 있다.

또 유협은 《이소(離騷)》와 시(詩), 부(賦) 등 문학의 장르를 33종 류로 분류하고 각 체제와 대표적 작품을 설명하였다. 그리고 문학의 창작과 비평으로 문학의 품격과 우열을 특성으로 논하고, 시대정신과 환경을 설명하며 수사(修辭)와 비평에 대해서도 심도 있는 이론을 전개하였다.

유협의 《문심조룡》은 중국문학 사상 최초로 체계적인 문학이론을 정립하였고, 문학 감상과 비평의 기준을 마련했다는 점에서 후세에 절대적인 영향을 끼쳤다.

7) 소명태자 - 《문선》

소통(蕭統, 昭明太子)
남조 양 무제(梁 武帝)의 장남(501-531), 《문선(文選)》을 편찬. 〈출처: 위키백과〉

○ 소명태자(昭明太子)

양 무제 소연(蕭衍, 재위 502-549)의 태자였던 소통(蕭統, 501-531)은 인자, 명철, 효성, 검소하면서도 호학하고 문재(文才)가 뛰어났으나 몸이 허약하여 동궁으로 30년을 살다가 죽었다.

○《문선(文選)》

소명태자는 저명한 학자와 문인들을 불러 모아 교류하면서 역대의 시문을 모아《문선(文選)》을 편찬하였다.

《문선》은 춘추시대부터 양(梁)나라까지 문인 127명의 시, 부(賦) 및 문장을 모아 엮은 선집(選集)이다.《문선》은 경전과 제자서(諸子書)와 사서(史書)를 제외하고, 「깊은 사색(思索)에서 우러나오고, 아름다운 표현의 문학적 향기가 높은 작품」을 선별하였다.

《문선》은 시, 부 외에, 소(騷), 논(論), 서(序), 조(詔), 서(書) 등 37종 문체별로 명문을 모았다. 이러한 문체에 의한 분류와 선별은 후세에 문체론(文體論)을 심화 발전시키는데 크게 기여하였다.

8) 종영의《시품》외

○ 종영(鍾嶸)의《시품(詩品)》

종영(鍾嶸, ?-518, 嶸은 높고 가파를 영)은 제(齊) 영명(永明) 연간에, 국자생(國子生)이었다. 양(梁)에서 참군(參軍)과 기실(記室) 등 하급 관직을 역임하였다.

종영은 그의 저서《시품(詩品), 원명은 시평(詩評)》에서 한(漢)에서 위(魏)와 양(梁)에 이르는 시기의 시인 122명을 상중하 3품으로 나누어 비평하고 작가의 원류를 논하였다.

물론 이《시품》의 평가가 지금과 일치하지는 않더라도 당시에 이런 비평 명저가 있었다는 자체가 그만큼 문학의 수준이 높았다는 반증이라 할 수 있다.

그리고 종영은 시작(詩作)에서 전고의 사용과 사성팔병설, 현언시(玄言詩)의 시풍(詩風)을 반대하였다.

○ 서릉(徐陵)의 《옥대신영》

서릉(徐陵, 507 – 583)은 양나라 간문제(簡文帝)의 명을 받아 《옥대신영(玉臺新詠)》을 편찬하였다. 이는 당시의 화려한 염정시(艶情詩, 艶은 고울 염)만을 모은 시집이라는 점에서 매우 주목할 만한 저술이다.

《옥대신영(玉臺新詠)》은 동주(東周)에서 양나라 때까지의 시 769편을 수록하였는데, 5언시가 8권, 가행(歌行)이 1권, 5언 4구 시 1권으로 구성되었다. 〈월인가(越人歌)〉 1수만 동주 시대의 작품이고, 나머지는 모두 한조(漢朝) 이후의 작품이다. 특히 중국 최초의 장편 서사시 〈공작동남비(孔雀東南飛)〉[212]가 《옥대신영》에 수록되어 전한다.

소명태자의 《문선(文選)》이 사상과 표현의 미(美)를 겸비한 문장을 선집한 것에 비하여, 《옥대신영》은 당시의 문학 경향을 반영하여 염려(艶麗)한 시문을 골랐다는 차이가 있다.

---

212 〈孔雀東南飛(공작동남비)〉 – 후한 헌제(獻帝) 建安 연간의 시로, 340여 句에 2,260자이다. 중국 樂府 民歌 중 가장 긴 서사시이다.

《옥대신영》 편집을 명령한 간문제 소강(蕭綱)은 그 자신이 궁체시(宮體詩)의 대가였다. 《옥대신영》 중국 시사(詩詞)의 발전과정에서 수사(修辭)가 절정에 달했던 시대의 작품을 수록했다는 점에서 그 의의가 매우 큰 저술이다.

9) 유신

유신(庾信, 513 – 581, 庾는 곳집 유, 성씨)은 본래 양나라의 관리였는데, 42세 때, 양 무제의 명을 받아 서위(西魏)에 사신으로 가서 억류되어 있는 동안에 양(梁)나라가 멸망했기에 돌아갈 나라가 없어 그대로 북주(北周, 서위가 북주로 바뀜)에 출사하였다.

유신은 북주에서 표기대장군(驃騎大將軍)에 개부의동삼사(開府儀同三司)가 되었기에 보통 유개부(庾開府)라 불렸다.

유신은 어려서부터 궁정에 출입하면서, 서릉(徐陵)과 함께 화려하고 아름다운 궁체시(宮體詩)를 많이 지었다. 이에 서릉과 유신의 시체(詩體)를 서유체(徐庾體)라고 불렀다.

유신은 고향과 전혀 다른 풍토에서 이민족과 어울려 출사(出仕)하며 생활하였기에, 그의 시에는 망향(望鄕)의 정(情)과 망국(亡國)의 비애가 잘 나타나 있다.

유신은 그의 시작(詩作)에서 형상의 묘사와 음율의 조화가 뛰어났으며, 대구(對句)와 전고(典故)의 사용이 매우 자연스럽고 능란하였다. 유신의 〈의영회시(擬詠懷詩)〉 27수는 그의 대표작이다.

두보(杜甫)는 그의 시 〈희위육절구(戲爲六絕句) 其一〉에서 「유신의 시는 늙어 더욱 원숙하였으니〔庾信文章老更成(유신문장노경성)〕, 구름에 닿을 건필은 종횡으로 뜻을 말하네〔凌雲健筆意縱橫(능운건필의종횡)〕.」라 하여 유신의 작품을 높이 평가하였다.[213]

10) 유의경 -《세설신어》

○ 남조 귀족의 생활 모습

유의경(劉義慶, 403-444)은 송 무제 유유(劉裕)의 조카이다. 유의경은 임천왕(臨川王)의 작위를 받았고 여러 관직을 거쳤다.

유의경은 송의 종실(宗室)이지만 겸허과욕(謙虛寡慾)하며 문학을 애호(愛好)하였다. 만년에는 불교를 독신(篤信)하며 많은 금전을 들여 승려를 봉양하였다.

---

[213] 유신은 '남북조 문학의 집대성자'라는 평가를 받고 있다. 유신은 변려문(駢麗文)의 대가로 〈哀江南賦(애강남부)〉는 그의 대표작이다. 두보는 유신의 문장을 높이 평가하였는데, 위 시에 나오는 '凌雲健筆(능운건필)'은 성어가 되어 널리 쓰이고 있다. 두보는 지금 사람들이 남북조 시대 변려문체 문장을 비웃지만 그 문장은 뛰어났다면서, 지금 사람들은 '後生可畏(후생가외)'의 참뜻을 모르는 것 같다고 일침을 가하고 있다. 이 말은 詩文은 시대에 따라 변화 발전한다는 뜻이며, 이는 두보의 문학관을 보여주는 시라 할 수 있다.

그가 여러 사인(士人)들과 함께 《세설신어(世說新語)》를 편찬했는데, 이는 아주 의미가 있는 책이다.

이 책은 후한(後漢)에서 동진(東晉)에 이르는 시기의 여러 사족(士族)과 문인(文人), 고사(高士), 문(文)·무인(武人)들의 성격이나 언행 등에 관하여 전해오는 여러 이야기를 모은 책이다.

이 《세설신어》는 그 시기 상류층의 생활과 사고(思考), 문화를 연구하는데 꼭 필요로 하는 여러 가지 일화(逸話)를 모은 책으로, 덕행(德行), 언어(言語), 정사(政事), 문학(文學) 등 36개 부분에 걸쳐 서술하고 있다.

유의경의 《유명록(幽明錄)》은 귀신과 관련된 기이한 일과 민간 전설 등을 기록하였고, 무속(巫俗) 및 지옥과 윤회 등 불교에 관련된 속설을 많이 채록하였다. 이를 통하여, 송대 불교 세력의 확장과 도교에 끼친 불교의 영향을 살펴볼 수 있다.

남조(南朝)의 왕족 중에 이런 사람이 있었다는 자체가 매우 특이하다 할 수 있다.

11) 북조의 민가

○ 북조의 문학

북조는 이민족이 통치한 왕조였고, 남조(南朝)와 같은 문학 집단이 형성되지 않았기에 문학 활동이 활발하지 못했고, 또 중시되지도 않았다.

그렇다고 문인과 문학 작품이 전무한 것은 아니며, 대체적으로 북조의 문학은 남성적이고 질박한 풍격의 작품이 주류를 이뤄, 남조의 문학과는 다른 취향을 보이고 있다.

그러나 북조의 문인들은 남조의 문학을 우수하다 인식, 평가하면서 남조의 문학을 모방하려는 풍조를 보이고 있어, 결국은 남조 문학의 수입과 모방에 그쳤다고 볼 수 있다.

ㅇ 칙륵가

북방 유목 민족들의 거주지는 자연환경이 거칠고 유목생활은 남쪽의 농경 정착생활과 근본적으로 달랐다. 따라서 유목민들은 강인하고 상무(尙武)의 기풍이 있었는데, 이러한 기질과 계속되는 전쟁의 참상은 그들의 시가 속에 나타나 있다.

〈칙륵가(勅勒歌)〉라고 알려진 선비족의 시가는 북방의 광활한 대지를 극적으로 묘사하고 있는데, 옮겨보면 아래와 같다.

칙륵천 음산 아래	勅勒川 陰山下
하늘은 둥근 천막,	天似穹廬
사방의 들을 덮었다.	籠蓋四野
푸른 하늘, 트인 벌판	天蒼蒼 野茫茫
바람에 풀이 누우니	風吹草低
소와 양떼가 보이네.	見牛羊

○ 〈목란시(木蘭詩)〉

북위 시대 민가(民歌)의 대표작은 작자 미상의 〈목란시(木蘭詩) 또는 목란사(木蘭辭)〉라는 장편 서사시이다. 전체 62구로 짜였는데, 주로 5언(言)의 구절이다. 민가가 다 그러하듯이 〈목란시〉의 작자나 창작 연대를 알 수 없지만, 대체로 북조 후기에 지어졌고, 전래되는 과정에서 후대 문인들의 윤색이 가해지고, 문자로 정착되었을 것이다.

그 줄거리는 목란(木蘭)이라는 처녀가 늙은 아버지를 대신하여 남장(男裝)을 하고, 10년간 종군하며 혁혁한 전공을 세우고 돌아와 다시 여장을 하니, 사람들이 놀랐다는 내용이다.

이 목란의 이야기는 중국인들에게 애국심을 고취시키는 효과가 있어, 동화책이나 교과서에 실려 누구나 알고 있는 전설이 되었다.

○ 양산백과 축영대
　- 나비로 승화(昇化)한 사랑

중국에 4대 민간 전설이 있는데, 이는 구전과 문헌으로 면면히 이어 내려온 이야기들이다.

4대 민간 전설로는 보통 〈양산백(梁山伯)과 축영대(祝英臺)〉, 〈백사전(白蛇傳)〉, 〈맹강녀(孟姜女)〉, 〈우랑(牛郞)과 직녀(織女)〉를 꼽는다.

이 〈양산백과 축영대〉의 사랑 이야기는 당대(唐代) 이후에 여러 문학 형태로 기록되어 전승되었을 뿐만 아니라 각종 연극과 경극의 소재가 되었고 현재도 TV를 통해 계속 재생되고 있다.

이 전설의 주인공인 양산백과 축영대가 동진(東晉) 사람이며, 사안(謝安)이 이야기 속에 등장하기 때문에 여기에 소개한다.

절강성 상우(上虞)란 곳에 사는 축영대(또는 축구매祝九妹)란 처녀가 남장을 하고 항주(杭州)로 공부하러 가다가 마침 회계(會稽)에서 공부하러 오는 양산백이란 청년을 만나다. 두 사람은 동행했고 같은 스승 밑에서 3년간 부지런히 공부를 한다. 양산백은 끝까지 축영대가 여자임을 모르고 순수한 우정을 나누었다.

뒷날 축영대가 먼저 학업을 중단하고 본가로 돌아간다. 양산백은 2년을 더 공부한 뒤 집으로 돌아왔다가 상우로 친우 축영대를 찾아간다. 양산백은 그곳에서 비로소 축영대가 여인임을 알게 된다. 여기서 사나이의 우정은 남녀의 사랑으로 바뀌지만, 양산백은 집에 돌아와서야 매파를 보내 구혼한다. 그러나 축씨 집안에서는 이미 마씨 집안과 혼약이 되어 있어 두 사람은 맺어지지 못한다. 양산백은 어느 고을의 현령으로 나가지만 축영대를 그리워하다가 병이 나서 죽는다.

한편 축영대는 출가(出嫁)하기 전에 양산백의 죽음을 전해 듣는다. 축영대는 신행(新行) 중에 양산백의 무덤이 있는 곳을 지나

가는데, 갑자기 돌풍이 불어 나아가질 못한다. 축영대는 그곳이 양산백의 묘라는 사실을 알고 가마에서 내려 제사하며 절을 올린다.

그때 양산백 묘가 양쪽으로 갈라지자, 축영대는 무덤 안으로 뛰어들어가고 무덤은 다시 닫힌다. 그리고 아름다운 무지개가 피어나고, 한 쌍의 나비가 무덤에서 나와 어디론가 사라진다.

이런 이야기가 중앙에 보고되자, 사안(謝安)은 황제에게 주청하여 의부총(義婦塚)으로 봉했다고 한다. 지금도 그 지역에서는 부부가 백년해로(百年偕老)하려면 양산백의 무덤에 다녀오라는 말이 전해진다고 한다.

(2) 학문의 발달

1) 진수의 《정사(正史) 삼국지(三國志)》

○ 정사《삼국지》

당대부터 《사기(史記)》, 《한서(漢書)》, 《후한서(後漢書)》를 3사(史)라 지칭하였는데, 이후 진수(陳壽)의 《삼국지(三國志)》를 포함하여 4사(四史)라 지칭하였다.

정사《삼국지》는 후한(後漢, 동한) 말기 황건적(黃巾賊)의 난 발생(영제 중평 원년 서기 184)부터 서진(西晉) 사마염(司馬炎, 진 무제)의 삼국통일(태강太康 원년, 서기 280년)까지 약 100여 년의 역사를 기록했다. 공식 조대(朝代)로는 후한 말기에서 시작하여, 위 문제(魏 文帝, 조비)의 황초(黃初) 원년(서기 220)부터 진 무제 태강 원년(서기 280년)의 동오(東吳) 멸망에 이르는 단대사(斷代史)이다.

○ 정사《삼국지》의 저자

정사《삼국지》저자는 서진(西晉, 265－316년)의 진수〔陳壽, 233－297, 자(字)는 승조(承祚)〕인데, 당시 촉한(蜀漢) 파서군(巴西郡) 안한현〔安漢縣, 지금의 사천성(四川省) 동부 남충시(南充市)〕출신이고, 진수가 출생한 해는 후주(後主) 건흥(建興 11년, 233)이었다.

진수는 촉한에서 '관각영사(觀閣令史)'로 재직했는데, 당시 권신인 환자령(宦者令) 황호(黃皓)편에 서지 않아 여러 번 견책을 당했다. 촉한이 멸망할 때(263), 진수는 31세였다.

2년 뒤, 조위(曹魏)가 사마염(司馬炎, 서진 무제)에게 선양하자(265), 진수는 장화(張華,《박물지(博物志)》의 저자)의 천거를 받아 좌저작랑(佐著作郎)으로 출사했고, 나중에 진 무제(晉 武帝) 태시(泰始) 10년(274) 양평(陽平) 현령으로 재직하며《제갈량집(諸葛亮集)》24편을 저술하여 조정에 상주하였다.

진 무제 태강 원년(서기 280), 동오(東吳)가 멸망할 때, 48세의 진수는 삼국의 역사 기록을 정리하기 시작하여, 65권의《정사 삼국지》를 완성하였다.

장화는 이를 계기로 진수를 중서랑으로 천거하였다. 그리하여 장광(長廣) 태수에 임명되었지만, 권력자 간에 암투에 휘말릴 수 있다고 생각한 진수는 모친 봉양을 핑계로 사직하고 귀향하였다.

나중에 두예(杜預, 별호 좌전벽)의 천거로 조정에 들어가 치서시어사(治書侍御史)가 되었다. 그 뒤 진수는 태자중서자(太子中庶子)가 되었으나 부임하지 못하고 병사하였다(진 혜제 원강元康 7년, 297).

당(唐) 방현령(房玄齡) 등이 저술한 《진서(晉書)》 82권, 〈진수전(陳壽傳)〉을 통해 그 생애를 유추할 수 있다.[214]

진수는 촉(蜀)의 천문학자이며 문신인 초주(譙周, 201 – 270)[215]

---

214 陳壽는 《三國志》 이외에 益州의 地方史라 할 수 있는 《益部耆舊傳》, 《益部耆舊雜記》, 제갈량의 문집인 《蜀相諸葛亮集》, 그리고 《古國志》 등의 저술도 남겼다.

215 譙周[초주, 201 – 270, 字는 允南(윤남)]는 六經과 天文에 밝은 蜀地의 대유학자로 그 문하에 진수(陳壽), 이밀(李密, 〈陳情表〉 지자), 두진(杜軫) 등의 제자가 있었다. 제갈량이 益州牧으로 있으면서 초주를 권학종사(勸學從事)로 등용했다. 제갈량 사후에 後主 유선(劉禪)은 태자 유선(劉璿)을 책립한 뒤 초주로 하여금 보도(輔導)케 하였다. 이후 中散大夫, 光祿大夫 등 여러 관직을 역임했다.
초주는 제갈량과 강유의 북벌에 반대하여 그 폐단을 지적하였는데, 염흥(炎興) 원년(263년), 魏가 蜀漢을 공격하자 後主에게 투항을 권유하였고 뒷날 魏의 여러 관직을 역임하였다. 초주의 저서로 《고사고(古史考)》 25편이 있는데, 이는 《史記》 중의 오류를 지의 제자로, 촉한이 멸망하기 전부터 촉(蜀)의 역사 기록을 수집하였지만, 조위(曹魏)나 동오(東吳)의 사실만큼 풍부할 수가 없었다.

《삼국지》 이전에 위(魏)와 오(吳)나라에는 역사 기록이 있었고, 또 왕침(王沈)의 《위서(魏書)》와 어환(魚豢)의 《위략(魏略)》, 그리고 위소(韋昭)의 《오서(吳書)》가 있어, 진수는 이 모두를 기본 사료로 활용하였다. 그러나 촉국(蜀國)은 역사 서술이 없었다. 그래도 진수는 직접 사료(史料)를 모아 《촉서(蜀書)》를 완성하였다.

그리하여 본래 《위서(魏書)》 30권,[216] 《촉서(蜀書)》 15권, 《오서(吳書)》 20권, 그리고 〈서록(敍錄)〉 1권이 있었지만, 뒷날 〈서록〉은 망실되었고,[217] 북송(北宋) 진종(眞宗) 함평(咸平) 6년(1003)에 3

적하고 정정한 내용이다. 초주는 《촉서》 12권, 〈두주두허맹래윤이초극전(杜周杜許孟來尹李譙郤傳)〉에 입전되었는데, 초주의 문장인 〈구국론(仇國論)〉도 수록했다. 《三國演義》에서 초주는 천문 점성가로 등장하며 第80回에서는 제갈량이 초주와 함께 유비를 황제로 옹립하는 일을 협의하고, 91回에서는 제갈량이 북벌을 준비할 때 天文을 보고 반대 의견을 개진하지만 받아들여지지 않는다.

216 삼국 각국의 기록을 본래 書라 하였고 志라고 부르지 않았지만, 서진과 동진시대부터 〈魏書〉와 〈魏志〉가 통용되었다. 우리나라 부족국가 상황을 설명하면서 교사들은 그냥 《삼국지 위지 동이전》이라고 수업을 진행하나 東夷傳이 〈烏丸鮮卑東夷傳(오환선비동이전)〉을 지칭하는 사실을 모르고 있다.

217 《晉書 陳壽傳》에는 《三國志》가 65편이라 했고, (唐) 劉知幾(유지기)의 《史通 正史篇》에도 65편이라 하면서 〈敍錄〉을 언급하지 않았다. 그러나 《隋書 經籍志(경적지)》에는 본서 65권 외 〈敍錄(서

서(書)가 한 권으로 통합되어 《삼국지》가 되었다.

○ 《정사 삼국지》의 편제

사마천(司馬遷)의 《사기》는 기전체(紀傳體) 통사(通史)의 비조(鼻祖)이고, 반고(班固)의 《한서》는 기전체 단대사(斷代史)의 시작이며, 국별사(國別史)의 시작은 좌구명(左丘明)의 《국어(國語)》까지 소급할 수 있다.

진수의 《정사 삼국지》는 기전체, 단대(斷代) 국별사라고 분류할 수 있다. 《삼국지》를 일서(一書)로 보면, 본기와 열전으로 구성되었고, 삼서(三書)로 나눠 국별사로 보아도 기전(紀傳) 형식을 갖추고 있다.

《삼국지》가 조위(曹魏)와 촉한과 동오의 국별사를 동시에 서술하였지만, 위제(魏帝)를 〈무제기(武帝紀)〉와 〈문제기(文帝紀)〉 등 본기(本紀)로 기록하고, 촉한(蜀漢)은 〈선주전(先主傳)〉과 〈후주전(後主傳)〉, 동오(東吳)는 〈오주전(吳主傳)〉과 〈삼사주전(三嗣主傳)〉 등 열전으로 수록한 것은 한(漢) – 위(魏) – 진(晉)으로 이어지는 정통 왕조의 계승이라는 정치적 수요에 따른 것이라 해석할 수 있다.[218]

록)〉 1권이 있다 하였고, 《舊唐書 經籍志》에는 「正史類에 〈魏國志〉 30권, 僞史類에 〈蜀國志〉 15권, 〈吳國志〉 21권, 합계 66권」이라 하여 〈서록〉의 존재를 언급하였으나 현존하지 않는다.

실제, 촉한과 동오의 경우 제목은 전(傳)이지만 서술 체제는 본기 기록과 같이 연호와 함께 편년에 의거 주요 사건을 빠짐없이 기록하였다.

《정사 삼국지》는 인물 위주의 본기와 열전, 곧 기전체 역사 서술의 기본인 기전만 있고 삼사(三史)와 같이 제도와 관련한 〈서(書)〉나 〈지(志)〉,[219] 그리고 〈표(表)〉가 없기에 삼국시대의 지리, 경제, 전장제도(典章制度)에 관한 내용을 알 수가 없다.

진수는 진대(晉代)의 관원이었기에, 서진에 선양을 한 조위(曹魏)를 정통으로(曹魏正統論) 인정하였다. 그래서 《위지(魏志)》에서 위국(魏國)의 황제를 본기에 올렸으며, 생전에 제호(帝號)가 없던 조조(曹操)의 치적을 〈무제기(武帝紀)〉로 기록하였다. 그래서 조조는 처음부터 끝까지 태조(太祖)로 표기되었고, 조조에 관한

---

218 왕조의 正統은 왕조 성립의 당위성이기에 당시로서는 아주 중차대한 문제였다. 뒷날 南宋 이후 漢의 정통을 蜀漢이 계승했다는 이론이 강했지만, 당시 晉에서는 魏는 漢의 정통을 계승하였고, 晉은 魏의 정통을 계승한 왕조라고 자처하였다. 때문에 魏의 正統을 부정하는 일은 晉의 정통에 대한 부정이기에 晉의 신하인 진수는 역사 서술에서 魏를 정통으로 서술하지 않을 수 없었다.

219 書(志)의 저술은 관련 자료가 충분치 않다면 절대로 서술할 수 없는 지난(至難)한 과제라고 한다. 따라서 왕조로서의 수명도 짧고, 계속되는 전쟁에 각종 제도조차 정비되지 않은 삼국의 志에 관한 기록은 사실 불가능한 일이었다.

기록을 언급할 때는 〈무기(武紀)〉라 칭했다.

그러면서 칭제했던 유비(劉備)는 《촉지(蜀志) 선주전(先主傳)》에 입전하였다. 마찬가지로 손권(孫權)은 《오지(吳志) 오주전(吳主傳)》에 입전하였다. 그리고 《위서》에서는 유비와 손권의 칭제 사실을 기록하지 않았고, 《촉서》나 《오서》에는 새 황제 즉위 사실을 위(魏)의 연호로 기록하였다.[220]

조위(曹魏)의 황제와 황후만 제(帝), 후(后)라 칭하고, 촉한과 동오에 대해서는 주(主), 부인(夫人) 또는 이름으로 표기한 것은 기전체의 본기와 열전의 체제에 맞추려는 의도로 이해할 수 있다. 그러면서 촉한과 동오를 별책으로 구분한 것은 삼국의 병렬 존재를 고려했다고 볼 수 있다.

위 본기(魏 本紀)는 〈무제기(武帝紀)〉, 〈문제기(文帝紀)〉, 〈명제기(明帝紀)〉에 이어 시호가 없는 〈삼소제기(三少帝紀)〉가 있고, 촉서(蜀書)와 오서(吳書)에는 〈선주전(先主傳)〉과 〈후주전(後主傳)〉, 그리고 〈오주전(吳主傳)〉에 손권(孫權)을 입전하고 〈삼사주전(三嗣主傳)〉에 손량(孫亮), 손휴(孫休), 손호(孫皓)를 입전했다.

---

220 蜀漢 後主의 즉위에 대해서는「後主襲位於成都, 時年十七, 尊皇后曰皇太后. 大赦, 改元. 是歲魏黃初四年也.」라 기록하였다. 東吳의 孫亮의 즉위에 대해서는「太子卽尊號. 大赦, 改元. 是歲, 於魏嘉平四年也.」라고 기록했다. 또 촉한과 東吳 황제의 죽음을 '崩'이 아닌 '殂(죽을 조)'(夏四月癸巳, 先主殂於永安宮, 時年六十三) 또는 '薨(죽을 훙)'으로 기록하였다.

삼국시대는 전쟁의 연속이었다. 때문에 삼국 열전의 주인공으로 무장이 주(主)가 되었고 그들의 행적은 상세하다. 동시에 전략을 다루는 모사(謀士)에 대한 입전도 있지만, 상대적으로 유능한 문신에 대한 입전은 크게 눈에 띄지 않는다. 물론 유능한 지방관으로 훌륭한 치적을 남긴 인물에 대한 열전도 분명히 들어있다.

《삼국지》의 서술 연대가 짧고, 또 삼국으로 분할된 상태에서 사료의 부족은 외국전에서도 그런 상황을 이해할 수 있다. 《삼국지》의 외국전은 《위서(魏書) 오환선비동이전(烏丸鮮卑東夷傳)》뿐이다. 서역(西域) 여러 나라와 교류가 있었지만 《한서》 이후 조위(曹魏)에서 특기할 만한 내용이 사실상 없었다. 《삼국지》보다 늦게 이루어진 《후한서》에는 중국 주변 민족에 대하여 〈동이열전(東夷列傳)〉 등 6권의 열전이 있다.

〈동이열전〉에는 당시 한반도의 여러 나라와 일본에 대한 내용까지 상세히 서술하였다. 이외에 〈남만서남이열전(南蠻西南夷列傳)〉, 〈서강전(西羌傳)〉, 〈서역전(西域傳)〉, 〈남흉노열전(南匈奴列傳)〉, 〈오환선비열전(烏桓鮮卑列傳)〉을 지어 외이(外夷)의 풍속과 생활을, 그리고 후한과의 외교적 관계와 전쟁 등을 상술하였다.

진수의 《삼국지》가 당시 통치자인 사마씨의 이익을 옹호하기 위하여 다소의 곡필(曲筆)이 있다고 하지만, 그래도 조위(曹魏)나 손오(孫吳)의 대규모 토목공사에 따른 지나친 부역 동원이나 가혹한 형정(刑政)의 남발을 사실대로 직서하였다.

대체로 진수의 《삼국지》의 내용이 비교적 간략하고, 또 진수의 치학(治學)이 근엄하여 수집한 사료에서도 근거나 사실에 의심이 될 만한 내용은 기록하지 않았다.

예를 들어, 《위략(魏略)》에서는 제갈량이 유비를 찾아가서 처음 상면한다고 서술하였지만, 진수는 〈출사표〉를 근거로 유비가 제갈량을 세 번 찾아가서 상면한 것으로 서술하였다.

제갈량의 남만(南蠻) 원정에 대해서도 불합리한 소설 같은 내용에 대해서는 일체 인용하지 않고「(후주, 건흥) 3년(225) 봄, 제갈량은 군사를 거느리고 남쪽 지방을 원정하여 그 가을에 모두 평정하였다. 군수물자는 각 군(郡)에서 공급받았고, 나라가 부유하고 풍요롭자 군제를 정비하고 장졸을 훈련하며 동원할 때를 기다렸다.」[221]고 사실만을 기록했다.

진수는 인물 묘사에 뛰어난 장기를 보였는데, 간략한 서술 속에서도 핵심을 잘 잡아 요제민을 서술하였기에 당시 상황을 충분히 잘 전달하고 있다.

그러나 《삼국지》 서술 내용이 간결하고 위(魏), 촉(蜀), 오(吳)의 사실(史實) 중 중복되는 내용이 없어 그 사실 관계 종합적 이해가 쉽지는 않다는 언급도 있다.

---

221 《蜀書 諸葛亮傳》 - 三年春, 亮率衆南征, 其秋悉平. 軍資所出, 國以富饒, 乃治戎講武, 以俟大擧.

2) 범엽 - 《후한서》

○ 삼사(三史)의 명칭

5경(五經)과 함께 3사(三史)는 문인이나 학자의 기본 교양이며 필독서였기에 5경3사(五經三史)라고 불렸다.

3사(三史)는 사마천(司馬遷)의 《사기(史記)》, 반고(班固)의 《한서(漢書)》, 범엽(范曄)의 《후한서(後漢書)》를 지칭하며 간략히 마반범(馬班范)이라고 칭한다.

이에 《사기》, 《한서》, 《후한서》는 중국과 한국, 일본에서 사학의 정수로 인정되며, 사학도라면 누구나 3사를 읽었고 연구에 활용하였다.

《수서(隋書) 경적지(經籍志)》에도 「반고의 《한서》와 사마천의 《사기》가 정사의 본보기이며 그를 본떴다.(世有著述, 皆擬班馬, 以爲正史.)」라고 하였다. 이후 위, 촉, 오 삼국시대에도 삼사(三史)라는 명칭이 사용되었는데, 이때는 《사기》와 《한서》, 후한의 유진(劉珍) 등이 편술한 《동관한기(東觀漢記)》를 지칭하였다.

당 이후 《동관한기》는 실전(失傳)되었고, 대신 남조 송(宋, 劉宋)나라 범엽(范曄)의 《후한서》가 널리 알려지면서 《삼사(三史)》로 확정되었다. 여기에 서진 진수(陳壽)의 《정사 삼국지》가 보태어져 《사사(四史)》라고 통칭한다.[222]

---

[222] 西晉 시대에 《史記》, 《漢書》, 《東觀漢記》를 《三史》라 통칭하며

○ 《후한서(後漢書)》

《후한서》는 후한(後漢, 東漢)[223]의 역사를 기록한 기전체 사서(史書)로, 시기적으로는 서기 25년(후한 광무제 유수(劉秀)의 건무 원년)에서부터 한(漢) 헌제(獻帝, 재위 189 – 220)까지 196년의 역사를 다루고 있다.

《후한서》는 본기 10권, 열전 80권, 지(志) 30권(사마표司馬彪)으로 총 120권이다. 본기와 열전 중에서 분량이 많은 것은 상, 하로

학습하였다. 唐代에 范曄의 《後漢書》가 널리 알려지면서 《東觀漢記》는 실전되었는데, 唐代 선거(選擧, 科擧) 과목에 '三史科'가 있었다. '其科之目有秀才, 云云, 有三史.'《唐書 選擧志》. 陳壽의 《三國志》는 범엽의 《後漢書》보다 먼저 알려졌기에 뒷날 《삼국지》를 포함하여 《四史》라 통칭하였다.

[223] 지금 중국에서는 일반적으로 前漢을 西漢, 後漢을 東漢이라 호칭한다. 이는 五代의 後漢(건국자 劉知遠, 947 – 951 존속)과의 혼동을 피하려는 뜻이다. 삼국의 魏와 北朝의 北魏가 있었고, 북위가 西魏와 東魏로 분열되었다. 晉(西晉)에는 東晉, 그리고 五代의 後晉이 있고, 唐(李唐, 618 – 907)에는 五代 後唐(923 937)이 있으며, 南朝의 宋(劉宋, 420 – 479 존속) 이후에 趙匡胤(조광윤)이 건국한 宋(北宋)과 뒤를 이은 南宋이 있다. 이처럼 국명에 東西나 南北 또는 前後나 건국자 姓을 이용하여 왕조를 구분했다. 사실 漢代에는 前, 後漢을 구분하지 않고 연속된 하나의 왕조로 인식했고 또 그것이 당연했다. 다만 光武帝 이후를 언급할 때는 '中興 以後'라 표현했다. 이 漢의 역사를 기록한 書名이 분명히 《漢書》와 《後漢書》이며, 또 우리나라 고등학교에서 前, 後漢으로 교육하기에 필자는 前・後漢으로 표기했다.

분권되어 90권에서 늘어나 실제로는 100권이며, 여기에 8志 30권을 합하면 130권의 대작이다.[224]

o 《후한서》 저자와 주석

《후한서》 본기와 열전의 작자는 남조 유송〔劉宋, 420-479년 존속, 건국자 유유(劉裕)〕의 범엽(范曄, 398-445, 12월에 사망, 서기로는 446년)이다. 범엽의 자(字)는 위종(蔚宗)으로 순양〔順陽, 지금의 하남성(河南省) 남양시 관할 석천현〕 사람으로, 조부 범녕(范甯)은 동진(東晉)의 예장(予章) 태수를 역임했다. 부친 범태(范泰)는 남조 송(宋)의 개국공신이며, 국자박사(國子博士)와 시중(侍中) 및 사공(司空)을 역임하였으니, 범엽은 전형적인 관료 집안 출신이었다.

범엽은 문재(文才)가 뛰어나고 사학적(史學的) 소양(素養)이 깊어 그가 편찬한 《후한서》는 문장이 유려(流麗)하고, 서사(敍事)가 간명, 다양하며, 결구(結構)가 엄밀하면서 중복이나 소략한 부분이 거의 없었다. 때문에 그의 저술이 널리 읽혀지면서 후한의 역사서 중 다른 저술들은 점점 도태되었다.

남조(南朝)의 양(梁, 502-557)의 학자인 오균〔吳均, 469-520, 자

---

224 참고로 《史記》는 12本紀, 10表, 8書, 30世家, 70列傳으로 총 130권이다. 班固의 《漢書》는 12紀(13권으로 분권), 8表(10권), 10志(18권), 70傳(79권)으로 총 100권(분권은 120)이다.

(字)는 숙상(叔庠)]은 《후한서》에 주석을 달았다. 오균은 범엽의 《후한서》에 기전(紀傳)만 있고 지(志)가 없는 것은 큰 결함으로 생각하면서, 사마표 《속한서(續漢書)》의 8지〔八志 ; 율력지(律歷志), 예의(禮儀), 제사(祭祀), 천문(天文), 오행(五行), 군국(郡國), 백관(百官), 여복지(輿服志)〕에 주석을 붙여 30권으로 편제를 확정하며 범엽의 결손을 보완하였다.

그러나 그 이후에도 범엽의 기전(紀傳)과 사마표의 8지 30권은 단행으로 각각 이어졌다. 그러다가 북송의 진종(眞宗, 재위 997-1022) 건흥(乾興) 원년(1022)에, 범엽의 기전과 사마표의 8지 30권을 합본으로 간행하여 지금의 《후한서》가 완성되었다. 지금 《후한서》의 기전 부분은 당(唐) 장회태자(章懷太子) 이현(李賢)[225]의 주석이고, 8지 30권의 주석은 유소(劉昭)의 주석이다.

○ 《후한서》의 저술 동기

《후한서》는 기본적으로 《사기》와 《한서》의 기전체 체제를 그

---

225 李賢(654-684, 字는 明允) - 高宗의 六子, 武則天의 二子. 高宗 上元 2년(675)에 황태자가 되었다. 이현은 張大安, 劉納言 등과 함께 범엽의 후한서를 주석했는데, 永隆 원년(680)에 폐위되어 서인이 되었고 張大安 등도 降職되거나 유배되었다. 684년에 武后가 집정하면서 핍박 속에 자살하였다. 예종(睿宗)이 즉위하고 (710) 추시(追諡)하여 장회태자(章懷太子)라 하였다.

대로 계승하였지만 새로운 내용을 크게 확충하였다.

《사기》에는 〈태사공 자서(太史公 自序)〉가, 《한서》에는 반고의 〈서전(敍傳)〉(상, 하)이 있다. 범엽은 자신의 《후한서》에 그런 자서(自序, 序例)를 작성코자 했으나 완성하지 못했다.

범엽은 옥중에 갇혀있으면서 자신의 생질들에게 보낸 서신 〈옥중여제생질서(獄中與諸甥姪書)〉에서 자신의 문장론과 함께 《후한서》 저술의 취지와 《한서》와 비교, 그리고 사론(史論)의 우수점 등을 간략히 설명하였다.

이는 옥중에서 보낸 짧은 편지글이기에 《후한서》의 저술의 모든 것을 알 수는 없지만, 그래도 《후한서》의 자서와 같은 뜻을 내포하고 있다. 이 서신은 심약(沈約, 441-513)의 《송서(宋書)》에 수록되었다. 범엽의 부친 범태(范泰)는 유송(劉宋)의 개국공신으로 《송서》 60권에 입전되었고, 범엽은 69권에 입전되었다.

ㅇ 《후한서》의 장단(長短) 요약

범엽 《후한서》의 우수한 장점은 대략 다음과 같이 요약할 수 있다.

우선, 유려하고 상세한 문장으로 풍부한 사료를 다루었으며, 내용이 알차다. 그리고 후한대의 주요 사건이나 중요 인물, 각종 제도는 물론, 중요한 문장이나 시부(詩賦) 등을 광범위하게 수록하였다.

예를 들면, 환담(桓譚)의 〈진시정소(陳時政疏)〉, 최식(崔寔)의 〈정론(政論)〉, 장중통(仲長統)의 〈창언(昌言)〉 중 〈이란(理亂)〉과 〈손익(損益)〉편, 왕부(王符)의 〈잠부론(潛夫論)〉 중 5편 등은 모두 후한의 중요한 정론문(政論文)이다.

그리고 반고의 〈양도부(兩都賦)〉와 〈전인(典引)〉, 또 두독(杜篤)의 〈논도부(論都賦)〉, 부의(傅毅)의 〈적지시(迪志詩)〉, 최기(崔琦)의 〈외척잠(外戚箴)〉, 조일(趙壹)의 〈척세질사부(刺世疾邪賦)〉, 변양(邊讓)의 〈장화부(章華賦)〉 같은 문장은 문학적 가치가 뛰어난 명작으로 그 전문(全文)을 수록하였다.

둘째, 중요한 선진(先秦)시대의 자료를 수록 보전하였다.《죽서기년(竹書紀年)》[226]은 서진(西晉) 시대에 발굴된 전국(戰國) 위(魏)의 사서인데, 당시에 별로 중시되지 않았었다. 범엽은 열전을 지으면서《죽서기년》의 자료를 대량 인용하는 등 선진 문헌과 자료의 보전에 크게 기여했다.

셋째,《후한서》에서는 성패만을 기준으로 인물을 논하지 않았다. 마융(馬融)[227]은 경학가로 유명했지만 외척에 아부한 인물인

---

226 《竹書紀年》은 《汲冢紀年(급총기년)》이라고도 부르는데, 西晉 武帝 太康 2년(281)에 汲郡(급군, 河南省 북부 新鄕市 관할 衛輝市 부근)의 古墓에서 출토된 竹簡인 汲冢書(급총서)의 일부분이다. 편년체 史書이기에 《紀年》이라고도 불린다. 四庫全書에서는 史部 편년체로 분류되었다.

227 馬融(마융, 79 – 166, 字는 季長) – 伏波將軍 馬援의 侄孫. 後漢 經學

데, 범엽은 그를 입전하면서 지조의 상실을 엄히 비판하였다.

또 외효(隗囂)²²⁸는 광무제와 싸워 패전한 사람이지만, 그의 바른 품성과 겸양을 사실 그대로 칭송하여 인물의 포폄(褒貶)이 공정 타당하다는 평가를 받았다.

넷째,《후한서》는 문학적 성취가 뚜렷하니 그 문사(文辭)의 아름다움은 후인의 칭송을 받을 만하다. 전체적으로 문장이 간결하고 요점을 잘 파악하였으며 형상의 나열이나 정황의 꾸밈이 없으며 꼭 필요한 언사가 번잡하지 않다는 평가가 있다.

다섯째, 범엽은 각 인물의 열전 말미, 또는 각권의 말미에 자신 의견을 표출한 논(論, 論曰~)과 찬(贊, 贊曰~)에 심혈을 기울였고 그 의논은 매우 정확하고 논리적이다.

그리고 유전(類傳)이나 외국전(外國傳)의 경우 역사적 사실과 발전 또는 변천 과정을 본전 앞에 수록하여 역사적 발전 과정의

者. 武都太守와 南郡太守 역임. 經學者.《周易(주역)》,《尙書》,《毛詩》,《論語》,《老子》,《淮南子》,《離騷(이소)》,《列女傳》 등을 주석. 鄭玄, 盧植(노식) 등이 그의 문생이었다. 마융은 미색과 풍악도 상당히 즐겼다고 한다.

228 隗囂〔외효(隗囂), ?-33〕- 왕망 말기, 今 甘肅省 동부 일대에 웅거. 隗는 험할 외. 성씨. 囂는 떠드는 소리 효. 외효는 광무제의 명을 받아 西河 지역의 그 지역 군사와 행정을 전담했다. 건무 6년에 반역하였다가 9년에 병사했다.《후한서》13권,〈隗囂公孫述列傳〉에 입전.

이해를 도모한 것 역시 큰 특장이고 후학을 위한 성실한 안내 역할이라고 그 의미를 높이 평가할 수 있다.

그러나 부족한 점도 몇 가지를 들 수 있다.

우선, 《후한서》에 표(表)가 없다.[229] 기전(紀傳)에 흩어져 기록된 여러 가지 내용으로 체계 있는 파악이 어렵다는 단점이 있다. 이후 역대의 사서(史書)에 《후한서》를 본떠 표가 생략되었고, 다만 《신당서(新唐書)》에만 표가 있다.

다음, 전후 모순이나 상하 순서가 틀리는 등 서술의 일관성에 문제로 지적되는 부분도 있다.

셋째, 지(志, 書)를 범엽이 완성하지 못한 것은 《후한서》의 큰 결손이라 아니할 수 없다.

3) 사학 명저

○ 《화양국지(華陽國志)》 - 한 지역의 역사책(地方志)

상거(常璩, ?291 – ?361)는, 지금의 사천성(四川省) 출신으로 5호16국시대 촉 일대에 존속했던, 성한(成漢)에서 산기상시(散騎常侍)로 국가의 문서를 관장했었다. 성한이 동진의 환온에게 멸망, 병

---

[229] 淸代에 萬斯同(만사동)이 《歷代史表》를 지어 《후한서》의 대신, 보완하였다.

합되자, 상거는 환온의 참군(參軍)으로 동진의 도읍인 건강(建康)으로 이주하였다.

상건은 멸망한 고국을 그리면서 촉 지역의 문화 유산을 보전, 후세에 전해야 한다는 뜻으로, 동진 목제(穆帝) 영화(永和) 4년에서 10년 사이(348-354)에 《화양국지(華陽國志)》를 저술하였다.

이는 동진 이전의 양주(梁州), 익주(益州), 영주(寧州) 지역의 역사를 기록한 12권, 약 11만 자 정도의 역사 기록인데, 현존하는 가장 오래된 지방의 역사책(지방지地方志)이다.

《화양국지(華陽國志) / 화양국기(華陽國記)》의 「화양(華陽)」은 화산(華山)의 남쪽을 흐르는 흑수(黑水)의 북쪽을 지칭한다. 《화양국지》는 파군(巴郡), 촉군(蜀郡), 한중군(漢中郡), 남중군(南中郡) 등 각 군의 역사, 지리를 기록하였다.

이는 일부 지방의 정치사이며 민족사이고, 군사나 생활에 관한 기록이기에 정사(正史)의 지리지(地理志)와 유사하다.

《화양국지》의 5권에서 9권까지는 편년체 역사 서술로 익주 일대에 할거하였던, 공손술(公孫述, 후한 초기)과 유언(劉焉)과 유장(劉璋) 부자, 그리고 유비(劉備)와 유선(劉禪) 부자, 그리고 성한(成漢)[230]을 건국한 저족(氐族)의 이씨(李氏) 부자(父子)의 역사를 기록

---

230 성한(成漢, 304-347, 成 또는 後蜀) - 301년 益州 蜀郡에 거주하는 저족(氐族)의 우두머리 이특(李特)이 지방 세력을 규합하여 서진의 지배에 대해 반기를 들었다. 그의 아들 이웅(李雄)은 성도왕(成

하였다. 이는 정사(正史)의 본기(本紀)와 같다. 10권에서 12권까지는 전한에서 동진에 이르는 시기의 현사(賢士)와 열녀(列女)의 행적을 기록하였으니, 이는 정사의 열전과 같다.

○《형초세시기(荊楚歲時記)》

종름〔宗懍, 생졸년 미상, 자(字)는 원름(元懍), 懍은 삼가할 름〕은 남양군 열양현〔涅陽縣, 지금의 하남성(河南省) 서남부 남양시(南陽市) 관할 등주시(鄧州市)〕 출신 학자이다. 종름은 어렸을 적부터 천자(天資)가 총명한데다가 호학하며 대화에 자주 전고(典故)를 인용하였기에, 당시 향리 사람들은 종름을 '소아 학사(小兒 學士)'라는 별칭으로 불렀다. 양 무제 보통(普通) 6년(525)에 수재(秀才)로 천거받았고 이후 여러 관직을 거쳤다.

종름이 저술한《형초세시기(荊楚歲時記)》는 중국 남방, 장강(長江) 중류 지역의 세시 풍속과 풍물, 고시(故事), 농사와 치병(治病), 제사, 혼인 등 백성들의 생활 모습을 사실대로 산문 형식으로 기록한 최초이며 완전한 기록으로 매우 높은 가치를 지닌 저술이다.

都王)을 자칭했다. 이웅은 306년에 칭제하면서 국호를 「成」이라 하였고, 국도는 성도였다. 338년, 이수(李壽)는 국호를 「漢」으로 바꾸었다. 당시 익주(益州) 전 지역을 통치하다가 347년에게 환온에게 멸망하였다.

○ 장화(張華)의 《박물지(博物志)》

장화(張華, 232-300)는 서진(西晉)의 시인이며 관리였다. 좌저작랑(佐著作郎) 중서랑(中書郎) 등의 직책을 거쳐 서진(西晉)이 성립된 이후에 황문시랑(黃門侍郎)을 거쳐 사공(司空)이 되었지만, 혜제 때, 팔왕의 난 소용돌이 속에서 사마륜(司馬倫)에게 살해되었다.

장화의 저술인 《박물지(博物誌)》는 총 10권인데, 삼라만상(參羅萬像)의 모든 사실과 지식을 설명하려는 의미의 저술이다. 산천지리는 물론 역사 인물의 전설, 기이한 초목이나 충어(蟲魚), 비금(飛禽, 새 종류), 주수(走獸, 짐승)와 신선방술(神仙方術)까지 언급하였으니, 가히 신화(神話)와 고사(古史), 박물(博物), 잡설(雜說)을 하나의 솥에 넣고 끓였다고 볼 수 있다.

전하는 바에 의하면, 최초의 《박물지》는 4백여 권의 방대한 저술이었다. 장화가 이를 서진 무제(武帝)에게 바쳤다. 무제는 일람한 뒤에 장화의 학식이 공자보다 우수하다고 칭찬하면서 《박물지》 내용에 허망한 것이 많고, 실제로 보고 듣지 못한 것이 너무 많아 후대 사람들을 혼란스럽게 만들 것이라 걱정하여, 이를 10권으로 축약(縮約)하라고 지시했다고 한다.

《박물지》의 3권은 지리와 동식물에 관한 내용이고, 4, 5권은 여러 방술가(方術家)의 말을 기록했으며, 6권은 잡고(雜考)이고, 7권에서 10권은 이문(異聞)과 사보(史補), 잡설(雜說)로 구성되어 있다. 하여튼 《박물지》에 보이는 「부사(浮槎), 槎는 뗏목 사」는 요즈음 말로 미확인 비행물체(UFO, 幽浮)라 할 수 있다. 또 여기에는 여인의 정조(貞操, 처녀성)를 테스트할 수 있는 수궁사(守宮砂)의 제조 방식을 설명하고 있다.

이를 보면, 장화의 공상도 상당 부분 포함되었으리라 생각할 수 있다.

이후 이를 본떠 송대(宋代)에 《속박물지(續博物志)》, 명대(明代)에 《박물지보(博物志補)》, 《광박물지(廣博物志)》 등이 나왔다.

○ 갈홍(葛洪)의 《서경잡기(西京雜記)》

서진 시대 갈홍(葛洪, 282-362)의 저술이다. 갈홍의 저술은 6백여 권에 이르는데, 대표적 저술은 《포박자(抱朴子)》이다.

갈홍의 《서경잡기》는 한(漢)나라 시기의 인물, 제도, 법규 등 전장(典章) 제도에 관한 내용과 여러 가지 일화(逸話)를 기록하였다. 사상적으로는 음양오행(陰陽五行)과 참위설(讖緯說)에 관한 내용이 많다.

특히 원제(元帝) 때의 왕소군(王昭君)의 고사(故事)는 후세에 시가(詩歌)와 소설, 희곡의 좋은 소재가 되었다.

4) 북위의 실학

○ 역도원의 《수경주》

역도원(酈道元, 466, 472 – 527)은 범양군(范陽郡) 탁현〔涿縣, 지금의 하북성(河北省) 중부 보정시(保定市) 관할 탁주시(涿州市)〕 출신으로 지리학자이며 문장가로 명성을 누렸다. 나중에 형주자사(荊州刺史)를 역임하였지만 권귀(權貴)에게 죄를 지었다 하여 면직되었다가 10년 뒤에 하남윤(河南尹)이 되었다. 북위 명제(北魏 明帝, 재위 515 – 528) 효창(孝昌) 원년(525)에 지방 반란을 토벌한 공로로 승진했지만, 결국 북위의 종친 귀족에게 살해되었다.

북위(北魏) 말엽에 역도원은 지리학 명저인 《수경주(水經注)》 40권을 저술하였다. 책 제목으로 보면 《수경(水經)》에 대한 주(注)로 생각되지만 중국의 강과 하천과 호수에 관한 저술이다.

역도원은 중국의 1,000여 강이나 그 지류에 관련되는 지리적 서술과 인물, 전설 등을 함께 수록하였으니 중국의 최고이면서 본격적인 인문지리서(人文地理書)라 할 수 있다.

이 책에는 적지 않은 각종 석각(石刻)이나 비석, 고기잡이하는 민요(民謠)까지 수록하였는데, 그 서술이 시적이며 명문장이어서 문학적 가치도 높다고 한다. (《위서(魏書)》 89권에 입전)

조선시대 정약용(丁若鏞)이 한강 이북의 수계(水系)를 정리한

《대동수경(大東水經)》231은 아마 제목에서 이 책을 참고했을 것이다.

○ 가사협의《제민요술》

《제민요술(齊民要術)》은 농업 서적이다. 이는 북위(北魏)의 관리였던 가사협(賈思勰, 생몰년 미상, 勰은 뜻맞을 협)이 대략 서기 530년대에 이 책을 저술한 것으로 알려졌다.

가사협은 북위의 학자로, 고양군 태수〔高陽郡 太守, 지금의 산동성(山東省) 중북부 치박시(淄博市) 일대〕를 역임하였다. 가사협은 전란으로 황폐해진 화북(華北) 지역의 농업을 진흥시키기 위하여 화북 일대의 한지 농업(旱地 農業 / 밭농사)에 관련한 농업기술을 체계화한 저술이다.

이《제민요술》에는 경전(耕田, 밭갈이), 곡물(穀物) 소채(蔬菜, 채소작물), 과수(果樹), 수목(樹木), 축산(畜産), 잠업(蠶業, 누에치기), 구

---

231 大東水經 – 활자본. 4권 2책. 권1은 장백산(長白山)을 주봉으로 하는 녹수(綠水)와 창수(漲水), 권2는 독로수(禿魯水)·염난수(鹽難水)·동수(潼水)·애하수(愛河水)·고진수(古津水)·만수(滿水), 권3은 살수(薩水)·정수(淀水)·패수(浿水), 권4는 패수유역과 강선수(降仙水)·능수·저수(瀦水)·대수(帶水) 등을 각각 고증하고 설명을 붙인 것이다. 1814년(순조 14) 정약용(丁若鏞)이 편찬한 것으로, 단행본인 사본으로도 유포되었으며,《여유당전서(與猶堂全書)》에 포함되어 활자본으로 간행되었다. 최근에는《정다산전서(丁茶山全書)》로 영인 출간되었다. (두산백과)

황작물(救荒作物), 양조(釀造), 조리(調理), 외국 물산(物産) 등 농업과 생활에 관련한 백과전서라 할 수 있는 저술이다.

이는 북위에서 새로운 토지제도인 균전제(均田制)의 시행(서기 485년)으로 농민들 생활안정을 위한 바탕이 만들어지고, 또 이러한 저술이 나왔다는 것은 그 시대의 경제적 발전이 있었다는 의미이다.

이는 우리나라의 조선시대 서유구(徐有榘, 1764-1845)가 지은 《임원경제지(林園經濟志)》의 선구적인 저술이라 할 수 있다.

5) 안지추-《안씨가훈》

○ 파란만장한 안지추의 일생

안지추(顏之推, 531-590?)는 남조(南朝) 양(梁)나라 낭야군(瑯邪郡, 琅邪) 임기현(臨沂縣) 출신이다.

안지추는 중국 역사에서 가장 혼란스러웠던 남북조 시대, 남조의 양(梁)과 북조의 북제(北齊, 550-577년 존속), 북주(北周, 557-581년 존속), 그리고 수(隋, 581년 건국)에서 여러 관직을 역임한 학자였다.

중국 대륙은 땅덩어리가 큰 만큼 남쪽과 북쪽은 모든 것이 다르다. 하다못해 바퀴벌레도 장강 남쪽에서는 몸집이 크지만 하북에서는 작다고 한다. 기후, 지형, 사람, 습속 모두가 극단으로 대비되는 그 땅, 그리고 남조와 북조의 정치적 소용돌이 속에서, 본인의 뜻과 상관없이 남북(南北)을 오갔고, 파란만장의 삶과 함께 관직에 있으면서 남조의 양(梁)과 북조의 북제(北齊), 북주(北周) 3국의 멸망을 겪었다. 그렇다면 그가 겪은 경험이, 그의 삶 자체가 경이(驚異)라 할 수 있다.

○ 후손에게 주는 교훈

그런 안지추에게 자신의 생명을 보존하는 것 이상으로 중요한 것은, 자신의 가문을 지켜야 한다는 책임이었다. 안지추는 자신이 어려서 배운 가정교육을 바탕으로, 사인(士人)으로 바른 자세를 견지하며 유가의 정통 학문을 계속했다.

그가 난세에도 관직에 머물 수 있었던 것은 바른 인성과 함께, 극단이 아닌 중용(中庸)을 선택하고 견지(堅持)할 수 있었기에 가능했다. 그러니 자신의 경험을 바탕으로 자식과 뒷날 이어질 후손을 가르쳐야만 했다. 안지추는 유가에서 강조하는 교육의 중요성을 알고 있었다.

가정교육 – 가교(家敎)에는 규범(規範)이 있어야 한다. 입신(立身)과 치가(治家)의 원칙을 분명히 일러주어야 한다. 시속(時俗)의 오류를 알 수 있는 지혜를 터득하려면 학문을 해야 한다. 학문을 지속하고 바른 심성을 견지하기 위한 바탕은 폭넓은 교훈(家養)

이다.

안지추 자신의 경험을 공유하며 자손을 깨우칠 방법으로, 자신의 가훈(家訓)을 저술했다.

사실 많은 유명인이 자식을 깨우치고 훈계하는 글을 남겼다. 가문마다 후손을 훈계하는 글이 있다. 단문(短文)이건 서적이든, 어느 가문인들 가훈이 없겠는가?

그런데 중국과 우리나라에서 가훈의 비조(鼻祖)로 꼽고, 가정 교육 지침서로 누구나 인정하고 심복(心服)하는 최고의 명저가 《안씨가훈(顔氏家訓)》이다.

아래는 《안씨가훈》 내용의 일부이다.(진기환 국역 《안씨가훈(顔氏家訓, 상·하)》 2022, 명문당)

○ 역대 문인들의 언행

「예로부터 문인(文人)은 행실이 경박한 사람이 많았다. 굴원(屈原)은 자신의 재능을 드러내고 명성을 높였지만 주군(主君)의 과실을 폭로하였으며,[232] 송옥(宋玉)[233]은 용모가 뛰어났지만 광대

---

[232] 屈原(굴원, 前 340 – 278) – 戰國시대 楚의 三閭大夫(삼려대부). 楚 懷王(회왕)에게 충간을 했으나 방축되어 단옷날에 湘水(상수)에 투신했다. 문학 장르로 楚辭의 元祖. 그의 작품으로는 〈離騷(이소), 2,490字의 大作〉, 〈九章〉, 〈天問〉, 〈九歌〉, 〈漁父辭〉 등이

와 같은 대우를 받았다. (전한) 동방삭(東方朔)^{234}은 골계(滑稽)를 잘하였으나 단아하지 않았으며, 사마상여(司馬相如)는 재물을 훔치는 등 조행이 불량하였다.^{235} 양웅(揚雄)은 덕행이 없었고, 왕망

있다. 〈離騷〉는 天地 간을 幻游하는 초현실적인 내용이나 修辭(수사)에 치중한, 이전에는 볼 수 없던 새로운 시가 형식이었다. 〈離騷〉를 굴원의 작품으로 보지 않고, 武帝 때 淮南王이었던 劉安(?-前 122년)의 游仙詩(유선시)이며 굴원의 다른 작품도 漢代의 시가라는 주장도 있다. 굴원을 참소를 당한 충신의 모델로 만들었고, 〈離騷〉에 '經'字를 붙여 《離騷經》으로 부르게 한 장본인은 後漢의 王逸(왕일)이었다. 屈原은 《史記》 84권, 〈屈原賈生列傳〉에 立傳.

233 宋玉(송옥, 생졸년 미상, 字는 子淵) — 戰國 후기 楚國의 辭賦 작가. 屈原 이후 楚辭 최고의 작가. 굴원과 함께 '屈宋'이라 병칭. 潘岳(반악)만큼 유명한 미남이었다. 대표작은 〈九辯〉, 〈登徒子好色賦〉, 〈高唐賦〉, 〈神女賦〉 등이 있다.

234 東方朔(동방삭, 前 154-93, 字는 曼倩) — 東方은 복성. 고위 관리, 辭賦 作家. 滑稽(골계)로도 유명했던 문장가. 동방삭이 비록 우스갯소리를 잘하였지만 때로는 천자(武帝)의 안색을 살펴 직언으로 간쟁을 하여 천자가 자주 받아들이었다. 공경으로 재직하는 동안에 동방삭은 언제나 당당하였으며 뜻을 굽히지 않았다. 동방삭의 뛰어난 滑稽(골계)와 농담이나 점을 치고 물건을 알아맞히는 일은 천박한 일이지만 많은 사람들이 따라 했으며, 거기에 현혹되지 않는 어린아이나 목동이 없었다. 그래서 이후 호사가들은 奇言을 모두 동방삭의 말이라고 갖다 부쳤다. 《史記 滑稽列傳》에 수록. 《漢書》 65권, 〈東方朔傳〉에 단독 입전.

235 司馬相如(前 179?-118) — 漢賦의 代表作家, '賦聖'이라는 칭송

의 신(新)을 찬양하였다. 장군 이릉(李陵)[236]은 흉노에게 투항하여 치욕을 당했고, 유흠(劉歆)은 왕망 시대에 한(漢)의 종친(宗親)이면서도 지조를 뒤집었다. 부의(傅毅)[237]는 권문(權門)의 아당(阿黨)이

도 있다. 卓文君과의 私奔(사분)은 널리 알려진 이야기이다. 《漢書 藝文志》에 사마상여의 賦 29편명이 올랐는데, 잘 알려진 것으로는 〈子虛賦〉, 〈上林賦〉, 〈大人賦〉, 〈哀秦二世賦〉 등이 있다. 〈子虛賦〉는 子虛先生, 烏有先生(烏有는 어디에도 없다는 뜻), 그리고 亡是公(망시공) 등 가공인물을 등장시켜 楚王의 사냥을 자랑하고, 그런 浮華(부화)한 것을 꾸짖는다. 이어 〈上林賦〉에서는 천자의 사냥 모습을 늘어놓는데 무엇이 있고 어떻다는 장황한 묘사가 가득하다. 〈大人賦〉의 大人은 신선이다. 이는 求仙에 몰두한 武帝를 위한 賦이다. 이상 4개 賦 名篇 이외에 散文인 〈諭巴蜀檄(유파촉격)〉, 〈難蜀父老文〉, 〈封禪文〉 등은 모두 단독 입전한 《漢書》 57권, 〈司馬相如傳〉에 수록되었다. 우리말 번역은 譯者의 《原文完譯 漢書》(全 10권 중 4권) 참고. 《史記 司馬相如列傳》 참고.

236 李陵(이릉, ?-前 74) - 무제 때 李廣의 손자. 《史記 李將軍列傳》보다 《漢書 李廣蘇建傳》의 기록이 매우 상세하다. 그의 경력과 傳奇는 후대 문학에도 영향을 주었다. 투항 후에 선우의 딸을 아내로 맞이했다. 隋 唐代에 북방 소수민족으로서 그 후손을 자처하는 자가 많았다.

237 傅毅(부의) - 傅毅(부의)의 字는 武仲(무중)으로, 右扶風 茂陵縣 사람이다. 젊어 博學하였다. (明帝) 永平 연간에, (右扶風의) 平陵縣에서 문장을 공부하였는데, 〈迪志詩(적지시)〉를 지어 뜻을 말했다. 迪志는 자신의 뜻을 깨우치고 독려한다는 뜻. 迪은 나아갈 적. 이끌다. 《後漢書》 80권, 〈文苑列傳 上〉 立傳.

되었고, 반고(班固)²³⁸는 부친의 역사기록을 훔쳤으며, 후한의 마
계장(馬季長, 馬融)은 권세에 아첨하여 비난을 받았다.²³⁹ 채옹(蔡
邕)은 동탁(董卓)과 한 편이었다가(同惡) 왕윤(王允)에게 주살당했
으며,²⁴⁰ 조조(曹操)의 3자(子)인 조식(曹植)²⁴¹은 제멋대로 놀며 법

---

238 班固 – 반고의 부친 班彪(반표, 서기 3-54년)는 격변기에 하급 지
 방관으로 관직생활을 끝냈지만, 식견이 뛰어났고 그의 處身은
 역시 옳았다. 반표는 사리에 통달한 유생이며 상등의 재능을 가
 진 사람으로 저술을 좋아하여 역사 저술에 전념하였다. 반표가
 前漢의 역사기록《漢書》편찬을 시작했으나 완성하지 못하고 죽
 자, 아들 班固가 계승했고, 결국 반고의 여동생 班昭(반소)와 馬
 續(마속,〈天文志〉완성)에 의해 완성된다. 사실 班固의《漢書》는
 班彪의 시작이 없었으면 완성이 있을 수 없었다. 班固(반고, 字는
 孟堅)는 前代의 司馬相如 못지않은 조숙한 천재였는데, 천재들의
 일반적인 병폐인 모난 특성이 없었고 관대 온화하여 모두를 포
 용할 수 있는 인물이었다. 참고로,《史記》는 12本紀, 10表, 8書,
 30世家, 70列傳으로 총 130권이다. 班固의《漢書》는 12紀(13권
 으로 분권), 8表(10권), 10志(18권), 70傳(79권)으로 총 100권(분
 권은 120)이다.

239 馬融(마융, 79-166, 字는 季長) – 右扶風 茂陵縣 출신. 今 陝西省 咸
 陽市 관할 興平市. 伏波將軍 馬援(마원)의 侄孫(질손), 將作大匠인
 馬嚴(마엄)의 아들. 後漢 經學者. 마융의 1천여 제자 중 鄭玄, 盧
 植(노식)이 유명. 馬融은 미색을 좋아했다고 한다. 여인들 앞에
 붉은 휘장을 치고 강학했다 하여 '絳帳敎授' 라는 칭호로도 불렸
 다.《後漢書》60권,〈馬融列傳〉에 立傳.

240 蔡邕(채옹, 133-192년, 字는 伯喈. 邕은 화할 옹. 喈는 새소리 개) – 음률
 에 정통, 박학했음. 名筆로 飛白書의 창시자이다. 채옹은 천성이

을 어겼다. 진림(陳琳)[242]은 실제로 성격이 거칠었으며 공융(孔融)

매우 효성스러웠으니 모친이 3년 동안 늘 여러 병을 앓았는데, 채옹은 추위와 더위가 바뀌는 계절이 아니고서는 옷을 벗을 겨를이 없었으며 70여 일이나 잠을 자질 못했다. 모친이 죽자, 무덤 곁에 오두막을 짓고 예법에 따라 복상하였다. 그러는 동안 산토끼가 길들여졌는지 집 옆에 와서 놀았으며 나무에 連理枝(연리지)가 자라자, 원근의 많은 사람들이 기이하게 생각하며 묘에 와서 구경하였다. 동탁의 인정을 받았다가 동탁이 제거된 뒤 옥사했다. 後漢의 유명한 才女 蔡琰(채염, 文姬, 177?-249?, 음악가이며 여류 시인)의 父. 蔡琰(채염)은 84권, 〈列女傳〉에 입전. 그녀의 〈悲憤〉詩가 전한다.

241 曹植(192-232, 字는 子建) - 曹操와 卞氏(변씨) 嫡出의 第三子, 曹魏의 著名詩人. '才高八斗(八斗之才)', '七步成詩'의 주인공. 조조의 장남 曹丕(조비, 187-226년)는 魏 文帝. 재위 220-226. 曹操의 長子 曹昂(조앙)은 庶出이었는데 張繡(장수)의 반란 중에 전사했다. 曹丕가 장남이고 아우 曹彰(조창)은 별명이 '黃鬚兒(황수아)'로 勇將이었다. 삼남 曹植(조식)은 文學에 뛰어나 특히 글을 잘 지었으니 유명한 〈洛神賦〉가 있다. 조식은 조조의 총애를 받았지만 曹丕(조비)와의 爭位에 失敗하여 陳王으로 책립되었다. 陳壽의 《三國志 魏書》 19권, 〈任城陳蕭王傳〉에 입전.

242 陳琳(진림, 字 孔璋) - 後漢 말, 대장군 何進(하진)의 主簿(주부)이었다. 하진이 망한 뒤, 하진은 진림의 충고를 받아들이지 않아 결국 화를 자초하였다. 진림은 冀州(기주)로 피난했고, 원소는 진림에게 文章을 담당케 하였다. 袁氏(원씨) 일족이 패망하자, 진림은 조조에게 귀부하였다. 조조가 진림에게 물었다. "卿이 예전에 원소를 위해 격문을 지을 때 나의 죄를 따져 나를 욕하면 되거늘, 어찌 나의 부친과 조부까지 욕을 했는가?" 진림은 사죄하였고, 조

과 예형(禰衡)²⁴³은 허풍과 오만으로 죽음을 자초하였다. 양수(楊修)²⁴⁴는 선동 때문에 죽어야만 했다.

완적(阮籍)²⁴⁵은 무례(無禮)에 패속(敗俗)하였고, 혜강(嵇康)은 남을 업신여기다가 흉하게 죽었다. 육기(陸機, 261~303년, 서진의 명문장가) 순리(順理)를 범하면서 위험한 길을 갔고, 반악(潘岳)은 요행

조는 진림의 재주를 아껴 더 이상 문책하지 않았다. 建安七子의 한 사람.

243 禰衡(예형, 173-198) - 禰는 아비사당 녜(예). 신주. 성씨. 曹操 앞에서 나체로 북을 친 사나이. 예형은 오직 魯國의 孔融(공융)과 弘農郡의 楊脩(양수)만을 늘 칭찬하며 말했다. "大兒는 孔文擧(孔融)이고, 小兒는 楊德祖(楊脩)이다. 나머지는 碌碌(녹록)한 사람이라 말할 필요도 없다." 26세에 曹操에 이어 劉表에게 갔다가 다시 江夏太守 黃祖에게 피살되었다. 羅貫中의 《三國演義》中 23회 〈禰正平裸衣罵賊 吉太醫下毒操刑〉 참고 바람.

244 楊修(楊脩 양수, 字는 德祖) - 好學하였고 俊才라서 군수 창고를 관리하는 主簿가 되었다. 양수는 두뇌가 우수하여 조조의 아들 曹丕(조비) 형제와 두루 친했다. 脩는 포 수, 육포. 닦을 수(治也), 익힐 수(習也). 修와 같은 뜻으로 쓰일 때도 있다. 양수는 조조가 말한 '鷄肋(계륵)'의 의미를 알았다. 조조는 이후 양수를 꺼렸고 거기에 양수가 袁術(원술)의 생질이기에 후환을 염려하여 구실을 찾아 죽여버렸다. 양수가 지은 賦, 頌, 碑, 贊, 詩, 哀辭, 表, 記, 書 등이 전한다. 《後漢書》 54권, 〈楊震列傳〉에 立傳.

245 阮籍(완적, 210-263년, 字는 嗣宗) - 陳留 尉氏(今 河南 開封市) 출신. 曹魏의 시인, 竹林七賢의 한 사람. 步兵校尉를 역임, '阮步兵'으로 호칭. 嵇康(혜강)과 함께 嵇阮(혜완)으로 병칭. 阮瑀(완우)의 손자인 阮咸(완함) 역시 당시의 명사이었다.

수로 이득을 취하려다가 위험에 처했었다. 안연년(顏延年, 안연지)²⁴⁶은 호기를 부리다가 쫓겨났고, 사령운(謝靈運)²⁴⁷은 허황된 짓으로 기강을 어지럽혔다. 왕융(王融)²⁴⁸은 흉측한 죽음을 자초하였고, 사조(謝朓)²⁴⁹는 오만하여 남을 업신여기다가 죽었다. 이상 여러 문인(文人)들은 모두 두드러진 사람이고 나머지는 다 기

---

246 顏延之(안연지, 384-456년, 字는 延年) - 琅邪 臨沂人. 東晉 및 南朝 宋 文學家, 謝靈運(사령운)과 함께 '顏謝'로 합칭. 生前의 벗 陶淵明이 서거한 뒤에 顏延年(안연년)이 도연명을 추모하는 〈陶徵士誄(도징사뢰)〉를 지었는데, 거기서 도연명을 靖節先生(정절선생)이라 불렀다.

247 謝靈運(사령운, 385-433년) - 동진 謝玄(사현)의 손자, 陳郡 謝氏, 유명한 山水 시인.

248 王融(왕융, 467-493년, 字는 元長) - 南朝 齊의 文學家. '三十內에 재상에 오르길 기대한다'고 큰소리쳤던 사람. 나중에 하옥, 사사(賜死)되었다.

249 謝朓(사조, 464-499, 朓는 그믐달 조, 字는 玄暉) - 名門 陳郡 謝氏 일족이며 문학사에서는 말하는 '竟陵八友(경릉팔우)'의 한 사람이다. 人稱 '小謝' 또는 '謝宣城' 南朝 梁의 개국군주인 蕭衍(소연)은 '三日不讀謝詩, 便覺口臭(사조의 시를 3일간 읽지 않으면 입에서 냄새가 난다).'고 말했다. 山水詩人 謝靈運과 병칭하여 小謝라 부른다. 사조가 南朝 齊의 宣城太守로 재직할 때, 江南 四大名樓의 하나인 謝朓樓(사조루)를 건립하였다. 唐代에 重建하고 北望樓, 謝朓樓, 謝公樓라 불렸는데, 李白은 그의 詩 〈宣州謝樓餞餞別校書叔雲〉에서 '中間小謝又淸發'이라 읊어 謝朓의 명성을 온 천하에 날리게 하였다.

록할 수도 없으니, 대략 이러하였다.」-《안씨가훈 4권, 문장》의 일부

　○《원혼지(冤魂志)》

이는 안지추가 엮은 귀신, 응보(應報), 극락과 지옥에 관련된 이야기 책이다. 또 여러 경전이나 사서(史書)를 인용하여 불교의 인과응보설을 증명하려 하였다.

안지추는 본래 유학자 출신이기에 불교와 유학이 융합된 사상을 보여주고 있다.

6) 조충지의 원주율

　○ 유송(劉宋)과 남제(南齊)의 관리

조충지[祖沖之, 429-500, 자(字)는 문원(文遠)]는 범양군[范陽郡, 지금의 하북성(河北省) 중부 보정시(保定市) 일대] 출신으로, 유송(劉宋, 존속 420-479) 시대의 뛰어난 수학자이며 천문학자였다. 조충지는 수학과 천문역법, 그리고 기계제작에서 큰 업적을 이뤘다.

조씨(祖氏) 가문에서는 대대로 천문 역법에 대한 연구가 있어 조충지는 어렸을 때부터 천문학과 수학 지식을 습득할 수 있었다.

청년 시절의 조충지는 박학(博學)에 재능이 뛰어나다는 칭송을 들었다. 송 효무제(孝武帝, 劉駿, 재위 453-464)는 조충지를 화림학성(華林學省)에 보내 연학(硏學)하게 하였다. 이후 여러 관직을 거쳐 464년에 지방 현령이 되었다.

조충지는 조정에 근무하면서 《대명력(大明曆)》을 편찬하였고, 원주율(圓周率)을 계산하였다. 유송(劉宋) 말년에 조충지는 새로운 기계제작에 몰두하였고, 494년에서 498년 사이에, 남제(南齊, 건국자 소도성)에서는 종4품의 장수교위(長水校尉)로 근무하였다.

○ 수학 분야의 공헌

조충지는 《구장산술(九章算術)》의 주석을 달고 《철술(綴術)》이란 책을 저술하였다. 조충지의 《철술》은 당대에 《산경십서(算經十書)》에 포함된 책으로, 당대 국자감(國子監)의 산학(算學) 교범이 되었는데, 《철술》 학습에 4년의 시간이 소요된다고 하였으니 그 깊이를 알 수 있다. 그러나 《철술》은 고려에서 조선시대까지 전승되었지만 중국에서는 이미 북송시대에 실전되었다고 한다.

《수서(隋書) 율력지(律曆志)》에는 조충지의 원주율 공식이 기록되었는데, 조충지의 원주율은 현재 통용되는 원주율과 소수 6째 자리까지 일치한다.

당대 이순풍(李淳風)은 《구장산술》의 주석에서 조충지와 아들 조환구(祖桓求)가 연구한 구체(球體)의 체적(體積, 부피)을 구하는 주석이 있다고 한다.

○ 천문역법 분야의 공헌

조충지의 《대명력(大明曆)》 이전에는 하승천(何承天)이 편찬한 《원가력(元嘉曆)》이 통용되었다. 조충지는 1년을 365.2428148로 계산하였는데, 이는 현재 공인되는 365.2421988과 조금의 차이가 있다.

그리고 조충지는 정밀기계제작에도 노력하였는데 《남제서(南齊書) 조충지전(祖沖之傳)》과 《남사(南史) 조충지전(祖沖之傳)》의 기록에 의하면, 수력(水力)을 이용하여 방아를 찧을 수 있는 기계(용미春米, 舂은 방아 찧을 용, 절구질하다)와 밀가루를 만드는 맷돌(수대마水碓磨) 기계를 발명하였다.

또 이미 제조 방법이 실전(失傳)된 지남거(指南車, 나침반)를 발명히어 실제로 선박(千里船)에서 실험 항해에 성공하였다고 한다.

7) 범진 – 신멸론

○ 제(齊)와 양(梁)에 출사(出仕)

범진(范縝, 450–510, 縝은 삼실 진)은 남조 제(齊)와 양(梁)나라 시대에 살았던 유물론자(唯物論者)이며 무신론자이다.

제 무제(齊 武帝, 재위 482-493)는 범진을 북위에 사신으로 보낸 적이 있었는데, 범진의 학식과 능력은 북위 조야의 칭찬을 들었다.

범진은 남조 양(梁)에 국자박사(國子博士)였다가 양 무제〔梁 武帝, 소연(蕭衍)〕의 천감(天監) 6년(507)에, 범진은 상서전중랑(尙書殿中郎)으로 승진했는데, 이 해에 범진은 〈신멸론(神滅論)〉을 지었다.

○ 유물론자(唯物論者), 무신론자(無神論者)

〈신멸론〉에서 범진이 말했다.

「신(神, 精神)은 형(形)이고, 형(形)은 곧 신(神)이다. 그래서 형(形)이 존재하면 신(神)도 있고, 형(形)이 시들어지면(謝) 신(神)도 없어진다(滅).」

「형이란 신의 바탕이고(形者神之質), 신신(神神)이란 형의 작용이다(神者形之用). 그래서 형은 그 본질에 맞춘 것이고(是則形稱其質), 신은 형의 용이라 할 수 있다(神言其用). 형과 신은 서로 다르지 않다(形之與神, 不得相異也).」

범진은 양 무제의 전폭적인 지지하에 백성 위에 군림하는 불학(佛學)에 반대하면서 물질은 실재(實在)하나(物質是實在的), 정신은 물질에 따라 생성되는 것이며(精神是附生的), 사람이 미신적인 종교를 믿지 않고 금전이나 재물을 아껴야 한다고 주장하였다.

범진의 〈신멸론〉이 세상에 알려지자, 조야(朝野)가 소란하였고, 조사문(曹思文)이란 사람은 〈난신멸론(難神滅論)〉을 지어 범진의 주장을 비판하였고, 또 소침(蕭琛)이란 사람은 〈난신멸론〉을 인용하며 다른 사례를 들어 범진을 비난하였다.

양 무제 소연(蕭衍)은 자신의 육신을 4차례나 불전에 바쳤고, 출가한 승려와 같이 절에서 부처님을 섬긴 황제였다. 그만큼 철저한 불교 옹호자로, 무제는 〈칙답신하신멸론(敕答臣下神滅論)〉을 내려 범진의 관념을 버리고 논쟁을 그만두라고 명령하였다. 그런데도 많은 사람들이 범진과 논쟁을 계속하였다.

범진이 황제의 주의를 거역하였지만 양 무제는 결코 범진을 비난하지 않았고, 범진을 여전히 국자박사의 직무를 수행케 하였으며, 〈신멸론〉을 없애라고 명령하지도 않았다. 범진은 문집 15권을 남겼다.

(3) 북위의 석굴 예술

○ 세계문화유산

감숙성(甘肅省) 서부 돈황시(燉煌市)의 막고굴(莫高窟)은 5호16국 시대의 전진(前秦, 존속 351-394) 시대부터 당(唐)과 오대(五代) 시대에 이르기까지 조성된 석굴이다. 그리고 지금의 산서성(山西省) 북부 대동시(大同市)에 있는 운강석굴(雲岡石窟)은 북위(北魏,

존속, 386-535) 시대에 조성된 석굴이며, 지금의 하남성(河南省) 중부 낙양시(洛陽市) 소재 용문석굴(龍門石窟)은 북위에서부터 당과 오대, 북송 때까지 조성되었다. 이 3개 석굴을 중국의 3대 석굴이라고 하며, 1961년에 막고굴은 중화민국공화국 국무원(國務院)이 공포한 전국중점문물보호단위(全國重點文物保護單位)가 되었고, 1987년 12월에 막고굴은 UNESCO의 세계문화유산으로 등록되었다.

1) 막고굴

○ 막고굴의 대략

막고굴[莫高窟, 속칭 천불동(千佛洞)]은 감숙성 서부 돈황시(敦煌市) 동남 25km 막고진(莫高鎭)의 명사산(鳴沙山) 동쪽 비탈의 단애(斷崖, 절벽)에 있다. 절벽 앞에는 탕천하(宕泉河)가 있고, 남북으로 1,680m이고 절벽의 높이는 50m 정도이다. 동굴의 높이는 서로 다른데, 상하 5층으로 구성된 동굴도 있다. 동굴마다 정밀하고 아름다운 벽화와 불상이 있다.

그 벽화와 불상들은 5호16국 시대의 전진(前秦) 시대부터 만들어지기 시작하여 북조(北朝)와 수(隋), 당(唐), 오대(五代), 서하(西夏, 존속 시기, 1038-1227), 몽고족의 원(元)나라 시대를 거치면서 축조되었다.

운강석굴(雲崗石窟)
중국 산서성(山西省) 북부 대동시(大同市) 서교 〈출처: 위키백과〉

막고굴은 당(唐) 이극양(李克讓)이 중수(重修)한 〈막고굴 불감비(莫高窟 佛龕碑)〉의 기록에 의하면, 5호16국 시대 전진(前秦) 건원 2년(366)에 불승(佛僧) 낙준로(樂僔路)가 이곳 산을 지날 때, 번쩍이는 빛을 보고서는 거기에 바위굴을 파내면서 첫 번째 동굴에 불상을 만들었다.

이후로 법량선사(法良禪師) 등이 이 동굴에서 참선하면서 동굴과 불상을 만들었고 막고굴(漠高窟)이라 불렀는데, 이는 '사막에서 높은 곳(沙漠의 高處)란 뜻이다. 이후 막(漠)과 막(莫)이 통용되면서 막고굴(莫高窟)로 굳어졌다.

지금까지 알려진 바로는, 동굴이 735개소, 벽화의 면적이 4만 5천㎡, 불상이 2,415개(尊)로 세계 최대의 규모의 불교예술의 유적이다. 근대 이래로 장경동(藏經洞) 내에 5만여 건의 문물(文物)에 대한 연구를 하는 돈황학(敦煌學)이 성립되었으며「세계예술보고(世界藝術寶庫)」라는 명성을 누리고 있다.

○ 막고굴의 성쇠(盛衰)

북위(北魏)와 서위(西魏), 그리고 북주(北周) 시대에 통치자들은 민심을 안정시켜야 한다는 필요에서 불교를 신봉하였고, 석굴의 건조를 왕공 귀족들의 지원하였기에 그 조성 속도가 매우 빨랐다.

그리고 수당 시기에는 실크로드(絲綢之路, 사주지로, 綢는 비단 주)의 번영에 따라 막고굴은 더욱 흥성하였는데, 당 측천무후 재위 시절(690-705)에 석룰이 이미 1천 개소였다.

안사의 난(安史之亂, 755-763) 시기에 돈황 지역을 토번(吐蕃)이 점령했었지만 그 시기에도 불상(佛像) 조성 사업은 큰 영향을 받지 않았다.

북송(北宋)과 서하(西夏)와 원대(元代, 13세기-14세기 전반)를 거치면서 막고굴은 점차 쇠락하면서 이미 조성된 석굴의 보수에 치중하고 새로운 동굴 개착은 아주 적었다.

특히 원대에 실크로드가 쇠퇴 폐기되면서 막고굴 자체가 세인

(世人)의 시야에서 사라지게 되었다.

청조(淸祖) 강희(康熙, 1661−1722) 40년(1701) 이후 한때 주의를 끌었지만, 그대 이후로 계속 손상과 함께 문물이 대량 유실(流失)되고 또 파괴되었다.

○ 막고굴의 예술

막고굴은 그림(회화繪畵), 조소(雕塑)와 건축 예술이 하나로 융합되었다. 벽화 위주의 석굴에 불상조각이 보태진 대형 석굴 사원이다. 석굴에는 참선을 할 수 있는 공간이 있고, 탑을 쌓고 불전을 만들었으며, 주위 벽면에는 작은 감실을 만들고 불상을 모셨는데, 석굴의 크기나 규모, 감실의 크기 등이 모두 다르다. 가장 큰 제 16굴의 경우 286㎡이고, 가장 작은 것으로 알려진 37굴(窟)의 높이는 1척(33cm)이 되지 않는다.

또 석굴 앞쪽으로 목조 건축물이 있고, 석굴을 연결하는 복도나 잔도(棧道)가 있었지만, 지금은 거의 다 없어졌다.

막고굴 내의 벽화는 주로 불상, 불교 고사(故事), 불교 사적, 신괴(神怪), 공양인(供養人), 장식도안(裝飾圖案) 등이 그 제재(題材)이다. 거기에 수렵이나 경작, 방직, 교통, 전쟁 상황, 무도(舞蹈), 혼례와 상례 등 인간 생활의 여러 모습을 그렸으나 필치가 매우 정교하고 화려한 색채의 아름다움, 그리고 시대를 달리하는 다양한 그림을 통하여 예술 풍격과 특색을 알 수 있다.

2) 대동 운강석굴

○ 운강석굴(雲岡石窟)

운강석굴은 중국 산서성(山西城) 북부 대동시(大同市) 서쪽 교외에 있다. 북위(北魏) 문성제(文成帝) 흥안(興安) 2년(453)에서 효문제(孝文帝) 태화(太和) 19년(495) 사이에 북위의 황실(皇室)과 귀족들이 중심이 되어 대형 석굴을 조성하였다.

이 석굴들은 동부, 중부, 서부의 3부분으로 나눌 수 있다. 동부의 석굴들은 불탑을 위주로 조성되었기에 탑동(塔洞)이라 불린다. 중부의 담요오굴(曇曜五窟)은 운강석굴 중 가장 일찍 조성된 석굴이면서 최대의 석굴군(石窟群)을 형성하고 있다. 서부의 석굴들은 비교적 늦게 조성되었는데, 북위가 낙양으로 천도한 이후에 조성되었다.

○ 운강석굴의 규모

운강석굴은 산에 의지하여 조성된 석굴인데, 무주하(武州河)의 북쪽 연안에 동서 약 1km에 걸쳐 조성되었으며, 석굴은 모두 51개인데 20여 개의 석굴만이 그 보존 상태가 양호하다. 운강석굴 전체에 약 1,100여 불좌에 크고 작은 불상 51,000여 존(尊, 여기서는 불상을 세는 양사(量詞)]이 모셔져 있으며, 최대 불상은 그 높이가 17m에 달하고 가장 작은 불상은 2cm이다. 최대 석굴은 제 6굴로 북위(北魏) 효문제 때 조성된 석굴인데, 석굴 지면으로부터 20m나 되는 크기이다.

운강석굴은 1961년에 국무원(國務院)에 의거 전국중점문물보호단위(全國重點文物保護單位)로 지정되었고, 2001년에 세계문화유산으로 지정되었다.

북위의 태무제[太武帝, 탁발도(拓跋燾), 재위 423-452]는 한때 불경을 불태우고, 불상을 훼손하고, 불승을 죽이는 멸불정책이 시행되었지만 이후 석굴을 파고 불상을 조성하는 일은 더욱 성행하였다.

3) 낙양 용문석굴

○ 선비족 북위(北魏)

북위는 선비족의 국가로서, 제국 내 다양한 민족들을 하나로 묶을 수 있는 이념으로서 불교를 보호하고 장려하였다. 그러나 태무제(太武帝) 때 대대적인 박해를 받기도 하였다.

북위 태화(太和) 17년(493), 효문제(孝文帝)는 수도를 평성[平城, 지금의 산서성(山西省) 북단 대동시(大同市)]에서 낙양(洛陽)으로 천도

한다. 이때부터 대동(大同)의 운강(雲崗)석굴을 대신할 수 있는 용문(龍門) 석굴이 조성되기 시작하는데, 북위와 당나라 시절에 가장 많은 석굴이 조성되었다.

○ 용문석굴

용문석굴은 낙양시에서 약 12km 거리에 있다. 이수(伊水)를 가운데 두고 서쪽의 용문산(龍門山)과 동편의 향산(香山)으로 구분할 수 있는데, 용문산이 용문석굴의 중심이다.

용문산 석굴 중에서 북위시대에 조성된 고양동(古陽洞), 빈양동(賓陽洞), 연화동(蓮花洞) 석굴이 유명하다. 또 당대(唐代)에 만들어진 간경사(看經寺), 만불동(萬佛洞), 봉선사(奉先寺)의 석불이 잘 알려졌다. 그중 관광안내 책자에 주로 수록되는 봉선사 비로사나(毘盧舍那) 주불(主佛)은 높이가 17.1m나 된다.

지금 남아 있는 석굴이나 불감(佛龕, 龕은 감실 감)은 2,100여 개이며, 조성된 불상은 대략 10만 위(位, 중국어로는 부처를 세는 양사로 '尊(존)' 이 있다.)로 수량으로 따지면 중국 제일이라 할 수 있다. 또 '용문이십품(龍門二十品)' 으로 알려진 비문이 있는데, 당나라 때 명필 저수량(褚遂良)이 쓴 '이궐불감지비(伊闕佛龕之碑)' 는 '서예의 전범(典範)' 으로 알려졌다.

{부록}

양진 대사 연표(兩晉 大事 年表)

부록

양진 대사 연표(兩晉 大事 年表)

(1) 조위 말기(曹魏 末期)

西紀	帝位	年號	年數	主要事件
249	齊王 曹芳 (조방)	嘉平 (가평)	원년	정월 고평릉(高平陵)의 변. 사마의(司馬懿)-조상(曹爽) 제거. 실권 장악.
251			3	사마의-病死. 司馬師 집권.
254			6	사마사(司馬師)가 少帝 曹芳을 폐위, 유폐.
254	高貴鄕公 曹髦 (조모)	正元	元年	高貴鄕公 曹髦(조모) 즉위. 改元. 사마사에게 黃鉞(황월) 하사.
255			2	鎭東將軍 毌丘儉(관구검) 반역-사마사가 토벌, 주살. 사마사 죽음.
256		甘露 (감로)	元年	대장군 사마소(司馬昭)에게 곤룡포, 면류관 하사.
258			3	사마소-제갈탄 반란 진압 주살. 지위 相國, 작위 晉公, 食邑 8郡을 굳이 사양.
260			5	황제 조모가 사마소 제거 실패, 피살.
263	常道鄕公 曹奐 (조환)	景元	4	촉한 멸망. 丞相 司馬昭는 伐蜀한 공적으로 晉公으로 작위가 오름. 相國으로 九錫을 받음.
265		咸熙 (함희)	2	晉王(司馬昭) 죽음(8월). 司馬炎이 晉王에 즉위, 上天은 曹魏 天祿을 종결. 조환은 사마염에게 선양.

(2) 서진(西晉)

西紀	帝位	年號	年數	主要事件
265	晉 武帝	泰始	원년	8월-晉王 司馬昭 병사. 子 司馬炎 계립(繼立). 12월-魏 曹奐 사마염에게 선양.-武帝 즉위. 泰始로 改元.
	吳 孫皓	甘露	원년	武昌으로 임시 천도. 말제 손호 재위(264-280).

266		태시	2	군현의 農官 폐지.
		寶鼎	원년	孫皓-건업(建鄴)으로 환도.
267			3	정월-子 사마충(司馬衷) 황태자 책립.
		태시 보정	2	吳 6월-소명궁(昭明宮) 건립. 億萬의 비용 지출.
268			4	무제-적전례(藉田禮) 시행.
			3	吳 10월-晉의 江夏, 襄陽, 合肥 공격-無益 회군.
269	무제 손호		5	都督 양호(羊祜)-형주 양양 주둔, 군무 통할.
		建衡	원년	(吳) 건형(建衡)으로 개원.
270			6	吳 末帝 孫浩의 從弟 孫秀 晉에 귀부-會稽公.
		태시 건형	2	鎭軍대장군 육항(陸抗)-晉의 南下 대비.
271			7	
			3	吳軍-晉 공격. 무익.
272		태시	8	흉노 부장 率衆 歸晉. 익주자사 왕준(王濬)-水軍. 강화, 攻吳 준비.
		鳳凰	원년	(吳) 육항-晉 서릉(西陵)을 포위 공격.
273			9	吳軍의 익양(弋陽) 침입을 격퇴.
			2	(吳) 손호-아들 11인을 王에 봉하다.
274		泰始	10	江夏 공격한 吳軍 격퇴. 吳 장군 2명 歸降.
		鳳凰	3	吳 대사마 육항(陸抗) 병사.
275		咸寧	원년	함녕(咸寧)으로 개원. 五女 가정에 요역 면제.
		天册	원년	천책(天册)으로 개원. 晉의 江夏郡을 공격.
276	武帝 사마염 孫皓 (손호)	함녕	2	吳 황족 손해(孫楷) 降晉. 丹楊侯에 책봉. 낙양에 大倉 축조. 東, 西市에 常平倉 설치. 平南大將軍 양호(羊祜) 〈請伐吳表〉 상소.
		천새 (天璽)	원년	(吳) 천새(天璽)로 改元.
277		함녕	3	선비족 원정, 선비족 20만 명 내항(來降).
		천기	원년	동오-천기(天紀)로 개원.
278		함녕	4	사예(司隸) 기주(冀州) 등 7州에 홍수. 두예(杜預)-官牛 5만두를 농민에 대여를 상소. -정남대장군. 형주의 軍事 총괄. 양호(羊祜) 병사.
		천기	2	환성(皖城)에 크게 둔전. 적곡(積穀).

부록 537

279	武帝 사마염	함녕	5	투항한 선비족 반란-涼州 함락. 익주자사 왕준(王濬)은 〈請速伐吳〉를 상소. 11월-20만 대군을 동원-6路에서 출병.
280	孫皓 (손호)	함녕 太康	6 원년	2월-晉軍 6路에서 승리. 3월-왕준의 수군, 건업 석두성 육박-손호 투항. 吳國 멸망. 4월-태강(太康)으로 개원.
		천기	4	吳主 孫皓 투항. 5월-귀명후(歸命侯) 책봉받음.
281			2	무제-천하 태평. 유연(遊宴) 多. 政事 태만. 吳主 손호의 기첩(妓妾) 5千 人 入宮.
282			3	석숭(石崇)과 왕개(王愷) 호사(豪奢) 다툼.
284	武帝	태강	5	유의(劉毅)-구품중정법 폐단, 팔손(八損)을 지적.
287			8	각종 지방 반란 속출.
289			10	사마량(司馬亮)-大司馬, 대도독이 됨. 제후 王의 권한이 帝室을 능가.
290	무제 惠帝	太熙 永熙	원년	정월 태희(太熙)로 개원. 4월 사마염 병사. 태자 사마충(司馬衷) 즉위-혜제(惠帝), 영희(永熙)로 개원. 흉노의 유연(劉淵)-建威將軍. 흉노 五部大都督.
291		永平 元康	원년 원년	정월-영평(永平)으로 개원. 3월-賈황후, 양준 삼족을 멸함. 元康으로 개원. 6월-가황후는 사마위(司馬瑋)를 시켜 태재를 살해, 위관(衛瓘)이 사마위를 죽임. 賈后가 專政. 八王之亂 시작(291-).
292	惠帝 (혜제)	원강	2	賈后-皇太后 楊氏를 살해.
294			4	흉노-상당군(上黨郡) 침입. 8월에야 진압.
296			6	북방 유목민 옹주(雍州) 지역 침입.
297			7	정월-제만년(齊萬年) 梁山에서 반기.
298		원강	8	秦州, 雍州 지역 6郡, 수만 백성이 關中에 유입.
299			9	정월-孟觀, 저족(氐族) 정벌, 제만년 반란 진압.
300		永康	원년	趙王 사마륜(司馬倫)이 가후를 폐위, 살해. 사마륜은 相國으로 專政. 淮南王 司馬允이 사마륜을 공격했으나 敗死.

301		영강 永寧	2 원년	정월—사마륜(司馬倫), 제위를 찬탈. 개원 建始. 3월—齊왕 사마경(司馬冏)이 기병, 사마륜 토벌. —惠帝 복벽(復辟)—영녕(永寧)으로 개원.
302		영녕 太安	2 원년	5월—이특(李特) 대장군 겸 益州牧. 12월—장사왕 사마예(司馬乂) 등이 사마경을 죽이고 전정. 태안(太安)으로 개원. 사마예가 執政.
303		태안	2	8월—도간(陶侃)이 장창(張昌)의 反軍 진압. 사마영(司馬穎) 등이 長沙王 사마예를 토벌. 9월—사마옹(司馬顒)의 部將 張方이 낙양 노략질 수만 명 살해.
304	惠帝 (혜제)	永安 建武 永興	원년 원년 원년	동해왕 사마월(司馬越)이 사마예 생포, 張方이 살해. 永安으로 개원. 成都王 사마영(司馬穎)이 皇太弟가 됨. 업현(鄴縣)에 머물며 朝政에 간여. 7월—東海王 司馬越이 혜제를 내세우며 사마영을 토벌. 혜제가 사마영에게 생포되어 업현에 억류. 建武로 개원. 安北將軍 왕준(王浚) 등이 사마영을 토벌. 사마영은 혜제를 데리고 낙양으로 도주. 흉노족 劉淵—反晉. 대선우를 자칭. 유연은 선비족에게 패전. 유연은 左國城에서 漢王을 자칭. 張方은 혜제를 겁박하여 長安에 入城. 永安으로 연호를 회복. 사마치(司馬熾)가 皇太弟가 되어 永興으로 개원. 사마등(司馬騰)이 유연을 공격했으나 大敗. 유연(劉淵)은 병주(幷州)를 확보.
305		영흥	2	7월—東海王 사마월(司馬越)은 혜제를 영입하고, 맹주(盟主)를 자처.
306		영흥 光熙	3 원년	6월—혜제가 낙양으로 환도. 광희(光熙)로 개원. 11월—혜제 사망. 황태제인 사마치(司馬熾) 즉위—회제(懷帝). 12월—사마옹(司馬顒) 피살.
307	懷帝 (회제)	永嘉 (영가)	원년	정월—영가(永嘉)로 개원. 7월—낭야왕(琅琊王) 사마예(司馬睿, 뒷날 東晉의 元帝)가 安東將軍이 되어 양주(揚州)와 강남(江南)의 軍事를 관할.

308	懷帝 (회제)	永嘉 (영가)	2	7월-흉노족 유연(劉淵)이 평양(平陽) 차지. 10월-칭제(稱帝), 국호 漢. 연호 영봉(永鳳).
309			3	유연-평양에 천도. 8월 유연은 유총(劉聰)을 보내 낙양을 공격. 이어 南陽, 영천(穎川)까지 약탈.
310			4	6월-劉淵 사망. 子 劉和 계위-유총(劉聰)에게 피살. 유총 즉위하여 光興으로 개원. 10월-유총은 부장을 보내 낙양성을 공격.
311			5	3월-사마월(司馬越) 병사. 6월-유총은 석륵(石勒) 등을 보내 낙양성 공격-낙양성 함락. 3만여 명 피살. 회제는 평양에 끌려가다. 중원의 士民이 피난하여 남도(南渡)-사마예는 인재들을 선발. 수용.
312			6	정월-유총은 회제를 회계공(會稽公)에 봉하다. 9월-가필(賈匹)은 사마업(司馬鄴)을 장안으로 영입. 황태자로 삼다.
313	회제 愍帝 (민제)	영가 乾興 (건흥)	7 원년	정월-유총(劉聰)이 회제를 살해. 4월-황태자 사마업, 長安서 즉위.-민제(愍帝) 건흥(建興)으로 改元. 사마예를 좌승상에 임명. 8월-사마예는 건업(建鄴)을 건강(建康)으로 개명.
314	민제	건흥	2	4월-석륵(石勒) 유주(幽州)를 습격, 왕준(王浚)을 죽이다.
315			3	2월-사마예 승상, 대도독이 되다. 유총(劉聰)-건원으로 개원.
316			4	8월-유요(劉曜)-장안 포위. 성안에서 人相食. 11월-민제 出城 투항-平陽에 끌려가 회안 후에 책봉.-西晉 멸망. 劉聰은 인가(麟嘉)로 개원.

(3) 동진(東晉)과 5호16국(五胡十六國)

西紀	帝位	年號	年數	主要事件
317	東晉 元帝 (원제)	建武	원년	3월-사마예(司馬睿)-황제 즉위. 12월-서진 민제 平陽에서 죽음을 당하다.
318		大興 (대흥)	원년	5월-병주자사(幷州刺史) 유곤(劉琨) 피살. 7월-漢 유총 사망. 유찬(劉粲) 즉위. 10월-유요(劉曜) 황제 즉위-전조(前趙) 건국.
319			2	석륵(石勒) 즉위-후조(後趙) 건국.
320			3	사마예는 왕돈(王敦)의 세력 확대를 꺼려 초왕(譙王) 사마승(司馬承)을 상주(湘州)자사로 임명.
321			4	단필제(段匹磾)가 석호(石虎)에게 패배-유주, 병주 등이 後趙의 영역이 되다.
322		永昌	5	王敦이 武昌에서 거병(擧兵). 11월-사마예 사망. 왕도(王導)가 보정(輔政).
323	明帝 (명제)	太寧 (태녕)	원년	石虎가 靑州를 공격 함락.
324			2	7월-왕돈이 도읍 건강(建康)을 공격. 왕돈 사망-餘黨 모두 평정되다.
325			3	5월-도간(陶侃)이 鎭西將軍 겸 형주자사. 윤 8월 明帝 사망. 사마연(司馬衍) 즉위. 9월-황태후 유씨(庾氏) 임조 칭제(臨朝稱制). 王導 輔政.
326	成帝 (성제)	咸和 (함화)	원년	11월-後趙 석총(石聰)침략. 王導가 군사지휘 격퇴.
327			2	11월, 豫州자사, 歷陽태수 반란.
328			3	소준(蘇峻)의 반란. 건강을 공격-도간 등이 방어.
329			4	소준의 반란 평정. 9월-前趙 멸망.
330			5	8월-갈족(羯族) 석륵(石勒) 황제로 즉위-後趙.
331			6	석륵 업궁(鄴宮) 건립. 낙양은 南都. 行臺 설치.
332			7	4월-석륵 부장 곽경(郭敬)이 양양을 함락. 7월-태위 도간이 격퇴, 번성(樊城)을 수복.
333			8	5월-선비족 前燕 모용외(慕容廆) 사망-아들 황(皝)이 계위. 7월-석륵(石勒) 사망-아들 석홍(石弘) 계위.
334			9	6월-成漢 主 이웅(李雄) 死. 조카 반(班)이 계위. 태위 도간 사망. 11월-(後趙) 石虎가 石弘을 살해. 天王으로 自立.

부록 *541*

335	成帝 (성제)	咸康 (함강)	원년	9월-石虎가 업현(鄴縣)에 천도.
336			2	11월-석호는 업현에 동, 서궐을 건립.
337			3	선비족 모용황(慕容皝)이 燕王으로 自立(前燕).
339			5	왕도(王導) 사망. 하충(何充)이 녹상서사(錄尙書事).
341			7	모용황이 사신을 보내 연왕(燕王)의 장새(章璽)를 요구-東晉에서 수락.
342			8	6월-成帝 卒. 弟 사마악(司馬岳)이 계위(康帝). 11월-모용황이 고구려 침략-5만 명 포로.
343	康帝	建元	원년	환온(桓溫)이 서주자사(徐州刺史).
344			2	2월-전연 모용황이 우문(宇文) 部를 멸망 시킴. 9월-강제가 죽다. 子 사마담(司馬聃) 즉위-저태후(褚太后)가 임조 칭제.
345	穆帝 (목제) 司馬聃	永和 (영화)	원년	환온(桓溫)-안서장군(安西將軍), 형주자사(荊州刺史)에 임명.
346			2	11월-환온이 촉(蜀)을 정벌하다.
347			3	3월-환온이 성도 점거, 成漢의 왕 이세(李勢) 투항-익주가 평정되다.
348			4	9월-전연 모용황 사망, 자 모용준 계위. 後趙 왕 석호(石虎)는 태자를 죽이고 석세(石世)를 태자로 책립.
349			5	정월-石虎가 칭제(後趙 武帝). 4월-석호 死. 이후 제위를 둘러싼 내분.
350			6	閏二月 漢族인 염민(冉閔)이 石氏 완전 제거-稱 天王, 국호 위(魏 / 冉魏)
351			7	부건(苻健) 칭제, 국호 대진(大秦). 後趙 멸망. 12월-환온 북벌(北伐)
352			8	東晉 中軍將 은호(殷浩) 북벌.
353			9	왕희지(王羲之) 天下第一行書 〈蘭亭集序(난정집서)〉 작성.
354			10	양주목(凉州牧) 장조(張祚) 칭제. 은호 북벌 실패, 서인으로 강등. 환온이 북벌 계속.
355			11	前秦 왕 부건(苻健) 사망. 子 부생(苻生)이 계위.
356			12	3월 환온은 정토대장군으로 낙양 입성. 낙양으로 천도를 주청하였으나 실천 못함.

357	穆帝 (목제) 司馬聃	升平 (승평)	원년 6월-전진의 부견(符堅)은 부생을 죽이고 자립.
358			2 10월-전연(前燕) 모용각(慕容恪) 하남 일대를 점거.
359			3 10월-동진의 군사는 모용씨의 군사에게 연패.
360			4 전연 왕 모용준 사망. 8월-환온은 사안(謝安)을 정서(征西) 司馬에 임명.
361			5 5월 穆帝 死. 成帝 長子 사마비(司馬丕) 즉위.
362	哀帝 (애제) 司馬丕	隆和	원년 전조(田租)의 세율을 낮춰 징수. 5월-전진왕 부견-太學 諸生에게 經義 考第.
363		興寧 (흥녕)	원년 환온-大司馬 中外의 군권 장악. 9월에 북벌.
364			2 3월-환온은 전국 호구 조사를 명령.
365			3 2월-哀帝 卒. 弟 사마혁(司馬奕/廢帝 海西公) 즉위. 도연명(陶淵明) 출생(-427)
366	廢帝 (폐제)	太和 (태화)	元年 前秦이 東晉의 형주를 공격. 백성 1만여 명 포로로 잡아 귀국. 10월-會稽王 사마욱(司馬昱) 승상에 임명.
368	海西公		3 12월 환온에게 특별 예우-제후왕보다 우위.
370			5 11월 前秦 군사가 업현(鄴縣) 점거-前燕 멸망.
371	簡文帝 (간문제) 司馬昱 (사마욱)	咸安 (함안)	원년 11월 환온이 황제 사마혁(司馬奕)을 폐위하여 海西公으로 강등시켜 방축, 元帝의 막내 아들인 회계왕(會稽王) 사마욱(司馬昱)을 옹립했다.
372			2 7월-간문제 사망. 태자 창명(司馬昌明) 즉위. 조서로 환온의 보정(輔政)을 허용.
373		寧康 (영강)	원년 7월-환온 死. 9월-왕표(王彪)를 상서령. 사안(謝安)을 상서복야(尙書僕射)에 임명.
375			3 5월-사안이 양주자사(楊州刺史) 겸임.
376	孝武帝 (효무제) 司馬曜	太元 (태원)	원년 정월-효무제 친정(親政). 사안은 중서감(中書監)으로 상서성(尙書省) 업무를 총괄.
377			2 10월-사현은 연주(兗州)자사로 군사를 모으고 北部兵을 조련.
379			4 6월-사현은 전진 부견(符堅)의 군대 격파.
380			5 5월-사현 위장군(衛將軍)이 되다. 회계왕 사마도자(司馬道子)는 사도(司徒)가 되다.
381			6 12월-전진(前秦)이 동진(東晉)을 침략-격퇴.

부록 543

383	孝武帝 (효무제) 司馬曜	太元 (태원)	8	8월-前秦의 부견(苻堅)의 대거 남침-동진의 사현(謝玄)은 북부병 통솔, 대응. 11월-양국이 비수(淝水)에서 전투-晉의 大勝.
384			9	3월-전진에서 모용홍(慕容泓)의 반란.
385			10	7월-전진왕 부견은 도망, 피살. 8월-사안(謝安) 사망. 사마도자(司馬道子) 병권 장악.
386			11	2월-선비족 代王 탁발규(拓跋珪, 뒷날 北魏 건국자) 정양(定襄)에 웅거. 4월-탁발규는 위왕(魏王)을 자칭.
388			13	정월-사현(謝玄) 死.
390			15	2월-사마도자 전권 행사.
392			17	11월-은중감(殷仲堪)은 형주자사가 되다.
394			19	7월-전진(前秦) 멸망. 8월-서연(西燕) 멸망.
396			21	9월-효무제 피살. 아들 사마덕종(司馬德宗) 계위(安帝). 사마도자는 태부(太傅)로 섭정하다.
397	安帝 (안제) 司馬德宗	隆安 (융안)	원년	4월-연주자사 왕공(王恭)은 왕국보(王國寶) 토벌을 명분으로 거병-왕국보 피살.
398			2	7월-왕공, 은중감, 사현의 2차 거병. 유뇌지(劉牢之)는 왕공을 배반, 왕공 피살. 10월-은중감은 사현을 맹주(盟主)로 추대. 12월-탁발규 칭제.
399			3	10월-사마원현(司馬元顯) 군병 모집. 손은(孫恩)은 절동(浙東)에서 봉기. 12월-환현이 은중감을 공격 살해.
400			4	5월-손은 반란 계속.
401			5	6월-손은은 유유(劉裕)에게 패전.
402	安帝	元興 (원흥)	원년	정월-사마원현은 대도독 환현을 토벌. 환현은 건강(建康)에 입성, 사마원현, 사마도자를 살해. 손은은 임해(臨海) 공격 실패 자살.
403			2	8월-桓玄 자칭 相國 겸 楚王. 12월-환현은 칭제, 안제를 심양(尋陽)에 유폐.
404			3	2월-유유(劉裕)-경구(京口)에서 기병, 환현을 토벌.

405	安帝	義熙(의희)	원년	4월-유유는 16주 도독(都督)으로 京口에 주둔. 도연명(41세)-팽택 현령.〈歸去來辭〉지음.
408			4	정월-유유는 녹상서사(錄尙書事)-정사 관여.
409			5	3월-유유는 남연(南燕)을 정벌. 9월-후연(後燕) 멸망.
410			6	2월-유유는 남연(南燕)을 멸망시키다.
412			8	9월-유유는 유의(劉毅)를 토벌-유의는 자살.
415			11	정월-진주(晉州)자사 사마휴지(司馬休之) 등이 거병하여 유유 토벌 시도.-유유에게 패퇴. 5월-유유에게 특별 예우 시행.
417			13	7월-유유는 장안 점령. 후진(後秦)을 멸망시킴.
418			14	6월-유유가 相國. 구석(九錫) 받음. 12월-유유는 安帝를 살해. 사마덕문(司馬德文. 恭帝)을 옹립.
419	恭帝(공제)	元熙(원희)	원년	7월-유유는 宋王에 책봉받다.
420			2	6월-유유는 공제(恭帝, 司馬德文)를 폐위. 제위에 올라 국호 송(宋, 남조 송. 劉宋). 동진 멸망.

부록 545

【16국(十六國) 총괄표】

국명	건국자	민족	존속기간	수도(현 위치)	멸망시킨 나라	비고
成漢 (성한)	李雄 (이웅)	氐 (저)	304~347	성도 (四川省)	東晋	
漢 (한)	劉淵 (유연)	匈奴 (흉노)	304~329	平陽 (山西省)	後趙	前趙
後趙 (후조)	石勒 (석륵)	羯 (갈)	319~351	鄴(업) (河北省)	冉魏	
前梁 (전량)	張軌 (장궤)	漢 (한)	301~376	姑臧 (甘肅省)	前秦	
前燕 (전연)	慕容皝 (모용황)	鮮卑 (선비)	337~370	龍城 (요령성)	前秦	
前秦 (전진)	苻健 (부건)	저	351~394	長安 (섬서성)	後秦	
後燕 (후연)	慕容垂 (모용수)	선비	384~407	中山 (하북성)	北燕	
後秦 (후진)	姚萇 (요장)	羌 (강)	384~417	장안 (섬서성)	東晋	
西秦 (서진)	乞伏國仁 (걸복국인)	선비	385~431	금성 (감숙성)	夏	
後涼 (후량)	呂光 (여광)	저	386~403	고장 (감숙성)	後秦	
南涼 (남량)	禿發烏孤 (독발오고)	선비	397~414	낙도 (청해성)	西秦	
北涼 (북량)	沮渠蒙遜 (저거몽손)	흉노	401~439	장액 (감숙성)	北魏	
南燕 (남연)	慕容德 (모용덕)	선비	398~410	광고 (산동성)	東晋	
西涼 (서량)	李暠 (이고)	한	400~421	돈황 (감숙성)	北涼	
胡夏 (호하)	赫連勃勃 (혁련발발)	흉노	407~431	통만 (섬서성)	吐谷昏	
北燕 (북연)	慕容雲 (모용운)	선비	407~436	용성 (요령성)	北魏	

중국역대사화 中國歷代史話 (Ⅳ)
- 양진사화 兩晉史話

초판 인쇄 2025년 5월 23일
초판 발행 2025년 5월 30일

저 자 진기환
발행자 김동구
디자인 이명숙·양철민
발행처 명문당(1923. 10. 1 창립)
주 소 서울시 종로구 윤보선길 61(안국동)
        국민은행 006-01-0483-171
전 화 02)733-3039, 734-4798, 733-4748(영)
팩 스 02)734-9209
Homepage www.myungmundang.net
E-mail mmdbook1@hanmail.net
등 록 1977. 11. 19. 제1~148호
ISBN 979-11-94314-26-4 (04820)
ISBN 979-11-985856-8-4 (세트)

25,000원

* 낙장 및 파본은 교환해 드립니다.
* 불허복제